Europas schönste Wein ROUTEN

Die liebliche Kulturlandschaft des nordportugiesischen Douro-Tals wurde bereits 2001 von der UNESCO als Welterbestätte ausgezeichnet.

Europas schönste Wein ROUTEN

Steil fallen die großteils terrassierten Weinhänge des Lavaux zum Genfer See hin ab. See und Alpen bilden eine einzigartige Kulisse in der historischen Weinbauregion.

Zu diesem Buch

Bei Bremm an der Mosel liegt Europas steilster Weinberg, der Calmont. Muskelkraft und Handarbeit sind hier immer noch zum Bewirtschaften der Reben nötig – wie es auch schon die Sumerer, die Minoer und die Römer in ihren Weinbergen handhabten. Die Geschichte des Weinbaus reicht schließlich bis ins fünfte vorchristliche Jahrtausend zurück, und die Winzer hinterließen über die Jahrhunderte Traditionen, die auch heute noch in den Weinregionen Europas präsent sind. Das Buch bereist die schönsten Anbaugebiete des Kontinents – von der Saale bis zum Peloponnes –, stellt die historischen Dörfer und Städte entlang der Weinrouten vor, folgt bekannten Weinstraßen und verschlungenen Pfaden, präsentiert Rebsorten, Weingüter und -feste und inspiriert zu Reisen in kulturreiche Landschaften.

BARBERA

In den nachfolgenden Kapiteln, die in die jeweiligen Länder aufgeteilt sind, werden insgesamt 36 Reiserouten vorgestellt, die durch herrliche Weinanbaugebiete sowie zu den schönsten Städten und Dörfern der Regionen führen. Die Übersichtskarte unten zeigt den Verlauf aller Touren auf einen Blick. Ein Einleitungstext zu jeder Tour gibt einen Abriss über die Reiseroute und die jeweiligen Länder und Regionen sowie ihre landschaftlichen, historischen und kulturellen Besonderheiten. Wichtige Reiseinformationen über Zeitbedarf und Länge der Tour hält eine Infobox zu jeder Route parat. Ergänzt durch eine Vielzahl brillanter Farbfotos, werden bedeutende

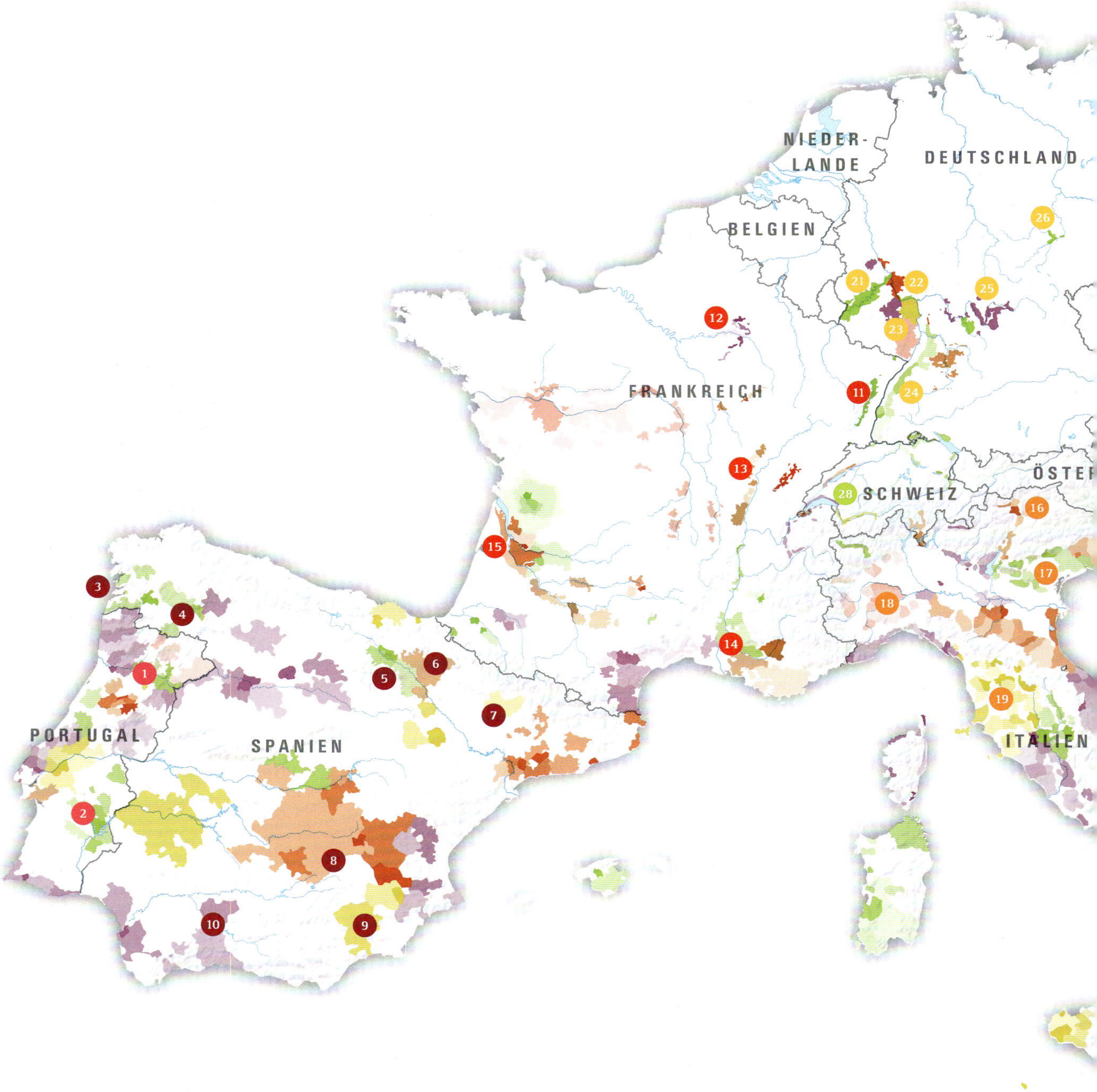

Orte und Sehenswürdigkeiten unter Angabe von Routenverlauf und Straßenführung beschrieben. Die Nummern der Orte und Sehenswürdigkeiten findet man in den Karten am Anfang der jeweiligen Routenkapitel wieder. Die Hauptroute ist dabei deutlich abgesetzt und wird durch Vorschläge für interessante Abstecher ergänzt. Piktogramme kennzeichnen Lage und Art bedeutender Sehenswürdigkeiten entlang der Route. Interessante Aspekte zu Kultur und Natur werden in gesonderten Textfeldern erläutert. Auf lohnenswerte Feste und Weingüter weisen zusätzlich farbig unterlegte Boxen auf den Routenseiten hin.

Naturlandschaften und Naturmonumente

- Felslandschaft
- Schlucht/Canyon
- Höhle
- Flusslandschaft
- Seenlandschaft
- Nationalpark (Fauna)
- Naturpark
- Botanischer Garten
- Küstenlandschaft
- Insel
- Strand
- Quelle

Kulturmonumente und -veranstaltungen

- UNESCO-Weltkulturerbe
- Vor- und Frühgeschichte
- Prähistorische Felsbilder
- Etruskische Kultur
- Griechische Antike
- Römische Antike
- Christliche Kulturstätte
- Romanische Kirche
- Gotische Kirche
- Renaissancekirche
- Barockkirche
- Byzantinische/Orthodoxe Kirche
- Christliches Kloster
- Kulturlandschaft
- Historisches Stadtbild
- Burg/Festung/Wehranlage
- Burgruine
- Palast/Schloss
- Sehenswerter Turm
- Herausragendes Gebäude
- Windmühle
- Sehenswerter Leuchtturm
- Herausragende Brücke
- Technisches/industr. Monument
- Museum
- Freilichtmuseum
- Denkmal
- Kriegsschauplatz/Schlachtfelder
- Bergwerk (in Betrieb)
- Bergwerk (aufgelassen)

Sport- und Freizeitziele

- Golf
- Segeln
- Wellenreiten
- Mineralbad/Therme
- Badeort
- Spielcasino
- Aussichtspunkt
- Wandergebiet
- Museumsbahn
- Flusskreuzfahrt

Deutschland

Die Rebsorten sind so vielfältig wie ihre Anbaugebiete: vom Riesling in Hessen über den Rivaner in Baden und Franken zum Spätburgunder in Sachsen.

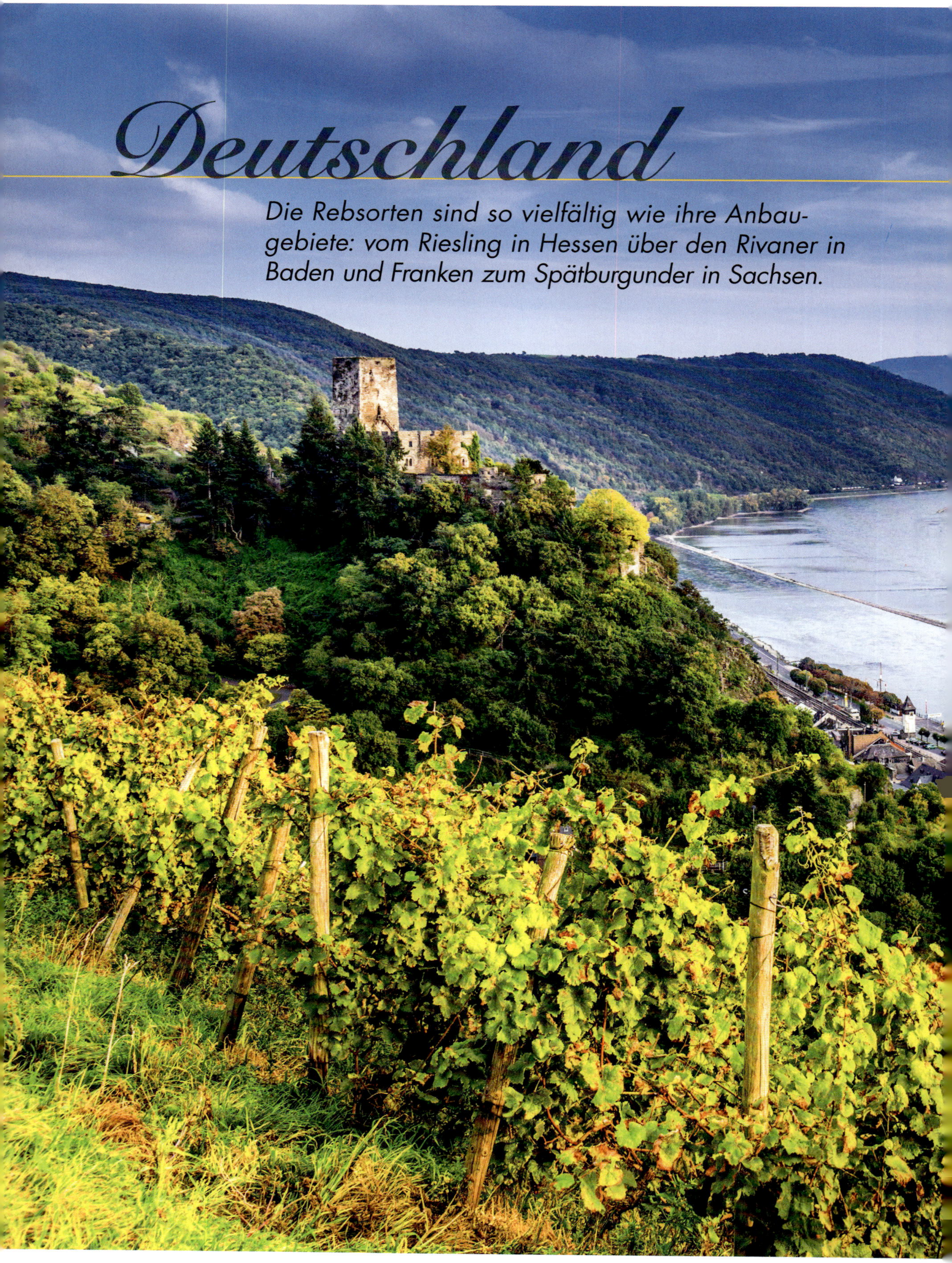

Weinregionen Deutschland

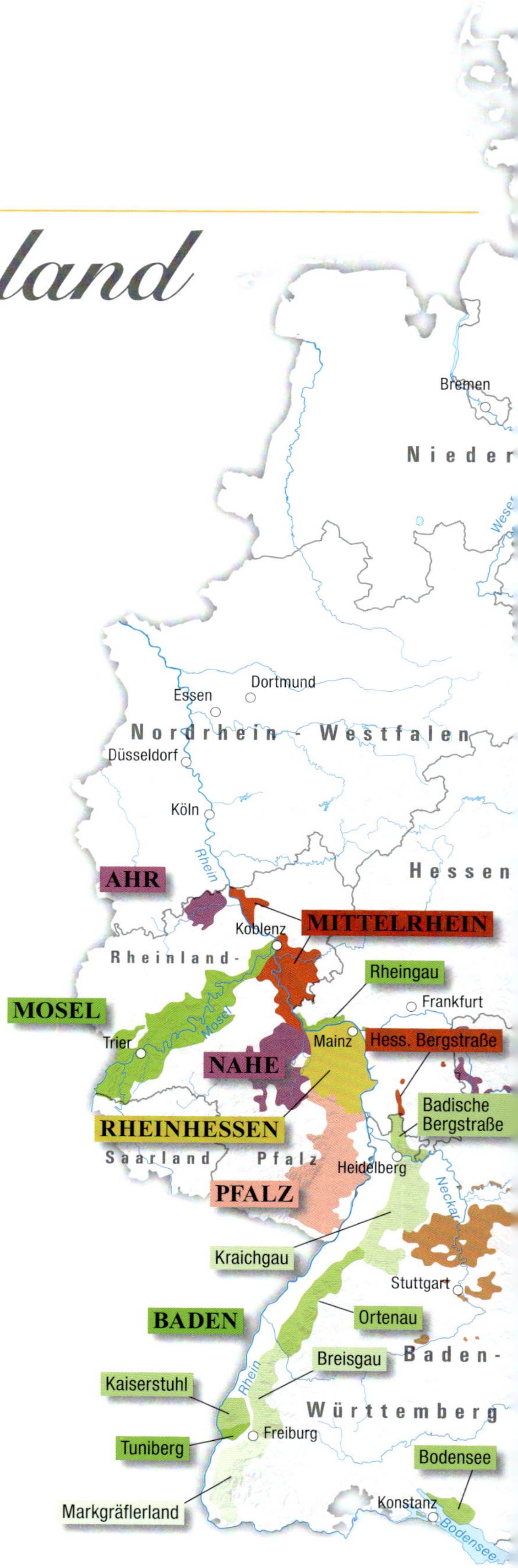

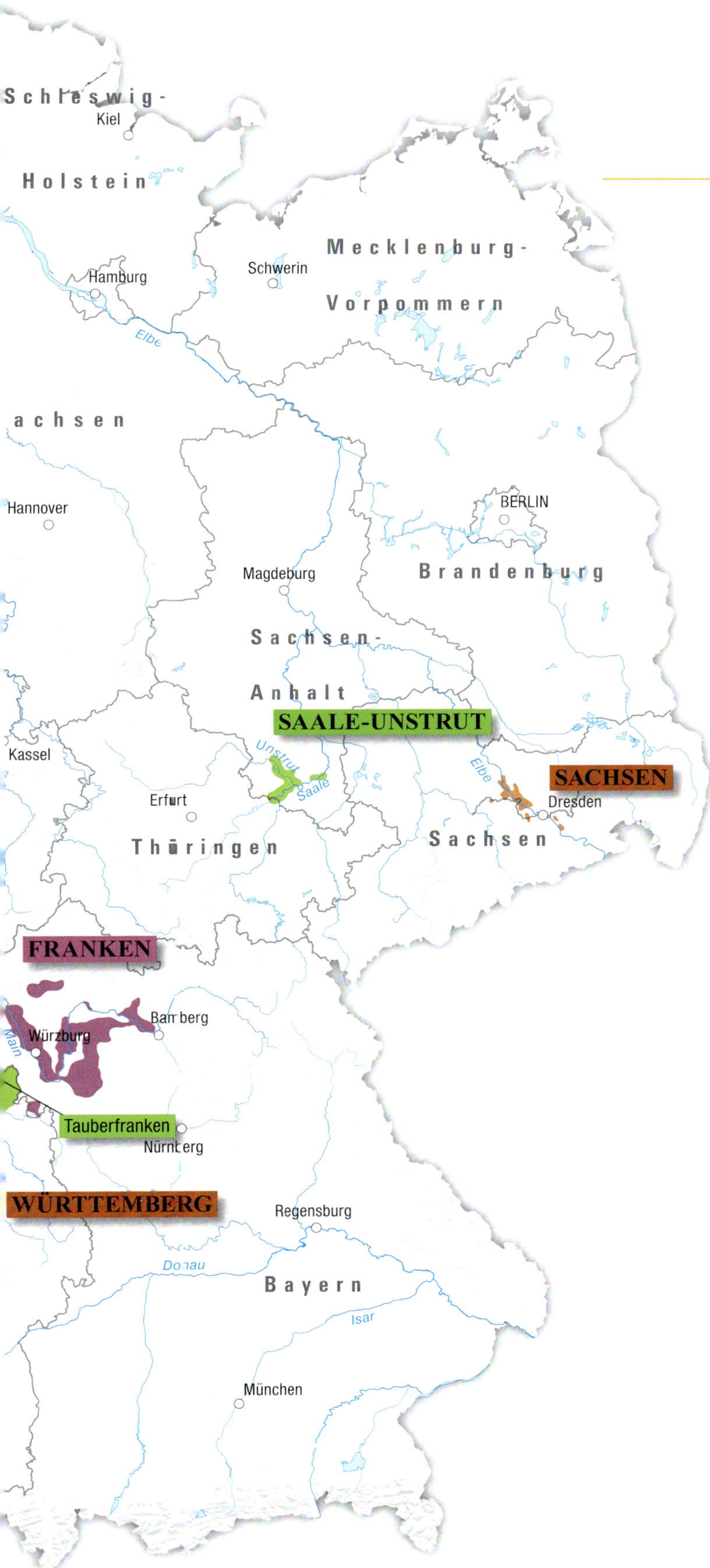

Schleswig-
Kiel
Holstein
Mecklenburg-
Vorpommern
Schwerin
Hamburg
Elbe
achsen
Hannover
BERLIN
Magdeburg
Brandenburg
Sachsen-
Anhalt
SAALE-UNSTRUT
Kassel
Unstrut
Saale
Elbe
SACHSEN
Erfurt
Dresden
Thüringen
Sachsen
FRANKEN
Bamberg
Würzburg
Main
Tauberfranken
Nürnberg
WÜRTTEMBERG
Regensburg
Donau
Bayern
Isar
München

Deutsche Wein- und

WEISSWEIN

RIESLING

Anbau: Das Aushängeschild des deutschen Weinbaus entstand im Mittelalter aus einer Kreuzung zwischen Wildrebe, Heunisch und Traminer. Gute Rieslinge gedeihen am besten in den steilen, sonnigen Lagen am Rhein, der Mosel und der Pfalz.
Genuss: Die Palette der angebotenen Weine reicht vom unkomplizierten, leichten Essensbegleiter bis hin zu edelsten Trockenbeerenauslesen. Charakteristisch ist eine frische Säure, das Bukett ist je nach Boden höchst unterschiedlich.

SILVANER

Anbau: Die Rebe stammt aus Österreich, ist in Deutschland aber weitaus beliebter, besonders in Rheinhessen und Franken.
Genuss: Die meisten Silvaner sind leichte Sommerweine mit dezentem Kräuteraroma und milder Säure. Bei entsprechendem Boden und handwerklichem Können entstehen auch elegante, körperreiche Tropfen.

KERNER

Anbau: Die nach einem schwäbischen Dichter benannte Weinsorte wurde 1929 aus rotem Trollinger und weißem Riesling gezüchtet. Heute wird sie vor allem in Rheinhessen und der Pfalz, aber auch in der Schweiz und in Südtirol angebaut.
Genuss: Mit der frischen Säure des Rieslings, aber einem fruchtigeren Bukett ist dieser ein beliebter Schoppenwein, der gut zu leichten Sommergerichten passt. In Württemberg wird er oft edel ausgebaut.

BACCHUS

Anbau: Die nach dem römischen Weingott benannte Rebe wurde 1933 aus Silvaner, Riesling und Rivaner gezüchtet. Sie wird in Rheinhessen und Franken dort angebaut, wo der anspruchsvolle Riesling nicht gedeiht.
Genuss: Bacchus-Weine haben ein sehr aromatisches, fruchtiges Bukett, aber relativ wenig Säure. Sie passen gut zu asiatischen Gerichten, werden aber auch gerne für Cuvées benutzt, u. a. für die süße Liebfrauenmilch.

HUXELREBE

Anbau: Die nach dem ersten Anbauer benannte Rebe wurde 1927 in der Pfalz aus Elbling und Coutillier Musqué gezüchtet. Sie wird fast nur in Deutschland und dort gern in der Pfalz und Rheinhessen angebaut.
Genuss: Lässt man die Rebe vollen Ertrag bringen, erhält man Rekordernten niederer Qualität. Richtig angebaut, entstehen Weine mit Muskataroma sowie erstklassige Süßweine.

Rebsorten

ROTWEIN

SPÄTBURGUNDER

Anbau: Deutschlands beliebteste Rotweinrebe wurde schon von den Römern in Burgund angebaut und im 9. Jahrhundert ins heutige Baden gebracht. Am liebsten wird sie rund um den Kaiserstuhl angebaut.

Genuss: Die Weine haben einen vollmundigen Geschmack nach roten Früchten. Sie werden oft im Barrique ausgebaut und zu Wild und Braten gegessen. Nach dem Weißweinverfahren gekeltert, ergeben sie spritzigen Weißherbst.

DORNFELDER

Anbau: Der Newcomer wurde 1955 in Schwaben aus Heroldsrebe und Blauem Weinsberger gezüchtet. Die ertragreiche Sorte gedeiht vor allem in der Pfalz und in Rheinhessen.

Genuss: Junge Dornfelder sind mit ihrem ausgeprägtem Beerenaroma als leichte Sommerweine beliebt. Durch einen sorgfältigen Ausbau im Barrique können auch edle Tropfen entstehen, die gut zu Wild und Braten passen.

TROLLINGER

Anbau: Das »schwäbische Nationalgetränk« wird fast ausschließlich in Württemberg angebaut. Die Rebe gedeiht auf kargem Boden, braucht aber lange Sommer zum Reifen.

Genuss: Trollinger werden selten edel ausgebaut, sondern sind süffige Alltagsweine, die zu fast jedem Essen und zu einer herzhaften Brotzeit passen.

SCHWARZRIESLING

Anbau: Mit dem Riesling hat die bereits im 17. Jahrhundert bekannte Rebe nichts zu tun. Sie ist eher eine Mutation des Spätburgunders. In Deutschland wird sie vor allem in Württemberg angebaut. Anderswo ist sie als Pinot Meunier oder Miller's Burgundy bekannt.

Genuss: Der Schwarzriesling ähnelt im Geschmack dem Spätburgunder, ist aber leichter. Deswegen wird er selten hochwertig ausgebaut, sondern ist ein beliebter Schoppen- und Tischwein.

REGENT

Anbau: Die erst 1995 zugelassene Rebsorte findet immer mehr Liebhaber. Die Kreuzung aus der weißen Diana-Rebe mit dem roten Chambourcin wurde vornehmlich auf Pilztoleranz hin gezüchtet und ergibt südländisch anmutende, hochwertige Rotweine, die in Rheinhessen, der Pfalz und Baden gekeltert werden.

Genuss: Der Regent ähnelt dem Merlot und passt mit seinem kräftigen, tanninreichen Geschmack gut zu aromatischen Würsten, Käse oder Braten.

Moselweinstraße

Diese genussvolle Weinroute an der Mosel führt durch die älteste Weinregion Deutschlands.

WEINROUTE 1

Kein anderer deutscher Fluss kann mit so malerischen Windungen aufwarten. Tief hat sich die Mosel zwischen Hunsrück und Eifel gegraben und so das größte Steillagenweinbaugebiet der Welt geschaffen. Nach jeder Flussschleife tut sich eine noch schönere auf, gesäumt von schier endlosen Rebgärten. Und am Ufer reihen sich wie Perlen an der Schnur pittoreske Weinorte. Meist laden mehr als ein Dutzend Weingüter zu Verkostungen, Weinbergführungen und Weinfesten ein. Für ausgiebige Erkundungen bietet sich die Route entlang der Mosel an. Wer es sportlich angehen will, der nimmt das Fahrrad. Auch der Moselradweg folgt immer dem Fluss. Zu Fuß kann man sich auch auf den Moselhöhenweg begeben, der sich von Schweich nach Koblenz zieht. Direkt hinter der deutsch-französisch-luxemburgischen Grenze ist die Landschaft noch lieblicher, sind die Hänge weniger steil. Hier werden im Anbaugebiet Südliche Weinmosel die verschiedensten Weißweine angebaut, vor allem der sehr alte Elbling. Hinter Trier beginnen dann die steilen Schieferhänge der Mittelmosel, auf deren Lagen von Weltruf fast ausschließlich Riesling wächst. Hinter Zell werden die Hänge noch steiler, sie wurden schon in alter Zeit in mühsamer Handarbeit terrassiert. Auch hier, an der Terrassenmosel, herrscht der Riesling vor. Die steilen Hänge führten auch dazu, dass in alten Zeiten allerorts Burgen gebaut wurden, deren malerische Relikte man auf Schritt und Tritt finden kann.

Routenlänge: ca. 250 km
Zeitbedarf: mind. 3 Tage
Start: Koblenz
Ziel: Perl
Routenverlauf: Die Straße folgt den Windungen des Flusses, mal rechts-, mal linksseitig.

Besondere Hinweise: Vor allem für Fahrradfahrer lohnt sich in Trier ein Abstecher ins Ruwertal.

Auskünfte:
Mosellandtouristik GmbH, Kordelweg 1, 54470 Bernkastel-Kues, Tel. +496531/ 97330 oder info@mosellandtouristik.de auf www.mosellandtouristik.de

1 Koblenz

Auf einer Landzunge direkt an der Mündung der Mosel in den Rhein liegt das Deutsche Eck mit dem Kaiser-Wilhelm-Denkmal. Neben der Basilika St. Castor sind die ursprünglich mittelalterliche Alte Burg, der Münzplatz mit dem Geburtshaus des Fürsten Metternich, die Liebfrauenkirche (12./13. Jh.) und die Florinskirche (12. Jh.) sowie am Rheinufer das klassizistische Kurfürstliche Schloss (18. Jh.) weitere Sehenswürdigkeiten. Auf der rechten Rheinseite liegt Ehrenbreitstein, eine der größten Festungsanlagen Europas mit dem Landesmuseum Koblenz.

2 Winningen

Der hübsche Ort verfügt über Top-Weinlagen. Zwischen den Reben sind mehrere Themenwanderwege angelegt, die eine herrliche Aussicht bieten. Die edlen Tropfen, die dort heranreifen, können auf den Weingütern direkt oder in der örtlichen Vinothek probiert werden, die in einem ehemaligen Fachwerkspitalgebäude untergebracht ist. Ende August, Anfang September findet das älteste und mit zehn Tagen längste Weinfest Deutschlands statt. Es endet traditionell mit einem großen Feuerwerk über dem Fluss.

3 Kobern-Gondorf

Gleich vier Burgbauten hat der malerische Doppelort aufzuweisen: zwei stolze Ruinen hoch über der Mosel und zwei Märchenschlösser, von denen eines ein Weinmuseum beherbergt. Auch sonst gibt es viel Geschichtliches zu entdecken wie schöne Fachwerkhäuser, ein Erzbergwerk, einen Keltenwall oder mehrere Sauerbrunnen. Durch die Weinbergterrassen, die wie ein natürliches Amphitheater den Moselbogen säumen, sind schöne Wanderwege angelegt, die einen herrlichen Ausblick gewähren und zu zahlreichen Kulturdenkmälern führen.

Der Ausblick von der Festung Ehrenbreitstein in Koblenz auf das Deutsche Eck (oben), bei dem die Mosel in den Rhein mündet.

DER WEINBERGPFIRSICH

Die sonnenverwöhnten Weinberge waren von jeher auch ein idealer Standort für die wärmeliebenden Pfirsiche, die schon von den Römern über die Alpen gebracht wurden. Im Gegensatz zu den gelbfleischigen Früchten sind die mit pelziger Haut überzogenen rot-weiß marmorierten Weinbergpfirsiche zwar weniger süß, haben aber ein deutlich intensiveres Aroma. Mit den auch als Weinbergpfirsichen im Handel angebotenen Plattpfirsichen haben sie wenig zu tun. An der Mosel hat sich nun vor einigen Jahren eine Interessengemeinschaft gebildet, die den arbeitsintensiven Anbau wiederbeleben und den Moselweinbergpfirsich zu einer Genuss-Marke machen will (www.moselweinbergpfirsich.de).

ABSTECHER: Maria Laach

Die Benediktinerabtei gilt als einer der schönsten romanischen Bauten Deutschlands. Zudem locken der Laacher See und Kunst und Spezialitäten aus den Klosterbetrieben.

ABSTECHER: Burg Eltz

Mit ihrer einmaligen Architektur gehört die nie eroberte Burg zu den schönsten Deutschlands. Innen sind wunderbare Räumlichkeiten und wertvolle Kunstschätze zu sehen.

4 ➤➤ Alken

Der kleine Weinort wird von der mächtigen Burg Thurandt mit ihren zwei Bergfrieden beherrscht. Zwei, weil die Burg einst halb Kölner, halb Trierer Besitzung war. Heute gewähren die Türme einen wunderbaren Ausblick über die Mosel. Daneben sind alte Prunkräume, die Verließe und der ehemalige Weinkeller zu besichtigen – und natürlich gibt es auch Wein zu probieren. Wer will, kann in einer Ferienwohnung auf der Burg übernachten. Im Ort selbst warten eine der ältesten Kirchen an der Mosel mit alten Fresken, Fachwerkhäuser und historische Winzerkeller darauf, entdeckt zu werden.

5 ➤➤ Treis-Karden

Dem angeblichen Ortsgründer, dem heiligen Castor (gest. um 400), wurde im 12. Jahrhundert eine mächtige ro-

Großartige Baukunst im Moseltal: Burg Cochem (oben). Bilder links: Runder Turm bei Zell und Beilsteiner Altstadt.

manische Kirche gebaut, die den Beinamen »Moseldom« trägt und das bedeutendste Sakralbauwerk zwischen Trier und Koblenz ist. Dass die Region jedoch schon vor Castors Zeiten besiedelt war, beweisen die Relikte einer ehemaligen römischen Festung auf dem nahen Martberg, die heute teilweise rekonstruiert und zu besichtigen sind. Auch das Stiftsmuseum wartet mit keltisch-römischen Funden sowie wertvoller sakraler Kunst auf.

REICHSBURG COCHEM

Auf einem weithin sichtbaren Kegel erhebt sich 100 Meter über der Mosel eine mächtige Burg mit markanter, vieltürmiger Silhouette. Die um 1000 von Pfalzgraf Ezzo erbaute Burg wurde nach schweren Zerstörungen im 19. Jahrhundert wiederaufgebaut. Sowohl von außen wie von innen ist sie seitdem ein Symbol deutscher Burgenromantik schlechthin. Unbedingt erlebenswert ist auch der Blick von der Terrasse der Burgschänke (www.reichsburg-cochem.de).

6 Cochem

Die Stadt am linken Ufer der Mosel zählt zu den malerischsten Orten im Tal. Den Marktplatz mit seinem barocken Rathaus umgibt eine wunderschöne Altstadt mit alten Fachwerkhäusern, die noch teilweise von der historischen Stadtmauer umgeben ist. Außer der Reichsburg Cochem sind auch die Moselpromenade, das Kulturzentrum im Kapuzinerkloster, die Pestkapelle St. Rochus, die alte Senfmühle, das Edelsteinmuseum und die Ruine Winneburg einen Besuch wert. Einen einzigartigen Ausblick hat man vom 255 Meter hohen Pinnerkreuz, das bequem mit einer Sesselbahn erreichbar und Ausgangspunkt für Höhenwanderungen ist. Außerdem gibt es übers Jahr gleich mehrere Wein- und Burgfeste.

7 Beilstein

Eingebettet in eine der engsten Moselschleifen und mit seiner wunderschönen Altstadt wird Beilstein zu Recht als »Rothenburg an der Mosel« bezeichnet. Das alte Zehnthaus am Marktplatz beherbergt ein Weinmuseum und ist im Juli/August Schauplatz des Beilsteiner Märchensommers. Überragt wird der Ort von der Burg Metternich, von deren Terrasse man bei einem Schoppen oder Kaffee und Kuchen einen wunderbaren Ausblick genießt. Sehenswert ist auch die Klosterkirche St. Joseph mit ihrer »Schwarzen Madonna«, die früher als wundertätig galt.

8 Bremm

Zu den bekanntesten unter den vielen Moselschleifen zählt diejenige beim Winzerort Bremm. Dessen Weinhänge am Bremmer Calmont gelten als die steilsten Rieslingweinhänge Europas. Anfang September sind sie Schauplatz des örtlichen Weinfestes. Auf der Spitze des Hügels lässt sich ein altes römisches Heiligtum erwandern. Schwierige Passagen sind mit Leitern und Griffen gesichert. Der Ort selbst besticht mit malerischen engen Gässchen und schönen historischen Fachwerkhäusern.

9 Alf

Der hübsche Ort wird von der Burg Arras überragt, die Anfang des letzten Jahrhunderts wiederaufgebaut wurde und heute ein Restaurant, ein Hotel und ein Museum beherbergt. Ein besonderes Kuriosum ist eine Sammlung von wertvollen Geschenken, die der ehemalige Bundespräsident Heinrich Lübke bei Staatsbesuchen erhielt. Der Ort selbst hat ein hübsches Zentrum mit Fachwerkhäusern, einer neugotischen Kirche und Villen aus dem 19. Jahrhundert. Das romantische Alfbachtal lädt zum Wandern ein.

10 Zell

Der bekannte Weinbauort mit Resten einer sehr alten Stadtbefestigung, der Peterskirche und einem ehemals kurfürstlichen Schloss liegt am rechten Moselufer. Die Katzenskulpturen und -abbildungen, auf die man allerorts stößt, werben für die berühmteste Weinlage des Ortes »Schwarze Katz«: Dieser kann in der Vinothek im Gewölbekeller des alten Rathauses verkostet werden. Am letzten Wochenende im Juni findet das Weinfest der Zeller Schwarzen Katz als eines der ersten an der Mosel statt.

11 Pünderich

Das Winzerdorf punktet mit seiner besonders schönen Lage an der Mosel. Direkt hinter dem Fähranleger empfangen den Besucher schon die reich verzierten alten Fachwerkhäuser des historischen Ortskerns. Außerdem gibt es eine Moselpromenade mit Liegewiese. Im alten Eichhäuschen lässt sich noch heute nachvollziehen, wie mühsam früher die großen und kleinen Weinfässer geeicht werden mussten. Im Mai und September finden hier Weinstraßenfeste statt und im August wird die Weinkirmes gefeiert. Die hoch über dem Ort thronende Marienburg ist heute eine Jugendbildungsstätte. Einen wunderbaren Fernblick hat man vom Aussichtsturm auf dem Prinzenkopf.

Kröver Reich

12 Traben-Trarbach

Das romantische Weinbaustädtchen erstreckt sich über beide Uferseiten und ist von schönen Fachwerk- und Patrizierhäusern geprägt. Mit dem Brückentor, der Huesgen-Villa, dem Schlösschen Sonora sowie dem Hotel Bellevue wartet es mit einer Reihe von Jugendstilbauten auf, die an die Blütezeit der Weinhandelsmetropole zu Beginn des 20. Jahrhunderts erinnern. Überragt wird der Doppelort von der Grevenburg. Auf dem von einer Flussschleife umschlossenen Mont Royal liegt die Ruine einer von Vauban geplanten Festungsanlage. Über deren Geschichte informiert das Mittelmoselmuseum.

13 Kröv

Die Weinlage »Kröver Nacktarsch« hat dem Ort eine etwas zweifelhafte Berühmtheit eingebracht, dabei bezog sich der Name ursprünglich nur auf die recht nackten und kahlen Felshänge. Der Ort selbst hat viele alte Repräsentationsbauten aufzuweisen, denn das einstige Königsgut »Cröver Reich« hatte im Laufe seiner Geschichte viele Besitzer, die alle ihre Höfe errichteten. Teils dienen sie immer noch als Weingüter. Mit dem alten Rathaus, dem Dreigiebelhaus, ist auch einer der schönsten Fachwerkbauten der Region hier zu finden. Nach dem Straßenweinfest im August, dem Weinlesefest im September und dem Federweißenfest Anfang Oktober wird Mitte Oktober das Nacktarsch-Weinfest in der Weinbrunnenhalle gefeiert.

14 Ürzig

»Ürziger Würzgarten« heißt die beste Weinlage dieses hübschen Ortes. 2005 wurde auf einer der Terrassen auch ein besuchenswerter Gewürzgarten angelegt, in dem Tausende von Heil- und Gewürzkräutern, Zwiebelpflanzen, blühende Stauden und alte Rosen ihren Duft verströmen. Der Ortskern ist geprägt von engen Gassen und schönen alten Fachwerkhäusern. Ein besonderer Hingucker ist der mächtige Himmeroder Hof, in dem einst Mönche des gleichnamigen Eifelklosters lebten. Ende Mai findet der »Tag der offenen Keller« statt.

15 Zeltingen-Rachtig

Welchem Ort ist schon eine ganze Operette gewidmet? Eigentlich hatten die Zeltinger in den 1950er-Jahren auch nur einen Wettbewerb für ein Lied auf ihre beste Weinlage, das »Zeltinger Himmelreich«, ausgelobt. Herausgekommen ist ein Singspiel, das alle zwei Jahre (in den ungeraden) mit 100 Laiendarstellern auf dem von schönen Fachwerkhäusern umrahmten Marktplatz aufgeführt wird. Ein Kulturweg führt sowohl durch die Weinberge als auch zu den Sehenswürdigkeiten der beiden Ortsteile. Interessant ist auch der Obstsortengarten, der auf einem aufgegebenen Weinberg angelegt wurde.

16 Wehlen

In dem schönen Ort, einem Stadtteil von Bernkastel-Kues, sind überall Sonnenuhren zu finden. Sie spielen auf die berühmteste Weinlage der Stadt, die »Wehlener Sonnenuhr«, an, die für ihre eleganten Gewächse berühmt ist. Ein Erlebnis – vor allem zur Blütezeit – ist aber auch das Naturschutzgebiet Streuobstwiesen auf dem Wehlener Plateau, das auf einem mit zahlreichen Kunstobjekten gesäumten »ObstArt-Weg« durchwandert werden kann. Unbedingt besuchen sollte man auch das ehemalige Kloster Machern, das mit einem Spielzeug- und Ikonenmuseum, einem Brauhaus, einer Klosterdestille und einem Weincabinet aufwartet.

17 Bernkastel-Kues

Schöne alte Fachwerkhäuser und ein schmuckes Renaissancerathaus säumen den Marktplatz der Stadt, die sich seit 2005 »heilklimatischer Kurort« nennen darf. Am ersten Septemberwochenende ist sie Schauplatz des Weinfestes der Mittelmosel mit Festumzug und Feuerwerk. Sehenswert ist auch das spätgotische, von Nikolaus von Kues gegründete Cusanusstift mit seiner berühmten Bibliothek. Rund um den Ort finden sich Weinlagen, die zu den teuersten der Mosel gehören wie der »Bernkasteler Doktor«. Über allem thront die Burgruine Landshut, von der aus man einen wunderbaren Ausblick genießt.

WEINFESTE

AUGUST
»Weinkirmes« in Bremm, »Winzerhöfefest« in Alken

SEPTEMBER/OKTOBER
»St.-Michaels-Kirmes« in Bernkastel-Kues

NOVEMBER
»Federweißenfest« in Cochem

Nähere Informationen unter:
www.mosellandtouristik.de

18 Lieser

Alte Winzer- und Bürgerhäuser schmücken den Ort. Sehenswert sind hier der alte Posthof, die Pfarrkirche St. Peter, der mächtige Wasserbehälter mit Rundbogenblenden oder die neogotische Gruftkapelle, die sich die Familie Schorlemer im 19. Jahrhundert errichten ließ. Dieser Familie verdankt der Ort auch ein gewaltiges Schloss, in dem u. a. Kaiser Wilhelm II., der mit Clemens von Schorlemer befreundet war, mehrmals zu Besuch weilte.

Romantisch zeigen sich die Lichter der Städte am Moselufer bei Nacht: Traben-Trarbach (links oben) und Bernkastel-Kues mit der Burg Landshut (links unten). Kleines Bild: Bibliothek des Cusanusstifts in Bernkastel-Kues.

19 Piesport

Der größte Weinbauort an der Mosel ist auch einer der ältesten. Schon die Römer gewannen hier den begehrten Rebensaft, wie eine 1985 entdeckte Großkelteranlage mit zehn Räumen und sieben Becken beweist. Inzwischen ist sie rekonstruiert, sodass Besucher die antike Weinherstellung lebendig vor Augen geführt bekommen. Auch der Ortsname rührt wahrscheinlich von einer Brückengottheit aus römischer Zeit her. Ein weiteres Highlight ist die »Moselloreley«, ein 85 Meter hoch über die Mosel ragender Felsen, der erwandert werden kann.

20 Neumagen-Dhron

Zahlreiche wertvolle Funde aus der Römerzeit beweisen, dass Neumagen einer der ältesten Orte im Moseltal ist. Am spektakulärsten ist das Neumagener Weinschiff, ein Grabmal eines Weinhändlers von etwa 220 n. Chr. in Schiffform, das sehr detailliert zeigt, wie damals Weinfässer auf der Mosel transportiert wurden. Eine Replik ist an der Peterskapelle aufgebaut, ein Nachbau – allerdings mit Motor – kann im Hafen gechartert werden. Im September findet hier ein Weinstraßenfest statt.

21 Leiwen

An einer der engsten Moselschleifen gelegen, soll Leiwen seinen Namen von Livia, der Gattin des Kaisers Augustus, bekommen haben, die hier einst eine Sommerresidenz hatte. Auch wenn dies nicht stimmen sollte – eine andere Deutung geht von einer Ableitung von *clivus* (lat. »steiler Hang«) aus –, hat Leiwen eine alte Geschichte. Auskunft darüber gibt das Heimat- und Weinmuseum in der alten Euchariuskapelle. Sehenswert sind auch der Kurtrierer Hof, in dem sich heute ein Weingut befindet, der jüdische Friedhof und ein Skulpturengarten.

Der Dom von Trier, genauer die Hohe Domkirche St. Peter zu Trier, ist die älteste Bischofskirche Deutschlands (oben). In Trier sind außerdem die Kaiserthermen (kleines Bild) sehenswert.

22 Klüsserath

Schmucke alte Winzerhäuser, eine Wasserburg und eine Pfarrkirche mit dem schönsten Renaissancealtar im Moseltal zieren den alten Weinort. Ende August findet das Weinfest in den Rebhängen statt. Klüsserath ist aber auch für sein Krippenmuseum mit rund 90 verschiedenen Krippen bekannt, von denen viele in liebevoll im Detail ausgearbeitete Straßenszenen eingebettet sind. Bei Klüsserath mündet auch die Salm, deren schönes Tal zum Wandern und Radfahren einlädt.

23 Mehring

Noch immer werden die öffentlichen Brunnen von einer Tunnelwasserleitung gespeist, die einst die alten Römer zur Versorgung ihrer Villen anlegten. Auch die teilrekonstruierten Überreste eines römischen Gutshauses gibt es hier zu bewundern. Ein beliebtes Ausflugsziel ist das Huxlay-Plateau über der Stadt, das nicht nur einen wunderbaren Ausblick bietet, sondern mit seiner Weinhütte auch zur Rast einlädt. Anfang September findet das älteste Weinfest der Mittelmosel, das Winzerfest, mit großem Winzerspiel am Flussufer statt.

24 Longuich

Ebenfalls von den Römern geprägt zeigt sich der Ort Longuich: Wohlhabende Siedler aus der Ewigen Stadt ließen es sich hier gut gehen, wie eine prachtvolle rekonstruierte Landvilla mit großer Badeanlage beweist. Ein kulturhistorischer Rundweg führt auch noch zu vielen anderen Sehenswürdigkeiten wie schönen alten

VOLKSKUNDE- UND FREILICHTMUSEUM ROSCHEIDER HOF

Alte Bauernhäuser aus dem Mosel-Saargebiet und dem Hunsrück gibt es auch. Aber das Museum in Konz hat weit mehr zu bieten. Hier sollen die Lebenswelten vergangener Zeiten vorgeführt werden: von den verschiedensten Handwerkerstätten über diverse alte Läden, Schule, Dorfwirtschaft, Bankfiliale, Zahnarztpraxis und Fotoatelier. Eine sehr umfassende Ausstellung zu Weinbau und Schnapsbrennerei fehlt ebenso wenig wie eine Edelsteinschleiferei, eine Kulturgeschichte des Waschens, bürgerliche Wohnwelten, Zinnfiguren und Kinderspielzeug oder eine alte Ölmühle (www.roscheiderhof.de).

WEINGÜTER

Weingut Schloss Lieser
Thomas Haag wurde im Jahr 2015 vom Gault-Millau zum deutschen Winzer des Jahres gewählt.
Am Markt 1–5, 54470 Lieser
Tel. +496531/6341 oder
info@weingut-schloss-lieser.de,
www.weingut-schloss-lieser.de

Weingut Reichsgraf von Kesselstatt
Die Rieslinge des Traditionsweinguts können in besonderem Ambiente verkostet werden: im Firmensitz Schloss Marienlay etwas abseits der Weinstraße, im Palais Kesselstatt in Trier oder im Kloster Machern in Wehlen.
Schloss Marienlay
54317 Morscheid
Tel. +496500/91690 oder
info@kesselstatt.de,
www.kesselstatt.com

Weingut Clemens Busch
Bereits seit 1984 werden hier Spitzen-Rieslinge biologisch-dynamisch erzeugt.
Kirchstraße 37
56862 Pünderich
Tel. +496542/1814023,
www.clemens-busch.de

Stülb Weingut und Sektmanufaktur
Der Biowinzer hat ein breites Sortiment an veganen Weinen über den Riesling hinaus. Für seinen Gelben Muskateller erhielt er sogar den Internationalen Bioweinpreis in Gold.
Untere Barlstraße 20
56856 Zell-Kaimt
Tel. +496542/41178 oder
info@stuelb-wein.de,
www.stuelb-wein.de

Weingut Albert Kallfelz
Das traditionsreiche Weingut wurde im Jahr 2015 von der DLG zum besten Erzeuger an der Mosel gewählt.
Hauptstraße 60–62
56856 Zell-Merl
Tel. +496542/93880 oder
info@kallfelz.de,
www.kallfelz.de

Winzergehöften oder der Alten Burg. Das Gemäuer ist mitten in der Stadt gelegen und beherbergt heute ein Hotel und ein Restaurant, in dem zünftige Rittermähler serviert werden.

25 Trier

Deutschlands älteste Stadt liegt in einer der wenigen Talweitungen der Mosel. Berühmt ist sie für ihre römischen Relikte wie die Porta Nigra, die Konstantinsbasilika und mehrere antike Thermen. Daneben gibt es aber auch den ältesten Dom Deutschlands, der unbedingt besichtigt werden sollte, wunderbare gotische Bauten, prächtige Barockschlösser und -kirchen, diverse Jugenstilhäuser, den jüdischen Friedhof und das Karl-Marx-Haus sowie mehrere besuchenswerte Museen zu entdecken. Der Hauptmarkt mit dem Marktkreuz und dem Petrusbrunnen gilt noch dazu als einer der schönsten Plätze Deutschlands.

26 Konz

Die Stadt geht auf eine alte römische Kaiservilla zurück, von der allerdings nur spärliche Reste erhalten sind. Umso interessanter sind das Freilichtmuseum Roscheider Hof, das Westwallmuseum in einem alten Bunker, das mächtige Kloster Karthaus, das heute vorwiegend als Kulturzentrum genutzt wird, sowie die beiden mit zahlreichen Kunstwerken gesäumten Spazierwege »Steine am Fluss« und »Skulpturen am Fluss«. Ebenfalls zum Spazierengehen lädt das idyllische Konzer Tälchen südöstlich der Stadt mit seinen malerischen Rieslinghängen ein.

27 Igel

Dieser kleine Ort ist für sein prächtiges 23 Meter hohes römisches Grabmal mit schönen Reliefs bekannt; der Ortsname ist eine Verballhornung des Adlers (lat. *aquila*) auf der Spitze der sogenannten »Igler Säule«. Auch bei dem malerischen Grutenhäuschen, von dem aus man einen wunderbaren Blick über das Moseltal hat, handelt es sich um einen rekonstruierten römischen Grabtempel. Auf den wunderschönen Weinbergen rundherum wird vor allem Elbling angebaut. Hier beginnt auch die beliebte Elbling-Route, die bis Konz teils identisch mit der Moselroute ist, teils im malerischen Hinterland verläuft.

28 Gemeinde Perl

Im Dreiländereck zwischen Deutschland, Frankreich und Luxemburg gelegen, besteht diese Gemeinde aus 14 einzelnen Dörfern, die malerisch in die Weinberge der Obermosel eingebettet sind. Sehenswert sind hier vor allem der schöne Barockgarten des Palais von Nell und die Quirinuskapelle sowie das für seinen Orchideenreichtum und die schönen Ausblicke bekannte Landschaftsschutzgebiet Hammelsberg. Der Ortsteil Nennig, etwa sieben Kilometer vor der Grenze zu Frankreich, wird von dem mächtigen Schloss Berg überragt, in dem sich ein Spielkasino und eines der führenden Gourmetrestaurants Deutschlands befinden. Ende August findet in Nennig ein Weinfest statt. Unbedingt besuchen sollte man am selben Ort außerdem die römischen Ausgrabungen mit dem mit 160 Quadratmetern größten und schönsten Fußbodenmosaik diesseits der Alpen.

Kleines Bild oben: das reich verzierte Portal der Liebfrauenkirche in Trier.

Rheingauer Rieslingroute

Bekannte Weinlagen sowie herrliche Schlösser und Gutshöfe befinden sich auf dieser 70 Kilometer langen Strecke.

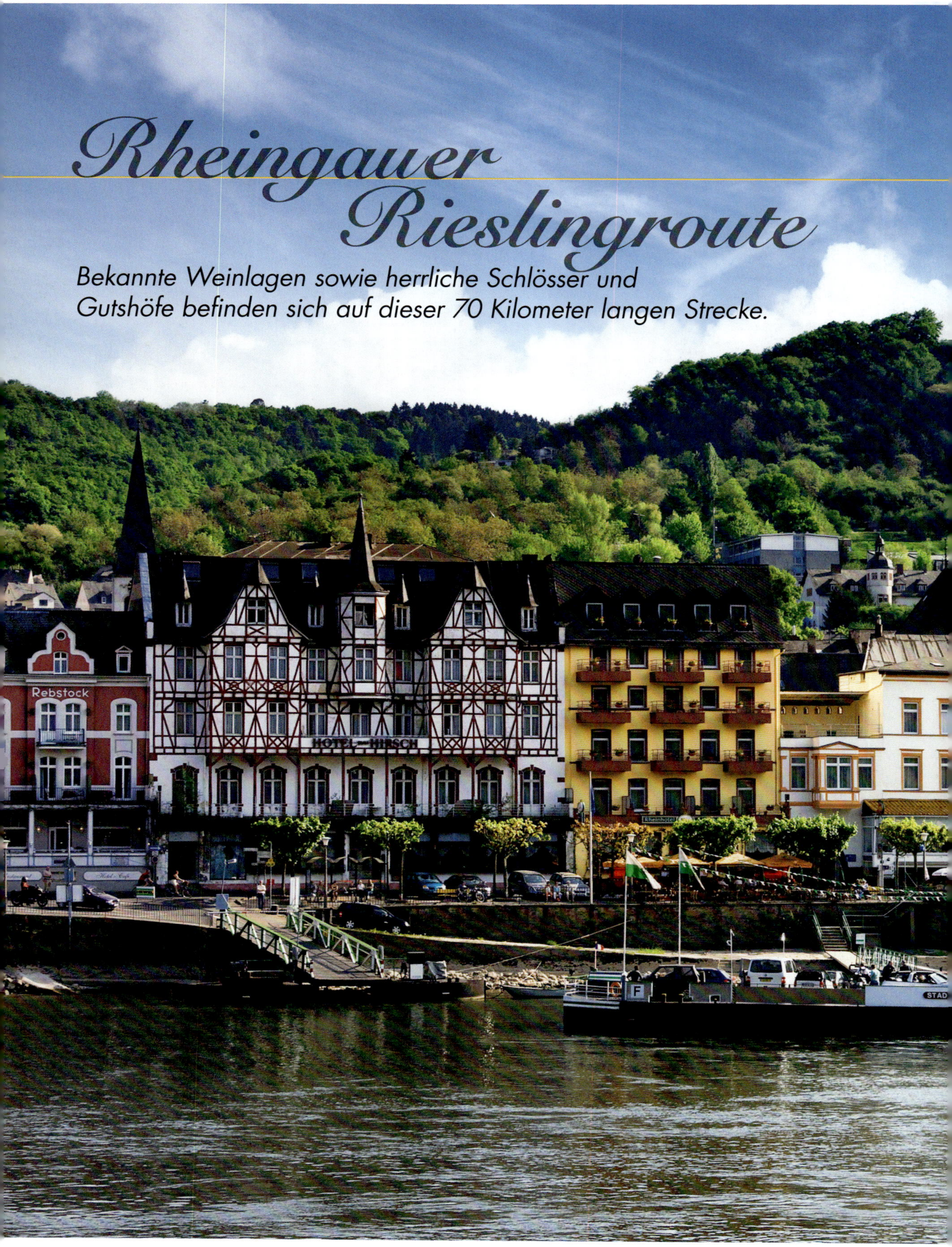

WEINROUTE 2

Südlich von Koblenz beginnt eine der legendärsten Landschaften Deutschlands. Das Obere Mittelrheintal, wo sich der Fluss tief in das Schiefergebirge gegraben hat, gilt als Inbegriff der Rheinromantik und ist UNESCO-Weltkulturerbe. Seit der Römerzeit hinterließen hier Generationen um Generationen ihre kulturellen Spuren. Die Ufer sind gesäumt von malerischen Fachwerkstädtchen und auf den Höhen thronen stolze Burgen und Burgruinen. Aber auch die schier endlosen Weinberge gehören mit zum Kulturerbe. Hier wächst seit Römerzeiten der Rheinwein, der den deutschen Traubenerzeugnissen ihren internationalen Ruf eingetragen hat. Denn zu den steilen Hängen mit ihrer optimalen Sonneneinstrahlung und dem wärmespeichernden Gestein gesellt sich der breite Fluss, dessen große Wasserfläche ebenfalls die Sonne reflektiert und Fröste mildert. Vor allem Riesling-Freunde kommen auf ihre Kosten: Die typischste deutsche Rebsorte ist mit Abstand die am meisten angebaute. Hinter dem Bingener Knie beginnt der Oberrhein mit seinen breiten Auen und großen Flussinseln. Auch hier reiht sich an den Hängen des Rheingaugebirges eine Spitzenlage an die andere. Neben Auto oder Bahn ist das Fahrrad ein geeignetes Verkehrsmittel, den Fluss und seine Reben zu entdecken, da es überall bestens ausgebaute Fahrradwege gibt. Wer ganz beschaulich zu Fuß gehen – und dabei die zahlreichen Burgen mitnehmen – möchte, kann dies sowohl über den Rheinsteig wie den Rheinhöhenweg tun.

Routenlänge: ca. 90 km
Zeitbedarf: ca. 1–2 Tage
Start: Lahnstein
Ziel: Wiesbaden/Mainz
Routenverlauf: am Fluss entlang, nach Belieben rechts- oder linksrheinisch

Besondere Hinweise: Autofähren gibt es bei Boppard, St. Goar, Kaub, Lorch, Bingen, Ingelheim, Walluf und Wiesbaden.

Auskünfte:
Rheingau-Taunus Kultur und Tourismus GmbH
Rheinweg 30, 65375 Oestrich-Winkel
Tel. +496723/602720 oder
tourist@kulturland-rheingau.de,
www.kulturland-rheingau.de

1 Lahnstein

Die schöne Kurstadt am Zusammenfluss von Rhein und Lahn ist teilweise noch von alten Stadtmauern umgeben. Im Hexenturm befindet sich ein Museum. Außerdem gibt es einen Themenweg durch die historische Altstadt. Sehenswert sind auch das Schloss Martinsburg mit Fastnachtsmuseum und das schon von Goethe gerühmte alte Wirtshaus an der Lahn sowie das Bergbaumuseum und das alte Wasserkraftwerk im Ortsteil Friedrichssegen. Auf dem Salhofplatz finden im Sommer Burgfestspiele statt. Über dem Ort thront Burg Lahneck. Sie kann im Rahmen von Führungen besichtigt werden. Außerdem gibt es ein Burgrestaurant mit schöner Panoramaterrasse.

2 Braubach

Geradezu winzig nimmt sich der Ort zu Füßen der stolzen Marksburg auf. Sie ist die einzige nie zerstörte Höhenburg am Mittelrhein und täglich im Rahmen von Führungen zu besichtigen. Mit ihren intakten Wehranlagen und typischen Innenräumen stellt sie geradezu das Idealbild einer mittelalterlichen Burg dar. Im Ort selbst findet sich auch noch das Renaissanceschloss Philippsburg, in dem heute die Deutsche Burgenvereinigung residiert. Ansonsten besticht Braubach durch seine Altstadt mit vielen schönen Fachwerkhäusern. Am ersten Oktoberwochenende wird das Winzerfest gefeiert.

3 Boppard

Dieses idyllische Städtchen ist die größte Weinbaugemeinde am Mittelrhein. Die Rebhänge finden sich nördlich in einer engen Talschlinge des Rheins, dem Bopparder Hamm. Zum schönsten Aussichtspunkt über die Gegend führt eine Sesselbahn. Außerdem gibt es Wanderwege und einen Klettersteig. In der Altstadt sind die Kurfürstliche Burg mit dem Stadtmuseum, die Reste der mittelalterlichen Stadtmauer, die Ruinen des römischen Kastells Bodobriga und die St.-Severus- Kirche (12./13. Jh.) lohnende Ziele. Weinfeste werden am letzten Sonntag im April im Bopparder Hamm und am letzten Wochenende im September auf dem Marktplatz gefeiert.

Burgenromantik pur erlebt man entlang des Rheins. Oben: die Rheinschleife bei Boppard. Links: Burg Katz. Oben rechts: Burg Lahneck. Nachfolgende Doppelseite: Burg Katz mit St. Goarshausen.

ABSTECHER: Schlangenbad

Das älteste hessische Heilbad bietet nostalgisches Kurambiente, moderne Wellnesseinrichtungen und Wanderwege durch den Taunus.

ABSTECHER: Mainz

Wenige deutsche Städte haben mehr Geschichte und Tradition zu bieten als das »Goldene Mainz«. Sein vom Barockstil geprägtes Stadtbild erhielt es im 17. und 18. Jahrhundert.

4 St. Goarshausen

Unterhalb dieses Ortes schiebt sich der sagenumwobene 133 Meter hohe Loreley-Felsen in den Strom, der deshalb früher eine gefährliche Engstelle war. Von dem Aussichtspunkt mit multimedialem Besucherzentrum bietet sich eine fantastische Sicht auf das Mittelrheintal. Die malerische Burgruine Katz der Grafen von Katzenelnbogen ist nicht zu besichtigen, auf Burg Maus jedoch, von den mit den Grafen verfeindeten Erzbischöfen von Trier errichtet, finden regelmäßig Konzerte, Weinproben und nach Anmeldung auch Führungen statt. Mitte September wird in St. Goarshausen die »Weingass« gefeiert.

5 St. Goar

Der Legende nach verdankt diese Ortschaft ihren Namen einem Einsiedler namens Goar, der sich im 6. Jahrhundert dort niederließ und ein Hospiz für die Rheinschiffer baute. Heute zieht St. Goar mit seiner malerischen Lage an einer der engsten Stellen des Mittelrheintals Ströme von Touristen an. Oberhalb des Ortes liegt – umgeben von Weinbergen – Burg Rheinfels, einst die mächtigste Festungsanlage im Rheintal. Die Reste der alten Wehranlagen können mit Taschenlampe erkundet werden. Außerdem gibt es in der Burg ein Heimatmuseum und im Ort ein Bären- und Puppen- sowie ein Lotsenmuseum.

6 Oberwesel

Immerhin 16 von den ursprünglich 21 Wehrtürmen der Ringmauer sind bis heute in dem reizvollen Städtchen mit seinen Wohnhäusern aus dem 16. bis 18. Jahrhundert erhalten. Die Frauenkirche (erbaut 1308–31) birgt eine kostbare Ausstattung, sehenswert ist vor allem die Barockorgel. Die riesige Schönburg oberhalb des Ortes ist ein Paradebeispiel für eine Ganerbenburg. Sie ist mit ihren drei Bergfrieden und Gebäuden so aufgeteilt, dass drei Zweige der Familie jeweils ihren eigenen Lebensbereich haben. Außerdem ist die Rebsorte Schönburger nach ihr benannt.

7 Kaub

Eine gut erhaltene mittelalterliche Stadtmauer umgibt den bedeutenden Weinort. Es gibt ein Lotsenmuseum und ein Museum für Feldmarschall Blücher, der hier in den Kriegen gegen Napoleon über den Rhein setzte. Überragt wird der Ort von der inmitten von Weinbergen liegenden Burg Gutenfels aus dem 13. Jahrhundert. Auf einer kleinen Felsinsel mitten im Rhein liegt der ehemalige Zollturm Pfalzgrafenstein, die »Pfalz bei Kaub«.

»ZU BACHARACH AM RHEINE…«

Mit diesen Worten beginnt die Ballade von Clemens Brentano über die Loreley, die die Schiffer mit ihrem Anblick ins Verderben lockt. Heinrich Heine hat mit seiner Ballade »Ich weiß nicht, was soll es bedeuten« Brentano den Rang abgelaufen. Der Volksmund hat seinen Liedanfang zum Dichten genutzt: »Zu Hochheim an dem Maine, zu Würzburg auf dem Steine, zu Bacharach am Rheine, das sind die besten Weine.«

8 Bacharach

Das idyllische, linksrheinisch gelegene Weinstädtchen wird von einer turmreichen Stadtmauer aus dem 16. Jahrhundert umgeben, innerhalb derer sich eine Fülle schöner Fachwerkhäuser finden; vor der Mauer reihen sich Weinstuben und Restaurants mit Panoramaterrassen. Das Wahrzeichen ist die romantische Ruine der Wernerkapelle. Über der Stadt thront Burg Stahleck, in der sich heute eine Jugendherberge befindet. Den wunderbaren Blick von der Aussichtsterrasse aus kann jedoch jeder genießen.

9 Lorch

Umrahmt von Weinbergen und Wäldern liegt das Städtchen in den Ausläufern des Rheingaus. Mitte Juli findet rund um das historische Restaurant Hilchenhaus ein Weinfest statt. Einen Besuch wert sind die Martinskirche mit einem Triumphkreuz aus dem 13. Jahrhundert und dem größten gotischen Schnitzaltar Deutschlands sowie das Robert-Struppmann-Museum, das vor allem sakrale Kunst wie die Lorcher Traubenmadonna zeigt. Im Hinterland führen Wanderwege durch das wildromantische Wispertal.

10 Trechtingshausen

Wie verschwenderisch am Rhein einst Burgen gebaut wurden, wird kaum irgendwo sonst so gut vor Augen geführt wie hier: Der hübsche kleine Ort wird nahezu erdrückt von der lang gestreckte Ruine der Burg Reichenstein, auf der sich einst der gewählte Erzbischof von Mainz gegen seine Feinde verschanzte. Südlich des Ortes liegt die kleinere, aber sehr romantische Burg Rheinstein, nördlich davon – und schon zum Nachbarort gehörend – Burg Sooneck. Alle drei können besichtigt werden und verfügen über Gastronomie; Reichenstein und Rheineck auch über ein Hotel bzw. Apartments. Oberhalb von Sooneck steht der Aussichtsturm Siebenburgenblick.

11 Assmannshausen

Das hübsche Fachwerkstädtchen ist eine von zwei Rotweininseln. In den

Linke Seite: Burg Pfalzgrafenstein, Kaub (oben); Burg Schönburg mit Liebfrauenkirche in Oberwesel (unten). Oben: Burg Stahleck, Bacharach. Kleines Bild: die Loreley. Unten: Oberes Mittelrheintal bei St.Goarshausen mit Loreleyfelsen.

WEINBAUGEBIETE AM RHEIN

Im Rheintal treffen gleich mehrere Weinbaugebiete aufeinander. Zum Rheingau gehören eigentlich nur die hessischen Weinlagen rechts des Flusses. Die rheinland-pfälzischen Regionen zwischen Bonn und Bingen werden zum Gebiet Mittelrhein gezählt. Linksrheinisch zwischen Bingen und Mainz erstreckt sich das Anbaugebiet Rheinhessen. Den Weintourist sollten die Grenzen jedoch nicht aufhalten.

Rebgärten des steilen Höllenberges, der sich hinter dem Ort erhebt, wachsen die Trauben des Spätburgunders, für den das Mikroklima hier besonders geeignet ist. Bei rund einem Dutzend örtlichen Winzern und in den zahlreichen, teils historischen Gasthäusern kann er verkostet werden. Einen Besuch wert ist auch die Pfarrkirche mit einem Altarbild aus der Schule Matthias Grünewalds. Außerdem kann man mit einer Sesselbahn in den Niederwald entschweben – ein schönes Wandergebiet, das trotz seines Namens tolle Aussichtspunkte hat.

12 Bingen

Das Wahrzeichen der Stadt an der Einmündung der Nahe in den Rhein ist Burg Klopp, deren Fundamente bis in die Römerzeit zurückreichen. Hier tritt der Rhein am Binger Loch eindrucksvoll in das Rheinische Schiefergebirge ein. Auf der linken Rheinseite thront Burg Ehrenfels (13. Jh.). Mitten im Rhein steht der Binger Mäuseturm, der in Verbindung mit Burg Ehrenfels als Wach- und Zollturm diente. Ende Mai findet auf dem Rochusberg die romantische »Nacht der Verführung« statt, ein Weinpicknick in den Rebhängen.

13 Rüdesheim

Der Weinort ist vor allem wegen der Drosselgasse berühmt, in der sich eine Weinstube an die andere reiht. Das Stadtbild prägen ehemalige Adelshöfe wie der Brömserhof und die Ruinen der Boosen-, Vorder- und Brömserburg aus dem 10. Jahrhundert. Letztere beherbergt heute das Rheingau-Weinmuseum. Hoch über dem Ort thront das Niederwalddenkmal, eine monumentale Germania-Statue, die 1883 zum Gedenken an die Reichsgründung 1871 errichtet wurde. Es kann zu Fuß, mit dem Auto oder der Zahnradbahn erreicht werden.

14 Geisenheim

Inmitten eines Weinbergs dieses schönen Rheinstädtchens steht Schloss Schönborn, ein Herrenhaus im Renaissancestil mit vier Ecktürmchen. Ein weiterer sehenswerter Renaissancebau ist das 1681–83 errichtete Schloss Kosakenberg. Das herausragende Gebäude des Weinorts, in dem auch die Forschungsanstalt für Wein- und Gartenbau angesiedelt ist, stellt der »Rheingauer Dom« dar. Der aus dem 16. Jahrhundert stammende Kirchenbau wurde 1837–39 erweitert und

Linke Seite: Burg Klopp in Bingen (oben) und Boosenburg in Rüdesheim (unten). Kleines Bild: Mäuseturminsel bei Bingen.

HILDEGARD VON BINGEN

Rund 30 Kilometer südlich von Bingen geboren, trat die berühmte Nonne ins Kloster Disibodenberg ein, dessen romantische Ruine noch heute zu besichtigen ist. Auch die alten Gewölbe des von ihr gegründeten Klosters Rupertsberg können besucht werden. Das Erbe wird von der Benediktinerinnenabtei St. Hildegard gepflegt, die malerisch über Rüdesheim liegt und Weine vom eigenen Weinberg anbietet.

um die beiden neugotischen Westtürme ergänzt. Am Lindenplatz erfreut eine 700 Jahre alte Sommerlinde das Auge.

15 Johannisberg

Der Geisenheimer Stadtteil liegt inmitten der Weinberge und wird vom mächtigen Schloss Johannisberg beherrscht. Das einstige Kloster wurde im Laufe der Zeit zu einem exklusiven Weingut ausgebaut und verfügt über absolute Spitzenlagen. Im Schloss finden im Sommer Konzerte des Rheingau Musik Festivals und andere Veranstaltungen statt. Ansonsten haben Besucher Zugang zur Vinothek, dem Restaurant und der wiederaufgebauten Basilika. Der Ort verfügt außerdem über eine große Zahl anderer Weingüter und Straußwirtschaften. Zudem sind mehr als ein Dutzend Wanderwege durch die Weinberge angelegt.

16 Oestrich-Winkel

Das Wahrzeichen des fachwerkbunten Weinorts ist der historische Weinverladekran aus dem Jahr 1744. Schloss Vollrads mit Wohnturm und barockem

Unten: Weinkeller im Kloster Eberbach, einem ehemaligem Zisterzienserkloster bei Eltville. Auf demselben Anwesen wird der Steinberger Wein gekeltert. Außerdem verfügt es über ein Hotel und exzellente Gastronomie (kleines Bild rechte Seite: Mönchsdormitorium). Malerisch liegt das Weingut Schloss Vollrads in Oestrich-Winkel (rechts).

WEINGÜTER

Wein- und Sektgut Goswin Lambrich
Das Familienweingut serviert zu edlen Tropfen passende Speisen.
Auf der Kripp 3
55430 Oberwesel-Dellhofen
Tel. +496744/8066 oder
info@weingut-lambrich.de,
weingut-lambrich.de

Weingut Peter Jakob Kühn
Das Demeter-Bio-Weingut, seit 230 Jahren in Familienbesitz, wurde zum Winzer des Jahres 2016 gewählt.
Mühlstraße 70
65375 Oestrich-Winkel
Tel. +496723/2299 oder
info@WeingutPJKuehn.de,
www.weingutpjkkuehn.de

Weingut Kloster Eberbach
Das ehemalige Zisterzienserkloster ist das renommierteste Weingut im Rheingau mit Gastronomie und Führungen durch das Klostergebäude.
65346 Eltville
Tel. +496723/672360460 oder
weingut@kloster-eberbach.de,
kloster-eberbach.de

Schloss Reinhartshausen
Die Erzeugnisse können in der Vinothek im schönen Innenhof des Schlosses verkostet werden.
Hauptstr. 41
65346 Eltville-Erbach
Tel. +496123/7504813 oder
vinothek@schloss-reinhartshausen.de,
www.schloss-reinhartshausen.de

Fleischer Weingut in Mainz
Das Traditionsweingut bietet eine umfangreiche Palette an Weinen sowie Liköre, Essig und Senf.
Rheinhessenstraße 103
55129 Mainz
Tel. +491631/59797 oder
info@weingut-fleischer.de,
www.weingut-fleischer.de

Herrenhaus, seit Jahrhunderten Stammsitz der Familie Greiffenclau, ist heute Weingut und Restaurant mit angeschlossener Vinothek. Auf dem Friedhof der spätgotischen Kirche St. Walburga in Winkel liegt die Dichterin Karoline von Günderode begraben. Eine Besichtigung wert ist auch die weitgehend in ursprünglichem Zustand erhaltene romanische Basilika St. Aegidius im Ortsteil Mittelheim.

17 Ingelheim

Mit seiner prächtigen, einer römischen Villa nachempfundenen Kaiserpfalz war Ingelheim im frühen Mittelalter einer der wichtigsten Orte Deutschlands. Weil Karl der Große Burgunder liebte, wurde dieser hier angebaut. Darum ist Ingelheim bis heute eine Rotweinstadt. Der alten Pfalz kann man mithilfe eines gut gemachten Rundweges und eines kleinen Museums nachspüren. Die Weintradition halten gut drei Dutzend Weingüter hoch. Neben dem überregionalen Rotweinfest gibt es noch Anfang Mai das Frühlings-Weinfest und dann bis Ende August fast an jedem Wochenende irgendwo ein Hoffest.

18 Gau-Algesheim

Der charmante Ort mit seinen farbenfrohen alten Häusern liegt eingebettet in die Rebhänge am linken Rheinufer. Sehenswert sind der schöne Marktplatz, die barocke Wallfahrtskirche auf dem Laurenziberg und das Rheinhessische Fahrradmuseum. In der Umgebung gibt es viele schöne Wanderwege, z. B. auf dem geoökologischen Erlebnispfad oder durch das Naturschutzgebiet Gau-Algesheimer Kopf mit seinen Orchideen und geschützten Tierarten. Am zweiten Wochenende im Oktober wird das »Fest des jungen Weines« gefeiert.

19 Hattenheim

Hattenheim hat eine schöne Altstadt mit vielen prächtigen Winzerhöfen und anderen historischen Gebäuden zu bieten, aber auch einige der besten Weinlagen am Rhein. Eine Kuriosität sind die Rebgärten auf der Rheininsel Mariannenaue, wo das Weingut Schloss Reinhartshausen Chardonnay und Sauvignon Blanc anbaut. Vor allem aber ist das Staatsweingut Kloster Eberbach bedeutend. Das Zisterzienserkloster in einem kleinen Seitental des Rheins ist fast vollständig in seiner mittelalterlichen Anlage im romanischen und frühgotischen Stil erhalten geblieben. Nicht zuletzt deshalb war die Klosteranlage auch Drehort für die Verfilmung von Umberto Ecos Roman »Der Name der Rose«.

20 Kiedrich

Das kleine Dorf in den Hügeln des Rheingaus verfügt über erstklassige Lagen und eine Vielzahl von Weingütern mit teils fürstlichem Ursprung. Daneben weist es aber auch eine für seine Größe bemerkenswerte Anzahl von gotischen Kirchenbauten auf, so etwa die Pfarrkirche St. Valentin mit ihrer wertvollen Innenausstattung und einer der ältesten spielbaren Orgeln der Welt. Eine Besonderheit sind auch die Kiedricher Chorbuben (und -mädchen), die gregorianische Gesänge in einer altgermanischen Weise singen; eine weitere der Weinberg der Ehe, wo alle hier getrauten Paare einen Rebstock bekommen.

21 Eltville

Die malerisch zwischen Weinbergen gelegene Wein-, Sekt-, Rosen- und Gutenbergstadt wartet mit einer plantanenbestandenen Rheinpromenade und einer prächtigen Altstadt auf. Zu den Sehenswürdigkeiten zählen die kurfürstliche

Burg mit der Gutenberggedenkstätte, die als Hotel genutzte Burg Crass, einige ehemalige Adelshöfe, viele Fachwerkhäuser und die Kirche St. Peter und Paul aus dem 14. Jahrhundert. Am ersten Novemberwochenende findet die Kappeskerb, das Weinlesefest, statt.

22 Walluf

Mit einer Erwähnung im Jahr 770 ist dieser Ort die älteste erwähnte Weinbaugemeinde im Rheingau. Auch heute noch gibt es eine Vielzahl an Weingütern und Straußwirtschaften. Beliebt ist der Weinprobierstand »Fässchen« am Rheinufer, an dem den Sommer über sechs örtliche Winzer ihre Erzeugnisse ausschenken. Walluf verfügt zudem über eine Vielzahl schöner alter Mühlen, von denen allerdings nur die Bugmühle ein noch drehendes Wasserrad besitzt.

WEINFESTE

APRIL/MAI
»Rheingauer Schlemmerwochen«
Tel. +496723/99550 oder
tourist@kulturland-rheingau.de

AUGUST
»Weinwoche« in Wiesbaden
Tel. +49611/313112 oder
maerkteundevents@
wiesbaden.de

23 Wiesbaden

Die hessische Landeshauptstadt liegt am Fuß der bewaldeten Höhen des Taunus. 20 Thermalquellen haben sie seit Römerzeiten zu einem beliebten Kurort werden lassen. Der Kurbezirk weist ein imposantes neoklassizistisches Kurhaus (1907) und die Kurhauskolonnade, die längste Säulenkolonnade Europas, auf. Nicht weit davon sind der Kochbrunnen, der 15 Thermalbrunnen zusammenführt, sowie das Kaiser-Friedrich-Bad mit hübscher Jugendstilausstattung zu finden. Im Stadtzentrum liegt das Stadtschloss, das seit 1946 der Sitz des Hessischen Landtags ist. Schräg gegenüber beeindruckt das Alte Rathaus (1610). Überragt wird das Bauensemble von der ziegelroten neugotischen Marktkirche.

24 Hochheim

In der kleinen Stadt zwischen Wiesbaden und Frankfurt ist ein Denkmal für die britische Königin Viktoria zu finden. Auch ein Weinberg ist nach ihr benannt. Die damalige Queen besuchte den Ort 1945 zusammen mit ihrem deutschen Ehemann. Seitdem ist »Hock« bei vielen Briten ein Synonym für Rheinwein. Auch die Mumm-Sekte haben hier ihre Wiege und werden in Hochheim produziert. Am ersten Juliwochenende gibt es ein Weinfest. Darüber hinaus hat Hochheim Fachwerkhäuser und die mit barocken Fresken ausgemalte Kirche St. Peter und Paul zu bieten.

25 Flörsheim

Eingerahmt von Weinbergen, ist Flörsheim Anfangs- und Endpunkt der Rheingauer Rieslingroute. Die meisten Winzer finden sich im Ortsteil Wicker. Dort sowie in Flörsheim selbst gibt es im Sommer einen Weinprobierstand, den jede Woche ein anderer Winzer betreibt. Am ersten Augustwochenende wird ein Weinfest gefeiert. Einen Besuch wert ist auch die St.-Gallus-Kirche inmitten der historischen Altstadt.

Prunkvolles Wiesbaden: Schloss Biebrich (links oben) und Innenraum der Kaiser-Friedrich-Thermen (darunter). Oben: Kuppel der Kirche auf dem Neroberg.

Deutsche Weinstraße

Als eine der ältesten touristischen Straßen des Landes besticht diese Strecke mit viel Sehenswertem, aber vor allem mit vielen edlen Tropfen.

WEINROUTE 3

Im Frühling säumen vielerorts rosa blühende Mandelbäume die Deutsche Weinstraße. Geschützt durch die Hügel des Pfälzerwaldes, herrscht in der Oberrheinebene ein einzigartig mildes Klima. Rund 1800 Sonnenstunden im Jahr lassen auch mediterrane Pflanzen wachsen und verwöhnen die rund 100 Millionen Rebstöcke, die in Deutschlands zweitgrößtem Weinbaugebiet gedeihen. Erstmals kam man hier 1935 auf die Idee, eine touristische Route entlang der bedeutendsten Weindörfer auszuweisen, weshalb diese den Namen »Deutsche« und nicht »Pfälzer« Weinstraße trägt. Streng genommen dürfen sich nur die Orte, die direkt an der ausgewiesenen Route liegen, nach der Weinstraße benennen, aber es empfiehlt sich, nicht sklavisch der Beschilderung zu folgen, sondern sich eine individuelle Strecke über schöne Dörfer, interessante Weingüter und malerische Burgen zusammenzustellen. Neben dem Auto taugt auch das Fahrrad als Fortbewegungsmittel. Der Radweg ist fast deckungsgleich mit der Autoroute; die meist nicht sehr steilen Hügel sind gut zu bewältigen. Der nördliche Teil bis Neustadt wird als Region Mittelhaardt bezeichnet. Hier sind die Böden magerer, trockener und speichern mehr Wärme. Sie bringen deshalb in der Regel weniger Ertrag, aber ausdrucksvollere Weine als die fetteren Böden der südlichen Weinstraße. Generell ist die Pfalz für ihre Rieslinge und Rieslingsekte berühmt.

Routenlänge: 85 km
Zeitbedarf: ca. 2 Tage
Start: Bockenheim
Ziel: Schweigen-Rechtenbach
Routenverlauf: in Nord-Süd-Richtung bis Bad Dürkheim (B 271,) dann auf kleinen Straßen westlich von Bundesstraße und Autobahn

Besondere Hinweise: Worms und Wissembourg sind zwei touristische Juwelen. Eine Fortsetzung über die Elsässische Weinstraße bietet sich an.

Auskünfte:
Deutsche Weinstraße e. V. Mittelhaardt
Martin-Luther-Straße 69
67433 Neustadt an der Weinstraße
Tel. +496321/912333 oder
verein@deutsche-weinstrasse.de

1 Worms

Untrennbar verbunden ist die 2000-jährige Kaiser- und Bischofsstadt am Rhein mit dem »Nibelungenlied«, worüber das Nibelungenmuseum informiert. Auch der romanische Dom aus dem 11./12. Jahrhundert ist eine wichtige Schöpfung des deutschen Hochmittelalters. Wo einst die Kaiserpfalz stand, besucht man heute den Heylshof (19. Jh.) mit exzellenten Kunstsammlungen. Im Norden der Altstadt liegt das ehemalige jüdische Viertel mit rekonstruierter Synagoge und Jüdischem Museum.

2 Bockenheim

Sehenswert ist in der katholischen Kirche St. Lambert die aus Lindenholz gearbeitete Traubenmadonna (Mitte 15. Jh). Sie stellt Maria mit dem Jesuskind auf dem Arm dar, das eine blaue Traube in seiner linken Hand hält, aus der es mit seiner rechten gerade eine einzelne Beere herausgelöst hat. Das Haus der Deutschen Weinstraße ist einem römischen Kastell nachempfunden. Von der oberen Plattform des Hauses aus hat man einen herrlichen Blick über Bockenheim, das Rebenmeer und die Oberrheinische Tiefebene bis zum Odenwald.

3 Grünstadt

Am 21. November 875 erstmals urkundlich erwähnt, war das malerisch am Rand des Pfälzerwaldes gelegene Grünstadt ab dem Jahr 1706 Residenzstadt der Grafen von Leiningen. Kurios ist: Die Linien Alt-Leiningen und Neu-Leiningen regierten jeweils abwechselnd für ein Jahr. Darüber informiert das Museum im Alten Rathaus. Heute gehört Grünstadt mit den zum Stadtgebiet gehörenden Ortsteilen Asselheim und Sausenheim zu den bedeutenden Weinbauorten der Deutschen Weinstraße. Die wunderbar gelegene Weinwanderhütte Asselheim ist ein beliebtes und lohnendes Ausflugsziel.

4 Dirmstein

Das hübsche Städtchen war schon im Mittelalter und der frühen Neuzeit ein Zentrum des Weinbaus und Sitz mehrerer begüterter Adelsfamilien, die hier eine Reihe schlossähnlicher Herrenhäuser errichteten. Im barocken Sturmfeder'schen Schloss sind heute die Gemeindeverwaltung und andere kommunale Einrichtungen untergebracht. Weitere Attraktionen sind die »Zweikirche« St. Laurentius, die Katholiken und Protestanten gemeinsam nutzen, zwei schöne Landschaftsparks, in denen im Sommer Musikveranstaltungen stattfinden, und natürlich die zahlreichen Weingüter.

5 Neuleiningen

Neu ist in Neuleiningen nicht viel. Schöne alte Häuser drängen sich im Schatten einer mächtigen Burgruine. Diese war im 13. Jahrhundert in Konkurrenz zum benachbarten und eben-

Oben: Hochaltar und Innenraum des Doms St. Peter in Worms; Ersteren schuf Johann Balthasar Neumann.

ABSTECHER: Pfälzerwald

Das größte zusammenhängende Waldgebiet Deutschlands wartet mit bizarren Felsen, Eichenbeständen, Edelkastanienwäldern, Burgen und Ruinen auf.

ABSTECHER: Speyer

Das UNESCO-Weltkulturerbe Speyerer Dom, das größte romanische Bauwerk Deutschlands, ist unbedingt einen Besuch wert. Ebenso ein Rundgang durch die schöne Altstadt.

falls sehenswerten Altleiningen gebaut und im Pfälzischen Erbfolgekrieg zerstört worden. Im Sommer gibt es dort Open-Air-Konzerte und Ende Juli, Anfang August das Burg-Weinfest. Darüber hinaus lohnt das malerische alte Gemäuer mit seinem Aussichtsturm, dem Heimatmuseum und der Burgschänke einen Besuch.

6 Dackenheim

Der beschauliche kleine Ort entwickelte sich zwischen fünf mittelalterlichen Klosterhöfen. Sehenswert ist die romanische Pfarrkirche St. Maria. Mit dem Dackenheimer Liebesbrunnen verfügt der Ort über eine der bekanntesten Reblagen an der Weinstraße. Am letzten Wochenende im Juli wird das Liebesbrunnen-Fest gefeiert. Einzigartig ist der große Golfplatz, der mit über 2000 Rebstöcken und Obstbäumen bepflanzt wurde. Am Rande des Platzes steht es Spielern wie Wanderern frei, von den Früchten zu naschen.

7 Herxheim am Berg

Mit der über 1000 Jahre alten Jakobskirche kann Herxheim eines der ältesten noch bestehenden Sakralgebäude der Pfalz aufweisen. Im Inneren finden sich die Reste mittelalterlicher Wandmalereien. Vom alten Schlossgarten hinter der Kirche genießt man einen legendären Blick weit in die Rheinebene hinein. Im Schatten der alten Bäume findet im Juli auch das Herzxheimer Wein- und Sektsymposium statt, das als eines der schönsten Weinfeste der Pfalz gilt.

8 Freinsheim

Freinsheim ist eine der größten Weinbaugemeinden in der Pfalz und die Heimat vor allem roter Reben. Wegen seiner schönen historischen Altstadt und der nahezu vollständig erhaltenen Stadtmauer wird es auch als das »Pfälzer Rothenburg« bezeichnet. Außerdem

Der Dürkheimer Wurstmarkt (links oben) und das traditionsreiche Gasthaus zur Kanne in Deidesheim (links unten).

wartet es mit einem Museum für historisches Spielzeug und dem kleinsten Theater der Pfalz auf, dem »Theader« in einem der alten Stadttürme. In der schönen Kulisse finden im Juni das Altstadtfest und im Juli das Stadtmauerfest statt, die beide im Zeichen des Weins stehen. Beliebt sind auch die kulinarischen Weinwanderungen je am letzten Januar- und Septemberwochenende.

DÜRKHEIMER REKORDE

In Dürkheim sind die Superlative der Weinwelt zu Hause.Es ist die größte deutsche Weinbaugemeinde. Hier findet Mitte September der Wurstmarkt statt, das größte Weinfest der Welt. Die Weinbergnacht im März, bei der Winzer Speisen und Getränke anbieten, ist die größte Open-Air-Weinprobe der Pfalz. Und das größte Weinfass der Welt würde 1,7 Millionen Liter fassen, wäre im Inneren nicht eine Weinstube eingerichtet.

9 Kallstadt

Viele Fachwerkhäuser und Winzerhöfe schmücken die Innenstadt rund um die Salvator-Kirche mit ihrem 36 Meter hohen Haubenturm. Mit dem »Kallstadter Saumagen« besitzt der hübsche Ort auch eine der Spitzenweinlagen der Pfalz, auf der vor allem Riesling angebaut wird. Beim »Fest der 100 Weine« im Mai oder der »Saumagenkerwe« im September kann man dann beides probieren: die Fleischspezialität und die Weine.

10 Bad Dürkheim

Die Kurstadt ist eine der größten Weinbaugemeinden der Pfalz, hat jedoch darüber hinaus viel zu bieten: Sehenswert sind z. B. die gotische Schlosskirche mit den vielen Grabdenkmälern und der schöne Kurpark mit dem längsten berieselten Gradierwerk Deutschlands. Rund um die Stadt lohnen die romantischen Ruinen der Benediktinerabtei Limburg und der mächtigen Hardenburg genauso einen Besuch wie das rekonstruierte römische Landgut Weilberg, der gut erhaltene antike Steinbruch am Kriemhildenstuhl, die keltische Heidenmauer und der Aussichtspunkt Drachenfels.

11 Wachenheim

Mit historischen Gebäuden, Weinstuben, Höfen und Türmen verströmt der Ort einen urigen Charme. Im Stadtkern blieben Teile der mittelalterlichen Stadtmauer erhalten, die man auf einem 1,5 Kilometer langen Rundgang besichtigen kann. Nordöstlich der Stadt wurde ein römisches Hofgut, eine sogenannte Villa rustica, ausgegraben. Wahrzeichen der Stadt ist die weitläufige Ruine der Wachtenburg, wo im Juni das Burg- und Weinfest stattfindet.

12 Deidesheim

In Deidesheim verköstigte früher Helmut Kohl hohe Staatsgäste mit Saumagen und edlen Tropfen. Von der langen Tradition des Weinbaus, die bis ins frühe Mittelalter, vielleicht sogar in die Römerzeit zurückreicht, zeugen viele prächtige alte Weingüter und Villen einst hier ansässiger Adelsfamilien. Im historischen Rathaus informiert das Museum für Weinkultur über die Geschichte. Auch der Schlosspark und der Kaisergarten sind sehenswert, ebenso die hübsche Altstadt rund um die gotische Pfarrkirche St. Ulrich. Von den zahlreichen Veranstaltungen ragen

Kleines Bild oben: Weinreben, so weit das Auge reicht, sieht man in Neustadt an der Weinstraße. Unten: die immer noch imposante Burgruine der einstigen Herrscher in Neuleiningen.

die Weinkerwe im August und die Geißbockversteigerung am Dienstag nach Pfingsten heraus.

13 Haßloch

Das »größte Dorf der Pfalz« ist vor allem für den Vergnügungspark »Holiday Park« bekannt. Sehenswert ist aber auch der Ort selbst mit seinen vielen Bürgerhäusern, den Fachwerkbauten und den verschiedenen Spalierpflanzen. Haßloch verfügt auch über einen Vogelpark, einen Badepark und eine Pferderennbahn. Im Mai finden die Leisböhler Weintage statt, im September das Andechser Bier- und Straßenfest und im Dezember der »Weihnachtsmarkt der 1000 Lichter«.

14 Neustadt an der Weinstraße

Lohnenswert ist ein Bummel durch die Neustädter Altstadt, die den größten Fachwerkbestand der Pfalz aufzuweisen hat. Besonders sehenswert ist der einem Pfälzer Sagenwesen gewidmete Elwedritsche-Brunnen am Marstallplatz: Von April bis Oktober gibt es dort jeden Freitag für Touristen eine Weinprobe bei wechselnden Winzern, vor und während des Deutschen Weinlesefestes im Oktober – mit Wahl der Deutschen Weinkönigin und großem Festumzug – finden Stadtführungen auch an Sonn- und Feiertagen statt. Rund um die Stadt sind neben dem Hambacher Schloss noch die Wolfsburg, die Burg Winzingen und das Haardter Schloss eine Besichtigung wert.

★★★ HAMBACHER SCHLOSS

Der Name dieser imposanten Burg ist eng mit der deutschen Geschichte des 19. Jahrhunderts verbunden. Im Jahr 1832 versammelten sich rund 30000 Menschen auf der von den Franzosen zerstörten Burg und protestierten vier Tage lang für mehr Demokratie und gegen Repressionen des bayerischen Königs, der damals auch die Pfalz beherrschte. Später ließ Maximilian II. von Bayern die Burg teilweise wiederaufbauen (www.hambacher-schloss.de).

15 Sankt Martin

Die kleine Gemeinde zu Füßen des Wingertsbergs mit seinen wunderschönen Weinterrassen weist einen hübschen, denkmalgeschützten Ortskern mit vielen alten Fachwerkhäusern auf. Das traditionsreiche Weingut »Herrengut St. Martin« befindet sich ebenfalls in der Ortsmitte. In der gotischen St.-Martinskirche, der der Ort seinen Namen verdankt, sind einige wertvolle Skulpturen zu finden. Auch der Martinstag am 11. November wird hier natürlich ausgiebig gefeiert. Daneben gibt es am ersten Wochenende im August eine Weinkerwe.

16 Edenkoben

Schon der Bayernkönig Ludwig I. erkannte die klimatischen Vorzüge des Dorfes mit seinem hübschen Ortsbild und ließ sich hier eine italienisch geprägte Villenanlage bauen, das heutige Schloss Ludwigshöhe. Dieses beherbergt eine Max-Slevogt-Galerie. Sehenswert ist auch die Pfarrkirche St. Laurentius (1740). Im Haus des ehe-

Linke Seite: Statue des St. Martin mit Fachwerkhaus (oben) und Altes Rathaus in Neustadt (darunter). Unten: Blick über Neustadt an der Weinstraße.

maligen Klosterschaffners befindet sich das Museum für Weinbau und Stadtgeschichte. Im Juni findet die Owwergässer Winzerkerwe mit Mittelaltermarkt statt, im September das Weinfest der Südlichen Weinstraße.

17 Rhodt unter Rietburg

In dem hübschen Ort stehen 80 Prozent der Bausubstanz unter Denkmalschutz. Ein Torbogen reiht sich an den anderen und lädt in Straußwirtschaften, Weinstuben und Restaurants mit Pfälzer Spezialitäten ein. Über allem thront die Rietburg. Wer den wunderbaren Blick von dort ohne Mühe genießen will, kann dies per Sessellift tun. Eine Besonderheit ist hier der »Rhodter Piff«, ein Weinschoppen aus dem Liter-Glas. Zum »Fest des Neuen Weines« im September gibt es Livemusik. Im April findet das »WeinTestival&KunstFestival« statt.

18 Gleisweiler

Obwohl kein offiziell anerkanntes Bad, hat Gleisweiler eine Kurtradition als Kaltwasserheilanstalt und kann ein vom bayerischen Hofbaumeister Leo von Klenze errichtetes klassizistisches Kurhaus und einen Kurpark vorweisen. Ein Unikum ist die historische Walddusche, wo sich jeder, der will, öffentlich kalt abbrausen lassen kann. Vor allem aber ist Gleisweiler ein Weindorf. Mit der »Gleisweiler Hölle« besitzt es eine der besten Lagen der Südpfalz. Eine beliebte Wanderung führt auf den Teufelsberg, wo man von der Trifelsblickhütte aus eine tolle Aussicht genießt.

19 Landau in der Pfalz

Die flächenmäßig drittgrößte Stadt der Pfalz hat viel zu bieten: prächtige alte Bürgerhäuser, Reste einer Vauban'schen Festungsanlage, eine außergewöhnliche Jugendstilfesthalle, einen Zoo und viele Parks. Unbedingt anschauen sollte man sich auch das wunderschöne Frank-Loebsche-Haus mit seinen umlaufenden Galerien im Innenhof. Es wurde einst von Anne Franks Urgroßvater gekauft und dient heute als Ausstellungsraum. Im Oktober wird das Fest des Federweißen gefeiert.

Wunderschön liegt die Burganlage Trifels bei Annweiler (unten). Oben: Kreuzgang der Augustinerkirche in Landau.

WEINGÜTER

Wachtenburg Winzer eG
Die mit 58 Winzerfamilien eher kleine Genossenschaft wurde vom Fachmagazin »Weinwirtschaft« zur besten Genossenschaft der Pfalz gewählt.
Weinstraße 2
67157 Wachenheim
Tel. +496322/97980 oder
info@wachtenburg-winzer.de,
www.wachtenburg-winzer.de

Weingut August Ziegler
Der fast 300 Jahre alte Familienbetrieb wurde 2015 von der DLG wiederholt zum besten deutschen Weinerzeuger gewählt. Die Brüder Ziegler experimentieren auch gern mit für die Pfalz ungewöhnlichen Sorten wie Shiraz, Cabernet Franc und Sauvignon Blanc.
Bahnhofstraße 5, 67487 Maikammer
Tel. +496321/95780 oder
info@august-ziegler.de,
www.august-ziegler.de

Geheimer Rat Dr. von Bassermann-Jordan
Andreas Jordan führte Anfang des 19. Jahrhunderts den Qualitätsweinbau in der Pfalz ein. Sein auf drei Kinder aufgeteiltes Erbe führen heute neben Bassermann-Jordan auch die Weingüter von Winning und Reichsrat von Buhl weiter.
Kirchgasse 10, 67146 Deidesheim
Tel. +496326/6006 oder
info@bassermann-jordan.de,
www.bassermann-jordan.de

Weinbau der Lebenshilfe
Das Weinbauteam der Lebenshilfe Bad Dürkheim bewirtschaftet eine Reihe erstklassiger alter Steillagen, auf denen viel Handarbeit gefragt ist. Die hochwertigen Bio-Weine der Winzer mit Behinderung brauchen sich vor keiner Konkurrenz zu verstecken.
Sägmühle 15
67098 Bad Dürkheim
Tel. +496322/938135
www.lebenshilfe-weinbau.de

Dr. Bürklin-Wolf
Mit Wurzeln, die bis ins 16. Jahrhundert zurückreichen, ist dieses eines der ältesten Familienweingüter. Seit 2005 werden die vielfach prämierten Weine biodynamisch erzeugt.
Weinstraße 65
67157 Wachenheim
Tel. +496322/95330
bb@buerklin-wolf.de
www.buerklin-wolf.de

20 Ilbesheim
Geradezu winzig nimmt sich das Örtchen mit dem schönen Fachwerkrathaus inmitten der endlos scheinenden Weinberge rundherum aus. Überall kann man hier Wein, Sekt und Edelbrände verkosten oder Weinbergführungen mitmachen. Besonders stolz ist man auf den historischen Wingert am Kleinen Kalmit. Der mit einer Kapelle geschmückte Kalksteinhügel ist teils Naturschutzgebiet, teils wird er für den Anbau von Weißburgunder genutzt, für den die Böden hier ideal sind. Ende Juli findet an der »Affenschaukel« mitten in den Weinbergen das urige Kalmitweinfest statt.

21 Annweiler am Trifels
Mit ihren hübschen Fachwerkhäusern und alten Gassen könnte die zweitälteste Stadt der Pfalz ein typischer Weinort sein, doch der Rebensaft spielt hier nicht die Hauptrolle. Bereits im Naturpark Pfälzerwald gelegen, ist Annweiler ein guter Ausgangspunkt für Wanderungen. Und dann ist da noch der Trifels, eine mächtige alte Reichsburg, die zusammen mit den Ruinen Anebos und Münz auf den Hügeln thront. Hier war einst der englische König Richard Löwenherz gefangen. Heute kann man in den Räumen Nachbildungen der Reichskleinodien bewundern.

22 Eschbach
In dem Weindorf zu Füßen des Rotenberges begegnet man auf Schritt und Tritt großen, bunten Eselsskulpturen. Denn weil die Ritter der Madenburg, von deren imposanter Ruine man einen wunderbaren Ausblick genießt, einst Mitglieder der Turniergesellschaft mit dem Esel waren, waren die Bewohner des Dorfes seit Langem von ihren Nachbarn mit den Grautieren geneckt worden. Sehenswert ist auch der Dorfkern mit schönen Brunnen und Renaissancehäusern.

23 Klingenmünster
Keimzelle dieses Weinortes war ein großes Reichskloster, das bereits im 7. Jahrhundert gegründet worden war, nach der Reformation aber aufgelöst wurde. Heute sind Reste der alten Bausubstanz harmonisch in den Ort integriert. Eine Parkanlage mit Blumen- und Kräuterlabyrinth, Obstwiesen,

Bauerngärten und Niedrigseilgarten an der historischen Klostermauer lädt zur Erholung ein. Imposant präsentiert sich die Ruine der alten Stauferburg Landeck hoch über der Stadt. Sie ist ein beliebtes Ausflugsziel und im Juni Schauplatz eines Mittelalterfestes.

24 Gleiszellen-Gleishorbach

Das hübsche Fachwerkdorf ist die Hochburg des Gelben Muskatellers. Freunde dieser Rebsorte können hier die Erzeugnisse verschiedener Winzer vergleichen, die alle ihren eigenen Charakter haben. Am besten tun sie dies in einem der urigen Lokale, die sich entlang der romantischen Winzergasse im Ortsteil Gleiszellen reihen. Anfang September findet hier auch ein Weinfest statt, Mitte Oktober wird dem Federweißen gehuldigt. Sehenswert ist auch der »Kirchberg in Flammen« am Wochenende nach Fronleichnam.

25 Bad Bergzabern

Das Wahrzeichen der Stadt ist ein Renaissanceschloss mit außergewöhnlich kurzen, aber dicken Türmen, in dem einst die bayerischen Herzöge der Linie Pfalz-Zweibrücken residierten. Rundherum erstreckt sich eine schöne Innenstadt mit vielen alten Fachwerkhäusern und hübschen Gebäuden aus rotem Sandstein. Im örtlichen Kurviertel finden Gäste die Südpfalz-Therme mit Heilwasser aus der Petronella-Quelle und einen weitläufigen Kurpark mit einer Reihe seltener exotischer Bäume.

26 Schweigen-Rechtenbach

Der Ort an der französischen Grenze wird durch das 18 Meter hohe Deutsche Weintor geprägt, das die Nazis hier 1935 errichten ließen, um für deutschen Wein zu werben, der damals einen dramatischen Preisverfall erlitt. Heute ist die Vinothek im Weintor Anlaufpunkt für Besucher. Es gibt ein Restaurant, regelmäßige Führungen rund um den Wein und diverse andere Veranstaltungen. Außerdem beginnt hier der älteste Weinlehrpfad Deutschlands.

WEINFESTE

JULI
»Seebacher Kerwe« in Bad Dürkheim
»Weinwettstreit Grünstadt« in Grünstadt

AUGUST
»Weinbergwanderung« in Kallstadt

Weitere Informationen unter: www.deutsche-weinstrasse.de

27 Wissembourg

Auch wenn die Weinstraße an der deutsch-französischen Grenze endet, sollte man noch den Fluss Lauter überqueren und das wunderschöne Wissembourg in Frankreich besuchen. Rund um die prachtvolle Abteikirche St. Peter und Paul erstreckt sich eine gut erhaltene, mit Kanälen durchzogene Altstadt. Das Weinanbaugebiet, das eher dem der Südpfalz als des übrigen Elsass ähnelt, erstreckt sich vor allem westlich der Stadt. Der beste Anlaufpunkt für Weinproben ist die Winzergenossenschaft Cleebourg.

Links oben: Weingut in Schweigen-Rechtenbach. Darunter: die Abteikirche St. Peter und Paul in Wissembourg. Oben: Stadtplatz von Wissembourg.

WEINROUTE 4

Badens Weine sind von der Sonne verwöhnt: Über die gesamte Länge des Landes ragen die Ausläufer von Odenwald, Kraichgau und Schwarzwald in die Oberrheinebene mit ihrem mildem Klima hinein. Auf den Hängen wachsen die Reben, für die Deutschlands drittgrößtes Anbaugebiet berühmt ist. Im Norden liegt die badische Bergstraße, die wegen ihres Klimas auch als »Riviera Deutschlands« bezeichnet wird. Die vielen, oft steilen Weinlagen wechseln sich mit Pfirsich-, Kirsch- und Mandelbäumen ab und werden in der Regel mit weißen Reben bestockt. Hier gedeihen Riesling und Silvaner, Weiß- und Grauburgunder. Zwischen Heidelberg und Karlsruhe schließt sich das sanfte Hügelland des Kraichgaus an, wo Weinliebhaber ein vielfältiges Rotweinangebot finden. Für die liebliche Ortenau zwischen Rastatt und Offenburg sind Spätburgunder, Riesling und Müller-Thurgau und der seltenere Rote Traminer charakteristisch. Der traditionell wohlhabende Breisgau zwischen Offenburg und Freiburg ist Deutschlands wärmste Region und damit Burgunderland. Auch Kaiserstuhl und Tuniberg, die sich zwischen Rhein und Breisgau erheben, sind sonnenverwöhnt und für ihre Burgunderweine berühmt. Südlich davon zieht sich schließlich die breite Ebene des Markgräferlandes bis zur Schweizer Grenze, auf deren Böden sich der ansonsten in Deutschland kaum vorkommende weiße Gutedel wohlfühlt.

Routenlänge: ca. 265 km
Zeitbedarf: ca. 4 Tage
Start: Laudenbach
Ziel: Weil am Rhein
Routenverlauf: am östlichen Rand des Rheintals von Norden nach Süden

Besondere Hinweise: alternative Routen am Kaiserstuhl und Tuniberg, zwei Parallelstrecken beim Markgräflerland (über Staufen und Badenweiler, Bad Krozingen und Müllheim)

Auskünfte:
Schwarzwald Tourismus GmbH
Heinrich-von-Stephan-Straße 8b
79100 Freiburg
Tel. +49761/8964688 oder
info@badische-weinstrasse.de,
www.badische-weinstrasse.de

Badische Weinstraße

Den Schwarzwald entlang und in einer Schleife um Kaiserstuhl und Tuniberg führt diese Route zu den schönsten badischen Weinregionen.

1 Laudenbach

Der kleine Ort an der Grenze zwischen hessischer und badischer Bergstraße markiert den Ausgangspunkt der Badischen Weinstraße. Er ist von einer Fülle kleiner Weinberge und Obstgärten umgeben, die sich auf terrassierten Hängen erstrecken. Die alten Pfade entlang der historischen Trockenmauern sind vor allem zur Zeit der Obstblüte bei Wanderern beliebt. Die Gegend ist auch für ihren Amphibienreichtum bekannt, weshalb am ersten Septemberwochenende die »Froschkerwe« stattfindet.

2 Weinheim

Auf die Zwei-Burgen-Stadt erhoben lange Zeit sowohl das Kloster Lorsch als auch die Pfälzer Kurfürsten Ansprüche. Von der Herrschaft der Lorscher zeugt die malerische Burgruine Windeck hoch über der Stadt, von der Präsenz der Kurfürsten das Weinheimer Schloss. Die zweite Burg, die Wachenburg, entstand erst zu Beginn des 20. Jahrhunderts im neogotischen Stil. Darüber hinaus verfügt Weinheim über eine schöne Altstadt mit fränkischen Fachwerkhäusern, ein Arboretum, in dem dank des milden Klimas viele exotische Bäume wachsen, sechs Mühlen, einen Stauden-Schaugarten und eine alte Silbergrube.

3 Heidelberg

Wo der Neckar den Odenwald verlässt und in die Rheinebene eintritt, liegt sehr reizvoll die einstige Residenz der Pfälzer Kurfürsten und älteste Universitätsstadt Deutschlands. Die wechselhafte Geschichte zeigt mit exquisiten Sammlungen das Kurpfälzische Museum. Im Wesentlichen eine Schöpfung des 18./19. Jahrhunderts, ist das weltbekannte romantische Stadtbild Alt-Heidelbergs besonders schön vom Philosophenweg am Sonnenhang des Heiligenbergs aus zu sehen. Dominiert wird die Stadtidylle vom hoch gelegenen Schloss, einer Ruine, die man sich imposanter und malerischer nicht vorstellen kann.

4 Bruchsal

Die Stadt am westlichen Rand des Kraichgaus diente zeitweise den Fürstbischöfen von Speyer als Residenz, wovon ein imposantes, von Balthasar Neumann errichtetes Barockschloss,

Oben: Altstadt von Heidelberg mit Schlossruine, Karl-Theodor-Brücke und Heilig-Geist-Kirche. Links: Heidelberger Kornmarkt mit Schlossruine. Unten: Gartenfront von Schloss Bruchsal.

ABSTECHER: Neuf-Brisach

Von Breisach aus lohnt sich ein Ausflug über den Rhein in die in ihrer Bauweise einzigartige französische »Schwesterstadt« Neuf-Brisach, auch »Sternenstadt« genannt.

ABSTECHER: Glottertal

Bekannt durch die »Schwarzwald-klinik«: Das romantische Tal wartet mit dunklen Wäldern und steilen Weinbergen auf, deren Reben nur von Hand geerntet werden können.

die Pfarrkirche St. Peter und das von einem großen Park umgebene Lustschlösschen Belvedere zeugen. Dort sind u. a. das Stadtmuseum und eine Zweigstelle des Badischen Landesmuseums zu besuchen. Außer für Wein ist Bruchsal auch für seinen Spargel bekannt. Hier findet Ende Mai einer der größten Spargelmärkte Europas statt, wo das Edelgemüse mit heimischen Weinen verkostet werden kann.

5 Bretten

Eingebettet in die Hügel des Kraichgau wartet die Geburtsstadt Philipp Melanchthons mit einer wunderschönen alten Innenstadt mit zahlreichen Fachwerkhäusern auf. Direkt am Marktplatz befindet sich das neogotische Melanchthon-Museum, das an der Stelle des zerstörten Geburtshauses des Reformators errichtet wurde. Wahrzeichen der Stadt ist der Mops am Hundles-Brunnen. Auf Kinder wartet der größte Streichelzoo Deutschlands.

6 Weingarten

Alle zwei Jahre findet Anfang September das Weingartener Weinfest statt. Doch auch darüber hinaus lohnt die hübsche Fachwerkstadt einen Besuch. Durch die Rebgärten am Katzenberg führen drei verschieden lange Wanderungen, die mit zahlreichen Infotafeln rund um den Weinbau bestückt sind. Die dort angebauten Gewächse – vor allem aus der Burgunderfamilie, aber auch Riesling und Müller-Thurgau – können bei der heimischen Winzergenossenschaft verkostet werden.

7 Karlsruhe

Am 17. Juni 1715 legte Markgraf Karl Wilhelm von Baden den Grundstein zu einem achteckigen Turm, der als Mittelpunkt einer radial angelegten Stadt Symbol seiner fürstlichen Gnadensonne sein sollte. Wie Speichen

Prunkvolle Anlagen (links, v. oben n. unten): Schloss Favorite in Rastatt, Hotel Bühlerhöhe in Bühl, Schloss Rastatt, Trinkhalle Baden-Baden.

von der Nabe eines Rades wurden vom Turm aus 32 schnurgerade Straßen in alle Himmelsrichtungen gezogen sowie durch einen kleineren und einen größeren Kreis eingefasst. Planmäßig wuchs darauf wie auf einem Fächer die barocke Fürstenstadt, deren ursprünglicher Grundriss erhalten blieb. Die weitläufigen Räume des Karlsruher Schlosses beherbergen das Badische Landesmuseum.

8 Ettlingen

Prächtigstes Gebäude des hübschen alten Städtchens ist das markgräfliche Schloss 16.–18. Jh.) mit der von Cosmas Damian Asam 1732 ausgemalten Schlosskapelle (»Asamsaal«). Das Museum für Ostasiatische Kunst im Schloss zeigt großartige historische Lackarbeiten. Im Rahmen der Schlossfestspiele werden jedes Jahr von Juni bis August Theateraufführungen, Musicals und Stücke für Kinder gezeigt, vorwiegend als Open-Air-Veranstaltungen im Schlosshof.

9 Rastatt

Das »Versailles am Oberrhein« ließ Markgraf Ludwig Wilhelm von Baden, der »Türkenlouis«, ab 1697 errichten. Der stattliche Barockbau mit seiner 230 Meter langen Gartenfront orientiert sich weitgehend am Vorbild Versailles und bezieht auch die angrenzende Innenstadt in seine Symmetrieachse mit ein. Sibylla Augusta, die Witwe des Markgrafen, ließ ab 1710 das barocke Lustschloss Favorite erbauen. Einen Besuch lohnt auch die romanische Basilika im Ortsteil Schwarzach des südlich davon gelegenen Rheinmünster.

10 Baden-Baden

Durch die Eingemeindung der Ortschaften Varnhalt, Steinbach und Neuweier wurde Baden-Baden mit einer Rebfläche von 325 Hektar zu einem der größten geschlossenen Anbaugebiete in Deutschland. Der mondäne Kurort an der Oos lebt immer noch ganz von der Pracht vergangener Zeiten. Links der Oos errichtete Friedrich Weinbrenner 1821–23 das Kurhaus, in dem sich heute auch das berühmte Kasino befindet. Rechts der Oos zieht sich die mittelalterliche Altstadt den Berg hinauf. Dicht beieinander: das prunkvolle Friedrichsbad (1869 bis 1877) und die Caracalla-Therme.

11 Bühl

Zwei Produkte der Großen Kreisstadt sind überregional bekannt: die Bühler Zwetschgen und die Affentaler Weine der Genossenschaftskellerei. Sehenswert sind aber auch die schönen Fachwerkhäuser des Hänferdorfs, des ältesten Stadtviertels von Bühl, die neugotische Pfarrkirche St. Peter und Paul, die Barockkirche Kappelwindeck und die romantische Burgruine Alt-Windeck. Rund um Bühl führen Info-Wanderwege durch Weinberge und Obstgärten.

★★★

DER ENGELFELSEN

Weinbau an einem Hang mit bis zu 75 Grad Steigung? Oberhalb von Bühlertal, dem Engelsberg, wird seit rund 800 Jahren edler Spätburgunder angebaut. Besucher der Gegend können die steilste Weinlage Europas von Anfang April bis Ende Oktober auf einem Wander- und Klettersteig erkunden, der vom Förderverein Engelsberg angelegt worden ist (www.buehlertaeler-engelsberg.de).

12 Kappelrodeck

In der kleinen Gemeinde im Achertal kommen nicht nur Weinliebhaber auf ihre Kosten. Hier, am Rande des Schwarzwalds, sind auch diverse Brennereien ansässig und verwandeln heimisches Obst in Edelbrände. Eine besondere Spezialität ist der »Zibärtle«, der aus einer kleinen, aber hocharomatischen Pflaumensorte hergestellt wird. Bei Schlemmern sehr beliebt ist das romantische Zuckerbergschloss. Von einem Steinbruchbesitzer Ende des 19. Jahrhunderts gebaut, beherbergt es ein Café und ein Restaurant.

Oben: Kuppel mit Stuckarbeiten und Fresko, Basilika St. Martin in Weingarten. Unten: Weinhänge des Winzerkellers Hex vom Dassenstein eG.

13 Oberkirch

Erstmals im 11. Jahrhundert erwähnt, besitzt dieser historische Ort seit dem Jahr 1326 Stadtrechte und wurde bis auf wenige Unterbrechungen 500 Jahre lang von den Straßburger Bischöfen beherrscht, bevor er 1803 zu Baden dazukam. Wahrzeichen ist die aus dem Mittelalter (11. Jh.) stammende Ruine Schauenburg. Im Ortsteil Tiergarten befindet sich außerdem die Ruine Ullenburg, wo Johann (Hans) Jakob Christoffel von Grimmelshausen, Verfasser des »Simplicissimus«, nach dem Dreißigjährigen Krieg Burgverwalter war.

14 Durbach

Dieser beschauliche Ort östlich von Offenburg lebt vom Wein. In den Rebbergen, die sich an die Hänge Dutzender kleiner Täler schmiegen, sind knapp 300 Mitglieder der örtlichen Winzergenossenschaft sowie elf Inhaber privater Weingüter tätig. Die meisten sind mehrfach prämiert. Wahrzeichen ist die über dem Ort thronende Burg Staufenberg, wo das ehemals regierende Haus Baden die »Markgräfliche Badische Weinkellerei« betreibt. Entsprechend viele Events rund um den Wein werden das Jahr über angeboten.

15 Offenburg

Die 1148 erstmals urkundlich erwähnte Hauptstadt der Ortenau wird oft als »Tor zum Mittleren Schwarzwald« bezeichnet. Die sehenswerte Innenstadt wartet mit zahlreichen prächtigen Barockgebäuden auf. Zu den schönsten gehören das barocke Rathaus am Marktplatz und der Königshof, der heute eine Polizeidirektion beherbergt. Unbedingt besuchen sollte man auch den malerischen Fischmarkt mit seinem Löwenbrunnen von 1599, der Hirschapotheke von 1698 und das Salzhaus von 1786. Ende September findet hier das Ortenauer Weinfest statt.

16 Ortenberg

Einst besaß dieser Ort eine mittelalterliche Burg. Die Franzosen sprengten sie jedoch 1678, und sie verfiel zusehends. Doch in der Romantik entdeckte man sie wieder und stattete sie um 1840 so aus, wie man sich damals eine mittelalterliche Burg vorstellte: mit vielen Zinnen und putzigen Erkertürmchen. Heute befindet sich in dem alten Gemäuer eine Jugendherberge, die Turmanlage ist öffentlich zugänglich. Ein Abstecher ins mittelalterliche Gengenbach lohnt sich ebenfalls. Der Blick auf die Märchenburg, vom Kinzigtal umgeben, ist bezaubernd.

17 Lahr

Das Städtchen am Eingang des Schuttertals hat eine hübsche Innenstadt mit Fachwerkbauten, schönen Bürgerhäusern aus dem 18./19. Jahrhundert und Repräsentativgebäuden aus rotem Sandstein aufzuweisen. Im Stadtpark finden sich mehr als 250 Rosensorten, zahlreiche exotische Pflanzen und diverse Tiergehege. Zur »Chrysanthema« im Spätherbst verwandelt sich dann ganz Lahr in ein einziges Blütenmeer: historische Bauten und andere Anlagen werden mit bis zu zwei Meter langen Kaskadenchrysanthemen geschmückt.

18 Ettenheim

Im Kern des denkmalgeschützten Städtchens am Rand der Rheinebene dominiert neben Fachwerkhäusern der Barockstil. Im 18. Jahrhundert entstanden die prächtige Barockkirche mit dreiläufiger Treppenanlage und das repräsentative Ichtratzheim'sche Haus. Das fürstbischöfliche Schloss stammt aus dem 16. Jahrhundert, Wahrzeichen ist die hoch gelegene Pfarrkirche von 1770. Der Ortsteil Ettenheimmünster war über 1000 Jahre lang von einem Kloster geprägt. Übrig geblieben ist nur noch die stattliche Kirche.

19 Endingen am Kaiserstuhl

Endingen gilt als eine der attraktivsten Städte am Rand des Kaiserstuhls. Der historische Stadtkern wird bestimmt von Fachwerkbauten aus dem 15.–17. Jahrhundert. Sehenswert sind das Alte Rathaus von 1527 sowie der Üsenberger Hof, in dem sich das Vorderösterreichmuseum befindet. Der Bezug zu Österreich hat weit zurückliegende Wurzeln, denn von 1379 bis 1806 stand Endingen unter habsburgischer Landesherrschaft.

20 Vogtsburg im Kaiserstuhl

Unter dem Namen Vogtsburg sind seit 1975 sieben Weinbaugemeinden zusammengefasst, die in den inneren Tälern des Kaiserstuhls liegen. Dank der geschützten Lage besitzt Vogtsburg ein fast mediterranes Klima und mit rund 14,5 Quadratkilometern die größte Rebfläche Baden-Württembergs. In einer Zehntscheune des Johanniter-Ordens ist im Ortsteil Achkarren das Kaiserstühler Weinbaumuseum zu finden, das über das Winzerhandwerk sowie die Natur- und Kulturlandschaft in und um den ehemaligen Vulkan informiert.

WEINFESTE

APRIL–DEZEMBER
Weinprobe mit Kellerführung in Kellereien in Baden-Baden

MAI
»MaiWein« mit verschiedenen Veranstaltungen entlang der Weinstraße

SEPTEMBER
Weinwandertag Weingarten

Weitere Informationen unter: www.badische-weinstrasse.de

21 Ihringen am Kaiserstuhl

Knapp 6000 Menschen wohnen in der Gemeinde Ihringen, dem wärmsten Ort in Deutschland. Seine Lage am Südhang des Kaiserstuhls ist ideal

Das von Wein umgebene Schloss Ortenberg bei Offenburg zeigt sich in der Abendsonne beeindruckend (links oben).

für den Weinbau. Außer Reben gedeihen in diesem warmen Klima auch Palmen, Südfrüchte sowie Mandelbäume und seltene, wärmeliebende Tiere wie die Smaragdeidechsen finden hier einen beispiellosen Lebensraum. In der Umgebung ist vor allem Liliental mit seinem Wald aus Mammutbäumen einen Ausflug wert.

22 Freiburg im Breisgau

Eingebettet in die Ausläufer des Schwarzwalds, erweckt die schöne alte Bischofsstadt trotz ihrer Größe einen beschaulichen Eindruck. Sie hat eine gut erhaltene Altstadt mit einer Fülle sehenswerter Gebäude und interessanter Museen. Wahrzeichen ist das gotische Münster mit seinem 116 Meter hohen Turm. Sowohl vom Schlossberg sowie vom Schauinsland aus bieten sich wunderbare Fernblicke über Stadt und Region. Im Juli findet hier ein großes Weinfest statt.

23 Bad Krozingen

Eigentlich galten die Bohrungen im Jahr 1911 dem Erdöl. Doch stattdessen stieß man unversehens auf Thermalwasser. Reha-Patienten und Wellness-Anhänger können hier in einem Heilwasser entspannen, das eine der höchsten Kohlensäurekonzentrationen weltweit aufweist. Über die Geschichte des Ortes, die bis in die Jungsteinzeit zurückreicht, informiert das Museum im Litschgihaus. Musikfreunde können im Schloss eine Sammlung historischer Tasteninstrumente bewundern und – im Rahmen der Schlosskonzerte – auch hören.

NATURSCHUTZGEBIET TAUBERGIESSEN

Das von romantischen Wasserläufen durchzogene Auenwaldgebiet bei Lahr ist ein Dorado für seltene Pflanzen und Tiere. Sie können auf Wander- und Radwegen wie dem Schmetterlingsweg, dem Orchideenweg, der Eisvogelroute oder der Sumpfbiberroute entdeckt werden. Ein Teil der Wasserwege ist auch für Bootsfahrten freigegeben, z. B. für Touren in traditionellen Fischerbooten (www.taubergiessen.com).

24 Staufen im Breisgau

Die historischen Giebelhäuser von Staufen geben ein malerisches Stadtbild ab. Sie werden von Weinbergen umrahmt, die unter der Burgruine noch wie in alter Zeit in Parzellen angelegt

Das Schwabentor (unten) ist das jüngere der beiden noch erhaltenen Stadttore in Freiburg im Breisgau. Rechte Seite: Traubenernte auf dem Weingut Hex.

WEINGÜTER

Affentaler Winzer eG
Benannt nach einem Ortsteil von Bühl, ist die Ortenauer Winzergenossenschaft durch ihre »Affenflasche« bekannt. Sie bietet regelmäßig Kellerführungen und Weinproben an.
Betschgräblerplatz, 77815 Bühl
Tel. –497223/98980 oder
info@affentaler.de,
www.affentaler.de

Weingut Schwörer
Das Familienweingut aus der Ortenau erhielt im Jahr 2015 den Ehrenpreis des Badischen Weinbauverbandes.
Grol 8, 77770 Durbach/Offenburg
Tel. +49781/33408 oder
info@weingut-schwoerer.de,
www.weingut-schwoerer.de

Winzerkeller Hex vom Dasenstein eG
Die Genossenschaft in Kappelrodeck in der Ortenau wurde 2015 von der DLG zum besten badischen Erzeuger gewählt. Sie bietet regelmäßig Weinproben und Weinwanderungen an.
Burgunderplatz 1
77876 Kappelrodeck
+497842/99380 oder
info@dasenstein.de,
www.dasenstein.de

Weingut Pix
Am Rand des Kaiserstuhls, in einem der ältesten Bio-Weinbetriebe Deutschlands, entstehen edle Weiße und spannende Rote.
Eisenbahnstraße 19
79241 Ihringen
Tel. +497668/879
www.weingut-pix.de

Weingut Ziereisen
Der Winzer aus dem Markgräflerland wurde 1915 vom Gault-Millau für die »Kollektion des Jahres« geehrt.
Markgrafenstr. 17
79588 Efringen-Kirchen
Tel. +497628/2848 oder
kontakt@ziereisen.de,
www.weingut-ziereisen.de

sind. Zu besonderer Berühmtheit ist das »Gasthaus zum Löwen« gelangt: Hier soll der Alchimist und Magier Doctor Faustus bei einem chemischen Experiment 1539 zu Tode gekommen sein. Ende Juli/Anfang August findet das Markgräfler Weinfest statt.

25 Müllheim

Mit 4,8 Quadratkilometern Rebfläche ist diese eine der größten Weinbaugemeinden des Markgräfler Landes. Bereits 758 wurden in einer Schenkungsurkunde an das Kloster St. Gallen die Weinberge in »Mulinhaimo« erwähnt. Der Name verweist auf die Mühlen, die es früher entlang des Klemmbaches gab. Eine, die sogenannte Frick-Mühle, beherbergt heute ein Mühlenmuseum. Sehenswert ist auch das Markgräfler Museum.

26 Badenweiler

Das Kurstädtchen Badenweiler blickt auf eine lange Badtradition zurück. Schon die Römer nutzten die Thermalquelle des Ortes und errichteten ein Bad, das heute noch als römische Badruine zu besichtigen ist. Neben der Bäderlandschaft locken der Kurpark mit exotischen Pflanzen und die daran anschließenden Themengärten. Während sich der Hildegard-von-Bingen-Garten den Heilkräutern verschrieben hat, widmet man sich im Gutedelgarten der Rebsorte. Darüber bietet die Burgruine der Burg Baden, im 12. Jahrhundert errichtet, einen wunderbaren Blick über die Rheinebene.

27 Lörrach

Die Kreisstadt im Dreiländereck Deutschland-Schweiz-Frankreich war schon zur Jungsteinzeit besiedelt. Schriftlich belegt ist sie aber erst in einer Urkunde des Klosters St. Gallen aus dem Jahr 751. Zweimal wurde ihr das Stadtrecht verliehen: 1682 von Friedrich Magnus von Baden-Durlach und 1756 von Markgraf Karl Friedrich, der das zwischenzeitlich vergessene Recht erneuerte. Größter Arbeitgeber der Stadt ist ein Unternehmen, das als einziges die Farbe Lila für seine Schokoladenverpackungen benutzen darf.

28 Weil am Rhein

Der Endpunkt der Badischen Weinstraße ist seit 1989 durch das Vitra Design Museum überregional bekannt. Rund um den auffälligen Bau, den der US-amerikanische Stararchitekt Frank O. Gehry im Stil des Dekonstruktivismus errichtete, sind auf dem ehemaligen Landesgartenschaugelände weitere Ikonen moderner Architektur zu finden. Vom Stadtzentrum mit dem kulturhistorischen Museum führt der Weiler Weinweg mit schönen Ausblicken in den Stadtteil Ötlingen.

Fränkische Bocksbeutelstraße

Entlang dieser abwechslungsreichen Route wächst vorzüglicher Frankenwein, der noch heute in traditionelle »Bocksbeutel« abgefüllt wird.

WEINROUTE 5

Das fränkische Weinland macht es seinen Besuchern schwer, weil es so viel zu bieten hat. Zunächst gibt der Main mit seinen Windungen den Weg vor. Hinter Würzburg wird es jedoch unübersichtlich. Bis zu den Hängen des Steigerwaldes finden sich in alle Richtungen unzählige Weindörfer. Selbst die offizielle Weinstraße verzweigt hier in vier Richtungen. Den Main entlang nach Norden führt sie bis Hammelburg an der Saale. Im Süden macht sie hinter Ochsenfurt einen Schwenk nach Röttingen an der Tauber. Im Osten geht es über Kitzingen nach Ippesheim am Steigerwald bzw. über Dettelbach und Volkach den Main entlang bis Schweinfurt. Man kann praktisch nichts falsch machen, sondern wird stets auf hübsche Dörfer, edle Tropfen und idyllische Natur stoßen. Die Gegend um den Main war aber nie ein abgeschiedenes Flusstal, sodass hier außer Wein auch viel Kultur auf die Besucher wartet. Besonders prägend waren die mächtigen Fürstbischöfe von Würzburg, die nicht nur in ihrer Residenz, sondern auch an anderen Orten von führenden Baumeistern barocke Schmuckstücke errichten ließen. Der charakteristische Wein Frankens ist der Silvaner. Manche Weinexperten meinen, diese Rebsorte gedeihe nirgendwo auf der Welt so gut wie im Maindreieck. Ebenfalls angebaut werden Müller-Thurgau und Bacchus. Im Mainviereck findet sich eine Rotweininsel: dort wachsen Spätburgunder und Portugieser.

Routenlänge: 200 km
Zeitbedarf: ca. 3 Tage
Start: Alzenau-Michelbach
Ziel: Tempor Invidunt
Routenverlauf: Nach Aschaffenburg den Main entlang bis Marktheidenfeld, auf der B8 nach Würzburg, dann sternförmig zu den vier Zielen, zwischen Ochsenfurt und Kitzingen auch mit Querverbindungen.

Besondere Hinweise: bei Ippesheim Anschluss an die Mittelfränkische Bocksbeutelstraße (www.bocksbeutelstraße.de)

Auskünfte:
Fränkisches Weinland Tourismus GmbH
Turmgasse 11, 97070 Würzburg
Tel. +49931/372335 oder
www.fraenkisches-weinland.de

1 Michelbach

Der kleine Ort im Kahlgrund ist die nördlichste Weinbaugemeinde Bayerns. Mit dem Apostelgarten besitzt er einen Weinberg, der unter Denkmalschutz steht. Das barocke Schlösschen geht auf ein altes Wasserschloss zurück und ist heute ein Museum und Veranstaltungsort. Dort erfährt man mehr über die mittelalterliche Einrichtung des Freigerichts, die den Menschen mehr Autonomie als üblich gewährte. Der Park ist besonders zur Rosenzeit (Juni) schön, wenn hier über 50 Sorten um die Wette blühen. Auch ein Kulturweg vermittelt Geschichtliches und führt zu allen Sehenswürdigkeiten.

2 Aschaffenburg

Die beiden Hauptsehenswürdigkeiten der einstigen Zweitresidenz der Mainzer Erzbischöfe erheben sich über dem Fluss. Mächtig liegt das Renaissanceschloss Johannisburg, eine viertürmige Anlage aus rotem Sandstein, am Hochufer. Ein kleines Stück flussabwärts ließ König Ludwig I. von Bayern, begeistert von der klassischen Antike, den Architekten Friedrich von Gärtner das Pompejanum errichten, ein der Castor-und-Pollux-Villa in Pompeji nachempfundenes Gebäude. Sehenswert sind auch das nahe der Stadt gelegene Schloss Schönbusch und vor allem sein Park, einer der frühesten deutschen Landschaftsgärten.

3 Mespelbrunn

Ritterromantik und Naturzauber pur: Der Abstecher zum Wasserschloss lohnt doppelt. Von Wäldergrün gerahmt und nur über eine Brücke zugänglich, ist dieses »Märchenschloss des Spessarts« ein schönes Beispiel deutscher Renaissance, mit architektonischen Zugaben aus dem 17. und 19. Jahrhundert. Seit 1665 bewohnen es die Grafen von Ingelheim. Manchmal führt der Schlossherr die Besucher selbst zum Rittersaal und zur Schlosskapelle. Diese prunkt mit ihrem reichen Sterngewölbe.

4 Klingenberg

Mit seinen steilen Buntsandsteinterrassen ist Klingenberg das Zentrum des

Wunderschön in die Landschaft eingebettet liegen Schloss Mespelbrunn (oben) und Schloss Johannisburg (unten).

ABSTECHER: Rothenburg ob der Tauber

Nirgendwo in Deutschland sind die mittelalterliche Bausubstanz und das Flair so gut erhalten. Zudem liegt die Stadt im Taubertal, wo wunderbare Weine wachsen.

ABSTECHER: Bad Windsheim

Der hübsche Kurort ist das Zentrum der Mittelfränkischen Bocksbeutelstraße und hat eine gut erhaltene Altstadt, ein Freilandmuseum und eine Therme zu bieten.

Rotweins in Franken. Hoch über dem Ort thront die staufische Burgruine Clingenburg, die im Sommer Kulisse von Open-Air-Festspielen ist. Der Ort selbst besticht mit einer malerischen Innenstadt, in der sich sehenswerte historische Gebäude aus rotem Buntsandstein oder Fachwerk aneinanderreihen. Das Heimatmuseum widmet sich ausführlich dem historischen Weinbau sowie der traditionellen Fischerei auf dem Main und dem Leben der Frauen an der Wende vom 19. zum 20. Jahrhundert. Außerdem gibt es einen Museumsweinberg mit seltenen Rebsorten, den mit Mandelbäumen bestandenen Fränkischen Rotweinwanderweg, einen Esskastanienlehrpfad und einen Klettersteig in den steilen Felswänden.

5 Miltenberg

Mit seiner wunderschönen historischen Altstadt und der idyllischen Lage zwischen Odenwald und Spessart ist Miltenberg vor allem an Wochenenden ein beliebtes Ausflugsziel. Im Stadtmuseum finden sich seltene Stücke zur Geschichte der jüdischen Gemeinde in Mittelalter und früher Neuzeit. Etwas außerhalb der Stadt wurden die Überreste römischer Kastelle ausgegraben. Über dem Ort thront die gut erhaltene Mildenburg, die heute ein Museum für moderne Kunst wie alte Ikonen ist.

6 Bürgstadt

Im frühen Mittelalter war dieser hübsche Ort Sitz eines Vize- oder Centgrafen. Heute ist der Centgrafenberg eine der begehrtesten Weinlagen Frankens. Hier gedeihen vor allem Rotweine. In der Churfrankenvinothek mit angeschlossenem Weinbistro sind die Erzeugnisse der regionalen Weingüter zu testen. Außerdem findet jeden zweiten Freitag eine offene Weinprobe zu einem bestimmten Thema statt. Auch das Stadtmuseum widmet einen Teil seiner Ausstellung dem Weinbau,

In Homburg am Main, einem Ortsteil von Triefenstein, thront die Burg auf einem Tuffsteinfelsen (oben). Unten: Hofkirche der Residenz Würzburg.

doch auch die Gewinnung des so begehrten roten Sandsteins spielt eine Rolle. Einen Besuch wert ist auch die ausgemalte Martinskapelle. Jeweils im Juni findet die Weinkulturnacht statt.

DIE WEINGÜTER DER SPITÄLER

Im 14. Jahrhundert gründeten reiche Würzburger Bürger ein Spital zur Pflege armer und kranker Menschen und statteten es mit Weinbergen aus, um den Betrieb zu finanzieren. Gleiches tat im 16. Jahrhundert Fürstbischof Julius Echter. Heute gehören Bürger- und Juliusspital zu den renommiertesten und größten Weingütern Frankens. Beide haben Anteil an der »Lage zum Stein«, die als eine der besten Deutschlands gilt. Beide unterhalten eigene Weinstuben und bieten Führungen durch ihre historischen Anlagen an. Ansonsten ist das Juliusspital heute ein Krankenhaus, während das Bürgerspital Seniorenheime betreibt.

7 Wertheim

Seit dem 12. Jahrhundert wacht die mächtige Burg Wertheim über den strategisch wichtigen Zusammenfluss von Main und Tauber. Die malerische Ruine ist frei zu besichtigen und auch immer wieder Kulisse von Veranstaltungen. In dem hübschen Ort zu ihren Füßen sind die spätgotische Stiftskirche, die ebenfalls spätgotische Kilianskapelle, das Glasmuseum, das Grafenschaftsmuseum zur Geschichte der Stadt inklusive Weinbauabteilung und der Hofgarten mit seinem als Kunstmuseum dienenden Schlösschen sehenswert. Im Ortsteil Bronnbach sollte man der mächtigen ehemaligen Zisterzienserabtei einen Besuch abstatten – nicht zuletzt wegen ihrer Vinothek.

8 Homburg am Main

Den »Homburger Kallmuth« kennt man als einen der steilsten fränkischen Weinberge. Das malerische Homburg, ein uralter Burgplatz der Würzburger Fürstbischöfe, ist ein Weinort, aber auch ein Ort der Künste mit Ausstellungen und Konzerten im jüngst renovierten Fachwerkschloss hoch auf steilem Tufffelsen über einer Tropfsteinhöhle. Älter noch ist der romanische Bergfried. Die lange Tradition des Papiermachens vergegenwärtigt das Museum Papiermühle.

9 Marktheidenfeld

Als König Ludwig I. von Bayern die sandsteinrote Brücke über den Main erbauen ließ, war es die erste zwischen Frankfurt und Würzburg. Seither ist der über 1000-jährige Handelsplatz zwischen Spessartwald und Weinland stark gewachsen, bewahrte aber seine dem Main zugewandte Altstadt. Zu Kirchen, der alten Stadtmauer und schön restaurierten Bürgerhäusern wie dem Barockjuwel Franckhaus bieten sich dem Gast viele Weinkeller und Straßencafés, dazu das große Freizeitbad »Maradies« und der Naturpark Spessart an.

10 Würzburg

Die Universitätsstadt am Main in schönster Lage zu Füßen der Feste Marienberg hat trotz der fast völligen Zerstörung im Zweiten Weltkrieg heute wieder eine liebenswerte Altstadt, die sich rund um den Marktplatz mit der spätgotischen Marienkapelle erstreckt. Höhepunkt eines Würzburgbesuchs ist

Die Würzburger Residenz (unten) ist UNESCO-Weltkulturerbe. Die Decke zieren kunstvolle Fresken (kleines Bild).

DER BOCKSBEUTEL

Diese charakteristische Flasche steht für hochwertige Frankenweine, seit der Stadtrat von Würzburg im Jahr 1728 beschloss, die besten Weine nur in Bocksbeutel zu füllen. Vermutlich rührt die Form von beutelförmigen Trinkschläuchen aus Ziegenleder her. Außer den Frankenweinen werden in Deutschland nur die badischen aus Tauberfranken darin abgefüllt. In Europa hat die Flasche etwa auch in Portugal Tradition.

die prachtvolle Residenz mit ihrem grandiosen Treppenhaus und dem riesigen Deckengemälde von Giambattista Tiepolo. Unbedingt sehenswert ist auch das Mainfränkische Museum in der Feste, das u. a. viele Meisterwerke des Holzschnitzers Tilman Riemenschneider birgt.

11 Veitshöchheim

Im 17. Jahrhundert errichteten hier die Fürstbischöfe von Würzburg ihre Sommerresidenz. Das Schloss kann im Rahmen von Führungen besucht werden, größter Publikumsmagnet aber ist der frei zugängliche Hofgarten, der mit seinen vielen Skulpturen, Pavillons, Grotten und Wasserspielen als einer der schönsten Rokokoparks in Europa gilt. Sehr beliebt ist auch die mit Blumen und Skulpturen gestaltete Mainlände. Außerdem gibt es ein jüdisches Kulturmuseum, einen Schaugarten der Bayerischen Landesanstalt für Wein- und Gartenbau sowie einen Wein- und Kulturwanderweg.

12 Thüngersheim

Der hübsche Ort am Main ist eine der größten Weinbaugemeinden Frankens. Neben der Winzergenossenschaft Divino, die auch eine große Vinothek betreibt, finden sich diverse private Betriebe. Ein Weinlehrpfad führt in die Rebhänge und bietet wunderbare Ausblicke über das Maintal. Im Naturschutzgebiet Höhfeldplatte ist auch ein Orchideenweg angelegt. Beim Bummel durch den Ort sollte man neben den Fachwerkhäusern auch die Brunnen mit ihren Sandsteinskulpturen und die Ortstore in Augenschein nehmen.

13 Karlstadt

Im Mittelalter von den Würzburger Bischöfen planmäßig zur Absicherung ihres Territoriums angelegt, weist Karlstadt heute noch eine schöne Altstadt mit vielen historischen Gebäuden und Resten der alten Stadtbefestigung auf. Die sanierte Roßmühle zeigt, wie früher mit Pferdestärke Maschinen angetrieben wurden. Einen tollen Blick hat man von der Burgruine Karlstein aus. Außerdem gibt es vor den Stadtmauern zwei schöne Naturschutzgebiete und einen Klettersteig.

14 Hammelburg

Das sehenswerte Städtchen an der Saale gilt als älteste Weinstadt Frankens.

Oben: Weingut der Winzergenossenschaft Sommerach. Links: Winzerkeller im Roten Schloss in Hammelburg.

WEINFESTE

AUGUST
»Klingenberger Winzerfest«, »Fränkisches Weinfest« in Volkach

AUGUST/SEPTEMBER
»Weinparade« Würzburg

OKTOBER
Einbringen der »Letzten Fuhre« in vielen Orten

Hier bauten die Mönche des reichen und bedeutenden Klosters Fulda ihren Messwein an. Im mächtigen Kellereischloss der Fürstäbte hat heute die Winzergemeinschaft ihre Vinothek und bietet Weinproben in dem imposanten Holzfasskeller an. Das ehemalige fürstliche Weingut Schloss Saaleck wird als Bio-Weingut betrieben. Das Schloss selbst ist ein Hotel, in der alten Herrenmühle ist das Stadtmuseum untergebracht. Besuchenswert ist auch das Kloster Altstadt mit seinem Kapellenkreuzweg. In einem Teil ist die Bayerische Musikakademie untergebracht, für die Hammelburg bekannt ist.

15 Dettelbach

An der Mainschleife gelegen, besitzt Dettelbach eine malerische Stadtmauer mit vielen kleinen Türmen, dazu noch stattliche gotische, mittelalterliche Architektur, die Stadtpfarrkirche, das Rathaus und gemütliche Gaststuben. Nah ist die Wallfahrtskirche »Maria im Sand«, zu der Pilger seit einem halben Jahrtausend unterwegs sind. Eine Spezialität sind seit über 100 Jahren »Muskatzinen«, ein Gewürzgebäck.

16 Nordheim am Main

Die größte Weinbaugemeinde Frankens liegt auf der sogenannten Main-

Oben: Wallfahrtskirche Maria im Weingarten. Unten: Weingut Juliusspital.

WEINGÜTER

Juliusspital
Das Traditionsweingut verfügt über beste Lagen; Kostproben in der Vinothek Julius Echter.
Koellikerstraße 1/2
97070 Würzburg
Tel. +49931/3931400 oder
weingut@juliusspital.de,
www.weingut-juliusspital.de

Weingut Rudolf Fürst
Der Familienbetrieb wird v. a. wegen seiner Pinots mit Preisen und Spitzennoten bedacht.
Hohenlindenweg 46
63927 Bürgstadt am Main
Tel. +499371/8642 oder
info@weingut-rudolf-fuerst.de,
www.weingut-rudolf-fuerst.de

Weingut Rothe
Das Gut erzeugt weiche, fruchtige Bioweine.
Heerweg 6, 97334 Nordheim
Tel. +499381/8479530 oder
info@wein-rothe.de
www.weingut-rothe.de

Divino
Die edle Vinothek bietet eine breite Palette an Frankenweinen.
Langgasse 33
97334 Nordheim am Main
Tel. +499381/80990 oder
info@divino-wein.de,
www.divino-wein.de

Weingut Geiger & Söhne
Das älteste Weingut in Thüngersheim ist DLG-Preisträger.
Veitshöchheimer Straße 1
97291 Thüngersheim
Tel. +499364/9605 oder
info@geigerundsoehne.de
www.geigerundsoehne.de

insel zwischen Fluss und Schifffahrtkanal und ist von Norden her mit einer Fähre erreichbar. Hier gibt es neben rund 50 Weingütern und einer Genossenschaft auch Brennereien, die Obst in Hochprozentiges verwandeln. Das Mikroklima ist so außergewöhnlich warm und trocken, dass sogar Nordlagen für den Weinbau genutzt werden können. Auch Spargel gedeiht hier. Der Ort selbst mit vielen historischen Gebäuden und einer großen Zahl an Bildstöcken kann sich ebenfalls sehen lassen. Jeweils zu Pfingsten und im September finden Weinfeste statt.

17 Volkach

Dieses Städtchen an der Mainschleife ist einer der bekanntesten Weinorte Frankens. Im alten Ortskern sticht vor allem das Renaissancerathaus hervor. Auch die Stadtkirche St. Georg und Bartholomäus sowie das Sommeracher Tor sind sehenswert. Ein Kleinod befindet sich in den Weinbergen: die Wallfahrtskirche Maria im Weingarten.

18 Schweinfurt

Im Stadtkern von Schweinfurt steht das 1570–72 erbaute Rathaus mit einem in Stein gehauenen Schwein, dem Wahrzeichen der Stadt. Der Name Schweinfurts geht jedoch nicht auf das Borstentier zurück, sondern auf das Wort »swin«, das so viel wie »Sumpf« bedeutet. Architektonisch imposant präsentiert sich das moderne Museum Georg Schäfer. Gezeigt wird die bedeutendste Privatsammlung an Gemälden des 19. Jahrhunderts in Deutschland.

19 Kitzingen

Unweit von Würzburg gelegen, ist Kitzingen eine alte Weinhändlerstadt. Fast überall im Umfeld kann man in den Heckenwirtschaften den Wein verkosten. Sehenswert in der Stadt ist auch das Fastnachtsmuseum im mittelalterlichen Falterturm. Künstlerisch besonders wertvoll ist die von Balthasar Neumann erbaute Heiligkreuzkapelle. Kitzingens Alter Klosterkeller streitet sich mit anderen Plätzen um die Ehre, sich Deutschlands ältester Weinkeller nennen zu dürfen. Noch älter ist das Kitzinger Weingesetz von 1482.

20 Iphofen

Um einen der schönsten Marktplätze Frankens sind alte Adelssitze und bürgerliches Fachwerk versammelt. Vollständig erhalten präsentiert sich die mittelalterliche Stadtbefestigung mit dem Rödelseer Tor. Überraschung in Iphofen, der Weinstadt am Fuß des Schwanbergs: Im Knauf-Museum findet man Gipsabgüsse antiker Kunstwerke aus aller Welt. Im ehemaligen Amtshaus des Fürstbischofs von Würzburg – das renommierte Romantik-Hotel »Zehntkeller« – reichen die Weingewölbe drei Stockwerke tief in die Erde.

21 Ippesheim

In die sanften Hügel am Rande des Steigerwaldes eingebettet, ist Ippesheim die größte Weinbaugemeinde Mittelfrankens. Die meisten Rebgärten liegen im »Paradies« im Ortsteil Bullenheim. Im kleinen Schloss Lichtenstein ist heute ein Museum für Weinbau und Handwerk eingerichtet. Aufgrund einiger sensationeller jungstein- und bronzezeitlicher Funde wie etwa einer kopfüber senkrecht begrabenen Frauenleiche und einer Kreisgrabenanlage gibt es dort inzwischen auch eine archäologische Ausstellung. Jeweils Mitte Juli findet in dem romantischen Innenhof das Ippesheimer Schlossweinfest statt.

22 Randersacker

Der Weinbau und die Gewinnung von Muschelkalk bestimmten weitgehend die Geschichte des Markfleckens unmittelbar vor den Toren Würzburgs. Über beides informiert das Museum im alten Mönchshof. Heute ist der hübsche Ort mit seinen vielen Gasthäusern und Weingütern vor allem ein beliebtes Ausflugsziel der Städter, aber auch der Weintouristen. Außer dem historischen Ortskern sind noch die Pfarrkirche St. Stephanus mit ihrem schönen romanischen Turm, der alte Zehnthof mit seinem Volutengiebel und ein perfekter kleiner Gartenpavillon des Barockbaumeister Balthasar Neumann sehenswert.

23 Sommerhausen

Idyllisch am Main gelegen und mit einer intakten Stadtmauer umschlossen, ist Sommerhausen eines der beliebtesten Ausflugsziele im Würzburger Raum. In den alten kleinen Gassen zwischen wunderschönen Fachwerkhäusern finden sich nicht nur zahlreiche Gasthäuser, urige Weinstuben, schmucke Galerien und kleine Läden, sondern auch gleich drei Bühnen, darunter das traditionsreiche Theater im Torturm, das als kleinstes Theater Deutschlands gilt. Die größte Attraktion ist jedoch – ganz gegen den Ortsnamen – der Sommerhäuser Weihnachtsmarkt, der praktisch die ganze Stadt umfasst.

24 Frickenhausen

Wer unter den fränkischen Weinorten die schönsten wählen möchte, der kommt an Frickenhausen bestimmt nicht vorbei. Das musste auch das bayerische Kultusministerium erfahren, als es nach einem denkmalpflegerischen Modellort suchte. Frickenhausens historisches Ortsbild am Main mit seinen gut erhaltenen Patrizierhäusern, der vollständig bestehenden Ringmauer und der schönen Mariensäule auf dem Marktplatz wurde sorgsam restauriert, fast wie ein Freilichtmuseum. Noch dazu erstrecken sich die Rebzeilen der schönen Weinberge über dem Marktort bis hinauf zur Valentinskapelle aus dem Jahr 1699.

25 Ochsenfurt

Im »Bären« oder beim »Schmied« isst und schläft man gut. Manches Bodenständige blieb im mittelalterlichen Mauerring Ochsenfurts ganz urwüchsig erhalten; prächtig stehen die Fachwerkhäuser an der Hauptstraße. Berühmt ist die Kunstuhr am Rathaus: Erstrangige Künstler wie der Nürnberger Peter Vischer und wahrscheinlich Tilman Riemenschneider schmückten die Stadtpfarrkirche St. Andreas mit ihren Werken. Den schönsten Blick auf die Stadt hat man von der im Jahr 1512 erbauten steinernen Brücke über den Main aus.

26 Röttingen

Große Teile der alten Stadtmauer und sieben mächtige Türme zeigen, dass der Tauber-Ort an der südlichen Grenze des Hochstiftes Würzburg einst stark befestigt war. Innerhalb der Mauern findet man eine schöne Altstadt mit fantasievollen Sonnenuhren, die durch einem Rundgang verbunden sind. In der Burg Brattenstein gibt es ein Weinmuseum. Außerdem ist sie im Sommer Schauplatz der Frankenfestspiele. Vor der Burg liegen der Paracelsus-Kräutergarten und der Museumsweinberg. Eine besondere lokale Rebsorte ist Tauberschwarz. An Pfingsten findet hier das Europäische Weinfest statt.

Linke Seite: Rödelseer Tor in Iphofen (oben) und Kitzingen (unten). Kleines Bild oben: Frickenhausen bei Ochsenfurt. Unten: Kellereischloss Hammelburg.

WEINROUTE 6

Diese Kulturlandschaft spielte als östlicher Ausläufer der fruchtbaren Goldenen Aue schon im frühen Mittelalter eine bedeutende Rolle. Eine Schenkung Kaiser Ottos III. von Rebbergen an das Kloster Memleben im Jahr 998 ist der älteste Nachweis für den Weinanbau. Folgerichtig ist die schöne Klosterruine Ausgangspunkt der Weinstraße, auch wenn heute dort nicht mehr viele Reben zu finden sind. Hinter Nebra jedoch weichen die sanften Hügel entlang der Unstrut allmählich steilen Hängen, die von uralten Trockensteinmauern und idyllischen Weinberghäuschen gesäumt sind, die teilweise auch als Feriendomizile vermietet werden. Von allen deutschen Weinregionen zeichnet sich diese durch die größte Vielfalt aus: Hier werden weit über 50 Rebsorten angebaut, darunter viele Neuzüchtungen. Den André etwa, eine charaktervolle Kreuzung zwischen Lemberger und St. Laurent, findet man in Deutschland nur hier. Andere Sorten, die immer mehr Liebhaber finden, sind Bacchus, Johanniter, Hölder oder Blauer Silvaner. Auch die Böden sind abwechslungsreich: Neben dem dominierenden Muschelkalk gibt es Buntsandstein, Löß und Schiefer. Vielfältig sind auch die Möglichkeiten, sich fortzubewegen: Radwege und Bahnlinien entlang der Flüsse machen es leicht, das Auto stehen zu lassen. Sogar die beliebte Tour im Paddelboot lässt sich mit Weinverkostungen am Wegesrand kombinieren.

Routenlänge: 60 km
Zeitbedarf: ca. 1–2 Tage
Start: Memleben
Ziel: Jena
Routenverlauf: entlang der Unstrut bis Naumburg, dann saaleabwärts bis Weißenfels, danach saaleaufwärts bis Jena mit einem Abstecher über Bad Sulza

Besondere Hinweise: Zwischen Freyburg und Naumburg-Blütengrund verkehren Ausflugsschiffe.

Auskünfte:
Saale-Unstrut-Tourismus e. V.
Lindenring 34, 05518 Naumburg
Tel. +493445/233790 oder
info@saale-unstrut-tourismus.de,
www.weinregion-saale-unstrut.de

Weinstraße Saale-Unstrut

Rund um Saale und Unstrut findet sich eine wunderschöne und abwechslungsreiche Kulturlandschaft.

1 Memleben

Kloster und Pfalz waren einst die Wiege des Weinbaus an der Unstrut. Von der mächtigen Kaiserpfalz sind keine Reste mehr erhalten, aber die romantische Ruine der Klosterkirche inmitten eines wunderschönen Gartens sollte man sich auf keinen Fall entgehen lassen. Außerdem gibt es auf dem ehemaligen Klostergelände ein Museum, ein Café und ein kleines Hotel sowie ein spirituelles Kursangebot und gelegentlich auch Führungen und Workshops im Klosterweinberg.

2 Nebra-Wangen

Der Fund der bronzezeitlichen Himmelsscheibe hat den kleinen Ort berühmt gemacht. Das Original befindet sich zwar im Landesmuseum für Vorgeschichte in Halle, doch mit der Arche Nebra gibt es ein Besucherzentrum und Planetarium, das multimedial über die Himmelscheibe und die frühgeschichtliche Astronomie informiert. Zum Fundort der Scheibe auf dem Mittelberg führt ein Wanderweg. Oben findet man Infotafeln und einen Aussichtsturm. Daneben sind auch das Neue und Alte Schloss, die Stadtkirche und der Bienenlehrgarten sehenswert.

3 Vitzenburg

Der kleine Ort wird von einem mächtigen Renaissanceschloss dominiert. Die malerischen Gebäude dienten wiederholt als Filmkulisse. Die zum Schloss gehörenden Weinberge zählen zu den ältesten der Region. Allerdings ist die weitere Nutzung ungeklärt, sodass weder das Schloss noch die weitläufigen Parkanlagen besichtigt werden können. Kletterfreunde finden hier einen der größten Hochseilgärten Ostdeutschlands.

4 Burgscheidungen

In dem schönen Barockschloss lebte Anna Constantia von Cosel, die berühmte Mätresse Augusts des Starken, während ihrer unglücklichen ersten Ehe. Heute befinden sich ein Hotel sowie ein Café und Restaurant in dem alten Gemäuer. In Letzterem gibt es auch Weinverkostungen à la carte. Öffentlich zugänglich ist der Schlosspark mit den Überresten eines barocken Terrassengartens, der einen wunderbaren Blick über das Unstruttal bietet. Knapp unterhalb des Schlosses findet sich eine spätromanische Kirche mit eigenwilliger Architektur.

4 Kirchscheidungen

Herzstück des Ortes ist ein über 1200 Jahre altes Rittergut. Im urigen Kellergewölbe kann man die gutseigenen Gutedel-, Silvaner- und Portugieser-Weine probieren. Außerdem gibt es ein Heimatmuseum mit angeschlossener Galerie und Ferienwohnung. Im August findet ein Weinfest auf dem Weingut Klaus Böhme statt. Sehenswert ist auch die romanische Kirche.

5 Laucha

Innerhalb der alten Stadtmauer findet man einen schönen historischen Ortskern. Der Marktplatz ist von der mächtigen spätgotischen Marienkirche und dem Rathaus gesäumt, dessen Front ein ungewöhnlicher doppelläufiger Treppenaufgang schmückt. Im Ratskeller gibt es historische Wandgemälde.

Das Romantikerherz schlägt beim Anblick von Schloss Vitzenburg (oben) hoch. Kleines Bild oben: Krypta des Benediktinerklosters Memleben.

ABSTECHER: Merseburg

Über Bad Dürrenberg mit seinem Kurpark und dem längsten Gradierwerk Europas lohnt sich die Fahrt nach Merseburg mit idyllischer Altstadt und grandiosem Dom.

ABSTECHER: Geiseltalsee

Nördlich von Freyburg entstand aus einem gefluteten Braunkohletagebau der größte künstliche See Deutschlands. Das Zentrum für Wassersportfreunde ist Mücheln.

In den Räumlichkeiten einer alten Glockengießerei ist das Glockenmuseum eingerichtet, das über die traditionelle Glockenherstellung aufklärt.

6 Zscheiplitz

Im frühen Mittelalter thronte hier die Burg der Pfalzgrafen von Sachsen. Doch 1085 wurde sie in ein Benediktinerinnenkloster umgewandelt, von dem heute nur noch die Klosterkirche erhalten ist. Sie wurde von einer privaten Initiative saniert und bietet einen wunderbaren Ausblick über das Unstruttal. Der malerische alte Gutshof ist heute ein Weingut mit Straußwirtschaft. An der Straße Richtung Freyburg findet sich in Zeddenbach die einzige noch arbeitende Unstrutmühle mit Mühlenladen und Gaststätte. Für angemeldete Gruppen gibt es Führungen.

7 Freyburg

Malerisch in die Rebhänge eingebettet, ist Freyburg das Zentrum des Weinbaus an der Unstrut. Die hier erzeugten Tropfen können in der großen Vinothek der Winzervereinigung Freyburg-Unstrut oder im wunderschönen herzoglichen Weinberg verkostet werden. Ein Publikumsmagnet ist auch die Rotkäppchen-Sektkellerei, die regelmäßig Führungen durch ihre historischen Produktionsanlagen anbietet. Über der Stadt thront Schloss Neuenburg, die einstmals größte Residenz der Landgrafen von Thüringen. Außer einem interessanten Gemäuer und einem wunderbaren Ausblick bietet sie ständig wechselnde Ausstellungen. Ebenfalls sehenswert sind die historische Altstadt mit einer gut erhaltenen Stadtmauer und der mächtigen Marienkirche sowie das Turnvater-Jahn-Museum.

8 Großjena

Von der Burg der Meißener Markgrafen, die hier einst stand, ist nichts mehr zu sehen. Dafür hat der Ort ein altes Rittergut mit klassizistischem Schlösschen und schönem Gutspark zu bieten. Vor allem aber tut sich südlich von Großjena zwischen Saaleufer und steilen Weinbergterrassen der malerische Blütengrund auf. Größte Sehenswürdigkeit ist das »Steinerne Bilderbuch«: zwölf übermannshohe Reliefs mit vor allem alttestamentarischen Szenen rund um den Wein, die der Naumburger Juwelier Johann Christian Steinauer 1720 nach dem Erwerb eines Weinbergs in den Felsen hauen ließ. Ebenfalls sehenswert ist das ehemalige Wohnhaus des Malers und Bildhauers Max Klinger, das im Sommer als Museum geöffnet ist.

9 Goseck

Auf den ersten Blick unspektakulär wirkt die hölzerne Kreisanlage bei dem Örtchen Goseck. Doch eine gut gemachte Ausstellung im Schloss offenbart die spektakulären Hintergrün-

★★★

»HIMMELSWEGE«

Nur gut 20 Kilometer, aber rund 3000 Jahre trennen die Himmelscheibe von Nebra und das Sonnenobservatorium von Goseck. Beide dienten der Bestimmung von Sommer- und Wintersonnenwende und gehören zu den spektakulärsten Funden im Bereich der frühgeschichtlichen Astronomie. Sachsen-Anhalt nannte die touristische Route deswegen »Himmelswege« (www.himmelswege.de).

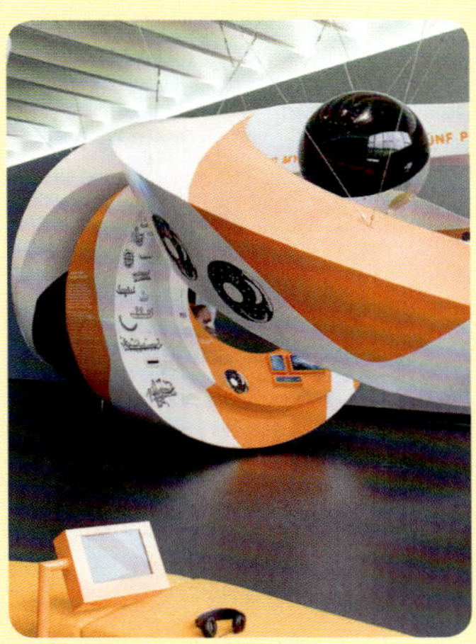

de. Durch Öffnungen in der Ringanlage konnten die Menschen vor knapp 7000 Jahren Sommer- und Wintersonnwende präzise bestimmen. Die Ausgrabungen weisen auf religiöse Riten und Opfer zu diesen Festen hin. Nicht versäumen sollte man zudem einen Besuch in der eigenwilligen Schlosskirche, deren Geschichte ebenfalls äußerst aufwendig und sachkundig aufbereitet wurde.

10 Weißenfels

In den Ortsteilen Burgwerben und Kriechau finden sich die nordöstlichsten Weinberge des Saale-Unstrut-Gebietes. In der Stadt selbst ist das mächtige Schloss Neu-Augustusburg einen Besuch wert. Die einstige Residenz der Herzöge von Sachsen-Weißenfels beherbergt mehrere Museen und wechselnde Sonderausstellungen. Weitere Museen in der Stadt sind dem Dichter Novalis, dem Komponisten Heinrich Schütz und der Schlacht bei Lützen im Jahr 1632 gewidmet, die im historischen Geleitshaus mit rund 10000 Zinnfiguren nachgestellt wurde.

11 Schönburg

Mit seiner malerischen Burg macht der kleine Ort seinem Namen alle Ehre. Burghof und Schänke sind im Sommer täglich geöffnet, der mächtige Bergfried mit seiner sehenswerten Turmstube allerdings nur unregelmäßig. Der Ort selbst wartet mit schönen Fachwerkhäuschen und dem barocken Mosesbrunnen auf. Südlich des Ortes beim Landgasthof Neue Welt mündet das reizvolle Kroppental mit kleinen Weinbergen und mehreren Mühlen.

12 Roßbach

In dem malerischen kleinen Winzerort gibt es gleich mehrere besuchenswerte Weingüter. Außerdem ist er Ausgangspunkt eines wunderschönen Wander- und Fahrradwegs, der sich am Fuß der Weinberge bis nach Bad Kösen zieht. Gesäumt ist dieser nicht nur von Reben, sondern auch von zahlreichen kleinen und mittelgroßen Weingütern sowie Straußwirtschaften. Am schönsten Aussichtspunkt unterhalb des Göttersitzes in den Saalbergen gibt es auch Informationen über die zahlreichen an Saale und Unstrut angebauten Rebsorten.

13 Naumburg

Der Publikumsmagnet der Stadt am Zusammenfluss von Saale und Unstrut ist der Dom, wo der geheimnisvolle Naumburger Meister die weltberühmte Statue der schönen Markgräfin Uta und zahlreiche andere Kunstwerke hinterlassen hat. Eine gut gemachte Ausstellung im Kreuzgang informiert über sein Schaffen. Daneben wartet Naumburg auch mit einer sehr sehenswerten Altstadt auf. Eine interessante Auswahl regionaler Weine findet man im kleinen Weinladen am Dom.

WEINFESTE

1. MAI
»Freyburger Weinfrühling«

PFINGSTEN
»Saale-Weinmeile« zwischen Bad Kösen und Roßbach

AUGUST
Tage der offenen Weinkeller und -berge

SEPTEMBER
»Freyburger Winzerfest«, größtes Weinfest in Mitteldeutschland

Mehr Informationen zu den Weinfesten sind unter www.saale-unstrut-tourismus.de/veranstaltungskalender zu finden.

14 Schulpforte

Das mächtige Ensemble zwischen Naumburg und Bad Kösen geht auf ein altes Zisterzienserkloster zurück, das den Namen St. Maria ad Portam trug. Von dort gingen bereist im Mittelalter entscheidende Impulse zur Kultivierung der Region und auch für den Weinbau aus, worüber eine Ausstellung in der Kirche informiert. Nach der Reformation wandelte der sächsische Herzog Moritz das Kloster in eine Landesschule um, die noch heute besteht. Ebenfalls in dem alten Gemäuer untergebracht ist die Vinothek des Landesweingutes Kloster Pforta.

Linke Seite oben: Naumburger Dom St. Peter und Paul. Links: Schloss Neuenburg mit Wohnturm und Westtoranlage. Kleines Bild oben: Weinanbau in der Kur- und Weinstadt Bad Sulza.

15 Bad Kösen

Das einstige Vorwerk des Klosters Pforta war ab 1730 durch die Salzsiederei wohlhabend geworden. Als diese nach gut 120 Jahren unrentabel wurde, kamen Erholungsuchende, um im Schatten des großen Gradierwerks gesunde Soleluft einzuatmen. Heute finden Touristen immer noch einen schönen Kurpark mit historischen Wandelhallen, aber auch ein modernes Thermalbad vor. Im Romanischen Haus, dem alten Wirtschaftshof des Vorwerks, informiert eine Ausstellung über die Stadtgeschichte, insbesondere auch über die Salzsiederei. Auf große und kleine Spielzeugfans warten sowohl das Käthe-Kruse-Museum mit über 200 Puppen wie die daraus hervorgegangene Kösener Spielzeug-Manufaktur, die Plüschtiere produziert. Hoch über dem Ort bietet die Rudelsburg einen wunderbaren Ausblick und ein malerisches Burgrestaurant.

16 Katschen

Eingezwängt zwischen steile Weinberge und das Saale-Ufer, ist der malerische kleine Winzerort vor allem ein gern genutzter Rastplatz für Radfahrer und Kanuten. Vom Dorf aus führen zwei Weinpfade in die terrassierten Rebhänge, von denen aus sich ein wunderbarer Ausblick über Saale und Ilm bietet. Ein besonderer Service: Beim örtlichen Weingut Zahn lassen sich Picknickkörbe mit temperiertem Wein und regionalen Spezialitäten vorbestellen.

17 Bad Sulza

An diesem Ort macht die Saale-Unstrut-Weinstraße einen Abstecher nach Thüringen an die Ilm. Auch hier entwickelte sich der Kurbetrieb einst aus der Salzsiederei. Die traditionellen Verfahren können sowohl anhand der alten technischen Anlagen als auch im Saline- und Heimatmuseum nachempfunden werden. Daneben informiert das Museum ausführlich über die Schlacht von Jena und Auerstädt, die im Jahr 1806 rund um Bad Sulza geschlagen wurde. Das Kurviertel verbreitet mit der alten Trinkhalle, dem Gradierwerk, einem historischem Inhalatorium, aber auch einem Nachbau von Goethes Gartenhaus nostalgisches Flair, verfügt aber auch über die schicke Toskana-Therme.

18 Camburg

In einem engen Abschnitt des Saaletals zwischen schroffen Felsen und steilen Hängen gelegen, hatte die Stadt Camburg seit jeher strategische Bedeutung. Davon zeugt die mächtige Burgruine, deren gut erhaltener Bergfried im Sommer zu besteigen ist. Die Geschichte des Ortes von der Jungsteinzeit über das Mittelalter und traditionelle Handwerksberufe wie etwa die Blaudruckerei ist im Stadtmuseum zu studieren.

★★★

EXKLAVE IN BRANDENBURG

Im Süden von Werder an der Havel liegt der Werderaner Wachtelberg. Auf seinen mit Lehrpfaden durchzogenen Hängen gedeihen vor allem Müller-Thurgau und Regent. Der Berg ist die nördlichste eingetragene Lage für Qualitätsweinbau in Deutschland und obwohl er geografisch rein gar nichts mit Saale und Unstrut zu tun hat, gehört er formal zu dieser Weinbauregion.

WEINGÜTER

Weingut Klaus Böhme
Der Gault-Millau lobt die vollkommene Klarheit und sortentypische Frucht dieser Böhme-Weine.
Lindenstraße 42
06636 Kirchscheidungen
Tel. +4934462/20395 oder weingut.boehme@t-online.de, www.weingut-klaus-boehme.de

Weingut Bernard Pawis
Auf einem romantischen alten Rittergut keltert dieser Familienbetrieb blitzsaubere Tropfen.
Auf dem Gut 2
06632 Freyburg-Zscheiplitz
Tel. +4934464/28315 oder info@weingut-pawis.de, www.weingut-pawis.de

Weinbau »Der Steinmeister« – Prof. Wartenberg & Prof. Sauer
Was als Hobby eines Arztehepaares begann, hat sich längst zu einem Geheimtipp gemausert. Auf einigen der steilsten Terrassen der Region baut die Familie gern neue Rebsorten wie Johanniter oder Regent an, ganz ohne Pflanzenschutz.
Weinberge 75
06618 Naumburg-Roßbach
Tel. +493445/204661 oder mariawart@netscape.net, www.der-steinmeister.de

Landesweingut Kloster Pforta
Die Mönche dieses Klosters etablierten einst den Weinbau an Saale und Unstrut. Ihre Nachfolger verstehen sich als Musterweingut.
Saalberge 73
06628 Naumburg-Bad Kösen
Tel. +4934463/3000 oder service@kloster-pforta.de, www.kloster-pforta.de

Thüringer Weingut Bad Sulza
Aus einer Agrargenossenschaft entstand das größte private Weingut der Region.
Sonnendorf 17
99518 Bad Sulza
Tel. +493641/20861 oder info@thueringer-wein.de, www.thueringer-wein.de

Weingut Thürkind
Weinproben, Kulinarisches und Weinbergführungen kann man auf diesem kleinen Weingut mit Voranmeldung buchen.
Neue Dorfstraße 9
06632 Gröst
Tel. +4934633/22878 oder info@weingut-thuerkind.de, www.weingut-thuerkind.de

19 Dornburg

Gleich drei Schlösser krönen den mit Wein bewachsenen Kalkrücken oberhalb von Dornburg. Als spätmittelalterliche Burg, Renaissanceschloss und Rokokoschlösschen errichtet, präsentieren sie die Vielfalt herrschaftlichen Residierens auf engstem Raum. Zudem sind sie durch einen Park verbunden, der ebenfalls die verschiedensten Stile der Gartenbaukunst vom Barockgarten bis zum Landschaftspark aufweist.

20 Jena

Im Talkessel der mittleren Saale liegt die traditionsreiche Universitätsstadt, die im Zweiten Weltkrieg schwer zerstört wurde. Erhalten blieb der historische Marktplatz mit dem gotischen Rathaus, dem »Romantikerhaus« mit Literaturmuseum und der spätgotischen Michaelskirche mit bemerkenswerter Ausstattung. Außerdem sehenswert sind das Collegium Jenense, erste Heimat der 1558 gegründeten Universität, die Friedenskirche, das Zeiss-Planetarium mit Multivisionsshows, das Optische Museum, Schillers Gartenhaus, das Ernst-Abbe-Denkmal und das Ernst-Haeckel-Haus.

Auf dem Marktplatz von Jena steht der Hanfried, das Bronzestandbild des Kurfürsten Johann Friedrich des Großmütigen (linke Seite). Unten: das schöne Rokokoschloss Dornburg.

Sächsische Weinstraße

Idyllische Elbweindörfer, verschwenderische Barockanlagen und lebhafte Städte reihen sich hier neben beschauliche Weinberge.

WEINROUTE 7

Elbflorenz wird Dresden gern genannt und auch die Landschaft, in die die Barockstadt eingebettet ist, versprüht mediterranen Charme. Rund um Dresden und Meißen mäandert die Elbe durch einen lang gezogenen Talkessel, in dem das Klima deutlich wärmer und trockener ist als in den umliegenden Hochlagen. Zudem speichern die Granit-, Löß- und Sandböden die Sonne gut. Ein idealer Ort, um Wein und Edelobst anzubauen, und für wohlhabende Bürger und Adlige, sich prächtige Villen und Schlösser zu errichten. Beides ist jahrhundertelang geschehen und hat eine malerische Kulturlandschaft entstehen lassen, die im Elbsandsteingebirge der Sächsischen Schweiz ihren Höhepunkt findet. Eine der schönsten und geruhsamsten Möglichkeiten, das alles zu genießen, ist eine Wanderung auf dem 92 Kilometer langen Weinwanderweg, der manchmal direkt an der Elbe, oft aber durch die Weinberge verläuft, und für passionierte Wanderer in sechs Tagen gut zu absolvieren ist. Kürzer und schneller geht es mit dem Auto oder dem Fahrrad. Zu kosten gibt es unterwegs eine breite Palette an Weinen und Sekten. Denn im Gegensatz zu vielen ande-ren Weingebieten dominiert in Sachsen keine Rebsorte. Zwar spielen Müller-Thurgau, Riesling und Weißburgunder die Hauptrolle, daneben werden viele alte und neue Trauben gekeltert wie der feinwürzige Goldriesling.

Routenlänge: 55 km
Zeitbedarf: ca. 1–2 Tage
Start: Diesbar-Seußlitz
Ziel: Pirna
Routenverlauf: Die Straße folgt den Windungen des Flusses. Die überwiegende Zahl der Weinorte liegt am rechten Ufer.

Besondere Hinweise: Die Sächsische Dampfschiffahrt verkehrt, außer montags, nachmittags zwischen Seußlitz und Dresden und täglich zwischen Dresden und Pirna.

Auskünfte:
Tourismusverein Sächsisches Elbland e.V.
Fabrikstraße 16, 01662 Meißen
Tel. +493521/76350 oder info@elbland.de,
www.saechsische-weinstrasse.net und
www.elbland.de

1 Diesbar-Seußlitz

Eingebettet in Rebhänge und durch eine imposante Felswand, den »Bösen Bruder«, getrennt, findet sich in den Elbweindörfern nordwestlich von Meißen der Doppelort Diesbar-Seußlitz. Im Mittelalter gehörte er Sachsens erstem Klarissenkloster, das u. a. vom Weinbau lebte. Im frühen 18. Jahrhundert wurde das Kloster von George Bähr, dem Baumeister der Dresdner Frauenkirche, zum Barockschloss umgebaut, dessen schöner Garten frei zugänglich ist. Ebenfalls von Bähr gestaltet wurden die Schlosskirche und die Heinrichsburg, ein ehemaliges Gartenhaus, das heute der Weinbauverein für Ausstellungen nutzt. Viele Wandermöglichkeiten bietet der Seußlitzer Grund, das größte Seitental der Elbe.

2 Hirschstein

Zu der Gemeinde gehört eine prächtige Feste: Auf der linken Elbseite erhebt sich das majestätische Schloss Hirschstein, das auf eine mittelalterliche Höhenburg zurückgeht. Nachdem es lange als Sanatorium diente, soll es jetzt als Kultur- und Veranstaltungsort wiederbelebt werden und ist im Rahmen von Führungen nach Voranmeldung zugänglich. Außerdem sehr sehenswert sind der Schlossgarten, das Schulmuseum Prausitz, der Museumshof Loose in Boritz sowie die Mühle und der Mühlgarten in Pahrenz.

3 Diera-Zehren

Der Doppelort besteht aus fast zwei Dutzend Dörfchen rechts und links der

★★★

REICHSGRAF WACKERBARTH

Nachdem ihm Kurfürst August der Große 1723 seinen geplanten Alterssitz Großsedlitz abgekauft hatte, ließ sich August Christoph von Wackerbarth (1662–1734), verdienter sächsischer Generalfeldmarschall und Staatsminister, von dem Architekten Johann Christoph Knöffel in den Weinbergen der Niederlößnitz ein neues Schlöschen mit dem schönen Namen »Wackerbarths Ruh'« erbauen. Nach seinem Tod wurde es zugunsten der Dresdner Witwen und Waisen versteigert und nach diversen Nutzungen im Jahr 1852 zu einem volkseigenen Weingut gemacht. Heute ist es sächsisches Staatsweingut mit Sachsens ältester Sektkellerei.

ABSTECHER: Freiberg

Die traditionsreiche Bergstadt verfügt nicht nur über eine schöne Innenstadt rund um den Dom, sondern auch über ein Bergbaumuseum sowie ein Besucherbergwerk.

Elbe. In Zehren sind vor allem die barocke Michaeliskirche und das Heimat- und Schulmuseum besuchenswert. In Schieritz finden sich eine alte Wassermühle und ein imposantes Renaissanceschloss, das heute allerdings in Privatbesitz ist, in Keilbusch besonders schöne Fachwerkbauten, in Seilitz das kleinste Bergwerk Europas, in dem die weiße Kaolinerde für das berühmte Meißner Porzellan abgebaut wird. Für Kinder interessant ist das Naturerlebniszentrum Elbepark in Hebelei mit Streichelzoo, Spielplatz und vom Aussterben bedrohten alten Nutztierrassen.

Links: Sonnenuntergang über dem Seußlitzer Schlossweinberg.

ABSTECHER:
Sächsische Schweiz
Gleich hinter Pirna beginnen die malerischen Formationen des Elbsandsteingebirges, den Fluss zu umrahmen. Am schönsten sind sie zwischen Rathen und Stadt Wehlen.

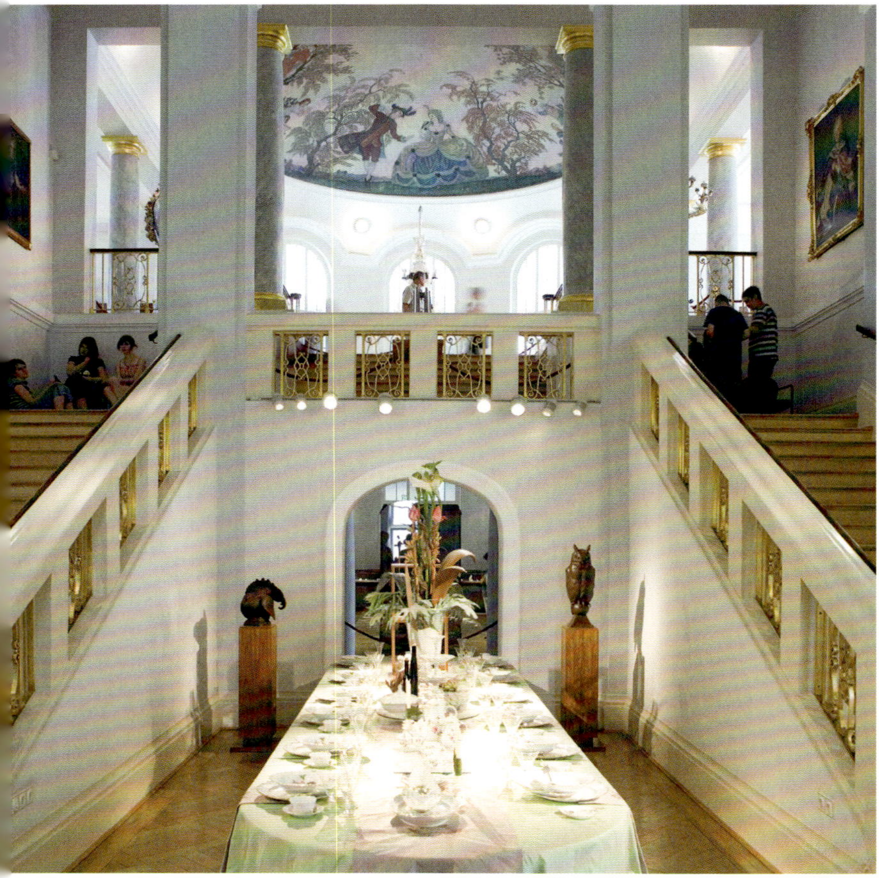

4 Zadel

Das Dorf, dessen sorbischer Name »hinter dem Berg« bedeutet, wurde 1193 von dem bedeutenden Zisterzienserkloster Altzella bei Nossen erworben, um Wein anzubauen. Damit ist es das älteste nachweisbare Winzerdorf der Region. Heute gehören die Weinberge zum neobarocken Schloss Proschwitz, das – ebenso wie das Weingut Proschwitz in Zadel – im Besitz der Familie zur Lippe ist und als Veranstaltungsort genutzt wird. Ebenfalls sehenswert ist die neugotische St.-Andreas-Kirche, in der mehrere alte Kunstwerke und sogar ein sorbisches Kultbild zu bewundern sind.

5 Meißen

Von Kaiser Heinrich I. gegründet, war Meißen ab dem Jahr 968 als Bischofssitz geistliches Zentrum, mit Unterbrechungen bis 1485 auch Residenz der Wettiner und damit Hauptstadt Sachsens. Der Dom auf dem Burgberg gilt als eines der stilreinsten Zeugnisse der Gotik im Osten Deutschlands. Die spätgotische Albrechtsburg ist Deutschlands erster Schlossbau. Die 1710 gegründete Staatliche Porzellan Manufaktur mit Schauhalle und zwei Schauwerkstätten lohnt ebenso einen Besuch wie der Jahnaische Friedhof oder die mittelalterliche und barocke Altstadt mit gotischer Frauenkirche und spätgotischem Rathaus.

6 Weinböhla

Idyllisch in die Hänge des Elbtalkessels eingebettet, erlebte Weinböhla Ende des 19. Jahrhunderts einen Boom, als sich viele Bürger aus Dresden und Meißen hier Villen im Grünen errichteten. Im historischen Weingut Peterkeller findet sich ein Heimatmuseum mit Schulzimmer und Bauernstube, aber auch Spielzeugsammlung und Kunstgalerie. Außerdem führt ein Ortslehrpfad zu allen Sehenswürdigkeiten. Besonders berühmt ist Weinböhla aber

Links oben: der Weinberg Radebeuler Goldener Wagen; darunter: Porzellanmanufaktur Meissen.

für seine historischen Aussichtstürme auf den Höhen rings um den Ort – König-Albert-Turm, Friedensturm und Wartturm –, von denen sich ein wunderbarer Blick über das Elbtal bietet.

7 Coswig

Die Kreisstadt an der Elbe ist aus mehreren kleinen Dörfern zusammengewachsen. Heute findet man dort viele alte Villen, Bauernhäuser und prächtige Winzergüter, aber auch beeindruckende historische Industriebauten und alte Sanatorien. Als besonders schön gelten das ehemalige Winzeranwesen Rote Presse und die Villa Teresa, die einst dem Pianistenpaar Eugen d'Albert und Teresa Carreño gehörte und heute als Veranstaltungsraum dient. Sehenswert sind auch – gerade im Kontrast – die alte Kirche Coswig, die als eine der schönsten sächsischen Dorfkirchen gilt, und die Barockkirche im Ortsteil Brockwitz. Ein Museum in der alten Wasserburg Karrasburg informiert über die Ortsgeschichte. In der Blaudruckerei Folprecht kann man altes Handwerk erleben.

8 Sörnewitz

Im westlichsten Ortsteil von Coswig beginnt das Spaargebirge, ein Höhenzug, der sich bis zum Meißner Stadtteil Spaar erstreckt. Er gilt als kleinstes Gebirge Sachsens, obwohl er im geologischen Sinne kein Gebirge ist. Wegen des warmen, trockenen Mikroklimas haben Botaniker der TU Dresden hier schon 1910 einen kleinen botanischen Garten für besonders wärmeliebende Pflanzen angelegt, den Boselgarten. Aus dem gleichen Grund sind die Hänge seit jeher mit Obstplantagen und Rebgärten sowie malerischen Winzergütern und Weinberghäusern bestanden. Höchste Erhebung ist der Aussichtspunkt Juchhöh. In Sörnewitz selbst ist die Heimatstube mit zahlreichen Modellen traditioneller Gebäude besuchenswert. Im alten Handwerkerhof sind Ferienwohnungen eingerichtet.

DIE LÖSSNITZ

Als Lößnitz wird die Landschaft rund um Radebeul bezeichnet. Der Lößnitzbach, der hier in die Elbe mündet, hat sich tief in das weiche Gestein gegraben und trennt die Ortsteile Niederlößnitz und Oberlößnitz durch den Lößnitzgrund. An seinen Hängen finden sich die Rebhänge der Großlage Radebeuler Lößnitz. Durch die milden Temperaturen im Talkessel eignen sich diese für den Anbau von Wein und Edelobst.

9 Radebeul

Die von Villen geprägte Stadt Radebeul am Rand der Weinberge entstand aus dem Zusammenschluss mehrerer Winzerdörfer. Auch heute ist sie noch das Zentrum des sächsischen Weinbaus. Die Hoflößnitz mit holzgetäfeltem Festsaal war früher einmal das Weingut der Kurfürsten. Das Schloss Wackerbarth ist heute Sitz des Sächsischen Staatsweinguts. Daneben gibt es mehrere private Weinerzeuger. Bekannt ist Radebeul auch für die Villa des berühmten Abenteuerschriftstellers Karl May; sein Haus ist heute ein Museum. Die Schmalspurbahn »Lößnitzdackel«, die über Schloss Moritzburg nach Radeburg fährt, zählt ebenfalls zu den touristischen Attraktionen des Ortes.

10 Kötzschenbroda

Der älteste Teil von Radebeul ging aus einem Rittergut hervor, in dem im Mittelalter Wein und Obst angebaut wurden. Noch heute ist der traditionelle Anger mit seinen giebelständigen Bauernhäusern und denkmalgeschützten Schänken erhalten. Sehenswert ist die Friedenskirche, deren älteste Teile aus dem 13. Jahrhundert stammen. Hier wurde 1645 ein Waffenstillstand mit den Schweden geschlossen, der für Sachsen den Dreißigjährigen Krieg beendete. Am letzten Septemberwochenende findet auf dem Dorfanger jedes Jahr das Herbst- und Weinfest statt, in das seit 1996 das Internationale Wandertheaterfestival integriert ist.

Unten: Belvedere im Weinberg von Schloss Wackerbarth. Kleines Bild: Meissener Porzellan. Nachfolgende Seiten: Theaterplatz in Dresden.

11 Moritzburg

Das von August dem Starken umgebaute Jagdschloss im Schlossteich wurde als Märchenfilmkulisse und Postkartenmotiv weltberühmt. Innen sind nicht nur barocke Prachträume mit Ledertapeten und Bettvorhängen aus Pfauenfedern sowie eine große Porzellan- und Jagdtrophäensammlung zu bewundern, sondern immer wieder auch Sonderausstellungen. Neben Schloss und Schlosspark sind vor allem das Käthe-Kollwitz-Haus, das Landgestüt Moritzburg und der Wildpark einen Besuch wert.

WEINFESTE

AUGUST
»Tage des offenen Weingutes« in der Region

SEPTEMBER
Weinböhlaer »Winzerstraßenfest«, »Federweißerfest« auf Schloss Wackerbarth, »Weinfest« in Meißen (größtes Volksfest der Region)

OKTOBER
»Federweißenmeile« in Diesbar-Seußlitz

12 Dresden

In der Dresdner Altstadt reiht sich ein Höhepunkt an den anderen: Das Albertinum beherbergt die Gemäldegalerie Neue Meister und die Skulpturensammlung. Der barocke Zwinger mit der angeschlossenen Sempergalerie der Alten Meister, die Semperoper und das Residenzschloss umrahmen den Theaterplatz. Erst nach der Wende wiederaufgebaut wurden die Frauenkirche und ein Teil der barocken Bürgerhäuser am Neumarkt. Von der Augustusbrücke fällt der Blick auf die Elbsilhouette. Prächtige Bauwerke wie die Kunstakademie oder die Kathedrale St. Trinitatis überragen die Stadtbefestigung mit der Brühl'schen Terrasse. Sehenswert auch die Innere Neustadt mit Barockgebäuden wie dem Japanischen Palais. Die Äußere Neustadt mit geschlossener Gründerzeitbebauung ist ein Szeneviertel. Einen Abstecher wert sind auch die Kreuzkirche am Altmarkt, das Deutsche Hygiene-Museum und der Große Garten mit dem ältesten Barockpalais der Stadt.

13 Loschwitz

Die beeindruckenden Elbschlösser Albrechtsberg, Lingnerschloss und Eckberg sowie zahlreiche prächtige Villen zeugen davon, dass sich hier schon seit dem 18. Jahrhundert reiche Dresdner ihre repräsentativen Wohnsitze in den Weinbergen errichten ließen. Bereits 1901 wurde hier die älteste Bergschwebebahn der Welt errichtet. Zusammen mit einer Standseilbahn befördert sie Ausflügler auf den »Balkon Dresdens«. Ganz in der Nähe der Bergstation der Seilbahn befindet sich mit dem Luisenhof eines der traditionsreichsten Restaurants Dresdens. Mit dem Schillerhäuschen, dem Josef-Hegenbarth-Kunstmuseum und der Leonhardi-Galerie in der alten Hentschelmühle besitzt der Ort drei Museen.

14 Pillnitz

Eingebettet zwischen Weinbergen und Elbufer findet sich eine der pompösesten Schlossanlagen Sachsens. August der Starke ließ das Rittergut für seine Mätresse Gräfin Cosel durch Matthäus Daniel Pöppelmann und Zacharias Longuelune zu einem Schauplatz für rauschende Feste umbauen. In der Gartenanlage liegen gleich drei Paläste: das Bergpalais, das Wasserpalais und das Neue Palais, das im frühen 19. Jahrhundert das abgebrannte Schloss ersetzte. Heute sind in den Gebäuden das Schlossmuseum und das Kunstgewerbemuseum untergebracht. Dazu kommen zahlreiche Pavillons, das große Palmenhaus und die 230 Jahre alte Pillnitzer Kamelie. Einen Besuch wert sind auch die Weinbergkirche und der Friedrichsgrund, wo

WEINGÜTER

Weingut Schloss Proschwitz
Die Familie zur Lippe betreibt auf historischem Grund das älteste und größte private Weingut in Sachsen.
Dorfanger 19,
01665 Diera-Zehren/Zadel
Tel. +493521/76760 oder
weingut@schloss-proschwitz.de,
www.schloss-proschwitz.de

Sächsische Winzergenossenschaft Meißen
Hinter der Genossenschaft stehen mehr als 1500 Winzer, die rund die Hälfte der sächsischen Anbaufläche kultivieren. Die Vinothek bietet Kellerführungen und Weinproben an.
Bennoweg 9, 01662 Meißen
Tel. +49351/780970 oder
info@winzer-meissen.de,
www.winzer-meissen.de

Sächsisches Staatsweingut Schloss Wackerbarth
Das Staatsweingut mit der ältesten Sektkellerei Sachsens bietet zahlreiche Events rund um den Wein an.
Wackerbarthstraße 1,
01445 Radebeul
Tel. +49351/89550 oder
kontakt@schloss-wackerbarth.de,
www.schloss-wackerbarth.de

Weingut Hoflößnitz
Das ehemalige kurfürstliche Weingut hat seit 1992 auf bio umgestellt. Die prächtigen historischen Gebäude können teilweise besichtigt werden und beherbergen neben Vinothek, Restaurant und Gästehaus auch das einzige Weinbaumuseum Sachsens.
Knohllweg 37,
01445 Radebeul
Tel. +49351/83983333 oder
info@hofloessnitz.de,
www.hofloessnitz.de

Weingut Drei Herren
Das Weingut von Kunsthistoriker Rainer Beck wurde von der DLG 2016 als bestes sächsisches Weingut ausgezeichnet und bietet auch einen Kunstwanderweg, Ausstellungen und Kunstführungen an.
Weinbergstraße 34
01445 Radebeul
Tel. +49351/7956099 oder
info@weingutdreiherren.de,
www.weingutdreiherren.de

Kurfürst Friedrich August III. im Jahr 1780 Wanderwege anlegen ließ.

15 Graupa

In der reizendsten Gegend der Sächsischen Schweiz sei er und finge an, als Mensch und Künstler aufzuatmen, schrieb der Komponist Richard Wagner 1846 von seinem Urlaub in Graupa. Heute heißt das Bauerngut, in dem er an seinem »Lohengrin« schrieb, nach der Oper. Das alte Jagdschloss enthält ein Wagner-Museum und einen Konzertsaal, in dem nicht nur Wagner erklingt. Außerdem gibt es einen Kulturweg auf den Spuren des Meisters. Sehenswert sind auch die von dem Dresdner Architekten Emil Rudolf Kolbe errichtete Kirche und Sternwarte.

16 Großsedlitz

Hier erfreut ein in seiner Substanz fast unverändertes spätbarockes Gartenkunstwerk mit Terrassen, Treppen, Orangerien, Skulpturen, Brunnen, Wasserspielen und Hunderten von Kübelpflanzen, darunter unglaubliche 150 Bitterorangen, das Auge. Die Anlage war bereits im Jahr 1719 im Auftrag von Reichsgraf von Wackerbarth als Landsitz begonnen, aber dann schon im Jahr 1723 von August dem Starken übernommen worden, der das Schloss und den Garten von seinen besten Architekten vergrößern und auch umgestalten ließ. Der Garten und ein Teil der Gebäude sind zu besichtigen, außerdem finden den Sommer über dort regelmäßig Veranstaltungen statt.

17 Pirna

Der Marktplatz mit dem Renaissancerathaus und zahlreichen historischen Bürgerhäusern sieht immer noch aus wie einst von Canaletto gemalt. Die spätgotische Marienkirche (1502 bis 1546) entfaltet im Inneren ihre ganze Pracht, mit dem Renaissancesandsteinaltar als Hauptwerk. Im alten Dominikanerkloster ist das Stadtmuseum untergebracht. Außerdem gibt es ein Richard-Wagner-, ein DDR- und ein Fahrzeugmuseum. Sehenswert ist auch das Landschloss Zuschendorf mit seiner Kamelien- und Azaleensammlung.

Märchenhaft spiegelt sich Schloss Moritzburg im Wasser des Schlossteichs (linke Seite).

Schweiz

Das Weinland besticht mit Weinbauregionen zwischen Alpenlandschaft, tiefgrünen Tälern sowie in Flusstälern und an Seeufern.

Weinregionen → Schweiz

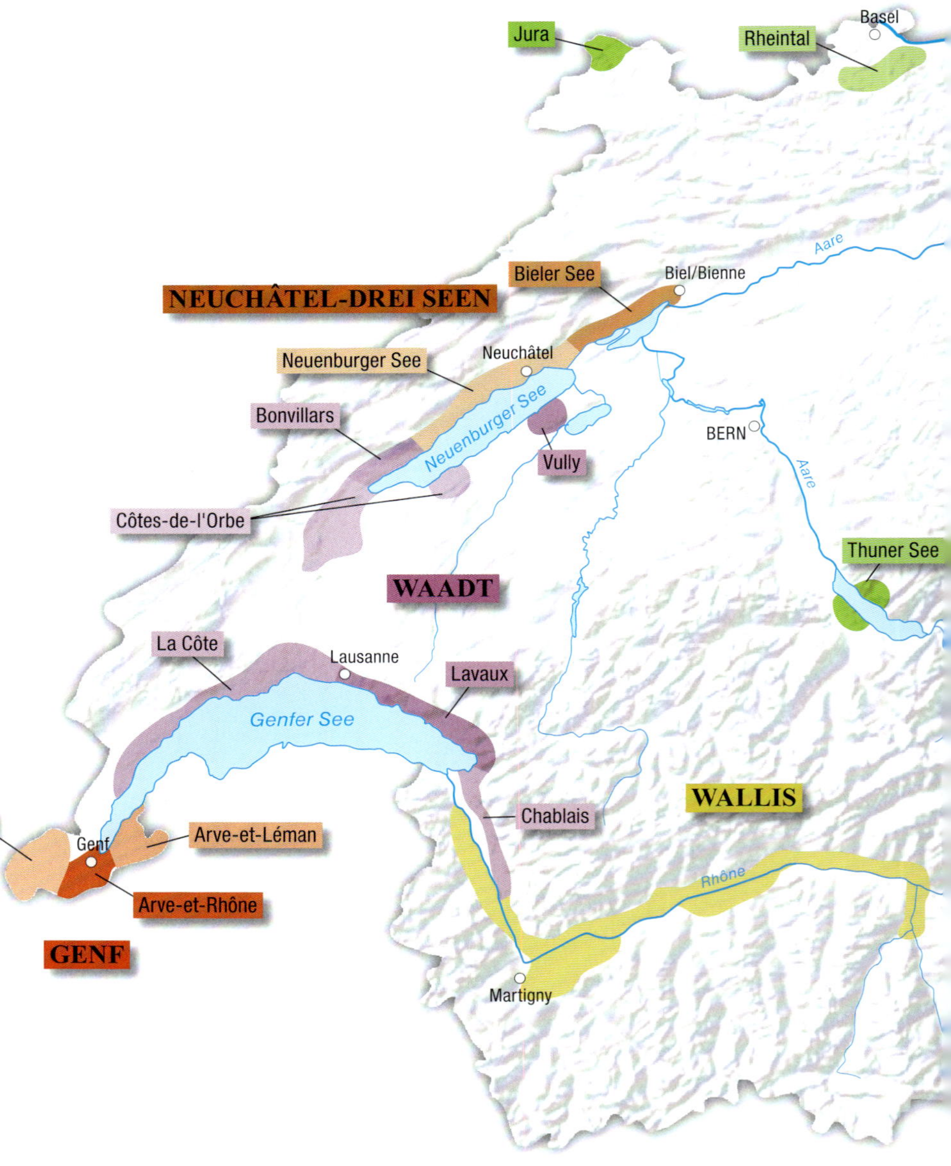

Klettgau
Schaffhausen
Rhein
Rhein
Limmathal
Zürcher Weinland
Bodensee
Zürich
Zürichsee
St. Gallen
Bündner Herrschaft
DEUTSCHSCHWEIZ
Zürichsee
Walensee
Rhein
Luzern
Sankt Galler Rheintal
Chur
Rhein
St. Moritz
TESSIN
Sopraceberi
Lugano
Sottoceneri

Schweizer Wein- und

WEISSWEIN

CHASSELAS

Geschichte: Im Wallis »Fendant« genannt, im deutschsprachigen Raum »Gutedel«, war diese alte Weißwein- und Traubensorte ursprünglich weltweit verbreitet. Ihr französischer Name verweist auf die mögliche Herkunft der Rebe aus der Nähe des Gemeinde Chasselas im Burgund. Sicher ist, dass eine genetische Ähnlichkeit mit den meisten alten Rebsorten des Alpenbogens besteht.

Anbau: Im schweizerischen Klima liefert der Gutedel je nach Region fruchtige, aromenreiche, aber säurearme Weine von leichten, süffigen, leicht spritzigen Typen bis hin zu Crus mit kräftigem, alkoholbestimmtem Charakter, wie beispielsweise auf den ton- und kalkreichen Böden der Lavauxschen Appellationen Dézaley. Eine nennenswerte Weinproduktion mit Gutedel hat sich außer in der Westschweiz nur noch im Markgräflerland erhalten. Im Lavaux macht der Chasselas etwa drei Viertel der gesamten Rebflächen aus; zusammen mit den beiden Rotweinsorten Pinot und Gamay fast 90 Prozent.

Genuss: In den großen Jahrgängen entfalten sich nach fünf bis zehn Jahren Lagerung Honigaromen sowie nussige Noten; im Glas funkelt der Chasselas grünlich- bis strohgelb. Chasselas-Weine eignen sich daher sowohl als Aperitif als auch zur Begleitung verschiedener Speisen.

CHARDONNAY

Anbau: Wenn überhaupt von einer zweiten Weißweinsorte im Lavaux die Rede sein kann, ist dies der Chardonnay. Im gesamten Kanton Waadt liegt seine Anbaufläche bislang nur im zweistelligen Bereich. Hervorragende Ergebnisse mit dieser im 16. Jahrhundert erstmals unter dem Synonym Beaunois erwähnten Burgundertraube erzielten u. a. Winzer in den Appellationen St-Saphorin und Dézaley Grand Cru.

VIOGNIER

Anbau: Die ertragsschwache, im französischen Ort Condrieu beheimatete Sorte wird überwiegend an der Rhône kultiviert. In der gesamten Schweiz sind derzeit ca. 40 Hektar mit dieser Rebe bestockt; auch im Lavaux, z.B. in der Lage Calamin (0,5 Hektar), wird der Wein angebaut.

Genuss: Die Sorte ergibt meist alkoholreiche Weine von kräftiger Farbe und prägnantem Geschmack. Ihr Duft erinnert zuweilen an Aprikosen, Pfirsiche und Blüten wie Veilchen oder Maiglöckchen. Lange Zeit war der Anbau von Viognier rückläufig; inzwischen nimmt er wieder zu.

Rebsorten

ROTWEIN

PINOT NOIR

Anbau: Die empfindliche Burgunderrebe ist auch in der Schweiz auf dem Vormarsch; sie wird in fast allen Weingebieten des Landes angebaut. Im Kanton Waadt, zu dem das Lavaux gehört, sind zur Zeit rund 500 Hektar mit ihr bestockt. Schwarzburgunder spiegelt das Terroir wie kaum eine andere Rebsorte wider. Allerdings verzeiht er keine Fehler. Die steinigen, kalkhaltigen Terrassen des Lavaux eignen sich allerdings sehr gut für den Anbau; der See strahlt Wärme ab und die Rebmauern schützen die Reben während der kühleren Nächte vor allzu viel Kälte. So bewirtschaftet etwa die knapp 50 Mitglieder zählende Winzergemeinschaft von Cully Pinotreben in der Lage Epesses.

Genuss: Der Rote wird gern als Begleiter zu Wild oder Käsespezialitäten getrunken.

GAMAY

Geschichte: Ein Weiler in der burgundischen Gemeinde Saint-Aubin, in der Nähe von Puligny-Montrachet, gab dieser Rebsorte ihren Namen.

Anbau: »Gamay noir à jus blanc«, wie er auch genannt wird, um auf seinen ursprünglich weißen Beerensaft zu verweisen, nimmt im gesamten Kanton Waadt derzeit etwa die gleiche Fläche ein wie die Reben des Pinot Noir. Er wird für diesen als Verschnittpartner genutzt; reinsortig wird Gamay im Lavaux kaum ausgebaut. Seine Varietät Plant Robert war in den 1960er-Jahren fast ausgestorben; dank eines Winzers aus Cully überlebte sie aber und wird heute wieder von einigen seiner Kollegen im Lavaux angebaut – ebenso wie die Sorten Diolinoir oder Garanoir.

Genuss: Seine feinwürzige Aromatik, die oft an dunkle Beeren erinnert, und sein saftiger Charakter machen den Wein zu einem vielseitig einsetzbaren Begleiter.

GARANOIR

Geschichte: Die gegen Botrytis widerständige, früh reifende Sorte ist eine Neuzüchtung (aus dem Jahr 1970) der Eidgenössischen Forschungsanstalt Changins im Kanton Waadt. Es handelt sich dabei um eine Kreuzung zwischen den Sorten Gamay und Reichensteiner.

Genuss: Garanoir erbringt meist farbkräftige, fruchtige Rotweine mit Brombeeraroma; die Sorte wird jedoch meist als Verschnittpartner (für Pinot Noir) eingesetzt. Der Wein passt wunderbar zu Fleischgerichten oder kalten Platten.

Anbau: Die Gesamtanbaufläche dieser Rebsorte in der Schweiz beträgt nur wenig mehr als 200 Hektar.

Weinstraße im Lavaux

Zwischen Lausanne und Vevey erstreckt sich eine der schönsten Landschaften der Schweiz.

WEINROUTE 8

Seit fast 2000 Jahren wird an den Hängen des Genfer Sees Wein angebaut. Steil fallen die terrassierten Rebhänge des Lavaux zum nordöstlichen Ufer hin ab. Seit 2007 zählt die einst Ryf genannte, größte schweizerische Weinbauregion als Kulturlandschaft zum Welterbe der UNESCO. Sie erstreckt sich auf rund 800 Hektar zwischen Lausanne und Vevey und grenzt an die kleineren Gebiete La Côte (im Westen) und Chablais (im Osten). Erste Reben in der Region pflanzten wohl bereits die Römer; doch die eigentliche Entwicklung des Weinanbaus verdankt sich den Bischöfen von Lausanne, zu deren Besitz die Orte Lutry, Chexbres und Corsier ab dem späten 11. Jahrhundert zählen, und den Zisterziensermönchen, die das Land dort urbar machen und terrassieren. In einem Dokument aus dem Jahre 1331 ist erstmals von diesen mauergestützten Hangterrassen (charmus) die Rede; allerdings erfolgte ihre Anlage nicht kontinuierlich. So entstanden z. B. die renommierten Domänen von Dézaley, Clos-des-Abbayes und Clos-des-Moines erst zwischen 1750 und 1830. Schon früh aber baten die Klosterbrüder die Einheimischen um Hilfe in Sachen Weinbau. Diese verdingten sich gleichermaßen im Weinberg wie als Transporteur, Maurer, Fassmacher und Händler. Zudem arbeiteten sie in der Landwirtschaft. Unter den Berner Autoritäten wurde dann bereits 1706 eine »Weinkammer« (Chambre de Vins) im Lavaux gegründet und somit die Weine als Referenzprodukt in der Schweizer Konföderation anerkannt.

Routenlänge: ca. 25 km
Zeitbedarf: 1–2 Tage
Start: Lutry
Ziel: Chardonne
Routenverlauf: Die Strecke verläuft entlang des nordöstlichen Ufers des Genfer Sees zwischen Lutry und Vevey.

Besonderheiten: Es verkehrt ein touristisches Weinberg-Bähnchen; große Teile der Rebhänge durchziehen auch Wanderwege.

Auskünfte:
Montreux-Vevey Tourisme
Rue du Théâtre 5, 1820 Montreux
www.montreuxriviera.com, www.lavaux.ch

1 Lutry

Früheste Zeugnisse der Besiedlung der heute ca. 10000 Einwohner zählenden Gemeinde sind zwei Dutzend Menhire aus dem Neolitikum. Sie wurden bei Aushubarbeiten für ein Parkhaus entdeckt. Die erste urkundliche Erwähnung des östlich der Mündung der Lutrive gelegenen Ortes erfolgte im Jahr 516 unter dem Namen Lustriacum; es handelt sich dabei um ein römisches Fischerdorf. Im Hochmittelalter gehörte das Gebiet zum Königreich Burgund; im frühen 11. Jahrhundert erfolgte die Gründung eines Benediktinerpriorats, das der Abtei Savigny-en-Lyonnais unterstand. Die Priorats-Siedlung fiel wenig später unter die Hoheit des Bischofs von Lausanne. Anfang des 13. Jahrhunderts wurde Lutry befestigt; mit der Eroberung der Waadt durch Bern 1536 gelangte es unter die Verwaltung der Vogtei Lausanne. Im Zuge der Einführung der Reformation durch die Berner Herrschaft wurde das Priorat säkularisiert. Der einzige erhaltene Teil ist die (mehrfach umgebaute) heutige Pfarrkirche Saint-Martin. Von der Stadtmauer steht heu-

Wunderschön liegt Lutry am Genfer See (oben). Belebt ist der Hafen vor allem beim Weinfest (unten).

te nur noch der Tour du Bourg-Neuf. Der mittelalterliche Stadtkern mit seinen schmalen Gassen und Bürger- und Patrizierhäusern aus dem 15.–18. Jahrhundert (Maison du Simplon, Maison des De Prez) steht unter Denkmalschutz. Das Schloss (heute Sitz der Gemeindeverwaltung) geht zurück auf das 14. Jahrhundert und war Sitz des Meiers, der den Bischof von Lausanne in Lutry vertrat. Am Saum der Weinberge steht der Tour de Bertholod (13. Jh.), ursprünglich Sitz des bischöflichen Verwalters, mit einem angebauten Wohnhaus (17. Jh.) Der Turm mit seinen weißroten Fensterläden befindet sich heute im Besitz der Stadt Payerne, die unter der Appellation Lutry einen eigenen Wein erzeugt. Insgesamt umfassen die Weinberge Lutrys 122 Hektar; davon liegen 69 unmittelbar um den Ort.

2 Villette

Als schmaler Streifen erstreckt sich die Gemeindefläche des Winzer- und Bauerndorfs vom Seeufer die Rebhänge hinauf über die Terrasse von Jordillon bis auf das angrenzende Hochplateau (734 Meter). Seit dem 11. Jahrhundert unterstand Villette dem Bischof von Lausanne. Sein bereits um 1134 erwähntes Gotteshaus Saint-Saturnin, das seine heutige Gestalt im 13./14. Jahrhundert erhielt, war Pfarrkirche des gesamten Cercle de Cully. Am Dorfeingang steht das spätgotische Landvogthaus. Mit seinen 185 Hektar Rebflächen (zu 80 Prozent mit Chas-

selas bestockt) ist Villette die größte AOC des Lavaux; auf den eigentlichen Ort entfallen davon 45 Hektar. Die anderen Weinberge liegen auf dem Gebiet von Grandvaux (60 Hektar), östlich von Cully (30 Hektar) sowie in Zone Châtelard in der Gemeinde (Lutry (50 Hektar). 2011 fusionierte Villette (ca. 600 Einwohner) mit Cully, Epesses, Grandvaux und Riex zur Gemeinde Bourg-en-Lavaux.

3 Epesses

Bis hinauf zu den Waldhöhen des Mont de Gourze (ca. 870 Meter) erstreckt sich der 330-Seelen-Ort am Steilhang beiderseits des Höllen-Baches (Rio d'Enfer). Spuren einer Römerstraße und Münzfunde deuten auf eine frühe Besiedlung des Gemeindegebietes hin. Die erste urkundliche Erwähnung des Ortes erfolgte 1166 unter dem Namen Espesses; abgeleitet vom lateinischen »spissa« (»dicht, dick«). Gemeint ist wahrscheinlich der dichte Rottannenbewuchs auf den Höhen. Im Mittelalter unterstand Epesses der Benediktinerabtei Lutry. Im Dorfkern drängen sich die Winzerhäuser (17. bis 19. Jahrhundert) dicht an dicht; oft sind sie regelrecht aneinandergebaut. Die mehrfach restaurierte Kapelle Saint-Jacques stammt aus dem 14./16. Jahrhundert, das denkmalgeschützte Haus Bovard stammt aus dem 15. Zur Gemeinde gehören gut 50 Hektar Rebland mit drei bekannten, als AOC bzw. als Grand Cru klassifizierte Lagen: Epesses (nördlich und westlich des Dorfkerns, teilweise in der Gemeinde Riex gelegen), Calamin (südlich des Dorfkerns) und Le Dézaley (im Osten; teilweise bereits in den Gemeinden Puidoux und Rivaz). Produziert werden vor allem trockene Weißweine aus der Rebsorte Chasselas sowie Rotwein.

4 Puidoux

Die Gemeinde ist bekannt für die sowohl ältesten als auch steilsten Rebterrassen des Lavaux (ca. 40 Prozent Neigung) und die dort angesiedelte Grand-Cru-Lage Dézalay. Sie erstreckt sich auf 50 Hektar im südlichen Gemeindeteil, unterhalb des mittelalterlichen Tour de Marsens, der lange Zeit als Signalposten diente, und des Rocher-de-la-Croix-de-Notre-Dame. Ein Teil von ihr wird auch als Clos des Abbayes und Clos des Moines bezeichnet; bestockt ist sie vor allem mit Weißweinreben. Insgesamt umfasst die 75 Hektar Rebfläche rund 10000 Terrassen; für die Arbeit im Weinberg wur-

WEINFESTE

APRIL/MAI
Weinfest in Espesses (alle zwei Jahre Ende April), **»Marché de Vin« in Chardonne** (Ende Mai; www.chardonne.ch)

JULI/AUGUST
Tracasset-Weltmeisterschaft in Epesses, »Fête des Vignerons« in Vevey (nächster Termin: 26. Juli–11. August 2019; www.fetedesvignerons.ch)

SEPTEMBER
»Fête des vendanges« in Lutry

WEINGÜTER

Domaine Porta
Neben Chasselas-Varianten bietet das Gut u. a. einen Plant Robert und einen Süßwein, v. a. aus der Lage Villette.
Les Daillettes
1091 Aran-sur-Villette
Tel. +4121799/2363
www.vins-porta.ch

Domaine du Daley
Mehr als fünf Jahrhunderte gehörte das 1392 gegründete Gut dem Stift Saint Nicolas von Freiburg. Heute werden in den Lagen Villette, Epesses, St-Saphorin und Lutry ein Dutzend Rebsorten angebaut (13 Hektar) und verarbeitet zu Grand Crus in Weiß und Rot.
Chemin Des Moines 8
1095 Lutry
Tel. +4121791/1594
www.daley.ch

Domaine d'Aucrêt
Vom berühmten Calamin über die Grand Crus Dézaley und St. Saphorin bis hin zum Epesses »Réserve« reicht das Angebot; in der AOC-Reihe gibt es eine Rosé Pinot.
Chemin de Bahyse-Dessus 2
1096 Cully
Tel. +41021799/3675
www.aucret.ch

Gaillard & Fils
Winzer seit vier Generationen, inzwischen u. a. Weine aus raren Trauben wie Gamaret und Savagnin.
Chemin du Mont 11
La Cornallaz
1098 Epesses
Tel. +4121946/1965
www.gaillard-vins.ch

den Standseilbahnen gebaut und Monorails angelegt. Puidoux selbst erstreckt sich im Tal des Baches Forestay, in einer weiten Geländemulde zwischen dem Mont de Gourze und dem Mont Pèlerin. Die unter Denkmalschutz stehende Kapelle Saint-Nicolas im Weiler Vers la Chapelle geht auf das 11. Jahrhundert zurück und wurde 1746 vergrößert. Oberhalb des Ortes liegt der Lac de Bret mit einem Golfplatz.

5 Sain-Saphorin

Charakteristische Winzerhäuser des 16.–19. Jahrhunderts prägen den 300-Seelen-Ort; sein origineller Kirchturm ziert bis heute zahlreiche Weinetiketten. Die erste urkundliche Erwähnung des Ortes erfolgte 1134 als Sancto Sufforiano – bezugnehmend auf den heiligen Symphorianus. Nach ihm ist auch die Kirche (16. Jh.) benannt, in deren Nähe Reste einer römischen Villa gefunden wurden. Im Gotteshaus selbst ist ein römischer Meilenstein eingemauert. Das Pfarrhaus stammt aus dem 16. Jahrhundert. Die Auberge de l'Onde trägt noch ein Wirtshausschild von 1750. Am Seeufer westlich des Ortes befand sich früher der Weiler Glérolles. Heute steht

Reizvolle Naturlandschaften wie bei Epesses (linke Seite) und Saint-Saphorin (unten) durchziehen das Lavaux.

BOULANGERIE
M. SALEY
PATISSERIE
Barbour

LES DÔMES

Ein architektonisches Merkmal des Lavaux sind seine »dômes« – »Kuppeln« genannte Mansarden auf den schmalen Winzerhäusern, in denen man früher Holz und Weinranken als Brennstoff lagerte. Mit einem speziellen System wurde beides mit einer Winde am Seil hochgehievt. In manchen Dörfern kann man sie noch sehen.

nur noch das Schloss Glérolles; vom Ursprungsbau (14. Jh.) ist aber nur der Turm erhalten. In Saint-Saphorin werden auf ca. 40 Hektar Rebfläche Qualitätsweine der Appellationen Saint-Saphorin, Dézalay und Calamin erzeugt. Der Gemeindeweinberg Domaine de la St-Germandaz umfasst ca. 1,2 Hektar und ist zu zwei Dritteln bestockt mit Chasselas; das andere Drittel teilen sich Pinot Noir, Gamay und Merlot.

6 Chardonne

Unter dem Namen Cardona (vom lat. »carduna«, »Distel«) anno 1001 erstmals erwähnt, aber bereits zur Bronzezeit besiedelt, wie Reste einer Nekropole beweisen, war der heute 3000 Seelen zählende Ort am Fuß des Mont Pèlerin zunächst im Besitz der Abtei Saint Maurice, dann u. a. der Zisterzienser von Haut-Crêt. Im alten Ortskern sind noch einige typische Winzerhäuser erhalten; die Pfarrkirche Saint-Jean-Baptiste geht zurück auf das 15. Jahrhundert. Ebenfalls aus dieser Zeit stammt das Château de Chardonne; es ist seit dem 17. Jahrhundert Weingut und Privatresidenz. Der ca. 120 Meter hohe Fernsehturm auf dem zur Gemeinde zählenden Mont Pèlerin ist seit 1995 zugleich Aussichtsturm; auf seine Spitze führt ein Panorama-Aufzug. Chardonne ist noch heute weitgehend landwirtschaftlich geprägt; seine Appellation umfasst ca. 100 Hektar. Sie ist bekannt für die Rasse und Eleganz ihrer feinen Gewächse, die hauptsächlich auf der weißen Chasselas-Traube basieren; zu einem kleinen Teil auch auf roten Sorten.

7 Vevey

Reste neolithischer Pfahlbauten verweisen auf eine frühe Besiedlung des Ortes, dem die Römer den Namen Vibiscus gaben. Damals lag die Siedlung an der wichtigen Heerstraße vom Großen Sankt Bernhard nach Aventicum (Avenches). Der um 1000 dann zum Königreich Hochburgund gehörende Fischerflecken entwickelte sich in der Folgezeit rasch zu einem wichtigen Handelsplatz für Waren von Frankreich ins Greyerzerland und nach Bern. Im 19. Jahrhundert sorgten Industrie und Fremdenverkehr für einen beträchtlichen Aufschwung; Henri Nestlé legte hier 1866 den Grundstein für den heute größten Lebensmittelkonzern der Welt. Damals wurden auch die umliegenden Höhen durch Bergbahnen erschlossen und die Riviera-Strandpromenade bis nach Montreux erbaut. Das ehemalige Schloss (16.–18. Jh.) und Landvogtssitz birgt das Historische Museum und das Musée de la vigne et du vin; an der Grande Place stehen das im Jahr 1830 erbaute Casino sowie das aufwändig restaurierte Château de l'Aile (19. Jh.), in dem u. a. schon Felix Mendelssohn und Henri Bergson residierten. Älteste Kirche von Vevey ist Saint-Martin (13. Jh.). Neben dem Hôtel de Ville (Rathaus, 18. Jh.) steht der mittelalterliche Tour Saint-Jean. Im Stadtpalais Cour-au-Chantre (1728) ist heute die Präfektur untergebracht. In der Altstadt der Gemeinde sind außerdem einige charakteristische Bürger- und Patrizierhäuser aus dem 17.–19. Jahrhundert erhalten.

Vevey besitzt nicht nur einen schönen Hafen (links oben), sondern auch eine schmucke Altstadt (darunter).

Österreich

Die Weinkultur verschmilzt hier auf besondere Weise mit den Menschen, ihren Traditionen und den kulinarischen Spezialitäten des Landes.

S
STEININGER

Weinregionen Österreich

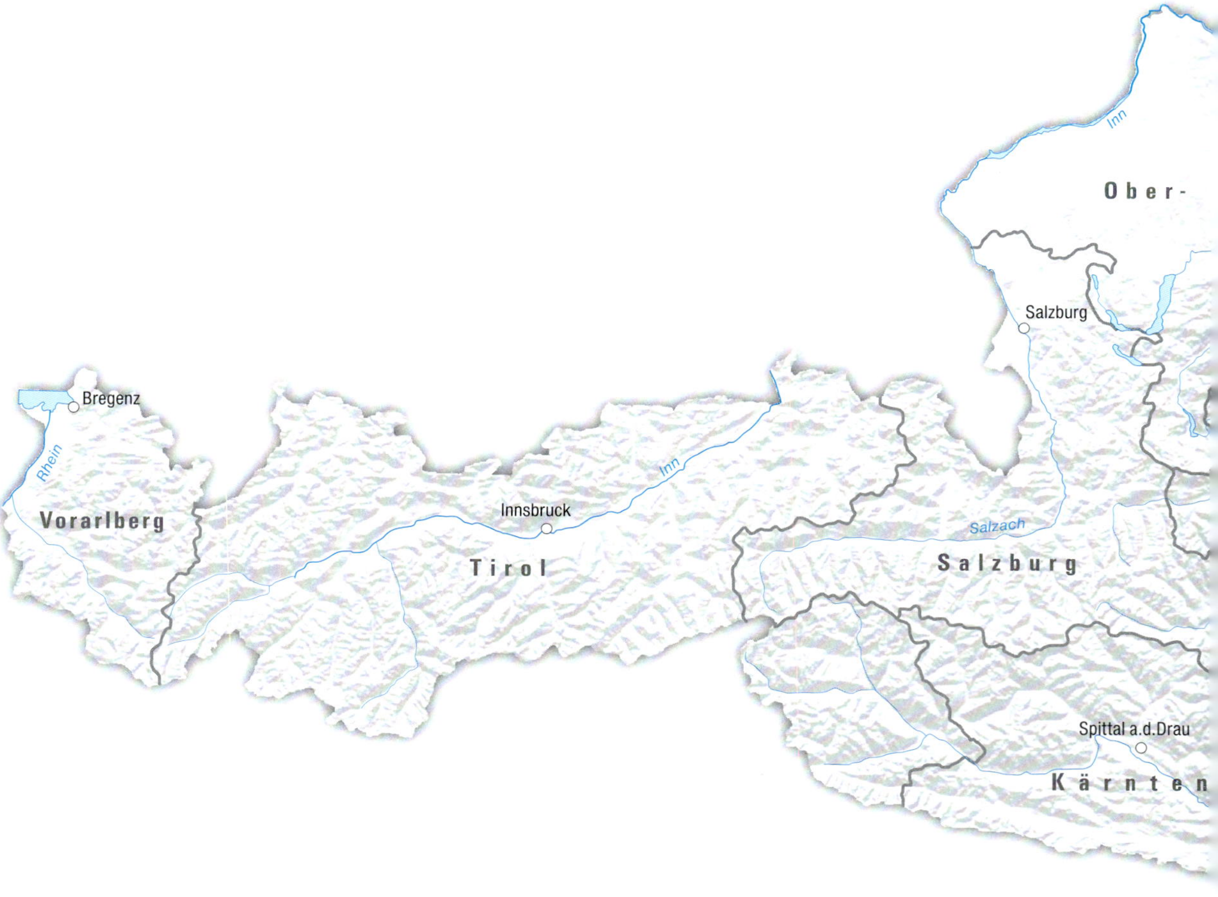

NIEDERÖSTERREICH
Kamptal
Kremstal
Wachau
Traisental
Wagram
Weinviertel
Linz
Donau
St. Pölten
WIEN
Carnuntum
Donau
Niederösterreich
Thermenregion
Neusiedler See
Neusiedler See
Leithaberg
terreich
Enns
Mittelburgenland
BURGENLAND
Steiermark
STEIERMARK
Graz
Eisenberg (Südburgenland)
Vulkanland
KÄRNTEN
Klagenfurt
Drau
Südsteiermark
Weststeiermark

Österreichische Wein-

WEISSWEIN

CHARDONNAY/MORILLON

Geschichte: Der Ursprung dieser Sorte stammt aus Frankreich und die Bezeichnung Morillon wird in der Steiermark verwendet.
Anbau: Mittlerweile wird die Rebsorte zu großen Weinen ausgebaut, wie es zahleiche Winzer beweisen. Die Rebsorte kommt oft im Barrique-Fass zum Einsatz, um dem Wein noch mehr Stabilität und Fülle zu geben. Allerdings ist die Anbaufläche kleiner als beim Weißburgunder.
Genuss: Morillon zeigt im Geschmack oft zarte Melonen, Bananen und Heuaromen; manchmal auch etwas Lindenblüte, wenn er sehr feingliedrig ist.

GRÜNER VELTLINER

Genuss: Mit Abstand die bekannteste und beliebteste Rebsorte in Österreich, macht einfach viel Spaß – egal, ob als leichter, knackiger, leicht pfeffriger Trinkwein oder als voller, harmonischer und sehr extraktreicher Speisenbegleiter bis hin zum berühmten Smaragd aus der Wachau, wo er mit seiner unheimlichen Fülle dominiert.

MUSKATELLER

Anbau: Die Anbaufläche ist noch sehr gering, wächst aber beständig, vor allem in der Steiermark und in Niederösterreich.
Genuss: Der Wein wird auch als Rosen-Muskateller bezeichnet, da er einen feinen Duft und Geschmack hat, der oft an Rosenblüten erinnert. Diese klassische Rebsorte aus Österreich ist besonders im Sommer sehr beliebt. Sie hat einen sehr zart-fruchtigen, aber dennoch trockenen Ausdruck.

TRAMINER

Geschichte: Diese Sorte hat ihren Namen von dem Südtiroler Ort Tramin und gehört zu den ältesten Rebsorten in Europa.
Genuss: Meistens werden feinfruchtige bis süße Weine produziert. Beliebt als Speisenbegleiter zu Desserts, feinem Gebäck oder zur Gänseleber als Parfait. Im Geschmack und Duft erinnert Traminer oft an getrocknetes Obst, feinen Rosenduft und Rosinen.

WEISSBURGUNDER

Geschichte: Diese Sorte hat ihren Ursprung in Frankreich und ist wohl ein Ableger des Grauburgunders.
Anbau: In Österreich ist der Wein mit einer relativ geringen Anbaufläche nicht so bedeutend wie in Deutschland. Durch seine feingliedrige Art wird er oft für Cuvées verwendet, es kommen in guten Lagen wie in der Süd- und Oststeiermark aber auch ganz hervorragende volle Weine zum Vorschein.

und Rebsorten

ROTWEIN

BLAUER SPÄTBURGUNDER/ PINOT NOIR

Anbau: Aus Frankreich stammend, erlangt diese Sorte in Österreich zunehmend Bedeutung; sie eignet sich gut zum Ausbau im Barrique und hat großes Reifepotenzial.

Genuss: Der Rotwein ist im Geschmack sehr vielschichtig: Von feinen Kirscharomen über zarte Himbeere und Veilchennoten bis hin zu Dörrobst und Waldboden findet man viele Nuancen. Darum ist er als Speisenbegleiter ideal.

BLAUFRÄNKISCH

Genuss: Bereits als junger Wein ist die Rebsorte sehr fruchtig und ausgewogen, teils aber auch richtig wild. Mit der Zeit werden die Weine runder und geschmeidiger. Blaufränkisch eignet sich zudem sehr gut für den Barriqueausbau.

CABERNET SAUVIGNON

Geschichte: Cabernet Sauvignon ist erst seit kurzer Zeit in Österreich als Qualitätswein zugelassen. Die natürliche Kreuzung aus Cabernet Franc und Sauvignon Blanc besticht mit Finesse und bringt dank der Klimaerwärmung immer bessere Qualitäten.

Anbau: Nur vollreife Trauben bringen die feinen schwarzen Johannisbeeraromen zum Vorschein. Zu jung, zu großer Ertrag oder nicht reif genug führt zu sehr unreifen grünen Paprikanoten am Gaumen.

MERLOT

Geschichte: Diese ist ebenso eine Traube aus Frankreich, die erst seit 1986 in Österreich als Qualitätswein zugelassen ist.

Genuss: Der Geschmack ist weich und üppig mit feinen Pflaumen- und Blaubeertönen.

SYRAH/SHIRAZ

Geschichte: Syrah ist noch eine ganz junge Rebsorte am österreichischen Markt und hat noch sehr wenig Bedeutung. Meist wird sie in Österreich für Cuvées verwendet.

Anbau: Die Rebsorte braucht besonders gleichbleibendes und langzeitlich warmes Klima, deshalb kommt die Sorte in Österreich sehr schwer zur vollen Güte. Es fehlt noch die Erfahrung mit der aus dem Rhonetal stammenden Traube.

ZWEIGELT

Anbau: Neben dem Grünen Veltliner ist sie die wichtigste autochthone Rebsorte Österreichs.

Genuss: Die Kreuzung von Blaufränkisch und St. Laurent ist jung getrunken vor allem recht fruchtig, wird mit der Reife aber deutlich runder und feiner. Zweigelt eignet sich gut für Cuvées.

Westliches Weinviertel

Geschichtsträchtig und genussreich geht es im Osten Österreichs zu. Und immer wieder bieten sich im westlichen Weinviertel schöne Blicke über die Donau.

WEINROUTE 9

Im Osten des Landes ist Österreich eher flach und lieblich, nicht von hohen Bergmassiven geprägt wie etwa in Tirol. Gepaart mit dem Lauf der Donau, der diesen Landstrich durchzieht, und trockenen, kontinentalen Sommern bietet sich ein ideales Klima für den Weinanbau. Hier liegt das Weinviertel, durch das sich auf etwa 400 Kilometer die önologische Route schlängelt. Diese Weinstraße teilt sich insgesamt in drei Abschnitte, sie beginnt im westlichen Weinviertel, das unten beschrieben wird, und führt dann weiter über das Veltinerland bis hin zum südlichen Weinviertel. Die Landschaft zwischen Donau und tschechischer Grenze ist nicht nur von dichten Wäldern geprägt, in den Lößböden verstecken sich womöglich noch große antike Schätze, denn schon recht früh lässt sich menschliche Besiedelung hier nachweisen. Bei Krems wurde sogar eine 36 000 Jahre alte Venusfigurine gefunden. Fanny vom Galgenberg gehört zu den kulturellen Höhepunkten der Region. Klöster und Kirchen sind fast in jedem Ort zu finden, so scheint es, aber auch Hinterlassenschaften der Römer oder andere alte Verteidigungsanlagen, die hier geschickt ins Stadtbild eingefügt worden sind. Im Vergleich zu anderen Feriengebieten Österreichs ist diese Region touristisch eher unerschlossen, was ihr die Chance gibt, den jetzt aufkeimenden Tourismus nachhaltig zu machen – mit regionalen Produkten, kleinen Hotels und eben überall Weinthemen, ob beim Wandern oder Verkosten.

Routenlänge: etwa 110 km
Zeitbedarf: mind. 3 Tage
Start: Pulkautal
Ziel: Herzogenburg
Routenverlauf: Die Route führt über Krems und macht einen Abstecher hoch nach Retz.

Besondere Hinweise: Es lohnt sich für manche Ziele, etwas mehr Zeit einzuplanen, schöne Wanderwege oder Erlebniszentren, etwa die Amethystwelt, liegen auf dem Weg.

Auskünfte:
Österreich Werbung Deutschland
Klosterstraße 64, 10179 Berlin
Tel. +4930/2191480 oder
urlaub@austria.info auf www.austria.info

1 Seefeld Kadolz

Die Gemeinde ist wohl der aktivitätenreichste Ort des Tals und wurde mehrfach zur jugendfreundlichsten Gemeinde Österreichs gekürt. Dass sich dennoch alte Traditionen bewahren lassen, zeigt das lebendige Treiben auf Schloss Seefeld. Das Barockschloss ist zwar in Privatbesitz, wird aber zu Konzerten oder Lesungen geöffnet. Weinfreunde zieht es eher in die Kellergasse von Großkadolz. Dort liegt die Euregio-Vinothek. In dem Haus lassen sich 125 Weinsorten verkosten, zusätzlich werden Spezialtäten aus der Region angeboten.

2 Mailberg

Niedrige Gebäude, die wie Reihenhäuser eng aneinanderstehen, machen im Pulkautal große Teile des Straßenbildes aus. Es sind die Kellergassen, eine Besonderheit der Weinbauregionen Österreichs, Tschechiens und Ungarns. Hier wurden die Weine gepresst und weiterverarbeitet, außerdem haben sich die Winzer hier gerne zur Verkostung getroffen. Diese Tradition wird auch heute noch gehalten, etwa in Mailbergs Kellergasse Zipf, in der noch 20 Keller originalgetreu erhalten und mit Führungen zu besichtigen sind. Darüber hinaus ist das Schloss Mailberg sehenswert. Die Kunigundenkirche mit ihrer Hügellage bietet einen hübschen Blick auf das Tal und die Siedlung.

3 Obritz

Hier ist nicht nur die Schnitzerkapelle sehenswert, sondern auch die Kellergasse. Besonderheit ist das vegane Bio-Weingut Fürnkranz, das auch gute Liköre und Schnäpse anbietet.

4 Haugsdorf

Der Ort ist bekannt für seine Rotweine in guter Qualität, immerhin werden auf 70 Prozent der Flächen rote Reben angebaut. Durch die Natur führt ein Öko-Wanderweg, der die Kunst des Weinmachens im Lauf der Jahrhunderte erklärt.

5 Retz

Von Pulkau aus macht die Route einen kurzen Bogen gen tschechischer Grenze. Die 4000-Seelen-Gemeinde Retz ist auf jeden Fall einen Abstecher wert, gehört sie doch zu den wichtigen Weinorten der Region, denn das eingemeindete Obernalb hat zwar nur 400 Einwohner, aber die größten Rebflächen im Weinbauviertel. Im Sommer gehört der »Reblaus-Express«, eine nostalgische Bahn, die hier startet, zu den Attraktionen des Ortes. Aber auch

Oben: Windmühlen bei Retz. Kleines Bild links: Presshäuser und Kellergasse im Weindorf Haugsdorf.

ABSTECHER: Spitz
Mit seiner idyllischen Lage am linken Donauufer lohnt sich auf jeden Fall ein Abstecher. Der Ort ist nicht nur umgeben von Weinbergen, er hat auch ein eigenes Schloss. Besonders stimmungsvoll sind die Fackelwanderungen.

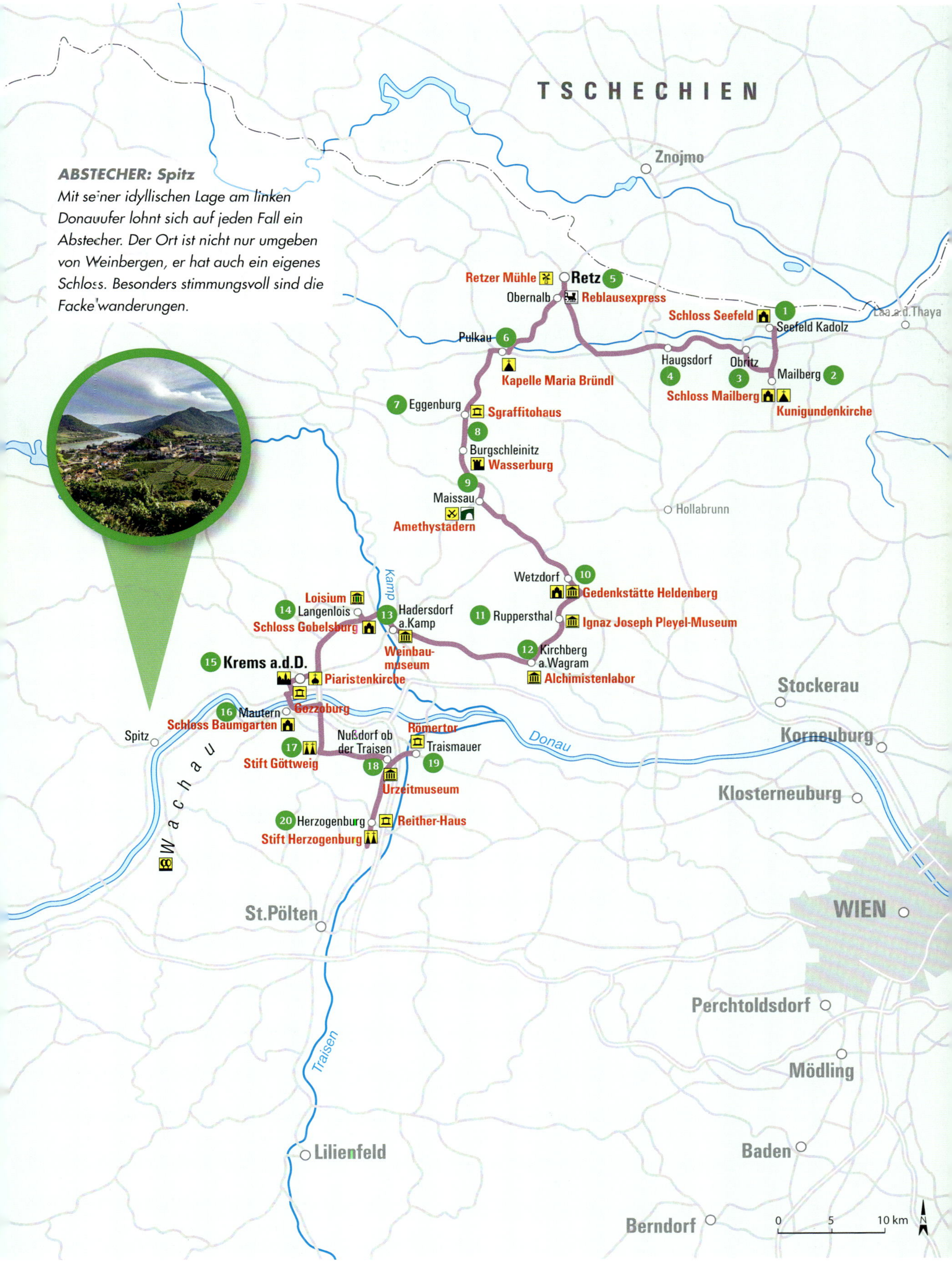

jenseits der mobilen Nostalgie lässt sich hier einiges entdecken. Etwa Österreichs einzige original erhaltene Windmühle, die Retzer Mühle am Ortsrand, gehört zum Kulturerbe der Stadt. In der Nähe befindet sich der Kalvarienberg. Die Skulpturen, die den Passionsweg Christi nachvollziehen, stammen aus dem 18. Jahrhundert. Nicht religiös, obwohl es auf den ersten Blick so scheint, ist das gelbe Kirchengebäude auf dem Hauptplatz. Es war zwar einst als Kirche gedacht, konnte aber aufgrund fehlender Mittel nicht fertiggestellt werden. Also nutzten es die Stadtväter als Rathaus. Weiterhin sehenswert sind die Stadttore sowie die Stadtmauer.

6 Pulkau

Dass hier einst ein Galgen stand, vermutet man heute nicht mehr, wenn man die Straße zwischen Pulkau und Schrattenthal fährt. Heute erinnert noch ein Kreuz auf einer Stehle an Gerichtsbarkeit, die einst an diesem Ort ausgeübt wurde. Das Gerichtsmarterl markiert die Grenze zwischen zwei Besitztümern. Hier kamen einst die Herrschenden zusammen, um Urteile auszuhandeln. Es gehört vielleicht nicht zu den auffälligsten Sehenswürdigkeiten des Ortes, vielleicht aber zu denen, um die sich die meisten Geschichten ranken. Mythen gibt es hier viele, etwa auch um die Quelle bei der Kapelle Maria Bründl. Zu Zeiten der Pest sollen Marienanbetung und das Wasser der Quelle die Menschen von der Krankheit verschont haben. Deswegen errichteten Gläubige hier ein Gotteshaus, das noch heute als Wallfahrtsort beliebt ist. Eher weltlich geht es auf dem Hauptplatz zu. Das Rathaus stammt immerhin aus dem 17. Jahrhundert und ist Blickfänger in der Stadt.

7 Eggenburg

Weiß leuchtet die Dreifaltigkeitssäule auf dem Hauptplatz. Die barockgerundeten Figuren recken sich in den Himmel. Dahinter strahlen die Fassaden der Giebelhäuser in bunten Farben. Manche sind aufwendig mit Malereien verziert, allen voran das berühmte Sgraffitohaus, Wahrzeichen der Stadt mit seinen biblischen Darstellungen, die ins 16. Jahrhundert zurückreichen. Andere Häuser haben verschnörkelte Giebel. Hier sind eine Pestsäule sowie der Martinsbrunnen noch erhalten. Aber nicht nur im Zentrum gibt es Sehenswertes, ein ehemaliger Turm der Stadtmauer ist sogar noch begehbar ebenso wie die Stadtmauer, die fast vollständig erhalten ist. Wer noch weiter in die Historie eintauchen will, geht ins Krahuletz-Museum mit seiner frühgeschichtlichen Sammlung.

8 Burgschleinitz

Obwohl das Innere der Burg nicht öffentlich zugänglich ist, lohnt sich ein Abstecher. Denn das Ensemble mutet sehr romantisch an mit seinem Wassergraben, der hohen Burgmauer und dem davorliegenden Teich. Hier hat

WEINFESTE

MAI/JUNI
»Kellergassenfest« in Mailberg; um Fronleichnam: »Weintage« in Retz

SEPTEMBER
Weinlesefeste in Ruppersthal und Retz

OKTOBER
Kürbisfest in Pulkau

»RENT A REBSTOCK«

Einmal einen eigenen Weinstock besitzen, das ist der Traum so mancher Weinliebhaber. Doch wie bewerkstelligen zwischen Beruf und Alltag? »Rent a Rebstock« heißt die Lösung aus Retz. Hier gehen Amateure mit Profis durch die Anpflanzungen, schneiden, pflegen und keltern den Wein.

einst Franz Grillparzer Inspiration gefunden. Damit das Anwesen auch die Bezeichnung »Wasserburg« verdient, wurde Mitte der 1970er-Jahre der Burggraben wieder geflutet.

9 Maissau

Am Übergang zwischen Weinviertel und Waldviertel dominiert nicht nur der Wein. Es gibt auch unterirdische Schätze, denn hier befindet sich eine der weltweit größten, frei zugänglichen Amethystadern der Welt. Sie wurde 1845 zufällig bei Steinbrucharbeiten entdeckt, aber nicht genutzt. Erst 150 Jahre später erkannten die Bewohner von Maissau, auf welchem Schatz sie lebten, und leiteten Forschungen ein. Man vermutet heute, dass sich die Ader einen Kilometer weit ins Gestein zieht. Grund genug für die Niederösterreicher, einen Schaustollen sowie eine große Erlebniswelt dort einzurichten. Jenseits des lilafarbenen Steins ist noch die Burg wichtige Attraktion des Ortes, den sie wie eine steinerne Wächterin überragt. Ihre Wurzeln reichen bis ins 12. Jahrhundert zurück.

10 Wetzdorf

Die Gemeinde gliedert sich in Kleinwetzdorf und Großwetzdorf. Hauptattraktion des Ortes ist das Schloss. Das Anwesen ist nicht öffentlich zugänglich, es beherbergt als Attraktion den Sommerstall und das Trainingszentrum der Spanischen Hofreitschule in Wien. Zum Schloss gehört auch die Gedenkstätte Heldenberg, die besichtigt werden kann. Es ist ein Park voller Büsten und Statuen von militärischen Würdenträgern und Herrschern. Insgesamt 169 Abbilder sind hier zu sehen, der Händler Joseph Gottfried Pargfrieder hat die Anlage samt Siegeshalle im 19. Jahrhundert nach dem Vorbild der Walhalla errichten lassen.

11 Ruppersthal

Lößboden und sonnige Südhänge bieten in diesem Ort ideale Bedingungen für den Grünen Veltiner, der hier hauptsächlich gedeiht. Viele Winzer laden in ihre Keller ein oder verkaufen Marmeladen, Essig und andere Produkte rund um die Rebe. Jenseits des Weins bietet sich das Ignaz Josef Pleyel-Museum zur Besichtigung an, es informiert über Leben und Werk des Komponisten.

12 Kirchberg am Wagram

Ein Alchimistenlabor ist immer spannend – wie es aussehen könnte, ist im Rathaus von Kirchberg zu sehen. Dort wurde das Labor, das sich einst im Schloss befand, wiederaufgebaut und den Besuchern zugänglich gemacht. Das Renaissanceschloss im Stadtteil Oberstockstall ist in Privatbesitz und nicht zugänglich.

13 Hadersdorf am Kamp

Neben dem örtlichen Weinbaumuseum ist das Ausstellungshaus Spoerri erwähnenswert. Der Schweizer Künstler

Linke Seite oben: Weinmuseum und Vinothek in Loisium. Kleines Bild linke Seite: Weingut und Weinkeller in Hadersdorf. Unten: die Stadt Eggenburg.

Daniel Spoerri hat hier ein Speiselokal sowie ein zeitgenössisches Kunstzentrum erschaffen.

14 Langenlois

Alte Obst- und Gemüsesorten zu züchten ist in Mode – und wichtig. Die Arche Noah in Langenlois hat sich dieser Aufgabe verschrieben und betreibt nicht nur eine Tauschbörse mit Samen und Zwiebeln, sondern verwaltet auch das größte Archiv an Samen, Knollen und Zwiebeln im deutschsprachigen Raum. Nicht nur darin ist Langenlois spitze, sondern es ist auch die größte weinbautreibende Stadt Österreichs. Sie ist hübsch angelegt mit den Renaissancehäusern im Zentrum, von denen einige auch Arkadenhöfe haben. Aber auch die Kirchen lohnen einen Blick, etwa die Pfarr- oder die Nikolauskirche. Eher futuristisch mutet die Architektur der Erlebniswelt Loisium an, ein 900 Jahre altes Kellerlabyrinth wurde zu einem Weinzentrum umgebaut, der US-amerikanische Architekt Steven Holl hat das Gebäude darüber errichtet, in dem sich nicht nur eine Vinothek, ein Spa und ein Informationszentrum über Weinproduktion und Fassherstellung befinden, sondern wo es sich auch gut frühstücken lässt. Weiterer Stopp für Weinliebhaber ist Schloss Gobelsburg mit seiner angeschlossenen Kellerei.

15 Krems

Dieser Spruch regt zum Nachdenken an: »Krems Und Stein sind drei Orte«. Tatsächlich gliedert sich die Stadt nicht nur in das Zentrum, sondern auch in die Vororte Stein und Und. 27 000 Jahre alt war das Kindergrab, das man im Jahre 2005 hier gefunden hat, sogar noch älter ist ein anderer Fund aus Krems: Fanny vom Galgenberg ist mit ihren 36 000 Jahren die älteste Venusfigurine der Welt. Kein Wunder also, dass Krems eine historische Altstadt hat, die Teil des Weltkulturerbes »Kulturlandschaft Wachau« ist. Zu den Wahrzeichen der Stadt zählt auf jeden Fall das Steiner Tor, das aufs 15. Jahrhundert zurückreicht und von zwei spitzdachigen Trabantentürmen flankiert wird. Das Rathaus, die Gozzoburg sowie das Göglhaus gehören zu den Höhepunkten, aber auch die Pfarrkirche St. Veit mit ihren prachtvollen Fresken sowie die Piaristenkirche aus dem 11. Jahrhundert, die mit ihrer barocken Ausstattung als die kleine Schwester des Wiener Stephansdoms gilt, sollten Besucher nicht versäumen. Wer durch die Stadt schlendert, kommt auch an der Kunstmeile vorbei, die mit Kunsthalle und Karikaturmuseum den Hunger nach Kulturellem stillt. Freunde der guten Reben sind in diesem Weinbaugebiet natürlich auch gut aufgehoben. Das Weinstadtmuseum informiert über viele historische Dinge rund um den edlen Tropfen und im Weingut der Stadt Krems können Veltiner und Riesling verkostet werden. Krems ist übrigens auch erste Anlaufstelle für Nachwuchswinzer, sie werden in der Weinbauschule darauf vorbereitet, den elterlichen Hof zu übernehmen.

16 Mautern

Flach ist die Landschaft auf der einen Seite der Donau, dort formen sich Häuser und Straßen zum 3500-Seelen-Ort Mautern. Auf der anderen Seite des Flusses erhebt sich ein Hügel, dicht an

WEINGÜTER

Bergmann
Wein vom Kalvarienberg in Retz gibt es beim Windmühlenheurigen. Die Umgebung ist stimmungsvoll, die Kellerei liegt direkt an der alten Windmühle.
Helmut & Petra Bergmann
Am Anger 3, 2070 Retz
Tel. +432942/2467
www.windmuehle.at

Bio-Weingut Fürnkranz
Vegane und alkoholfreie Weine, Säfte und Liköre – dieses Bio-Weingut hat ein modernes Sortiment und liegt dazu idyllisch.
Gerald Fürnkranz
Obritz 323
2061 Hadres
Tel. +43676/9664841
www.vegan-wein.at

Weingut Prechtl – Sommerladen & Café
Auf Weißwein, insbesondere den Grünen Veltiner, ist dieses Weingut spezialisiert. Es wird darauf geachtet, dass mit ökologischen Methoden gearbeitet wird. Geleitet wird das Weingut von der Winzerin Petra Prechtl.
Petra Prechtl
Zellerndorf 12
2051 Zellerndorf
Tel. +432945/2297
www.prechtl.at

Weingut Humer
Bereits zweimal wurde hier die Auszeichnung „TOP-Heuriger" von Niederösterreich errungen. Seit 1844 befindet sich der Betrieb in Familienbesitz.
Horner Straße 35
3712 Maissau
Tel. +432958/82340
www.weinbau-humer.at

dicht wachsen hier Weinreben in ordentlichen Reihen. Das milde Klima und die strategisch günstige Lage am Fluss haben schon die Römer beeindruckt, die hier eine Siedlung errichtet hatten. Im Dunkelsteiner Wald finden sich noch Reste der alten Handelsstraße, das Kastell ist leider auch nicht mehr erhalten geblieben, nur noch ein Rest der Mauer. Diese ist zudem in der Margaretenkapelle verbaut, die Kirche geht bis ins 9. Jahrhundert zurück. Dafür lockt die Stadt mit dem Schloss Baumgarten, einem barocken Bau mit eindrucksvollem Portal. Das Rathaus ist ebenfalls ein beliebtes Fotomotiv.

17 Stift Göttweig
Überwältigend prachtvoll ist das Innere der Stiftskirche gestaltet. In Gold gefasste Kanzel, Altar und Orgel strahlen dem Besucher entgegen. Zarte blau-rosa Fresken an den Wänden betonen diese Pracht und auf den rundbögigen Säulen sind Engel gemalt. Eindeutig barock präsentiert sich das Gotteshaus. Es ist das spirituelle Zentrum der Anlage, die nach einem Brand im 18. Jahrhundert wiederaufgebaut wurde. Architektonisches Vorbild war damals der Madrider Escorial-Palast, sehenswert ist heute nicht nur die Kirche, sondern auch Kaisertrakt und Kaiserstiege sowie die Bibliothek.

18 Nussdorf ob der Traisen
Mit seinem Urzeitmuseum ist der 600-Seelen-Ort ein Magnet für Freunde der Bronzezeit. Hier wurden die größten Gräber in ganz Mitteleuropa aus dieser Epoche gefunden. Werkzeuge, Töpferwaren, Schmuck und Waffen – die Fundstücke sind heute in dem Museum ausgestellt. Darüber hinaus lohnt sich in Nussdorf ein Abstecher zu der Freilehnmühle, deren Bau auf das 16. Jahrhundert zurückgeht.

19 Traismauer
Das Römertor mit seinen zwei wuchtigen Türmen deutet auf die reiche Geschichte dieses Ortes hin. Die Stadt lag zur Römerzeit an einer wichtigen Nord-Süd-Tangente und hatte eine große strategische Bedeutung, denn von hier aus wurden Eisen und Salz auf der Handelsstraße weiterverteilt. Um das zu sichern, haben die Römer hier ein Kastell errichtet, dessen wichtigstes Überbleibsel sich eben am Römertor zeigt. Aber auch ein Hungerturm, ein alter Brunnen sowie Grabkammern sind noch zu sehen. Viele Jahrhunderte später übrigens spielte sich hier ein Teil der Nibelungensage ab, denn Kriemhild soll sich hier aufgehalten haben, bevor sie König Etzel getroffen hat.

20 Herzogenburg
Der Rathausplatz mit seinen Arkaden strahlt typisch österreichische Atmosphäre aus. Hier befindet sich auch das Reither Haus, das mit seiner barocken Fassade einen Blickfang bietet. Im Inneren befindet sich nicht nur die Touristeninformation, sondern auch eine Vinothek der regionalen Winzer, die den Stopp lohnt. Wichtigste Sehenswürdigkeit der 2800-Einwohner-Gemeinde aber ist das Kloster, mehr als 900 Jahre alt und heute kultureller Mittelpunkt der Kleinstadt. Übrigens gilt die Gemeinde als eines der ältesten bewohnten Gebiete Österreichs – in Herzogenburg haben sich schon in der Jungsteinzeit Menschen niedergelassen.

Linke Seite oben: Stadttor in Krems. Linke Seite unten: Kollegiatskirche mit Fresken in Herzogenburg. Kleines Bild oben: Stift Göttweig in Mautern a. d. Donau.

WEINROUTE 10

Österreichs heißeste Region ist geprägt vom Steppenklima der Pannonischen Tiefebene rund um den Neusiedler See. Er dient als natürlicher Wärmespeicher und reguliert die Luftfeuchtigkeit in der Umgebung. Zusammen mit den fruchtbaren Böden sorgt dieses Klima für beste Anbaubedingungen. Im Norden liegt das Anbaugebiet Neusiedler See, wo die Rebsorte des Blauen Zweigelt dominiert. Die Weinstraße führt in den Seewinkel, der im Westen durch den Neusiedler See, im Osten durch die Grenze zu Ungarn markiert wird. Diese Steppenlandschaft mit ihren reetgedeckten Häusern und Ziehbrunnen erinnert an die ungarische Puszta, hier entstehen hervorragende Süßweine. Im Westen des Binnensees verläuft eine weitere Straße durch das Gebiet Neusiedlersee-Hügelland. Hier wird der Rotweinanbau von der edlen Sorte Blaufränkisch dominiert. Rust am Südwestufer des Sees bildet eine Ausnahme, denn hier gedeiht der »Ruster Ausbruch«, ein süßer Weißwein. Weiter südlich schlängelt sich die kurze Route Mittelburgenland durch die Landschaft. Die Region zwischen Ödenburger Gebirge und Günser Bergen wird auch gern »Blaufränkischland« genannt, weil diese rote Rebsorte hier so beliebt ist. Die Weinstraße des Südburgenlandes schließlich schlängelt sich durch eine sanft gewellte Hügellandschaft, ihr Aushängeschild ist der berühmte Uhudler.

Routenlänge: ca. 350 km
Zeitbedarf: mind. 5 Tage
Start: Edelstalt
Ziel: Jennersdorf
Routenverlauf: Wer alle Weinstraßen hintereinander befahren will, startet am besten im Norden des Neusiedler Sees, fährt von dort nach Süden, am Ostufer und anschließend am Westufer entlang und wendet sich dann nach Süden bis ins Südburgenland.

Besondere Hinweise: In Rust befindet sich Europas größte Weinschule, die Weinakademie Österreich.

Auskünfte:
Österreich Werbung Deutschland
Klosterstraße 64, 10179 Berlin
Tel. +4930/2191480 oder
urlaub@austria.info auf www.austria.info

Im Burgenland

Auf mehr als vier Weinstraßen können Liebhaber die Region erkunden.

Neusiedler See

1 Winden am See

In diesem Örtchen wurde einst die älteste Weinpresse Österreichs entdeckt – aus dem Jahr 200 nach Christus. Heute befindet sich genau auf dem Fundort, rund um die Grundmauern einer alten römischen Villa, ein Freilichtmuseum. Der Bildhauer Wander Bertoni erwarb dieses Terrain zusammen mit einer Wassermühle und stellt hier ganzjährig seine Kunstwerke aus.

2 Jois

Obwohl die Gegend rund um Jois vorwiegend vom Rebenanbau geprägt ist und die Winzer zahlreiche Buschenschanken betreiben, ist der Ort auch für eine ganz andere Frucht bekannt: Von hier stammt die Schwarze Joiser Herzkirsche, eine edle Süßkirschensorte.

3 Neusiedl am See

Im Sommer bevölkern viele Besucher aus Wien den Ort, befindet sich hier doch das Strandbad am Neusiedler See. Den Namen erhielt der Ort im 13. Jahrhundert, als Mongolen das Vorgängerdorf dem Erdboden gleichmachten und die neue Siedlung den Namen »Niusidel« bekam. Später wurde es erneut zerstört, als die Türken in die Region einfielen.

4 Weiden am See

Südlich von Weiden am See, auf den sogenannten Zitzmannsdorfer Wiesen, liegt das größte zusammenhängende Wiesengebiet des Nationalparks Neusiedler See–Seewinkel. Auf einem schönen Wiesenwanderweg von rund 14 Kilometern Länge informiert die Gemeinde über die reiche Fauna und Flora dieses Schutzgebietes.

5 Podersdorf

Hier steht einer der wenigen Leuchttürme von Österreich, er ist auch der touristische Höhepunkt des Strandbades: Der rot-weiße Turm gleicht den Kollegen an der Nordsee sehr, allerdings dient er nicht der Navigation der Ausflugsschiffe auf dem See, sondern als Orientierungspunkt für Wassersportler bei Sturmwarnungen.

6 Illmitz

Weltweit ist Illmitz für seine prämierten Süßweine bekannt, hier wissen die

Oben: Weinfeld in Neusiedl am See.
Unten: Leuchtturm in Podersdorf am See.
Links: Windmühle in Podersdorf.

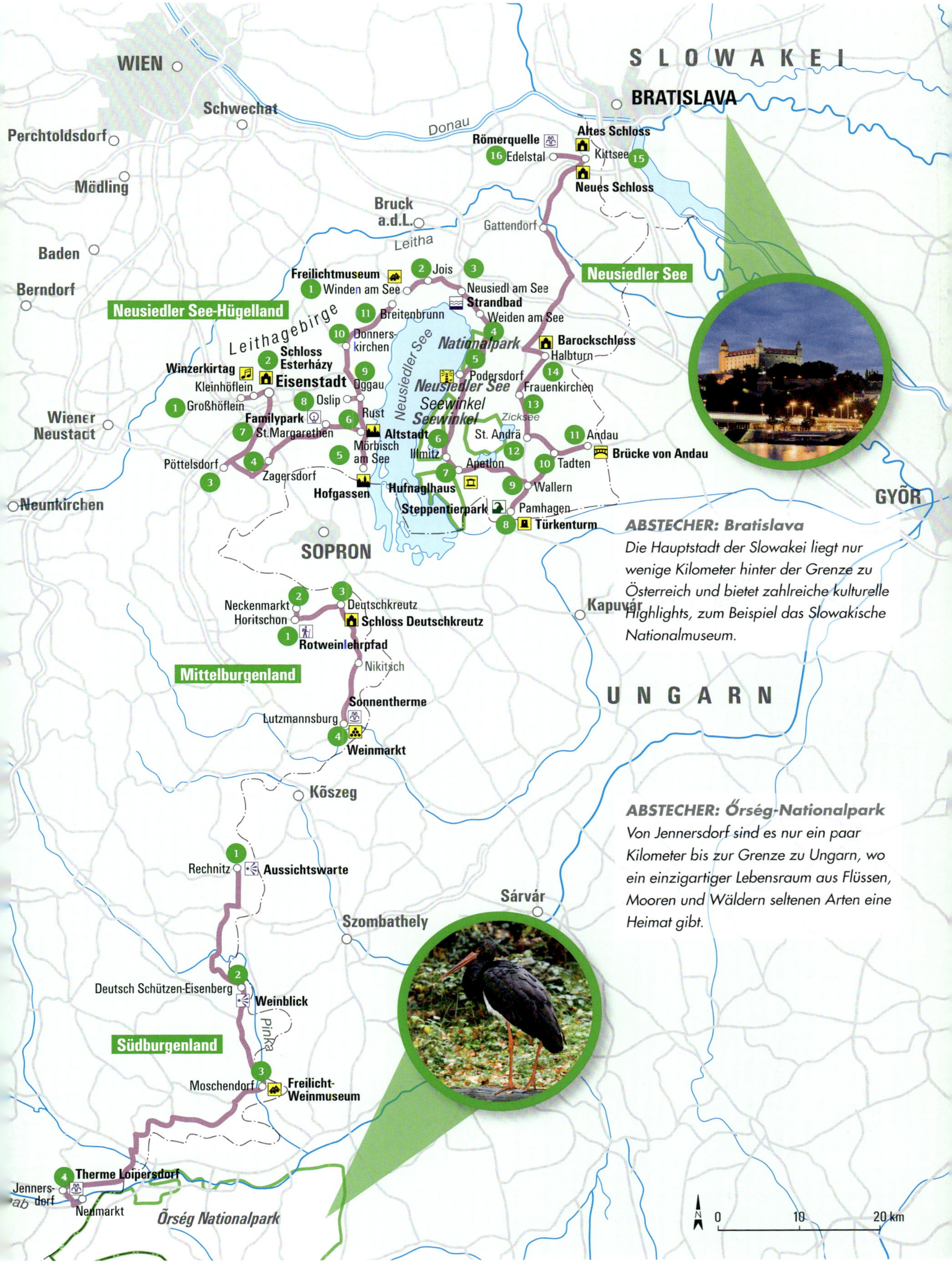

ABSTECHER: Bratislava

Die Hauptstadt der Slowakei liegt nur wenige Kilometer hinter der Grenze zu Österreich und bietet zahlreiche kulturelle Highlights, zum Beispiel das Slowakische Nationalmuseum.

ABSTECHER: Őrség-Nationalpark

Von Jennersdorf sind es nur ein paar Kilometer bis zur Grenze zu Ungarn, wo ein einzigartiger Lebensraum aus Flüssen, Mooren und Wäldern seltenen Arten eine Heimat gibt.

Winzer besonders gut mit Edelfäule umzugehen: Bereits vier Mal ging der Preis »Wine Maker of the Year« an einen hiesigen Winzer. Hier befindet sich zudem das Nationalpark-Informationszentrum zum Neusiedler See–Seewinkel.

7 Apetlon

Das ist doch mal ein ganz anderer Höhenrekord der Alpenrepublik: In Apetlon befindet sich auf 114 Metern über dem Meeresspiegel der tiefste Punkt Österreichs. Sehenswert ist an diesem Ort beispielsweise das barocke Hufnaglhaus im Ortszentrum. Das reetgedeckte Schmuckstück ist eines der letzten erhaltenen Häuser im typischen Seewinkel-Baustil.

8 Pamhagen

Auf rund 13 Hektar Puszta-Landschaft breitet sich der Steppentierpark Pamhagen aus, das wohl bekannteste Ausflugsziel des Ortes. Wer auf der Hauptstraße entlangfährt, wird sicher auch auf das ungewöhnliche Wahrzeichen von Pamhagen aufmerksam: Da steht ein einsamer Kirchturm an der Straße, der geheimnisvolle Türkenturm aus dem 17. Jahrhundert, um den sich viele Sagen ranken. Von einer ruhigen und weiten Landschaft umgeben, findet der Besucher hier Erholung. Und auch der Weingenuss kommt nicht zu kurz, denn mehr als zehn Winzer und Weingüter kann Pamhagen vermerken.

9 Wallern

Dieser Ort markiert das südliche Eintrittstor zum Nationalpark und gilt außerdem als Gemüsegarten Österreichs. Ob Paprika oder Kopfsalat, Grünspargel oder Kohl – dank des fruchtbaren Bodens wächst hier auf zahlreichen Feldern sämtliches Gemüse in Folientunneln und im Freien heran. Hiesige Gärtnereibetriebe beliefern auch die großen Lebensmittelketten Österreichs mit ihrem Gemüse.

Relikte aus früheren Zeiten: Ziehbrunnen und Burgenlandhaus in Apetlon im Seewinkel (oben) und das Barockschloss Halbturn (unten).

10 Tadten

Im Süden des Dorfes erstreckt sich die Niedermoorlandschaft des Hanság (Waasen). Dort lebt heute noch die Großtrappe, ein Vogel, der in vielen Ländern der Welt bereits ausgestorben ist. Mit bis zu 16 Kilogramm Lebendgewicht gilt er als einer der schwersten flugfähigen Vögel der Welt. Ein großer Teil des Hanság ist deswegen heute Bewahrungszone des Nationalparks Neusiedler See–Seewinkel. Zum Weinbaugebiet Neusiedler See gehören die kleinen Weingüter rund um Tadten.

11 Andau

Heute steht sie wieder, die berühmte Brücke von Andau. Über sie schrieb der US-amerikanische Schriftsteller James A. Michener einen Bestseller; dieser basiert auf einer wahren Geschichte: Nachdem in den 1950er-Jahren der Volksaufstand in Ungarn blutig niedergeschlagen worden war, machten sich viele Menschen über diese kleine Holzbrücke auf gen Westen – ihre letzte Fluchtmöglichkeit. Die Einwohner von Andau befanden sich damals für die ungarischen Flüchtlinge im Dauereinsatz, bis die Brücke gesprengt wurde. Der Verein »Gesellschaft für internationale Verständigung – die Brücke von Andau« ließ die Brücke im Jahr 2006 als Symbol für Frieden, Toleranz und Menschlichkeit wiederaufbauen.

12 Sankt-Andrä

Das Dorf liegt idyllisch am Zicksee im Seewinkel. Dieser kleine Steppensee ist ungewöhnlich flach mit seinen maximal 1,20 Metern Wassertiefe. Daher heizt er sich im Sommer auf angenehme Temperaturen auf und ist ein beliebtes Badeziel für Familien und Surfrevier für Anfänger. Der Heilschlamm am Boden des Sees enthält u. a. Schwefel, Soda und Glaubersalz.

13 Frauenkirchen

Vortreffliche Weine gedeihen hier, einige Lagen gehören zu den besten des Burgenlandes. Bekannt ist der Ort aber auch als Hotspot der Tomatenzucht in Europa. Niemand baut mehr unterschiedliche Sorten an als der »Kaiser der Paradeiser«, Erich Stekovic. »Paradeiser« werden Tomaten in Österreich genannt. Nahe Frauenkirchen wurde außerdem eine ergiebige Thermalquelle entdeckt und 2009 eine Therme mit angeschlossenem Hotel gebaut.

14 Halbturn

Das Barockschloss mit seinen herrlichen Gärten prägt diesen Ort. Der einstige Gartendirektor des Schlosses Schönbrunn gestaltete diesen Park, der heute unter Denkmalschutz steht. Jeden Samstag finden im Sommer die Halbturner Schlosskonzerte statt, ein kultureller Höhepunkt der Region. Wein kann im alten Pfarrhaus im Ortskern verkostet werden: Dort befindet sich die Halbturner Ortsvinothek.

WEINFESTE

APRIL
»Golser Weinfrühling«

JULI
»Winzerkirtag« in Kleinhöflein,
»Fest der 1000 Weine« in Eisenstadt

SEPTEMBER
»Uhudlerfest« in Jennersdorf

NOVEMBER
Martiniloben am Neusiedler See

Von dort aus startet jedes Jahr beim »Martiniloben« der Halbturner Winzer eine Führung zu den »offenen Kellertüren« hiesiger Weingüter.

15 Kittsee

In Kittsee spielt neben der Weinrebe auch die Marille eine große Rolle: Auf

Die Brücke von Andau (unten: eine Rekonstruktion) war ein Fluchtweg für viele nach dem Ungarnaufstand.

NATIONALPARK NEUSIEDLER SEE – SEEWINKEL

Überall starten und landen Vogelschwärme. Dieser Nationalpark ist ein Paradies für (Hobby-)Ornithologen, weil es nicht nur den Neusiedler See gibt, sondern auch die sogenannten Salzlacken: Daher pausieren sowohl Meeres- als auch Süßwasservögel in diesem Gebiet, bevor sie nach Norden weiterziehen. Auch der seltene Goldschakal streift noch durch den Park.

etwa 110 Hektar Fläche wachsen hier 30000 Bäume, die meisten gehören zur heimischen Zuchtsorte »Kittseer Marille«. Kulturgeschichtlich hat der Ort gleich zwei Schlösser zu bieten, das Alte Schloss aus dem 14. Jahrhundert mit dem Judenfriedhof gleich daneben und das Neue Schloss, einen Barockbau mit Parkanlage aus dem 17. Jahrhundert.

16 Edelstal

Unweit des Dorfes liegt die Römerquelle, wo eines der bekanntesten Mineralwasser Österreichs aus der Erde sprudelt. Die Quelle findet sich auch im Wappen des Ortes wieder, genau wie eine goldene Traube, Symbol für die jahrhundertealte Weinanbautradition von Edelstal.

Neusiedlersee-Hügelland

1 Großhöflein und Kleinhöflein

Diese beiden Nachbargemeinden liegen im Süden des Leithagebirges. Durch die hervorragende Lage am Südhang und die kalkhaltigen Böden gedeihen hier Spitzenweine, die regelmäßig zu den besten Österreichs gekürt werden. Jedes Jahr findet Anfang Juli in der 2000-Einwohner-Gemeinde Kleinhöflein der »Winzerkirtag« statt, ein zehntägiges Fest, das auch als der »größte Heurige des Burgenlandes« bezeichnet wird.

2 Eisenstadt

Auch die Landeshauptstadt des Burgenlandes profitiert von ihrer günstigen Lage am Südhang des Leithagebirges. Die Stadt ist umgeben von Weinreben, so weit das Auge reicht. Sehenswert sind hier beispielsweise das Landesmuseum Burgenland, die einstige Fürstenresidenz Schloss Esterházy und das Haydn-Haus. Der Komponist hat lange Zeit hier gelebt, alljährlich finden an zehn Tagen im September auch die Haydn-Festspiele statt.

3 Pöttelsdorf

Hier im Wulkatal gibt es fruchtbaren Braunerdeboden mit Lößuntergrund – ideal für den Anbau des »Blaufränkischen«. Dieser Wein gehörte einst zu den Lieblingstropfen von Otto von Bismarck und wurde lange Zeit auch als »Pöttelsdorfer Fürst-Bismarck-Wein« verkauft.

4 Zagersdorf

Zwei Dinge prägen diesen Ort: Wein und Zweisprachigkeit. Weil viele

Schloss Esterházy in Eisenstadt (links) zählt zu den schönsten Barockschlössern Österreichs. Kleines Bild oben: Neues Schloss Kittsee.

Burgenlandkroaten hier leben, gehört das Dorf zu den wenigen kroatisch-deutschsprachigen Gemeinden in der Region. Seit Kurzem kann es auch mit einem zweisprachig ausgeschilderten Weinwanderweg aufwarten, der durch die Anbaugebiete von Zagersdorf führt.

5 Mörbisch am See

Die Weingärten von Mörbisch ziehen sich terrassenförmig entlang des Ruster Hügellandes bis zum Schilfgürtel des Neusiedler Sees. Hobbyfotografen lieben besonders die Mörbischer Hofgassen als Bildmotiv: Die alten Streckhöfe mit ihren klassizistischen Stiegenvorbauten sind liebevoll mit Blumen geschmückt, besonders schön ist das Ensemble aus Heimathaus und altem Winzerhaus aus der Zeit Ende des 19., Anfang des 20. Jahrhunderts. Der Weingenuss kommt hier nicht zu kurz: Besucher können die edlen Tropfen aus den etwa 400 Hektar Weinbaufläche der hiesigen 40 Weingüter in der Ortsvinothek, in den Weinkellern sowie den zahlreichen Buschenschanken von Mörbisch verkosten.

6 Rust

Die gesamte Altstadt wirkt wie ein Freilichtmuseum und ist daher denkmalgeschützt: Rust mit seinen malerischen Bürgerhäusern, den Barock- und Renaissancefassaden, den Erkern und Stuckdekorationen hat schon mehrfach den Titel »Schönste Stadt des Burgenlandes« verliehen bekommen. Bekannt ist sie auch für ihren hervorragenden Süßwein, den »Ruster Ausbruch«.

7 St. Magarethen

Die meisten Besucher lassen sich den Römersteinbruch mit seinen Felswänden nicht entgehen. Der Kalksandstein diente u. a. als Baumaterial des Wiener Stephansdoms. In St. Margarethen liegt auch Österreichs größter Freizeitpark, der Familypark Neusiedler See.

8 Oslip

Wie in Mörbisch hat sich auch in Oslip der altburgenländische Baustil mit seinen gestaffelten Streckhöfen be-

Bunte Häuserfassaden zieren den Stadtplatz von Rust (oben). Idyllisch zeigt sich Mörbisch am See (unten).

WEINGÜTER

Weingut Giefing
Ein 500 Jahre altes Weinbauernhaus im historischen Stadtkern ist Sitz des Weinguts von Claudia und Erich Giefing.
Hauptstr. 13, 7071 Rust
Tel +432685/379
www.wein-rust.at

Weingut Juris
Die Geschichte von Juris geht bis ins Jahr 1571 zurück. Familie Stiegelmar baut heute vor allem Rotweintrauben an.
Marktgasse 12–18, 7122 Gols
Tel: +432173/2748
www.juris.at

Weingut Kerschbaum
Paul Kerschbaum war 2007 »Falstaff Winzer des Jahres«. Sein Weingut im Mittelburgenland baut auf dem Großteil seiner Flächen Blaufränkischen an.
Hauptstraße 37, 7312 Horitschon
Tel: +432610/423 92
www.kerschbaum.at

Weingut Krutzler
Im Südburgenland arbeitet diese renommierte Winzerfamilie inzwischen in der 5. Generation.
Untere Hauptstraße 6
7474 Deutsch-Schützen
Tel: +433365/2242
www.krutzler.at

Weingut Ernst Triebaumer
Besonders mit ihrem »Ruster Ausbruch« kann die Familie Triebaumer Auszeichnungen einheimsen.
Raiffeisenstraße 9, 7071 Rust
Tel: +432685/528
www.triebaumer.com

wahrt. Bekannt ist zudem die jahrhundertealte Cselley-Mühle, die heute ein Kulturzentrum beherbergt. Die Böden rund um das Dorf sind fruchtbar; entsprechend groß ist die Vielfalt an Qualitätsweinen.

9 Oggau

Dieses Dorf darf sich ganz offiziell »älteste Rotweingemeinde Österreichs« nennen, denn hier fand man eine braun glasierte Tonschale aus dem 4. Jahrhundert nach Christus. Ihr Boden war mit einem rätselhaften rotbraunen Belag bedeckt. Wie chemische Analysen ergaben, handelte es sich um Rotwein. Ein Weinwanderweg informiert über die lange Tradition des Reben-Anbaus.

10 Donnerskirchen

Wahrzeichen von Donnerskirchen ist die auf einem Hügel über dem Ort thronende Martinskirche, eine Wehrkirche, die Fürst Esterházy im 17. Jahrhundert erbauen ließ. Im Jahr 1526 konnten hiesige Winzer die erste Trockenbeerenauslese keltern, den sogenannten Lutherwein. Mehrere Jahrhunderte später, im Jahr 1976, wurde sein Nachfolgerwein sogar »World Champion«. Auch die Genussakademie Burgenland hat in Donnerskirchen ihren Sitz, hier finden regelmäßig Workshops, Sensorik-Schulungen und Kochkurse statt.

11 Breitenbrunn

Der trutzige Wehrturm ist das Wahrzeichen des Ortes und das Turmmuseum zeigt auf drei Stockwerken interessante Exponate aus der Region. Weinliebhaber können entweder einen Besuch in der Ortsvinothek machen oder eines der umliegenden Weingüter besuchen. Das Sommerfest und der Bauernkirtag sorgen alljährlich im August für kulturelle und kulinarische Highlights.

Mittelburgenland

1 Horitschon

Dieser Ort lebt vom und für den Weinanbau, wobei die Rebsorte Blaufränkisch in den hiesigen Pflanzungen die größte Rolle spielt. Außerdem hat die Gemeinde vor einigen Jahren auch den ersten Rotweinlehrpfad des Burgenlandes ins Leben gerufen, den »Blaufränkischweg«. Start- und Endpunkt des schönen Rundwegs durch die Weingärten ist die Vinothek im Ort. Dort finden Besucher edle Tropfen von 21 Winzern aus der Umgebung zur Verkostung.

2 Neckenmarkt

Neckenmarkt ist stolz darauf, sich »höchstprämierte Rotweingemeinde Österreichs« nennen zu können, weil hiesige Tropfen bei Landes- und Bundesbewertungen regelmäßig Erfolge

feiern. Es dominiert die Sorte Blaufränkisch, allen voran der erfolgreiche »Blaufränkisch-Neckenmarkter Fahnenschwinger«. Dieser kostbare Rotwein trägt florale Noten und erinnert an Hagebutte, Nelken, Red Kurant und rote Beeren; gepriesen wird er besonders wegen seines duftig-saftigen Aromas und seiner edlen Mineralik. Viele Winzer dieses Ortes stellen ihre Weine der Vinothek im Ortszentrum zur Verfügung, wo man sie dann verkosten kann.

3 Deutschkreutz

Das vierflügelige Schloss Deutschkreutz im Renaissancestil ist das vorherrschende Bauwerk dieser Gemeinde. Der berühmte Maler und ehemalige Professor an der Wiener Akademie der Bildenden Künste, Anton Lehmden, hat das Schloss gekauft und organisiert hier gemeinsam mit seiner Tochter Ausstellungen und Kunstevents. Im Vinatrium, der Gebietsvinothek Deutschkreutz, sind alle Weinbaugemeinden des Mittelburgenlandes vertreten. Rund 50 Winzer bieten hier ihre Weine an.

4 Lutzmannsburg

Auch in dieser Weinbaugemeinde dreht es sich vorrangig um Rotweinreben. Jeden Samstag findet in den Sommermonaten ein besuchenswerter Weinmarkt am Dorfanger statt. Bei Familienausflüglern und Spa-Freunden ist vor allem die Sonnentherme Lutzmannsburg-Frankenau ein beliebtes Freizeitziel.

Südburgenland

1 Rechnitz

Die Gemeinde liegt im grenzübergreifenden Naturpark Geschriebenstein. Bei Besuchern beliebt ist die Aussichtswarte, die genau an der Grenze zu

Weit reicht die Sicht über die herbstlichen Weinberge bei Deutschkreutz im Bezirk Oberpullendorf (links oben). Weinfreunde besuchen gerne das Weinmuseum Moschendorf (links unten).

Ungarn liegt und einen weiten Blick über die Landschaft bietet. Die Vinothek dieses Weinortes befindet sich in der urigen Reichermühle, die der Heimatdichter Emmerich Csanits der Gemeinde Rechnitz einst geschenkt hat. Rund um den Ort gedeiht allen voran der Welschriesling, aber auch Sorten wie Weißburgunder, Grüner Veltliner und Chardonnay werden hier gekeltert. Jedes Jahr im September findet im Schlosspark ein Weinlesefest mit musikalischer Untermalung statt.

DER UHUDLER

Dieser ungewöhnliche Wein darf nur im Südburgenland verkauft werden: Er ergibt je nach Verschnitt einen hellen Rotwein oder Rosé. Angeblich bekam er diesen Namen, weil die Augen am Morgen nach übermäßigem Genuss denen eines Uhus gleichen. Nur in Heiligenbrunn, Eltendorf und Moschendorf sowie in Betrieben mit der Uhudler-Fahne wird der Wein vertrieben.

2 Deutsch Schützen-Eisenberg

In dieser kleinen Gemeinde können Besucher förmlich über den Weinbergen schweben – und die Aussicht über das Pinkatal genießen. Eine eigens auf Stelzen gebaute Plattform – genannt »Weinblick« – bietet nämlich vom Südhang des Eisenbergs aus herrliche Aussichten über das Pinkatal. Hier befindet sich auch das kleinste Anbaugebiet, das sich mit einer geschützten Herkunftskennzeichnung schmücken kann: »Eisenberg DAC« darf sich der Blaufränkische aus dieser Region seit dem Jahr 2009 stolz nennen.

3 Moschendorf

Das Gemeindegebiet von Moschendorf ragt wie eine Pfeilspitze in ungarisches Staatsgebiet hinein, nur im Westen grenzt die Gemeinde an das Inland. Sehenswert ist hier vor allem das Freilicht-Weinmuseum Moschendorf. Mehrere Originalgebäude aus dem 17.–19. Jahrhundert wurden andernorts ab- und hier wieder aufgebaut. In den oberirdischen Weinkellern sind zudem zahlreiche historische Gerätschaften wie Weinpressen oder Brennkessel zur Schnapserzeugung zu besichtigen. Vier Vinotheken befinden sich ebenfalls im Museum, darunter die einzige Uhudler-Vinothek der Welt, die den besonderen, nur im Südburgenland hergestellten und gehandelten Wein anbietet.

4 Jennersdorf

Hauptattraktion dieser im Raabtal gelegenen Kleinstadt ist die Therme Loipersdorf. Einen Ausflug lohnt aber auch das malerische Künstlerdorf Neumarkt mit seinen strohgedeckten Bauernhäusern, das ganz in der Nähe von Jennersdorf liegt. Seit den 1960er-Jahren ist diese beschauliche Gemeinde Zufluchtsort zahlreicher Dichter, Maler und Musiker. Besucher sind eingeladen, an den regelmäßig angebotenen Veranstaltungen wie Kunstkursen und Ausstellungen teilzunehmen oder sich in einem der gemütlichen kleinen Künstlerzimmer einzuquartieren. Bei Jennersdorf gibt es auch zum Kanufahren auf der Raab viele Möglichkeiten, zum Beispiel die beliebte Strecke von Neumarkt bis zur ungarischen Grenze.

Die Weine aus Deutsch Schützen-Eisenberg (unten) dürfen seit 2010 den Titel Eisenberg DAC tragen. Kleines Bild oben: Weinkeller bei Rechnitz im südlichen Burgenland.

WEINROUTE 11

Wie hingetupft stehen Bäume auf Streuobstwiesen, daneben Weinberge mit ordentlich aufgereihten, gepflegten Pflanzen, immer wieder unterbrochen von Mischwäldern und Kürbisfeldern für das berühmte Kürbiskernöl – die Steiermark ist ein Garten voller Köstlichkeiten. Im Frühling überziehen die Weinpflanzen die Hänge mit frischem Grün, im Herbst leuchtet die Landschaft in knalligen Rot- und Gelbtönen. Die hohe Qualität und die frische Fruchtigkeit der hier kultivierten Reben begeistern Kenner. Wesentlichen Anteil daran haben neben dem ausgesprochen guten Klima die Böden mit ihren 20 Millionen alten Schiefer- und Urgesteinen. Als »Steirische Weinstraßen« hat die Marktgemeinschaft Steirischer Wein acht Weinstraßen eingerichtet, an denen mehr als 200 Winzer ihre Gärten bewirtschaften. Die hier behandelte Route bewegt sich vor allem in der Südsteiermark auf der »Südsteirischen Weinstraße«, der »Klapotetz-Weinstraße« und der »Sausaler Weinstraße«. Besonders Riesling gedeiht in dieser Region in hervorragender Qualität. Entlang der Straßen und Wege gibt es viele der für die Region typischen Buschenschanken, die eigenen Wein ausschenken und deftige, meist kalte Spezialitäten der Steiermark anbieten. Eine Vielzahl an Wander- und Radwegen durchzieht die hügelige Landschaft und lädt zum Entdecken von Land, Leuten und Weinen im Grenzland zu Slowenien und Ungarn ein.

Routenlänge: ca. 100 km
Zeitbedarf: ca. 3 Tage
Start: Ehrenhausen
Ziel: Leibnitz
Routenverlauf: Die Route führt in einer großen Schleife zunächst nach Westen und endet schließlich in der Weinstadt Leibnitz.

Besondere Hinweise: Wenn frische Zweige oder auch ein Licht über dem Eingang eines Buschenschanks hängen, hat sie geöffnet und bietet heurigen Wein an.

Auskünfte:
Österreich Werbung Deutschland
Klosterstraße 64, 10179 Berlin
Tel. +4930/2191480 oder
urlaub@austria.info auf www.austria.info

Steirische Weinstraßen

Schmale Straßen winden sich hier entlang steiler Hänge und durch liebliche Täler – und überall kann Wein verkostet werden.

1 Ehrenhausen

Der kleine Ort Ehrenhausen hat nur gut tausend Einwohner, aber eine Reihe interessanter Bauwerke. Die Rokoko-Pfarr- und Wallfahrtskirche Schmerzhafte Mutter Maria im Zentrum stammt von 1755. Oberhalb von Ehrenhausen liegt auf einem Hügel das Renaissanceschloss Ehrenhausen aus dem 16. Jahrhundert. Zuvor befand sich an dieser Stelle eine Burganlage mit Bergfried. Gegenüber steht das gelbe Georgi-Schloss Ehrenhausen aus dem 19. Jahrhundert. Sehenswert ist auch das Mausoleum des Ruprecht von Eggenberg, einem der Hauptwerke manieristischer Architektur in Österreich, das ab dem Jahr 1609 mit Unterbrechungen erbaut wurde und 1693 fertiggestellt war. Weinkenner kommen im Restaurant »Die Weinbank« auf ihre Kosten, in dem Sommelier Christian Zach in Zusammenarbeit mit Winzer Manfred Tement und Küchenchef Gerhard Fuchs regionale Tropfen und lokale Hochgenüsse anbietet. Fuchs ist auch Vorreiter für die frische vegetarische und vegane Küche in der Süd-

Auf der Südsteirischen Weinstraße findet man sowohl Natur (oben: Ratsch) als auch Kultur (unten: Mausoleum des Ruprecht von Eggenberg in Ehrenhausen).

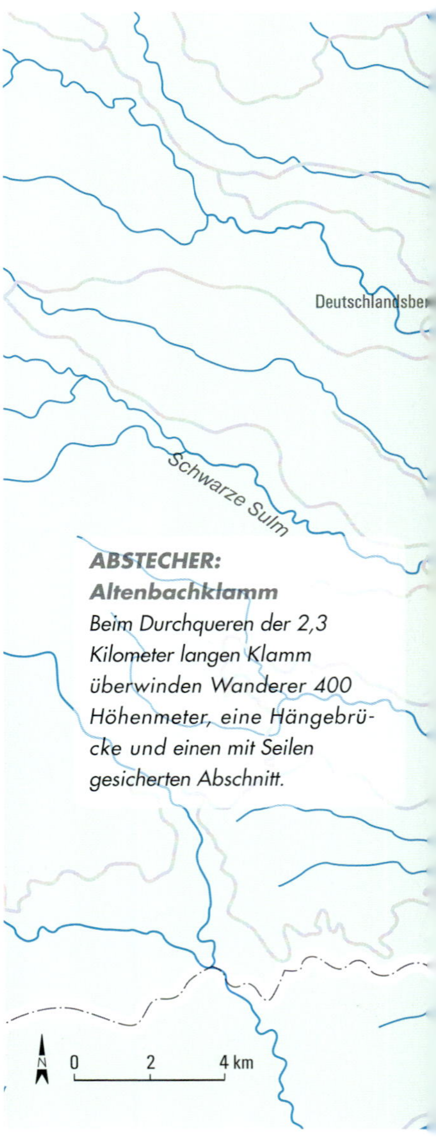

ABSTECHER: Altenbachklamm

Beim Durchqueren der 2,3 Kilometer langen Klamm überwinden Wanderer 400 Höhenmeter, eine Hängebrücke und einen mit Seilen gesicherten Abschnitt.

steiermark unter dem Label »Gmias di«, eine zeitgemäße Variante der traditionellen, in der Regel fleischlastigen Brettljause mit Geselchtem, Schweinebraten, Trockenwürsten, Käse und Eiern.

2 Ratsch an der Weinstraße

Schon früh hat man in dieser Gegend Weinbau betrieben; erstmalig urkundlich erwähnt wurde die Gemeinde Ratsch im 11. Jahrhundert, damals unter der Bezeichnung »Rats«. Die Legende erzählt, dieser Name sei darauf zurückzuführen, dass der Ort in einem Kessel liegt und man sich hier gern zu Ratsversammlungen zusammengefunden habe. Ratsch an der Weinstraße hat sich besonders für die Einrichtung der südsteirischen Weinstraße eingesetzt und trägt deren Markenzeichen – eine Traube und ein Klapotetz-Windrad – seit dem Jahr 1961 sogar im Wappen. Eine Vielzahl an Wanderwegen lädt dazu ein, die hügelige Landschaft, die im Süden an Slowenien grenzt, zu erkunden.

3 Gamlitz

Gamlitz ist die größte Weinbaugemeinde der Steiermark. Die sie umgebende sanft hügelige Landschaft verspricht jedem Gast sein ganz spezielles Plätzchen im »Steirischen Himmelreich«. Im ganzjährig milden Klima wachsen nicht nur vielfach ausgezeichnete Weine, sondern auch die

WEINFESTE

JUNI
»Die Tafel an der Südsteirischen Weinstraße« in Ehrenhausen

SEPTEMBER
»Hopfen- und Weinlesefest« Leutschach

OKTOBER
»Gamlitzer Weinlesefest«, »Herbstfest« in Leibnitz

aromatischen steirischen Marillen, Kirschen, Äpfel und Zwetschgen, aus denen schmackhafte Obstbrände destilliert werden. In den für die Gegend typischen Buschenschanken fließt heuriger, selbst produzierter Wein. Ein Weinmuseum im Schloss Gamlitz informiert über den steirischen Weinbau. Das Schloss wurde zwischen den Jahren 1111 und 1113 erbaut und kam durch eine Schenkung in den Besitz des Stiftes St. Paul im Lavanttal, dessen Äbten es als Sommersitz diente. Seit dieser Zeit dreht sich hier alles um die Reben, auch den Messwein für das Stift hat man in Gamlitz gekeltert.

4 Sulztal

Wer nach Sulztal kommt, sollte ein paar Stunden Zeit für eine Rundwanderung mitbringen. Zu malerisch ist die Landschaft mit ihren Obst- und Weingärten, und am schönsten ist sie zu Fuß oder auf dem Fahrrad erlebbar. Beim Buschenschank Prettner startet ein sechs Kilometer langer Rundweg, der bis zum Sulzbach ins Tal absteigt, später dann durch Gärten und Wald führt. Gelbe Schilder weisen den Weg. Besonders erfreulich für Weinfreunde: Immer wieder ergibt sich die Möglichkeit, in einem der zahlreichen Wirtshäuser am Weg einzukehren und lokale Tropfen nebst einer zünftigen Jause mit lokalen Produkten zu probieren.

5 Leutschach

Der heutige Hauptort des steirischen Rebenlandes blickt auf eine lange Handelstradition zurück. Schon im Jahr 1421 erhielt er Marktrechte; der heutige Marktplatz stammt aus dem 17. Jahrhundert. Unter den gut erhaltenen Häusern am Hauptplatz war das älteste die Trappenburg. Im Rathaus informiert die Weingalerie Leutschach über die mühsame Arbeit der Winzer. Hier haben Besucher auch die Möglichkeit zu Verkostungen und zum Einkaufen. Das Umland besteht aus Obst- und Weingärten, Mischwäldern und Hopfenanlagen. Wer hier unterwegs ist, findet zahlreiche Buschenschanken zur Einkehr und Direktvermarkter, um sich mit lokalen Produkten einzudecken. Als »Rebenland« haben sich die Weinbaugemeinden Leutschach, EichbergTrautenburg, Glanz an der Weinstraße und Schlossberg zusammengeschlossen.

6 Arnfels

Auf der Klapotetz-Weinstraße dominieren klappernde Windmühlen die Landschaft. Schon von Weitem zu erkennen ist Arnfels mit seinem weißen Schloss, das sich auf einem Hügel über dem Ort erhebt. Von hier sind der alte Ortskern von Markt Arnfels mit seinen Bürgerhäusern und die Pfarrkirche im südsteirischen Barock gut zu sehen. Bekannt ist der Prachtbau auch als Spielstätte für die Freiluftvorstellungen der Arnfelder Schlossspiele. Eine Reihe schöner Wanderwege beginnt in dem Ort, etwa zum Höhenzug im Süden, der die Grenze zu Slowenien bildet, oder zum Eichberg im Norden mitten zwischen schönen Weinbergen. Die namengebenden »Klapotetze« sind nichts anderes als lärmende Vogelscheuchen, die als windgetriebene Räder mit Welle und Schlägeln ein rhythmisches Klappern erzeugen. Dies soll die Vögel aus den Weinbergen

Sulztal an der Weinstraße (oben) liegt an der slowenischen Grenze und gehört seit 2015 zur Gemeinde Gamlitz.

verscheuchen. Die Klapotetze werden traditionell in jedem Jahr zu Jakobi am 25. Juli aufgestellt und nach der Weinlese, meist zu Allerheiligen oder Martini Anfang November, wieder abgebaut. Dann kehrt Ruhe über dem Land ein, viele Vögel sind weiter gen Süden gezogen. Meist sind die Klappermühlen nur wenige Meter hoch; mit 19 Metern steht die höchste der Welt in Schlossberg.

★★★ ESELWANDERN

Wer eine (Wein)-Wanderung machen möchte, die auch Kinder begeistert, nimmt einfach einen Esel mit. In Oberhaag verleiht Familie Winter Esel für Touren in die Umgebung, etwa auf dem Grenzpanoramaweg. Gemütlich trotten die grauen Begleiter neben den Wanderern her, tragen ihr Gepäck und bestimmen durch Fresspausen am Wegesrand das Tempo. Kraulen ausdrücklich erlaubt!

7 Eichberg-Trautenburg

Über die hügelige südweststeirische Landschaft, die Koralm und bis in die ungarische Tiefebene fällt der Blick von der Kreuzbergwarte am Monitkogel in 633 Metern Höhe. Der 30 Meter hohe Turm ist neben zahlreichen Buschenschanken eines der Ziele auf einer Wanderung in der Region Eichberg-Trautenburg. Ein besonderes Highlight für Freunde guter Tropfen ist der Wein-Kultur-Garten. Hier werden nicht nur Fragen wie »Wie viele Weinsorten gibt es eigentlich?« oder »Welche Arbeiten fallen im Weingarten an?« auf Schautafeln beantwortet, zahlreiche entlang des Weges gepflanzte Traubensorten laden außerdem zum Probieren ein. In der Nähe steht Schloss Trautenburg, das erstmals im Jahr 1234 urkundlich erwähnt ist. Besichtigen kann man es nur von außen.

8 Glanz an der Weinstraße

Die Gemeinde Glanz an der Weinstraße hat nur etwa 1500 Bewohner, ist aber die zweitgrößte steirische Weinbaugemeinde. Auf rund 400 Hektar Rebfläche entstehen jährlich 1,5 Milliarden Liter Wein höchster Qualität. Seit dem Jahr 2001 ist der Traube auch künstlerisch ein Denkmal gesetzt: Der ortsansässige Künstler Willibald Trojan hat auf dem Berg Eorykogel die mit fünf Metern Höhe größte Weintraube der Welt aus Edelstahl und verschmolzenen Farbglasfüllungen geschaffen. Ihre 365 Traubenperlen stehen für die Jahrestage, Blätter symbolisieren die zwölf Monate und 52 Wochen. Am Kunstwerk startet zudem der Hoftourwanderweg, der viele Bauernläden in der Region verbindet. Wie auch an vielen anderen Orten begleitet das Klappern der Klapotetze, mal aus weiter Ferne, mal von nah, die Wanderer – das monotone Geräusch dominiert stimmungsvoll die südsteirischen Weinberge.

Zahlreiche Aktivitäten bieten sich an: ein Besuch des Weinmuseums im Schloss Gamlitz (unten) oder Wanderungen im Sulztal (kleines Bild).

BUSCHENSCHANKEN

Ein Bündel frischer Fichten- oder Kiefernzweige, »Buschen« genannt, hängt über der Tür der Gastwirtschaft und zeigt so an, dass »heuriger«, also selbst produzierter Wein im Ausschank ist. Dazu gibt es meist kalte Imbisse wie Brettljausen mit deftigen lokalen Spezialitäten. Buschenschanken sind in Österreich vor allem in der Steiermark und im Burgenland verbreitet.

9 Demmerkogel

Der Demmerkogel ist mit seinen 671 Metern die höchste Erhebung des Sausal und liegt mitten im Naturpark Südsteirisches Weinland. Eine Aussichtswarte eröffnet weite Blicke über die Südsteiermark und an klaren Tagen sogar bis nach Slowenien. Der hier stehende Klapotetz mit 16 Metern Höhe war bis zum Jahr 2010 der höchste der Welt, dann wurde der drei Meter höhere in Schlossberg errichtet. Bekannt ist der Demmerkogel für seine Schmetterlingswiese, ein Halbtrockenrasen, auf dem Orchideen und andere heimische Pflanzenarten wachsen, die eine Vielzahl an Schmetterlingen und andere Insekten anlocken. Die Wiese liegt am Sausaler Rundwanderweg.

10 Kitzeck im Sausal

Besonders schön ist Kitzeck im Sommer, wenn leuchtend blauer Lavendel die Straßen säumt. Aber auch wenn im Herbst die Gehölze die Landschaft rot, orange und gelb leuchten lassen, zeigt sich die Ortschaft von ihrer schönsten Seite. Mit 546 Metern ist Kitzeck das höchstgelegene Weinbaudorf Europas. Es liegt zwischen der Kleinen Ungarischen Tiefebene, den Gebirgen der Obersteiermark, den Bergen Sloweniens und der Koralpe. Riesling-Anbau dominiert im Sausal die Weinberge. Die Hänge mit den Weingärten sind sehr steil. Hier gibt es einiges über die Landwirtschaft zu lernen und zu erleben, denn Kitzeck rühmt sich nicht nur, das erste Steirische Weinbaumuseum aus dem Jahr 1979 zu besitzen, es gibt auch einen Weinwanderweg, den ersten Südsteirischen Schau- und Patenschaftsgarten sowie einen Wald- und Wildlehrpfad. Und nicht nur hervorragende Weine entstehen hier, man braut auch gutes Bier und destilliert Hochprozentiges.

11 Heimschuh

Im östlichen Kessel des Sulmtals liegt reizend und von Weingärten und Hügeln umgeben die kleine Gemeinde Heimschuh. Die hier gekelterten Weine zeichnen sich durch eine besondere Frische und Fruchtigkeit aus. Ein gut ausgebauter Rundwanderweg, die »Panoramagalerie«, führt Wanderer durch die liebliche Landschaft und zu den schönsten Aussichtspunkten, aber auch Radwanderer finden hier gut ausgeschilderte Wege vor. Zwischendurch locken immer wieder Einkehrmöglichkeiten des Weges.

Links: Blick durch und über die Weinberge von Kitzeck im Sausal. Kleines Bild oben: Hinweisschild der Sausaler Weinstraße mit Figuren in Tracht.

12 Tillmitsch

Älter als Rom sei der kleine Ort Tillmitsch – so jedenfalls rühmt man sich hier. Das beweisen Funde in einer Ziegelei, die auf das Jahr 1000 v. Chr. datiert sind. Die Illyrer betrieben damals dort, wo sich heute Tillmitsch befindet, eine Eisenschmelze. Im Norden des Ortsgebietes kennzeichnet die Eiserne Pforte den Beginn des Teufelsgrabens. Diese elf Meter breite und zwei Meter tiefe germanische Landwehr stammt aus den Jahren 750 bis 800. Damals begannen die Germanen in den Ausläufern des Sausaler Hügellands zu siedeln.

13 Schloss Seggau

Auf einem bewaldeten Hügel über der Stadt Leibnitz steht umgeben von Weinbergen und einer wunderschönen Landschaft Schloss Seggau. Vom Schloss kann man nicht nur hinab in den Ort Leibnitz und weit ins Sulmtal blicken, sondern an klaren Tagen über die Murebene auch bis nach Slowenien. Schon die Kelten und die Römer siedelten in dem Gebiet rund um das Schloss, das belegen steinerne Zeugnisse aus dieser Zeit. Das Oberschloss gaben die Salzburger Erzbischöfe im 12. Jahrhundert als Missions- und Verwaltungsbastion zur Kolonialisierung der südlichen Steiermark in Auftrag; ab 1218 erweiterten die Bischöfe von Seckau dann die Anlage. Später entwickelten sich hier gleich drei Schlösser und Burgen nebeneinander: die Burg Leibnitz im Besitz der Salzburger Erzbischöfe, die Burg der Bischöfe von Seckau und das Schloss Polheim, Sitz von Salzburger Ministeralien und Burggrafen. Ende des 16. Jahrhunderts kamen alle drei Gebäude in den Besitz des Bistums Seckau und man verband die Burg Leibnitz mit der Burg der Bischöfe von Seckau. »Seggau« ersetzte in der Folge die alte Schreibweise »Seckau«. Heute befindet sich im Schloss neben einem Tagungshotel und einem tollen Restaurant auch der 300 Jahre alte Weinkeller – der übrigens der größte der ganzen Steiermark ist. Dieser lockt mit Verkostungsmöglichkeiten und einer eigenen Weintaverne.

Schloss Seggau (oben) besitzt einen über 300 Jahre alten Bischöflichen Weinkeller. Der Sulmsee (unten) ist ein Freizeit- und Erholungsparadies.

WEINGÜTER

Weingut Tement
Auf einem kleinen Bergplateau mit Blick nach Slowenien gelegen, wachsen auf dem Familienbetrieb im Weißweinland Südsteiermark vor allem weiße Traubensorten wie Welschriesling, Sauvignon Blanc, Gelber Muskateller, Weißburgunder, Morillon oder Traminer.
Zieregg 13, 8461 Berghausen
Tel +433453/41010 oder weingut@tement.at, www.tement.at

Weingut Tauss
Biologisch-dynamisch bewirtschaftet das Weingut Tauss seine Flächen. Der Kalkmergelboden behält dort seine natürliche Decke aus Blumen, Gräsern und Wildkräutern.
Der Betrieb bietet seinen Besuchern und Gästen außerdem auch Gästezimmer an und verwöhnt mit Yoga und Meditation.
Alice und Roland Tauss
Schlossberg 80, 8463 Leutschach
Tel. + 433454/6715 oder info@weingut-tauss.at, www.weingut-tauss.at

Weingut Sternat
Die Weine dieses Guts haben in den vergangenen Jahren einige Auszeichnungen erhalten, unter anderem hat der Welschriesling des Familienbetriebs im Wettbewerb »Salon Österreich Wein« den zweiten Platz erreicht.
Weingut Sternat
Eichberg Trautenburg 94
8454 Arnfels
Tel. +433455/442 oder weingut@sternat.at, www.sternat.at

14 Frauenberg

In der Steiermark gehört der Frauenberg bei Leibnitz zu den wichtigsten archäologischen Stätten. Von der Jungsteinzeit bis hinein ins frühe Mittelalter konnte hier menschliche Besiedlung nachgewiesen werden. Auf dem bedeutendsten römerzeitlichen Tempelberg der Steiermark in der einstigen Stadt Flavia Solva hat man unter anderem einen keltischen Kultplatz, ein spätantikes Gräberfeld mit 550 Gräbern und einen Tempel zu Ehren einer griechisch-römischen Göttin gefunden. Ein Museum informiert über die vielschichtigen und bedeutenden Funde. In der Nähe steht noch dazu die reich mit Fresken geschmückte römisch-katholische Wallfahrtskirche Mariä Himmelfahrt auf dem Frauenberg, deren Bau auf eine spätgotische Kirche (15. Jh.) zurückgeht. Zur Kapelle findet an jedem 13. des Monats eine Wallfahrt statt. Vom alten Namen des Pilgerziels »Unserer lieben Frauen Berg ob Leibnitz« leitet sich übrigens der heutige Name Frauenberg ab.

15 Sulmtal

Das Sulmtal erhält seinen besonderen klimatischen Charakter durch die warmen Winde, die für die hervorragenden Bedingungen sorgen, in denen die Trauben an den oft steilen Hängen besonders schmackhaft heranreifen. Doch auch der Boden in dieser Region ist außergewöhnlich: Der sogenannte Sausaler Stock, das Urgestein in dem Weinanbaugebiet, stammt aus dem Paläon und ist etwa 60 Millionen Jahre alt. Schiefer bildet die Grundlage für den besonderen Tiefgang, die Langlebigkeit und die elegante Mineralik der regionalen Weine aus dieser alten Kulturlandschaft. Als lokale Spezialität – die man nicht nur zu Wein serviert – ist das Sulmtaler Hendl geschätzt; dieses ist nicht nur Festtagsbraten und Delikatesse, sondern wird generell wegen seines besonderen Fleischgeschmacks gerne verzehrt.

16 Leibnitz

Leibnitz ist eine ausgesprochene Weinstadt. Im Sommer spielt sich das Leben in und vor den gemütlichen Straßencafés, Restaurants und Schänken im Stadtkern ab. Bodenständige und internationale Küche serviert man zum passenden Tropfen aus der Region. In der Ferne sieht man das Schloss Seggau zwischen den Weinbergen aufragen. Der Jahreszeit entsprechend feiert Leibnitz Weinfeste, unter anderem das »Herbstfest«, das die Weinfeste der Südsteiermark beschließt. Im Herbst gibt es auch kulinarische Feste in der Stadt. Und wer nicht genug von den guten Tropfen bekommen kann, begibt sich auf den Lehrpfad der Weinbauschule Silberberg: Auf etwa 1,5 Kilometern führt ein Rundgang durch die Weingärten; noch dazu informieren zahlreiche Schautafeln und -objekte über die Geschichte des Weinbaus.

Italien

Seit der Römerzeit ist Italien die Heimat bester Tropfen: In fast jeder Provinz wird Wein angebaut.

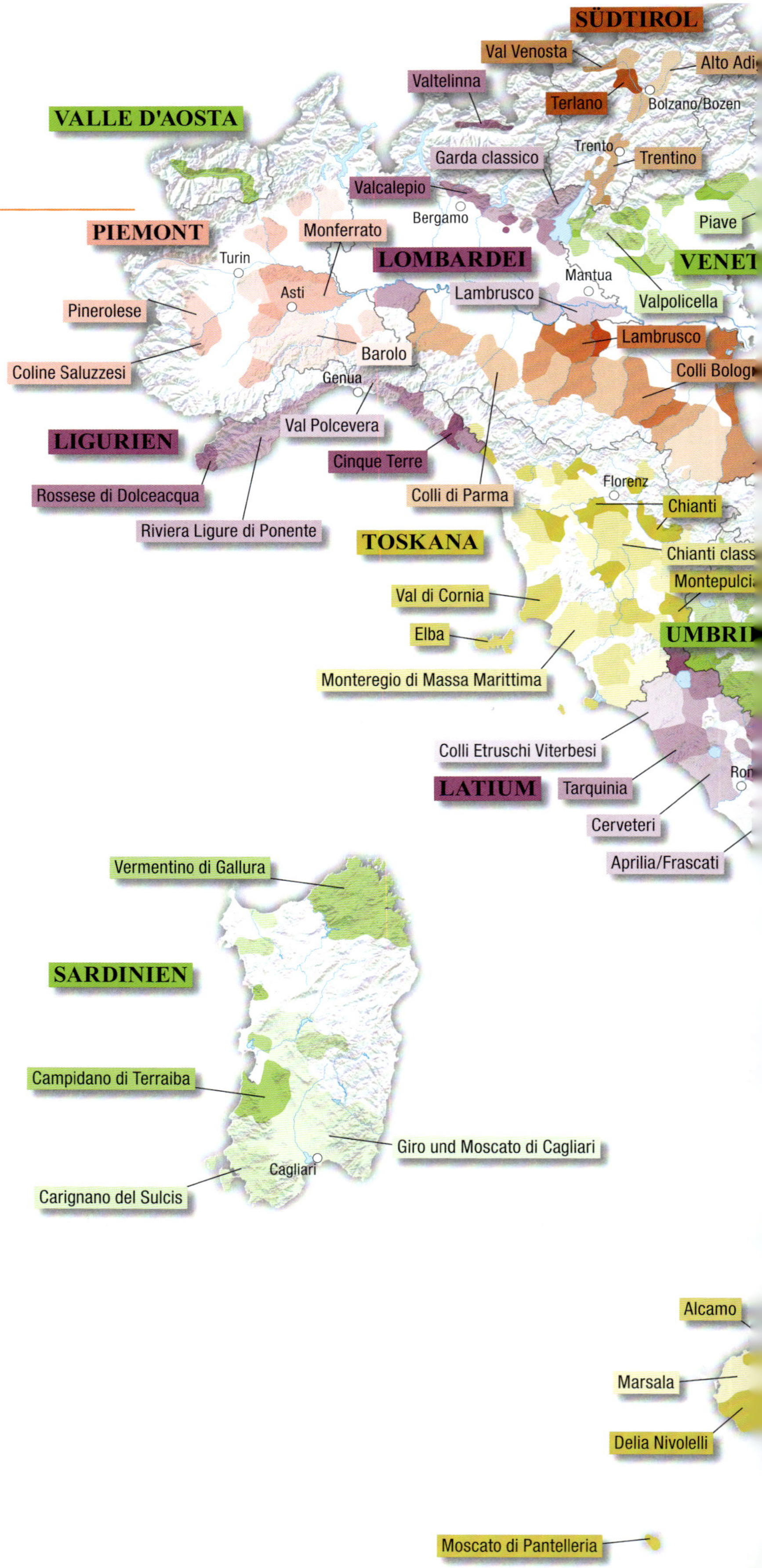
SÜDTIROL
Val Venosta
Alto Adi
Valtelinna
Terlano
Bolzano/Bozen
VALLE D'AOSTA
Trento
Garda classico
Trentino
Valcalepio
Bergamo
Piave
PIEMONT
Monferrato
Turin
LOMBARDEI
VENET
Mantua
Asti
Lambrusco
Valpolicella
Pinerolese
Lambrusco
Barolo
Colli Bolog
Coline Saluzzesi
Genua
Val Polcevera
LIGURIEN
Cinque Terre
Florenz
Rossese di Dolceacqua
Colli di Parma
Chianti
Riviera Ligure di Ponente
TOSKANA
Chianti class
Montepulci
Val di Cornia
Elba
UMBRI
Monteregio di Massa Marittima
Colli Etruschi Viterbesi
LATIUM
Tarquinia
Ro
Cerveteri
Aprilia/Frascati
Vermentino di Gallura
SARDINIEN
Campidano di Terraiba
Giro und Moscato di Cagliari
Cagliari
Carignano del Sulcis
Alcamo
Marsala
Delia Nivolelli
Moscato di Pantelleria

Weinregionen ➳ Italien

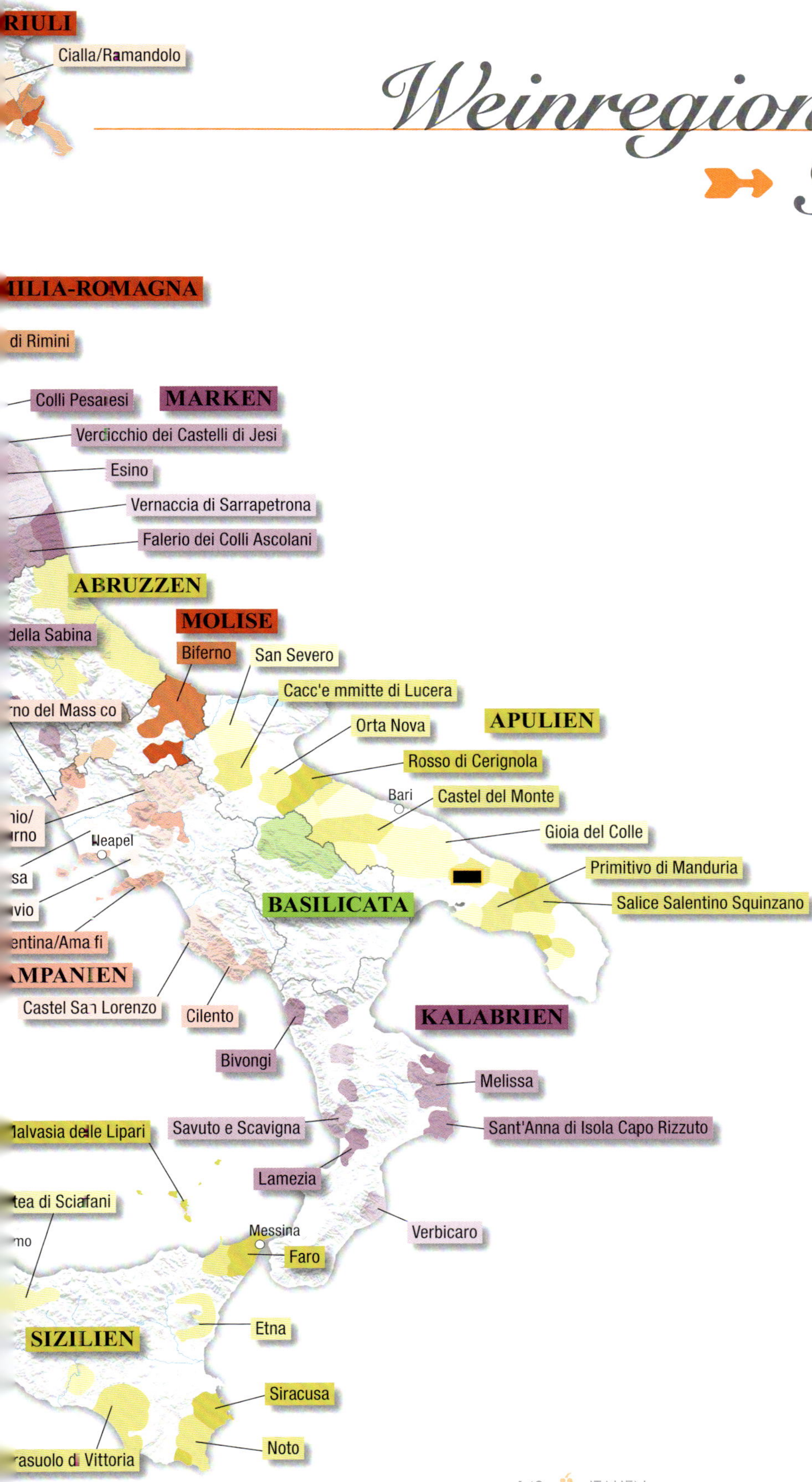

Italienische Wein-

WEISSWEIN

CATARATTO
Anbau: Viele Jahre lang war diese fast ausschließlich auf Sizilien angebaute Traube (bzw. die Varianten Catarrato Bianco Lucido und Catarratto Bianco Comune) nur Hauptbestandteil des Marsala-Weines. Inzwischen wird die spät reifende Sorte von vielen Winzern auch trocken ausgebaut.
Genuss: Sie erbringt strohgelbe bis bernsteinfarbene, alkoholreiche Weine wie die DOC Alcamo, Menfi Bianco oder Sciacca Riserva Rayana, bei denen sie Hauptbestandteil oder Verschnittpartner ist. Der beliebte Weiße passt zu klassischer italienischer Küche wie Antipasti, Meeresfrüchten, Muscheleintöpfen oder gegrilltem Fisch; genauso zu hellem Fleisch.

CHARDONNAY
Anbau: Mit knapp 500 Hektar Anbaufläche ist der Chardonnay der dritte im Bunde der wichtigen Südtiroler Weißen. Er gedeiht vorwiegend in den Gebieten Unterland und Überetsch, im Bozner Talkessel sowie im Etschtal.
Geschichte: Die Erfolgsgeschichte des Weins in Südtirol begann erst in den 1980er-Jahren.

GEWÜRZTRAMINER
Anbau: Wie schon der Name verrät, hat diese Traubensorte ihre Stammheimat in Tramin, einem kleinen Ort am Südufer des Kalterer Sees.
Geschichte: Bereits im 13. Jahrhundert war der »Traminer« im ganzen deutschsprachigen Raum ein Begriff. Lange geriet er fast in Vergessenheit. Heute bedeckt er knapp 600 Hektar Fläche – hauptsächlich im Unterland, also im heimatlichen Tramin und in Kurtatsch.
Genuss: Dieser intensive, aromatische Weißwein ist säurearm; ihn kennzeichnet ein fruchtig-florales Aroma sowie eine dezente Marzipan- oder Bitterorangennote. Der Wein passt gut zu kräftigem Käse.

GRILLO
Anbau: Die ehemalige Marsala-Rebsorte Grillo wird heute vorwiegend nur noch auf Sizilien angebaut (auf ca. 2000 Hektar).
Geschichte: Sie stammt wahrscheinlich aus Apulien und kam erst Ende des 19. Jahrhunderts auf die Insel.
Genuss: Die Trauben dieser Weinsorte erbringen blassgelbe, alkohol- und extraktreiche Weine mit leichtem Gerbstoffgehalt.

INSOLIA
Anbau: Unter dem Namen Ansonica wird diese älteste sizilianische Rebsorte heute u. a. auch in der Toskana angebaut und der Wein hergestellt.

und Rebsorten

Genuss: Die Trauben haben ein leicht nussiges Aroma. Insolia ist Bestandteil vieler weißer DOC-Weine Siziliens, wird aber auch für Marsala oder als Basis für Vermouth verwendet. Sortenrein ausgebaut, leuchten Insolia-Weine in hellem, goldtönigem Strohgelb, duften nach exotischen Früchten und Ginsterblüten und bieten am Gaumen eine harmonische Fülle mit delikaten Mandelnuancen.

MOSCATO BIANCO

Anbau: Der weltweit verbreitete Gelbe Muskateller liebt warme luftige Lagen; aus ihm lassen sich Weißweine mit würzigen Aromen und intensivem Muskatton vinifizieren. Sie können trocken und süß ausgebaut werden, eignen sich bestens für Schaumweine (Asti Spumante DOCG), aber auch für den stillen Moscato d'Asti. Für den Spumante (Tank oder Flaschengärung) wird der Grundwein in der Regel verschnitten. Etwa 9000 Hektar sind um Asti und Canelli mit Moscato Bianco bestockt.

WEISSBURGUNDER

Anbau: In Südtirol wird diese Sorte inzwischen fast überall angebaut. Besonders gute Bedingungen findet der Pinot Bianco (ital.) im Terlaner Becken sowie um Eppan und Kaltern.

Geschichte: Bereits vor gut 150 Jahren kam diese Traube nach Südtirol. Ihre Erfolgsgeschichte ist freilich noch jung in diesem traditionellen Rotweingebiet; ursprünglich machte sie kaum ein Drittel der gesamten Rebfläche aus. Heute bedecken die Weißburgunder-Reben gut 600 Hektar.

Genuss: Sein Aroma ähnelt oft Nüssen, Birnen, Zitrusfrüchten oder Ananas. Durch seine frische Säure und die feine Frucht genießt man ihn normalerweise gern zu Fisch, Kalb, Geflügel und Meeresfrüchten. Und dank seines niedrigen Alkoholgehalts kann er auch sehr gut solo getrunken werden.

ZIBIBBO

Anbau: In anderen Ländern als »Muscat d'Alexandrie« bekannt, bedeckt diese Muskatellersorte auf Sizilien nur wenige Hektar und wurde lange Zeit lediglich als Basis für dortige Süßweine verwendet (z. B. Moscato di Pantelleria). Inzwischen bauen einige Winzer die Traube trocken und sortenrein aus.

Geschichte: Ihren italienischen Namen hat die Sorte vom Kap wohl vom Cap Zebib im Norden Tunesiens, über das die Phönizier sie möglicherweise nach Süditalien brachten.

Genuss: Zibibbo ergibt frische gelbe Weine, in deren Bukett sich Zitrusaromen, Pfirsisch und Jasmin finden.

Italienische Wein-

ROTWEIN

BARBERA
Anbau: Gut die Hälfte der piemontesischen Rebflächen sind mit dieser rustikalen Sorte bepflanzt.
Genuss: Inzwischen gibt es neben den einfachen Piemonte Barberas und dem prickelnden Barbera del Montferrato aus den Hügeln nördlich von Asti auch die fruchtigen Barbera d'Asti und die kraftvollen d'Alba.

CABERNET
Geschichte: Seit etwa 150 Jahren sind die Cabernet-Sorten vor allem in Südtirol heimisch.
Anbau: Heute machen sie ungefähr ebenso viele Hektar Anbaufläche dort aus – in ähnlichen Gebieten wie der Blauburgunder, denn der Cabernet liebt tief liegende, warme Lehm- und Steinböden. Über die Jahre arbeiteten die lokalen Winzer konsequent an einer Ertragsreduktion. Dank seiner dichten Struktur gehört der Cabernet inzwischen zu den langlebigsten Rotweinen Südtirols.

CILIGEGIOLO
Geschichte: Erstmals gegen Ende des 16. Jahrhunderts in der Toskana erwähnt, wird diese früh reifende Traube (ihr Name leitet sich ab vom italienischen Wort für Kirsche) selten reinsortig ausgebaut, sondern meist mit dem ihr verwandten Sangiovese verschnitten. Sie verleiht ihm Kraft, dunkelbeerigen Duft und mildernde Struktur.

DOLCETTO
Geschichte: Neben Nebbiolo und Barbera ist der Dolcetto heute die drittwichtigste Rebe im Piemont.
Anbau: Ihren Namen hat sie wohl vom lokalen Wort »dusset« (»Hügel«), da sie häufig auf der Schattenseite der Nebbiolo-Hänge wächst. Das größte Anbaugebiet liegt um Alba (1200 Hektar); für DOC oder DOCG-Status wird sie reinsortig ausgebaut. Bekannt sind auch der Dolcetto aus Asti, Langhe Monregalesi und Dogliani.
Genuss: Süß (»dolce«) ist sie jedenfalls nicht, sondern ergibt gerbstoffreiche, trocken-fruchtige Weine.

FRAPPATO
Anbau: Vorwiegend in den südöstlichen Provinzen Ragusa und Syrakus angebaut, wird diese spät reifende Sorte häufig verschnitten mit Nerello Cappuccio, Nerello Mascalese und Nero d'Avola, für den einzigen DOCG-Wein Siziliens: Cerasuolo di Vittoria.
Genuss: Die Sorte erbringt helle und lebendige Weine.

MERLOT
Geschichte: Wie andere Bordeaux-Varietäten wurde die Traube vor gut

und Rebsorten

120 Jahren in Südtirol gepflanzt.
Anbau: Die Rebsorte gedeiht im Unterland, in Überetsch sowie im Bozner Talkessel; einige der knapp 200 Hektar Anbaufläche liegen auch im Etschtal.

NEBBIOLO
Geschichte: Der König der Weine (Barolo) und sein kleiner Bruder (Barbaresco) basieren ebenso auf dieser blauschwarzen »Nebeltraube« wie die nordpiemontesischen Gattinara- und Ghemme-Weine.
Anbau: Von den weltweit 6000 Hektar Anbaufläche finden sich mehr als 90 Prozent im Piemont.

NERELLO
Anbau: In der Ursprungsregion Ätna, wo sie meist auf steilen, von Trockenmauern aus Lavagestein umgebenen Parzellen in Höhen zwischen 800 und 1000 Metern wächst, wird sie zu ausgewogenen DOC-Weinen verarbeitet. Ansonsten keltert man sie zu Tafelwein.

NERO D'AVOLA
Anbau: »Sizilianischer Fürst« oder Calabrese nennen die Einheimische diese traditionelle Sorte; wörtlich bedeutet ihr Name »Schwarzer aus Avola«. Auf ca. 18 000 Hektar angebaut, gilt die Traube inzwischen als wichtigste Basis für sizilianische Rotweine.
Genuss: Der tiefdunkle und konzentrierte Wein passt gut zu Pasta oder Pizza.

SANGIOVESE
Geschichte: »Blut des Jupiter« bedeutet der Name der im 18. Jahrhundert erstmals in der Toskana erwähnten Traube, die heute die Paraderolle für den Chianti-Wein spielt. Als Cuvéepartner sind nur wenige Sorten zugelassen. Ähnliches gilt für den Vino Nobile de Montepulciano.

VERNATSCH
Geschichte: Auf Italienisch heißt diese Rebsorte »schiava«. Schriftlich erwähnt wird sie erstmals im frühen 13. Jahrhundert – beispielsweise unter dem Namen Potzner in süddeutschen Klöstern.
Anbau: Heute macht die Vernatsch-Traube mit etwa 850 Hektar rund 20 Prozent der gesamten Südtiroler Rebfläche aus – ursprünglich war es dreimal so viel. Dennoch blieb der Vernatsch – mit seinen Varianten wie dem vornehmen Grauvernatsch (der Name stammt wohl von dem seidenmatten Grauschleier, der sich in der letzten Reifephase auf die Beerenhaut legt) – die am weitesten verbreitete Rotweinsorte. Die klassischen Anbaugebiete liegen um Bozen, Meran und Kaltern.

WEINROUTE 12

Die Südtiroler Weinstraße verläuft im südlichsten Zipfel der Region. Sie beginnt in Nals und zieht sich über Terlan und vorbei an Bozen durch das Überetsch und das Unterland bis nach Salurn. Insgesamt liegen 16 Gemeinden am Saum dieser 1964 ins Leben gerufenen »Strada del Vino dell'Alto Adige«. Sie bewirtschaften zusammen rund 4000 Hektar Rebfläche – das sind mehr als 80 Prozent aller Weinberge Südtirols. Fast alle stehen heute unter DOC-Schutz. Diverse Weinwege und -lehrpfade bringen Besuchern die lokalen Rebsorten nahe, informieren über ihre Geschichte ebenso wie über Pflanzung, Schnitt und Erträge. Das Gros der insgesamt mehr als achtzig Südtiroler Kellereien – von denen einige allein schon aufgrund ihrer außergewöhnlichen Architektur einen Abstecher wert sind – bietet zudem Kellerbesichtigungen an. Für alle, die entspannt verkosten möchten, werden ganztägige Weinsafaris längs der Straße angeboten. Auch bei der jährlichen »Nacht der Keller« zum Abschluss der Südtiroler Weinstraßen-Wochen Mitte Juni muss niemand selbst sein Auto steuern: Ein Shuttle bringt die Besucher zu den einzelnen Stationen des Fests, bei dem stets gut zwei Dutzend Winzer ihre Tropfen präsentieren. Sportliche erfahren sich die Südtiroler Weinvielfalt einfach auf eigenen Touren-Strecken mit dem Fahrrad oder Mountainbike.

Routenlänge: ca. 80 km
Zeitbedarf: ca. 2 Tage
Start: Nals
Ziel: Salurn
Routenverlauf: Nals, Terlan, Andrian, Bozen, Eppan, Kaltern, Pfatten, Branzoli, Auer, Tramin, Kurtatsch, Montan, Neumarkt, Magreid, Kurtining, Salurn.

Besondere Hinweise: Es ist nicht überall möglich, die Etsch zu queren: Man fährt die Straße entweder in Schleifen oder zunächst die Stationen auf dem östlichen und auf dem Rückweg jene auf dem westlichen Flussufer ab.

Auskünfte:
Verein Südtiroler Weinstraße
Pillhofstraße 1, 39057 Frangart-Eppan
Tel. +39471/860659
www.suedtiroler-weinstrasse.it

Südtiroler Weinstraße

Sie ist eine der ältesten Weinstraßen Italiens und erstreckt sich über weite Talebenen, sanfte Hügel und Berghänge.

1 Nals

Mit imposanten Burgen und Schlössern, traditionsreichen Ansitzen und Bauernhöfen sowie einer ungewöhnlichen Barockkirche zieht sich das 2000-Seelen-Dorf zwischen Wiesen und Obstgärten vom sonnigen Etschtal bis hinauf in eine Höhe von 1000 Metern. Im Frühjahr blühen hier Apfelbäume, im Sommer Rosen und im Herbst werden Trauben gelesen, darunter die eigene Sorte Heiligenpergl. Mit der bereits 1286 erwähnten Schwanburg birgt der Ort die älteste Privatkellerei Südtirols. Für den zweiten Weinbaubetrieb, die Kellerei Nals Margreid mit ihrem zeitgenössischen Kellereigebäude, bearbeiten rund 140 Winzer 160 Hektar Rebfläche. Von den höher gelegenen Weingärten am Ortsrand schweift der Blick zu den markanten Bergspitzen der Texelgruppe.

2 Terlan

Maultasch und Spargel prägen neben dem berühmten Terlaner die Gemeinde im Norden der Weinstraße. »Maultasch« nennen die Einheimischen die Ruine Neuhaus hoch über ihrem Ort – nach der einstigen Landesfürstin Margarete von Tirol-Götz alias Maultasch, zu deren Lieblingsorten die Burg angeblich zählte. Eine Spargelstange aus Beton reckt sich im Ort selbst, dessen Weingärten sich am östlichen Hang des Etschtals hinaufziehen bis auf 900 Meter und der wie Nals einst Silbergruben besaß. Der Rotwein »Silberleiten« erinnert an den bis Mitte des 20. Jahrhunderts dauernden Abbau. Zwei Kellereien zählt der Ort heute: Das Gut Braunbach im ehemaligen Kloster des Bischofs von Brixen im Ortsteil Siebeneich und die 1893 gegründete Kellerei Terlan, für die inzwischen mehr als 100 Winzer eine ähnlich große Rebfläche wie die Nalser bearbeiten. Einzigartig in Italien ist das Weinarchiv der Kellerei Terlan mit mehr als 20 000 Flaschen aller Jahrgänge ab 1955, einzelne noch früher. Die älteste Flasche stammt aus dem Gründungsjahr der Kellerei. Ergänzend zu seinen Weinspezialitäten, Obst- und Gemüsegenüssen lockt Terlan mit einem Hochseilgarten und einem Bogen-Parcours.

3 Andrian

Schon 1186 wird der Ort in einer Urkunde des Klosters Gries erwähnt; wenig später ist auch eine Fährverbindung über die Etsch vom »portus sub castro Andriani« dokumentiert. Und bereits Anfang 1893 wurde hier zu Füßen der Burg Wolfsthurn Südtirols erste Winzerkooperative gegründet – noch vor jener in Terlan, welche sie seit einigen Jahren führt. Heute ist Andrian eine der kleinsten selbstständigen Gemeinden Südtirols; seine Winzer bauen auf rund 50 Hektar Lagrein, Merlot, Sauvignon Blanc und Gewürztraminer an. Die Weinberge erstrecken sich über sanfte Hügel auf einer Meereshöhe zwischen 250 und 350 Metern in unterschiedlichen Ausrichtungen, von Südsüdost bis Ost.

4 Eppan

Funde einer römischen Villa mit Fußbodenmosaiken aus dem 4. Jahrhundert sowie einer Thermenanlage in der Fraktion St. Pauls bewiesen vor kaum einer Dekade, dass die Wurzeln der heutigen Großgemeinde im Überetsch zurückreichen bis in die Antike. Schriftlich erwähnt wurde eine Siedlung namens Appianum allerdings erst anno 590. Im Hochmittelalter kämpften die Grafen von Eppan mit denen von Tirol um die Herrschaft über das heutige Südtirol. Vom frühen Wohlstand der

Im Frühling, wenn die Apfelbäume blühen, wird auch die Gemeinde Eppan mit ihren umliegenden Dörfern verzaubert (oben). Kleines Bild: Kellerei Terlan.

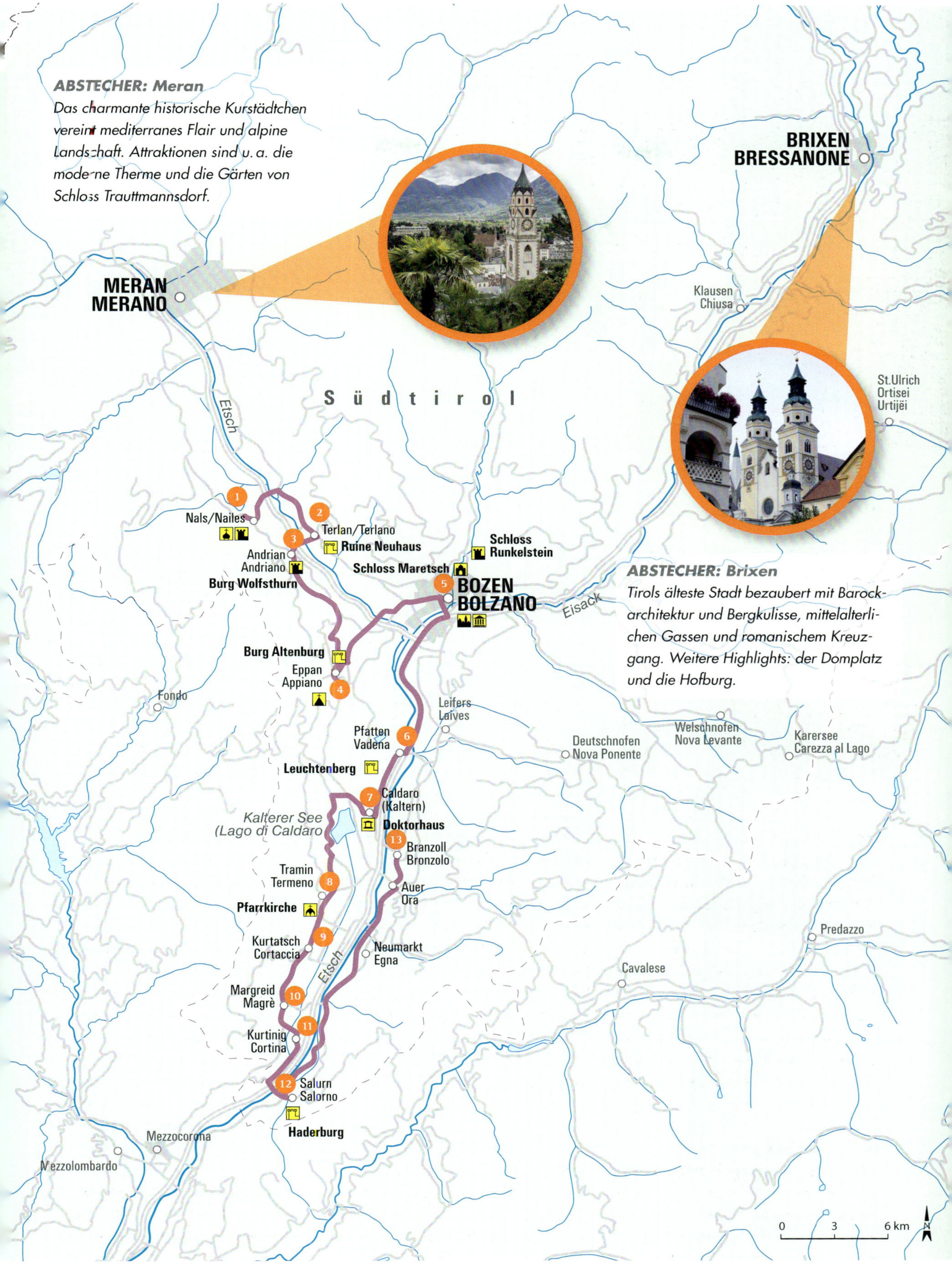

ABSTECHER: Meran

Das charmante historische Kurstädtchen vereint mediterranes Flair und alpine Landschaft. Attraktionen sind u. a. die moderne Therme und die Gärten von Schloss Trauttmannsdorf.

ABSTECHER: Brixen

Tirols älteste Stadt bezaubert mit Barockarchitektur und Bergkulisse, mittelalterlichen Gassen und romanischem Kreuzgang. Weitere Highlights: der Domplatz und die Hofburg.

Gemeinde zeugt bis heute die ab 1460 erbaute Pfarrkirche in St. Pauls, genannt »Dom auf dem Lande«. Ihr weithin sichtbarer Kirchturm wurde im gotischen Stil begonnen, erhielt später aber einen barocken Zwiebelaufsatz. Mit der nahe gelegenen Altenburg, die als Gerichtssitz diente, war St. Pauls das einstige Zentrum Eppans. Inzwischen leben in den neun Eppaner Weindörfern und Weilern (außer St. Pauls sind das St. Michael, Girlan, Frangart, Missian, Unterrain, Perdonig, Gaid und Montiggl) rund 15 000 Menschen. Und mit 12 000 Hektar Rebfläche ist Eppan auch die größte Weinbaugemeinde Südtirols. Sie zieht sich von 200 Metern Seehöhe bis auf 1600 Meter zur Gebirgsgruppe Mendelkamm. Zwei Dutzend Kellereien erzeugen jährlich mehr als 100 000 Hektoliter Wein (und Sekt). Zudem gibt es zwei Grappa-Brennereien.

5 Bozen

Wo Etsch, Talfer und Eisack zusammenfließen, liegt das politische und wirtschaftliche Zentrum Südtirols. Bolzano – oder ladinisch Balsan, was natürlich sofort an Balsam erinnert – steht für eine gelungene Symbiose aus Nord und Süd, Alt und Neu, aus städtischem Flair und reichlicher Natur, von deren Flächen rund ein Drittel der Landwirtschaft dient. Straßennamen wie »Weintraubengasse« künden schon seit dem 13. Jahrhundert vom Weinbau auf Bozner Gebiet; heute werden die Weine vor allen in St. Magdalena, Gries und Guntschna angebaut. Rund 30 Weingüter liegen in den Tälern und auf den Hängen um das Stadtgebiet – wen wundert es daher, dass der Volksmund sagt, Venedig schwimme auf dem Wasser und Bozen auf dem Wein. Vor allem der St. Magdalener und der Lagrein machten das Anbaugebiet weit über die Grenzen Südtirols hinaus bekannt. Seit im Jahr 2001 die Kellerei Bozen gegründet wurde, lassen ein hal-

Oben: Weingut Manincor mit Weinreben. Auf den Altstadtstraßen in Bozen ist viel geboten (links oben).

halbes Dutzend Winzer hier ihre Weine keltern. Eben so viele Museen birgt die Stadt. Sie erhellen u.a. ihre Früh- und Industrie-Geschichte (zu der das Merkantile ebenso zählt wie die Gletschermumie »Ötzi«), dokumentieren ihren zeitgenössischen Kunst- und Architektursinn (Museion) sowie die Verbundenheit mit den nahen Bergen (Messner Mountain Museum). Bereits 1908 führte die weltweit erste Schwebe-Seilbahn Bozen hinauf nach Kohlern; heute verbinden drei Seilbahnen die Stadt mit der Alpenlandschaft ihrer Umgebung. Die mittelalterliche Altstadt, die Belle-Epoque-Atmosphäre des Waltherplatzes, die lebhafte Handelstätigkeit unter den historischen Lauben und am quirligen Obstmarkt, der gotische Stil der Bozner Schule in den Kirchen und die Plastik der Pacher-Werke zählen ebenso zu den Bozner Highlights wie der wunderbare Zyklus profaner Fresken von Schloss Runkelstein, das seit dem 13. Jahrhundert, ursprünglich als Kontrollburg für den Handel zwischen dem Sarntal und Bozen, auf seinem Hügel thront, und die Renaissancegemälde von Schloss Maretsch, der einstigen, heute von Rebgrün umgebenen Wasserburg, die nun als Kongress und Konzertstätte dient.

6 Kaltern

»Wie im Süden, nur im Norden« sei es bei ihnen, behaupten die Kalterer. Tatsächlich klingt im italienischen Namen der Gemeinde Caldaro das Adjektiv »caldo« bzw. »calda« an – und das bedeutet keineswegs »kalt«, sondern genau das Gegenteil, nämlich »warm« oder gar »heiß«! Und wirklich atmet die 8000-Seelen-Gemeinde am gleichnamigen See (dem wärmsten Badegewässer der Alpen) mediterranes Flair. Denn nicht nur Weinberge prägen die Landschaft, sondern auch Zypressen, Lorbeer- und Olivenbäume. Historische Herrschaftshäuser im bereits vom Süden geprägten Überetscher Stil bestimmen das Dorfbild, darunter das ehemalige Doktorhaus aus dem 16. Jahrhundert, welches heute das Weinhaus Punkt birgt. Neben der alten Architektur sorgt auch neue für Aufsehen – wie jene des Weinguts Manincor, die beeindruckt, ohne den Renaissanceansitz zu dominieren. Oder das moderne Winecenter, das einen Bau des Jahres 1911 ergänzt. Weinbau hat in Kaltern eine lange Tradition. So ist in mittelalterlichen Dokumenten nicht nur von einem »vinum de Caldaro« die Rede, sondern sogar ein eigens Weinmaß erwähnt, die »urna de Caldarium«. Heute werden rund 450 Hektar Rebfläche bewirtschaftet. Gut zwei Dutzend Eigenbauwinzer und Kellereien haben sich zusammengeschlossen, eine eigene Charta ins Leben gerufen und keltern jährlich ca. 40 000 Hektoliter DOC-Wein. Der bekannteste ist der auf der Basis von Vernatsch-Trauben produzierte Kalterersee. Kaltern selbst ist heute eines der bekanntesten Weindörfer Europas.

WEINFESTE

JULI
»Wein-Kultur-Wochen« Eppan
(www.weinkulturwochen.com)

SEPTEMBER
»Kalterer Weinfest«
(www.wein.kaltern.com),
Traminer »Törggele-Tage«
(www.tramin.com)

Es wurde zum Vorzeigemodell für eine zeitgemäß interpretierte Weinkultur und kreierte sogar ein eigenes Weinglas.

7 Pfatten

Vom Ostufer des Kalterer Sees sind es kaum zehn Kilometer Luftlinie bis nach Pfatten. Die kleine Gemeinde zu Füßen der Ruine Leuchtenberg ist Sitz der

Malerisch wird der Kalterer See von den herbstlichen Rebhängen umgeben (unten). Weinkeller mit Weinfässern sind im Südtiroler Weinmuseum in Kaltern ausgestellt (kleines Bild oben).

bekannten landwirtschaftlichen Versuchsanstalt und des Landesweinguts Laimburg. Sein 1990 durch Sprengung entstandener Felsenkeller dient als Repräsentationsraum der Südtiroler Landesregierung – vor allem aber lagern im rotbraunen Porphyrgestein des Mitterberges die edelsten Tropfen der Region, in Barrique-Fässern wie in Flaschen.

8 Tramin

Der Wuchs von Weinreben inspirierte den Architekten Werner Tscholl im Jahr 2010 bei der Gestaltung des neuen Gebäudes der Kellerei Tramin. Grüne Stahlstreben umranken nun die gläserne Hülle und das Mauerwerk der 1898 von dem örtlichen Pfarrer und Parlaments-Abgeordneten Christian Schrott gegründeten Cantina, für die heute 290 Weinbauern 245 Hektar Rebfläche bearbeiten. Das bäuerliche Tramin mit seinen von Erkern geschmückten Ansitzen und bemalten Fassaden ist die Heimat des Gewürztraminers. Neben der Haupttraube werden aber auch Sorten wie Blauburgunder und Weiße Trauben in Lagen wie Rechtentaler Schlossleiten, Kolbenhof oder Steinraffler angebaut. Wahrzeichen des Ortes ist die gotische Pfarrkirche mit dem höchsten frei stehenden Kirchturm Südtirols (86 Meter hoch). Das romanische Kirchlein St. Jakob in der Fraktion Kastelaz birgt einen der ältesten Freskenzyklen des deutschen Sprachraums. Und sicherlich eines der architektonisch ungewöhnlichsten Weinbistros steht ebenfalls hier: »Le Verre Capricieux«. Das Dach des »kapriziösen Glases« nimmt den Schwung eines Weinglases auf und ruht auf einer Mauer aus Trockensteinen, die an die alte Umfriedung des Weinguts erinnert. Am Faschingsdienstag aller ungeraden Jahre veranstaltet Tramin einen der ältesten (1591) Fasnachtsbräuche, den »Egetmann-Umzug«.

9 Kurtatsch

Auch in Kurtatsch, dessen Ortskern leicht erhöht am Hangfuß des Mendelkamms liegt, wird bereits seit Jahrhunderten Wein angebaut – kein Wunder, denn das Ortsgebiet, dessen italienischer Name Cortaccia auf den lateinischen Begriff »cortis« (»Hof«) verweist, zählt zu den heißesten Regionen Italiens. Hier erreichen die Sommertemperaturen teilweise bis zu 40 Grad! Und noch ein Superlativ zeichnet die im Vergilius-Brief aus dem Jahr 1192 erstmals genannte 2000-Seelen-Gemeinde aus: In ihrer Fraktion Entiklar produziert auf einer Lage von rund 1000 Höhenmetern eines der höchsten Müller-Thurgau-Güter Europas seine guten Tropfen: Rassige Weißweine machen das Gros der gesamten Gemeindeproduktion aus, die insgesamt etwas mehr als 300 Hektar Rebfläche umfasst. Und fast drei Viertel davon bewirtschaften die 190 Hektar Fläche der örtlichen Winzergenossenschaft, der Kellerei Kurtatsch.

SÜDTIROL KULINARISCH

Speck, Spargel, Schüttelbrot, Kaminwurzen, Gerstsuppe, Käsenocken, »Schlutzer«, Spinatknödel, Ruibnkraut und Erdäpflblattln – die Liste der Köstlichkeiten ist lang. Traditionelle Buschenschänken servieren sie zum Wein und Gourmetköche interpretieren sie an ihren Restaurant- und Hotelherden zeitgemäß – mitunter begegnen sie einem sogar auf einer Berghütte.

10 Margreid

Tausend Einwohner, zweihundert Hektar Obstwiesen und 130 Hektar Wein – so viel zu den wichtigsten Zahlen der Unterland-Gemeinde Margreid am Fuße des Fennbergs. Ihren kleinen Kern prägen verwinkelte Gassen, Brunnen und Herrschaftshäuser mit Elementen aus der Zeit der Gotik, dem Barock und der Renaissance. Vor einem dieser Anwesen wurde 1601 nach damaligem Festbrauch eine Hausrebe gepflanzt. Heute ist sie die älteste ihrer Art in ganz Europa – und trägt noch jährlich rund 80 Kilogramm Tafeltrauben. Neben der Cantina Nals Margreid bewirtschaften drei Winzer die Rebflächen des Ortes: Othmar Sanin (Bio), Armin Kobler und der bekannte Alois Lageder.

11 Kurtining

Mit nur 600 Einwohnern ist die vor mehr als eben so vielen Jahren erstmals erwähnte Gemeinde in der Mitte des Etschtals die kleinste im Südtiroler Unterland. Nord und Süd verschmelzen im Ortsbild auf fast künstlerische Weise; prunkvolle Bogenfenster, Erker und Freitreppen an den alten Gehöften fügen sich harmonisch in die umliegenden Reb- und Obstgärten ein. Zypressen, Oleander, Feigen- und Olivenbäume bereichern die Landschaft. Zwei Winzer nutzen die Vielfalt der Böden und die diversen Mikroklimata der noch ein wenig alpinen, aber auch schon mediterranen Zone für den Anbau unterschiedlichster Weine. Ihr Spektrum reicht von Lagrein, Edelvernatsch, Teroldego und Merlot über Gewürztraminer, Sauvignon Blanc und Grauburgunder bis hin zum Riesling.

12 Salurn

Gemeinsam mit den Orten Auer, Montan und Neumark hat sich das südlichste Dorf Südtirols zur Feriendestination Castelfeder zusammengeschlossen. Mit seinen stattlichen Häusern aus der Renaissance und dem Barock liegt es unmittelbar an der engen Salurner Klause, zu Füßen der mittelalterlichen Ruine Haderburg, die auch Schauplatz der Sage »Der alte Weinkeller bei Salurn« ist und einem der drei örtlichen Weingüter seinen Namen gab. Salurn markiert nicht nur das Ende der Südtiroler Weinstraße, sondern auch die deutsch-italienische Sprachgrenze.

13 Branzoll

Schon Goethe beschrieb die feuerroten Porphyrwände von Branzoll – und der Fund eines römischen Rebmessers belegt Weinbau bereits in der Antike. Lange Zeit war das 1181 erstmals erwähnte Branzoll als Posthalt und Kopfstation der Etschschifffahrt Warenumschlagplatz für die Bozner Messen. Heute bezaubert der kleine Ort mit einem der schönsten Kirchplätze Südtirols. Seine Weintradition setzen engagierte Winzer an den sonnigen Schuttkegeln des Aldeiner- und Petersberger Baches fort.

WEINGÜTER

Alois Lageder
Mit diesem Winzer begann Südtirols Aufbruch in Richtung Qualitätsweine. Heute besitzt die Familie Lageder zwei Weingüter mit sieben Weinbergen.
Grafengasse 9, Tòr Löwengang, Margreid
Tel. +390471/809500
www.aloislageder.eu

Weingut Loacker
Vater Rainer Loacker gilt als Pionier des biodynamischen Weinanbaus in Südtirol, die nächste Generation produziert auf zwei Gütern elegante, den Charakter der Rebe betonende Weine.
St. Justina 3, Bozen
Tel. +390471/365125
www.loacker.net

Kellerei St. Michael-Eppan
Hans Terzner gehört zu den führenden Weinmachern Italiens.

Als Kellermeister leistete er Pionierarbeit vor allem in Sachen Südtiroler Weißwein.
Umfahrungsstr. 17-19, Eppan
Tel. +390471/664466
www.stmichael.it

Weingut Manincor
Michael Graf Goëss-Enzenberg hat das historische Weingut neu erfunden – auch architektonisch. Er wirtschaftet weitgehend biodynamisch und keltert neben Vernatsch auch den Toptropfen Campan aus Merlot.
St. Josef am See 4, Kaltern
Tel. +390471/960230
www.manincor.it

In Kurtatsch werden in traditionellen Gasthöfen und Stuben (kleines Bild linke Seite: Gasthaus zur Rose) kreative Gerichte und erlesene Weine serviert. Linke Seite oben: Weinkeller in Kurtatsch.

Weinstraße in Trentino, Venetien und Friaul

Entlang einer wunderschönen Kulisse von Weinreben, Kirchenbauten und Burgen erstreckt sich diese norditalienische Strecke.

WEINROUTE 13

Norditaliens Weingebiete umfassen auch die Provinzen Trentino, Venetien und Friaul. Erstere hat mit etwa 10 000 Hektar eine doppelt so große Rebfläche wie der Nachbar Südtirol; aber es gibt nur wenige Einzelwinzer. Die Produktion liegt vorwiegend in der Hand dreier großer Genossenschaften und konzentriert sich auf das Etschtal. Angebaut werden vor allem Pino Grigio, Chardonnay und Pinot Noir (für den prickelnden Trento DOC) sowie Teroldego und Marzemino. Das Anbaugebiet Venetien zählt mit ca. 75 000 Hektar zu den drei größten Italiens; hier entstehen Valpolicella (auf der Basis der Sorten Corvina Veronese und Rondinella) – und Prosecco. Es stellt ca. 20 der DOC-Weine des Landes und zieht sich von den östlichen Uferhängen des Gardasees über die Umgebung von Verona bis hinauf nach Vittorio Veneto. Bekannt ist das Veneto vor allem für seinen um die gleichnamige Stadt produzierten Soave (Hauptrebsorte: Garganega). Im Friaul wuchsen Reben bereits zur Bronzezeit; seit der Antike werden sie durchgehend kultiviert, inzwischen auf rund 20 000 Hektar. Die nach der römischen Handelsstadt Forum Iulii (heute: Cividale) benannte Provinz an der Grenze zu Slowenien gilt als eine der besten Regionen des Landes für Weißwein. Bekannt sind vor allem die Tropfen der Gebiete Collio, Colli Orientali del Friuli, Isonzo und Carso. Immer häufiger verwenden die friulischen Winzer statt der internationalen Rebsorten wieder die einheimischen wie z. B. den Friulano.

Routenlänge: ca. 480 km
Zeitbedarf: ca. 3–4 Tage
Start: San Michele
Ziel: San Daniele
Routenverlauf: Die Strecke führt durch eine landschaftlich wie kulturell höchst abwechslungsreiche Region Norditaliens.

Besondere Hinweise: UNESCO-Weltkulturerbestätten in Verona, Vicenza und Cividale del Friuli

Auskünfte:
www.discovertrento.it.,
www.veneto.eu,
www.turismofvg.it

1 San Michele

Ein Augustinerkloster und eine Barockkirche zeugen von der bedeutenden Vergangenheit des Ortes: Er lag einst im Zentrum der Machtkämpfe zwischen den Grafen von Tirol und den Erzbischöfen von Trient. Bereits im Jahr 1878 wurde hier ein Agrarinstitut gegründet; heute ist die Fondazione Mach eine moderne Forschungs- und Trainingsanlage u. a. für Weinbau. Das nahe Bergdorf Faedo mit dem Castel Montreale lag einst an der Via Claudia Augusta; es bildet mit Giovo die höchsten Punkte der Weinberge der Rotaliana-Ebene. Besonders gut wächst hier der Teroldego.

2 Trient

Hervorgegangen aus dem römischen Tridentus, war die heutige Universitätsstadt am Fuße des gut 2000 Meter hohen Monte Bondone (auf den eine Seilbahn führt) über Jahrhunderte Residenz der Trienter Fürstbischöfe. Sie logierten im Castello del Buonconsiglio (heute Museum); ihre Sitzungen hielten

Die Arena von Verona (oben) war einmal ein römisches Amphitheater. Unten: Blick auf Limone sul Garda am Westufer des schönen Gardasees.

sie im 1145 geweihten Dom und in der Kirche S. Maria Maggiore. Neben den Konzilbauten prägen prächtige Renaissancepalazzi und farbenfrohe Arkadenhäuser die Altstadt. Zwischen Teatro Sociale und Piazza Cesare Battisti erstreckt sich ein unterirdisches archäologisches Gelände mit den Relikten des antiken Trient: römische Stadtmauer, Turmfundamente, Straßenteile, Wohnhausreste mit Mosaiken usw. Die schönen Weinberge Trients liegen zum Teil nur wenige Kilometer entfernt auf den Berghängen, z. B. um das Dorf Maso Villa Warth.

3 Bardolino

Mit seiner charmanten Altstadt und der herrlich langen Uferpromenade zählt Bardolino zu den beliebtesten Zielen am Gardasee. Auf den Moränenhügeln oberhalb des Ortes wachsen Olivenbäume und Reben, u. a. für den roten Bardolino (auch in DOC-Qualität) und den Rosé Chiaretto. Das Anbaugebiet reicht etwa von Torri del Benaco im Norden und Vallegio sul Mincio im Süden bis hinunter an die Etsch.

4 Verona

Die Stadt ist UNESCO-Welterbe und ein mythischer Ort: Verona eint 2000 Jahre Geschichte auf kleinster Fläche. Berühmt ist es vor allem als Stadt der Liebenden (»Romeo und Julia«) sowie für seine Arena, das römische Amphitheater, welches seit dem frühen

ABSTECHER: Bassano del Grappa

Wichtigstes Denkmal ist die auf das 13. Jahrhundert zurückgehende Holzbrücke Ponte degli Alpini (Ponte Vecchio). Sehenswert ist auch die Villa Angarano.

ABSTECHER: Triest

Bilderbuchhaft liegt die Stadt am Saum der Adria. Ihr Herz bildet die zum Meer offene Piazza dell'Unità mit prächtigen Palazzi. Überragt wird der Hafenbereich vom Castello di San Giusto.

20. Jahrhundert als Kulisse für Opernaufführungen dient. Ein zweites römisches Theater (heute genutzt für das Jazzfestival) steht auf dem Hügel. Pietro, ebenso wie das gleichnamige Castel(lo) und das ehemalige Kloster des heiligen Hieronymus. An der Piazza delle Erbe, einst das antike Forum, spiegeln die Palazzi (Casa die Mercanti, Casa Mazzini, Palazzo Maffei) und Brunnen verschiedene historische Epochen wider. Überragt wird der Stadtplatz vom gut 80 Meter hohen Torre Lamberti. Ganz in der Nähe steht die legendäre Casa di Guiletta, in und vor der Shakespeare seine Tragödie spielen lässt. Zeuge der Romanik ist die Basilika San Zeno; der Dom Santa Maria Matricolare (1187 geweiht) birgt ein Altargemälde von Tizian. Veronas größte gotische Kirche ist die Chiesa di Sant'Anastasia (13. bis 15. Jahrhundert). Ihre Fassade blieb unvollendet. Das Castelvecchio (heute ein Museum) am Ufer der Etsch (ital.: Adige) bezeugt eindrucksvoll die mittelalterliche Macht der Scaliger, welche auch die Piazza die Signori prägten und die massive, zinnenbekrönte Festungsbrücke bauten. Auf die Zeit der Römer indes geht die fünfbogige Ponte Pietra zurück. Gleiches gilt für den Ehrenbogen Arci di Gavi. Von den Giardino-Giusti-Gärten bietet sich ein schöner Blick auf Verona. Die Stadt liegt im Weinbaugebiet Valpolicella; die Reben reichen teilweise bis in die Vororte (z. B. San Pietro in Cariano.) Insgesamt umfasst das Valpolicella die Täler Squaranto, Mezzane, Illasi, Tramigna und Alpone; Valpolicella Classica kommt aus Tälern von Fumane, Marano und Negrar.

5 Soave

Schönster Platz der schon zu Zeiten Barbarossas erwähnten Kleinstadt inmitten des nach ihr benannten Weinbaugebietes ist die Piazza Antenna mit dem Palazzo di Giustizia und dem

Links oben: Innenansicht des Doms von Verona; darunter: Blick vom Kastell San Pietro Richtung Dom und Ponte Pietra.

Palazzo del Capitano (Rathaus). Geprägt wird das Stadtbild freilich von der komplett erhaltenen mittelalterlichen Befestigungsmauer mit ihren 24 Türmen und der auf einem Hügel thronenden Scalierburg (13. Jh). Seine Blütezeit erlebte Soave unter der Republik Venedig; in dieser Zeit entstand u. a. der Palazzo Cavalli. Seinen Namen hat der Ort wahrscheinlich von den zu den suebischen Stämmen (»svevi«, »sueves«) zählenden Langobarden, die im Jahr 568 in die Region kamen. Die Weinberge des Soave reichen bis zum Brenton di Roncà. Soave-Weine haben den Status einer kontrollierten staatlichen Herkunftsbezeichnung (DOC oder DOCG); sie dürfen nur hergestellt werden aus der Rebsorte Garganega, eventuell mit einem Anteil Trebbiano di Soave.

6 Vicenza

Città del Palladio – so nennen die Bürger des Veneto stolz die von dem Renaissance-Baumeister geprägte, bereits im 7. Jahrhundert v. Chr. gegründete Stadt. Er schuf u. a. die Basilica Palladiana (auch Palazzo della Ragione genannt), den Palazzo Chiericati und das Olympische Theater; zudem baute er in und um Vicenza zahlreiche Villen (z.B. die Villa Rotunda). Alle einen antike Vorbilder und klassische Eleganz. Palladios Beitrag zur Geschichte der Kunst und die perfekte Harmonie zwischen Architektur und Stadtplanung brachten der Stadt den UNESCO-Welterbestatus ein. Innerhalb des Zentrums beeindrucken Palladio-Gebäude wie der Palazzi Valmarana oder der Palazzo Barban de Porto (Sitz des Palladio-Museums); bei einem Gang über den Corso Palladio, die Prachtstraße der Stadt, und über den Piazza dei Signori begegnet man dem Gros der Palladischen Werke. Aber auch Spuren aus römischer Zeit sind erhalten, z. B. das Criptoportico, das Aquädukt Lobia und das Theater Berga. Aus Vicenza stammte Luigi da Porto, Autor der »Historia nuovamente ritrovata di due nobili amanti«, von der sich William Shakespeare zu seiner Tragödie »Romeo und Julia« inspirieren ließ. In der Gegend um Vicenza werden Weine hergestellt, die inzwischen eine kontrollierte Herkunftsbezeichnung (DOC) tragen. Die Palette reicht vom Vincenza Sauvignon bis zum roten Vicenza Raboso. Die Cuvées Vicenza Bianco und Vicenza Rosso gibt es sogar auch als Frizzante, Spumente oder Passito.

7 Asolo

Die »Stadt der 100 Horizonte«, wie der Ort Asolo auch genannt wird, begeisterte die Schauspielerin Eleonore Duse ebenso wie den britischen Poeten Robert Browning. Dieser lebte einst in der Villa Scotti-Pasini (17. Jahrhundert) mit ihren hängenden Gärten und rühmte den Blick als den schönsten, die er je gesehen hatte. Ruinen von Thermen und eines Theaters zeugen noch von den römischen Ursprüngen Asolos. Und im Castello della Regina residierte bis ins Jahr 1509 die einstige Königin von Zypern. Der Dom Santa Maria Assunta war bis zum Jahr 969 Bischofskirche und erhielt seine heutige Gestalt im Jahr 1747 von Giorgio Massari. Asolo liegt im klassischen Prosecco-Gebiet; der Asolo Prosecco darf sich daher mit der Bezeichnung DOCG schmücken.

WEINFESTE

MÄRZ
»Mostra del Valdobbiadene e Cartizze DOCG« in Santo Stefano (www.primaveradelprosecco.it)

MAI
»Conegliano DOCG Street« in Conegliano (www.primaveradelprosecco.it)

SEPTEMBER/OKTOBER
»Festa dell'uva e del vino« in Bardolino (www.bardolinotop.it),
»Autunno Trentino« in Trient (www.discovertrento.it)

Das Teatro Olimpico in Vicenza (kleines Bild oben) entwarf Andrea Palladio. Architektonisch ebenfalls interessant: die Basilica Palladiana mit Torre Bissara in Vicenza (links).

PROSECCO

Bis 2010 Name einer weißen Rebsorte (jetzt: Glera), steht Prosecco nun für eine geschützte Herkunftsbezeichnung. Anbau, Lese und Vinifikation für den Prosecco DOC ist auf die Provinzen Belluno, Gorizia, Padova, Pordenone, Treviso, Triest, Udine, Venetien und Vicenza limitiert; für den DOCG auf die Gebiete von Conegliano, Valdobbiadene und Asolo.

8 Valdobbiane

Gemeinsam mit Asolo und Conegliano bildet die von Weinbergen umgebene Hügelstadt über dem Westufer des Piave die Kernzone des Prosecco DOCG. Vor allem die Glera-Rebe wird hier angebaut. Kühn reckt sich im Stadtzentrum der schlanke, frei stehende Kirchturm aus dem 18. Jahrhundert neben der Säulenfassade der Hauptkirche zur Heiligen Jungfrau. Von Valdobbiane schlängelt sich die »Strada del Prosecco« bis zu den sanften Hügeln von Conegliano. Sie führt durch das Anbaugebiet des Cardizze und die kegelförmigen Hügel von Cobertaldo, vorbei an den langobardischen Torri di Credazzo bei Farra di Soglio und durch Soglihetto, wo das Consorzio del Prosecco Superiore DOCG seinen Sitz hat. Bei Refrontolo entdeckt man zwischen Wäldern und Weinbergen die kleine Mühle Molinetto della Croda.

9 Conegliano

Die Heimatstadt des Malers Giovanni Battista Cima (1459–1518) entstand aus einer Ansammlung von Sommerresidenzen wohlhabender Venezianer. Es birgt eine traditionsreiche Weinbauschule samt sehenswerter »Bottega del Vino« sowie das Museo Enologico L. Manzoni. Vom Castello (12. Jh.) ist nur noch der Wachturm erhalten (heute das Stadtmuseum). Über die Hauptstraße Contrada Granda gelangt man zum Dom und zur Scuola dei Battuti mit ihren Pfeilerarkaden. Zahlreiche Paläste und das Teatro Accademia vervollkommnen das Bild der Altstadt. Jedes Jahr im Juni findet hier die »Dama Castellana« statt, eine lebendige Damepartie in Renaissancekostümen. Im September wird in mehreren traditionellen Lokalen die sogenannte Enodama gespielt; die Damesteine werden dabei durch Gläser mit Weißwein und Rotwein ersetzt.

10 Vittorio Veneto

Erst nach dem Anschluss Venetiens an Italien im Jahr 1866 entstand das heutige Städtchen unter seinem königlichen Namen.
Zuvor waren es zwei benachbarte Gemeinden am Ufer des Flüsschens Meschino: Serravalle und Ceneda. Erstere birgt die Piazza Flaminio mit der wappengeschmückten Loggia Serravalese und den Uhrturm; in Ceneda steht der Dom Santa Maria Nova mit einem Altargemälde von Tizian. Das mittelalterliche Castello di San Martino

Eine ganz eigene Romantik strahlt dieser traditionelle Weinkeller aus (links). Der aus Conegliano stammende Giovanni Battista Cima (1459–1517) schuf zahlreiche Gemälde (kleines Bild).

dient als Bischofssitz; der spätere Papst Johannes Paul I. hatte das Amt in Ceneda zehn Jahre lang inne.

11 Gorizia

Wegen seiner Gärten und des sanften Klimas war der ehemalige Sitz der Grafen von Görz ein beliebtes Ziel der Habsburger Aristokratie. Heute liegt die seit alters her dreisprachige Stadt (Italienisch, Slowenisch, Deutsch) zwar noch immer an der Grenze zu Slowenien, dank dessen EU-Beitritts und des Schengen-Abkommens kann diese jedoch inzwischen frei überschritten werden. Das Stadtbild prägt nach wie vor die Burg der Grafen von Görz; neben dem Dom und der Kirche St. Ignatius di Loyola blieben einige Palazzi von den Weltkriegszerstörungen verschont oder wurden wiederaufgebaut; darunter jener der Erzbischöfe. Um Goriza erstrecken sich die Hügel der Colli, die sich dank ihrer speziellen Böden (»ponka«) und eines besonderen Mikroklimas (das Meer ist nicht weit) bestens zum Weinanbau eignen. Physiknobelpreisträger Carlo Rubbia wurde übrigens in Gorizia geboren.

12 Cormons

Einst römische Militärstation, später Beute-Versteck der Patriarchen von Aquileia, überließen die Grafen von Görz das Burgstädtchen 1487 König Maximilian I. von Habsburg. Heute ist es das wirtschaftliche und kulturelle Zentrum des Collio und des gleichnamigen Weinbaugebiets. Berühmt ist Cormons, zu dessen baulichem Erbe u. a. der Dom Sant'Adalberto, die Cjase da Plef Antiche und der Palazzo Locatelli (18. Jh.) zählen, vor allem für seinen kuriosen Vino della Pace. Gekeltert wird er aus 600 verschiedenen Rebsorten. Sie kommen aus der ganzen Welt und wurden 1983 um die Cantina Produttori gepflanzt. Jedes Jahr entwerfen drei international renommierte Künstler die Etiketten für diesen »Friedenswein«.

13 Udine

Als »schönster venezianischer Platz auf dem Festland« gilt vielen Udines Piazza Libertà. Aber auch die arkadenge-

Im berühmten Tempietto Longobardo (unten) in Cividale del Friuli (oben) befindet sich dieses wertvolle Bogenrelief.

WEINGÜTER

Foradori
Trotz der wenigen Hektar Anbaufläche kommen unter der Ägide von Elisabetta und Sohn Emilo beste Teroldegos hervor – auch dank biodynamischen Ansatzes.
Via Damiano Chiesa 1
38017 Mezzolombardo
Tel. +390461/601046
www.elisabettaforadori.com

Guerrieri Rizzardi
Seit Generationen wird hier Wein produziert: Das Angebot reicht vom Chiaretto Classico bis zum roten Bardolino Classico Superiore DOC.
Strada Campazzi 2
37011 Bardolino
Tel. +39045/7210028
www.guerrieririzzardi.it

Cantina San Mattia
Giovanni Ederle bietet einen Agriturismo mit Ausblick – und schnörkellose Weine wie Bianco und Rosso Veronese oder Amarone della Valpolicella.
Via Santa Giuliana 2
37128 Verona
Tel. +39045/913797
www.giovanniederle.it

Carpené Malvolti
Dieses Weingut ist Pionier in Sachen Prosecco, aber auch der rare Cartizze zählt zum Sortiment.
Via A. Carpenè 1
31015 Conegliano
Tel. +390438/364611
www.carpene-malvolti.com

La Tunella
Das Gut der Zorzettigs liegt im Herzen der Colli Orientali, dem Weinanbaugebiet der östlichen Hügeln des Friaul. Produziert werden hier qualitativ hochwertige Rot- und Weißweinsorten (DOC).
Via del Collio 14
33040 Ipplis di Premariacco
Tel: +390432/716030
www.latunella.it

säumte Piazza Matteotti hat ihren Reiz; sie gibt den Blick frei auf die bemalten Fassaden der Palazzi, die meist ebenfalls an die Lagunenstadt erinnern (Loggia del Lionello). Zu Zeiten der Venezianer wirkte auch Tiepolo in Udine, seine Werke sind heute im Palazzo Patriarcale, im mittelalterlichen Dom und in der Kirche der Purità zu bewundern. Vom Castello aus dem16. Jahrhundert bietet sich ein schöner Blick auf die ein Jahrhundert lang auch habsburgische Stadt und die Bergkulisse der Umgebung; das Burgensemble selbst birgt diverse Museen. Zur Tradition Udines zählt der Brauch des »un taj di chel bon« – eines guten Glases Wein in angenehmer Gesellschaft. Dazu trifft man sich in den typischen Osterien der Altstadt.

14 Cividale del Friuli

Dank ihres Tempietto Langobardo zählt die von Julius Cäsar als Forum Iulii gegründete Stadt zu dem im Jahr 2011 als UNESCO-Welterbe ernannten Seriendenkmal langobardischer Macht in Italien. Die kleine Kirche aus dem 8. Jahrhundert steht im alten langobardischen Viertel nahe am Fluss Natisone. Wahrzeichen von Cividale ist allerdings die Teufelsbrücke. Auf ihrer Nordseite drängt sich die Altstadt mit dem Dom Santa Maria Assunta (14.–16. Jh.) und dem Palladio zugeschriebenen Palazzo Pretorio, der heute das Archäologische Nationalmuseum birgt. Es bewahrt u.a. auch Teile der zum UNESCO-Weltdokumentenerbe gehörenden Reichenauer Handschriften. Das Gewölbe im Ufergestein des Natisone wird auch als keltisches Hypogäum, römischer Kerker oder langobardisches Gefängnis gedeutet. Cividale ist der Hauptort der Colli Orientali und eines der DOC-Gebiete des Friaul. Um die einstige Abtei Rosazzo liegen die Weingüter oft inmitten der Rebgärten. Neben dem Friulano wird auch Schioppettino produziert; die besten Weine aus der gleichnamigen Traube, so heißt es, kommen jedoch nur aus dem Gebiet um Prepotto.

15 San Daniele

Wichtigster Botschafter des oft als »kleines Siena des Friaul« bezeichneten Hügelstädtchens ist zweifelsohne sein (luftgetrockneter) Schinken. In der seit 1139 verbrieften mittelalterlichen Marktgemeinde befindet sich auch die Biblioteca Guarneriana, die älteste Bibliothek des Friaul. Sie bewahrt wertvolle historische Bildhandschriften auf. Einer der schönsten Freskenzyklen der Renaissance verbirgt sich in der ehemaligen Kirche Sant'Antonio Abate, von Kennern auch »Sixtinische Kapelle des Friaul« genannt. Schöpfer des Werkes (1497 bis 1522) ist Pellegrino da San Daniele (eigentlich Martino de Udine).

WEINROUTE 14

Schon im Aosta-Tal recken sich die ersten Reben des Piemont, und auch wenige Kilometer südlich des Lago Maggiore wachsen nicht nur Reishalme, sondern auch Trauben. Die legendären Weinlagen beginnen jedoch erst mit dem Monferrato, dem Roero und den Langhe, die inzwischen als Weinkulturlandschaft zum UNESCO-Welterbe gehören. Weltberühmt durch den Spumante seiner Provinz ist das Städtchen Asti, wo unsere Weinroute beginnt. Auf den Hügeln beiderseits des Tanero-Tales, aber auch nördlich und südlich der Trüffelmetropole Alba liegen die Rotweinhochburgen Barolo und Barberesco – sowie unzählige weitere Dörfer, die mit der Königsrebe Nebbiolo, aber auch mit Barbera, die in den letzten Jahren mit neuen Vinifizierungstechniken einen sagenhaften Aufschwung erlebte, und mit Dolcetto für einzigartige Weingenüsse sorgen. La Morra gehört ebenso dazu wie Neive und Grinzane Cavour. Viele Weinberge der Region gehen zurück bis auf die Römerzeit. Noch heute werden einheimische Sorten angebaut. Neben den großen Roten machen auch einige Weißweine zunehmend von sich reden, der Gavi ganz im Südosten, aber auch der stille Moscato weiter südwestlich und der Arneis aus der Gegend der einstigen piemontesischen Pfirsich-Metropole Canale. In der Banca del Vino von Pollenzo, einem Stadtteil der Slowfood-Wiege Bra, sind fast alle Weine der Region versammelt.

Routenlänge: ca. 250 km
Zeitbedarf: 3–5 Tage
Start: Asti
Ziel: Bra
Routenverlauf: Asti, Alessandria, Gavi, Canelli, Santo Stefano Belbo, Barbaresco, Neive, Alba, Grinzane Cavour, La Morra, Barolo, Doghliani, Bra

Besondere Hinweise: Im Piemont kommen nicht nur Wein-, sondern vor allem Wanderfreunde, Kletterer und Mountainbiker voll auf ihre Kosten.

Auskünfte:
Regione Piemonte, Piazza Castello, 165 Turin
Tel. +39011/4321111
www.piemonteitalia.eu

Piemont

Neben edlen Tropfen gibt es hier u. a. Trüffel, Schokolade, Maronen und Käse.

1 Asti

Bereits 89 v. Chr. als römische Kolonie Hasta gegründet und im 5. Jahrhundert mit dem Aufstieg zum Bischofssitz wichtigste Stadt des Piemont, verbindet man heute mit Asti in erster Linie Spumante und Palio. Tatsächlich sind in diesem Gebiet rund 9000 Hektar Rebfläche bestockt – allerdings nicht ausschließlich mit dem Moscato für den prickelnden Genuss, dessen Ruhm sich einer neuen, Ende des 19. Jahrhunderts vom Direktor des l'Istituto Sperimentale per l'Enologia di Asti erfundenen Technologie (»Methode Charmat«) verdankt. Vielmehr werden auch Barbera, Dolcetto und einige andere autochthone Sorten wie Grignolino und Freisa angebaut. Die Heimatstadt des Sängers Paolo Conte, die heute gut 75 000 Einwohner zählt, beeindruckt nicht nur zu Zeiten des Palio-Kostümumzuges über die Piazza Secondo vor dem Rathaus mit ihren mittelalterlichen Stadttürmen und der gotischen Kathedrale. Der Auftritt der Fahnenschwinger und historisch gewandeten Stadbewohner bildet mit der »Cena«, dem fröhlichen Abendessen der einzelnen »rioni« und »borghi« unter den Arkaden der Piazza Alfieri den Auftakt zum eigentlichen Wettlauf der Rosse auf der eigens angelegten Sandbahn im Herzen der Stadt. Seit dem Jahr 1275 ist der Pferdepalio in Asti belegt; geritten wird bei ihm übrigens ohne Sattel. Und zur Siegerehrung fließt selbstverständlich Asti Spumante.

2 Alessandria

Der Hutmacher Borsalino und der Schriftsteller Umberto Eco sind die bekanntesten Söhne der gut 90 000 Einwohner zählenden Provinzmetropole am rechten Ufer des Tanaro. Gegründet wurde die nach Papst Alexander benannte Siedlung 1168 von den Bewohnern der Gegend, um sich gegen den Markgrafen von Montferrat und die Stadt Pavia zu verteidigen; schon sieben Jahre später wurde sie Bischofssitz. Nach wechselnden Herrschern wurde Alessandria im Frieden von Utrecht Savoyen zugesprochen und 1728 am linken Flussufer mit dem Bau einer Festung begonnen, die man im 19. Jahrhundert wiedererrichtete. Das quirlige Altstadtviertel mit vielen Cafés, Bars und Läden wurde ebenfalls hauptsächlich im 19. Jahrhundert angelegt;

Oben: das Weingut Cantina Braida. Kleines Bild: Brunnen in Alessandria.

ABSTECHER: Castello di Racconigi *Im Auftrag der Fürsten von Carignano entstand dieses prächtige Schloss ab dem 17. Jahrhundert. Ein englischer Park ergänzte später die von Guarini geplante Residenz.*

die Kirche Santa Maria di Castello geht auf das 9. Jahrhundert zurück. Ebenfalls aus dem Mittelalter stammen die Umiliati-Häuser in der Via Lumelli und der Dom St. Petro. Als barockes Zeugnis besticht der Palazzo Ghillini. Die Borsalino-Fabrik unweit des großen von Arkaden gesäumten Markt - (und Park-)platzes Piazza Garibaldi ist noch erhalten und birgt ein Hutmuseum. In der Einkaufsstraße Corso Roma gibt es ein historisches Borsalino-Geschäft. Aus der großen Provinz kommen rund fünf Dutzend verschiedene DOC-Weine, darunter der Barbera del Monferrato und der Cortese dell'Alto Monferrato, der Dolcetto d'Aqui von den Hängen um das historische Kurstädtchen Aqui Terme, der Malvasia di Casorzo d'Asti Passito sowie der Colli Tortonesi Cortese Spumante aus dem Gebiet zwischen Monferrato und Oltrepò (südlich des Po).

3 Gavi

Kaiser Barbarossa zog sich nach der Schlacht von Legnano in den kleinen Ort zurück, denn die Fürsten von Gavi waren seine Verbündeten. In der Folgezeit kämpften u. a. die Genueser, die Visconti und die Savoyer um die bereits während des römischen Reiches als Militärposten existierende Siedlung an der wichtigen Verbindungsstraße zwischen ligurischer Küste und Poebene. Die antike Festung kann besichtigt werden. Um Gavi bearbeiten 280 Winzer grob 1500 Hektar Rebfläche, hauptsächlich für Gavi-

ABSTECHER: Mondovi

Die Altstadt der Keramikmetropole liegt malerisch auf einem Hügel oberhalb des Flusses Ellero. Überragt wird sie vom Turm des Belvedere in der gleichnamigen Gartenanlage.

wein in allen Varianten – von still über »frizzante« bis hin zum Riserva Spumante Classico nach der traditionellen Champagnermethode.

4 Canelli

Weit über die Grenzen des Piemont hinaus bekannt ist diese kleine »Hauptstadt des Sekts«, denn in der 10 000-Seelen-Gemeinde, die rund 800 Hektar Reben umgeben, wird das Gros des berühmten Asti Spumante produziert. Die historischen Weinkeller wie jene von Coppo, Contratto oder Gancia sind wahre »Untergrund-Kathedralen«: Sie wurden ab dem 18./19. Jahrhundert über mehrere Ebenen und in Zeiträumen von bis zu fünf Jahren mehr als 30 Meter tief in den Tuffstein der Hügel gegraben und zählen heute zum Welterbe der UNESCO. Die sich den Hang hinaufziehende Altstadt mit ihren zahlreichen Barockgebäuden und dem prägnanten Schloss (1708) wird jedes Jahr Mitte Juni zur Kulisse für ein prächtiges Historienspektakel. Es erinnert an die Belagerung des Ortes im Jahr 1613 (Assedio di Canelli) durch spanische Truppen der Habsburger und den heldenhaften Widerstand der Bevölkerung.

5 Santo Stefano Belbo

Auf Straßenstelen zeigt der beschauliche Ort Santo Stefano Belbo das Porträt seines berühmtesten Sohnes: des Schriftstellers Cesare Pavese (1908 bis 1950). Dessen Geburtshaus ist ebenso erhalten wie die Werkstatt seines Freundes, eines Schreiners und Instrumentenbauers, der als »Nuto« Eingang fand in Paveses Prosatexte. Fast 50 Winzer produzieren auf dem Gemeindegebiet von Santo Stefano Belbo; das Gros ihrer Flächen ist mit der Weißweinsorte Moscato und dem roten Dolcetto bestockt.

6 Barbaresco

Schloss, mittelalterlicher Turm und die Fassade an der Hauptstraße mit der ungewöhnlichen Sonnenuhr sind die markanten Punkte des 650 Einwohner zählenden Dörfchens. Berühmt ist es jedoch vor allem durch seine Önothek, untergebracht in der einstigen San-Donnato-Kirche. Und dank des Kultwinzers Angelo Gaja. Sein Großvater Giovanni gründete das Weingut 1859 und es war bald eines der ersten Italiens, das seinen Wein in Flaschen abfüllte. Neben Barbaresco selbst verfügen nur noch zwei Orte über anerkannte Lagen für den Barbaresco-Wein: Treiso und Neive. Letzteres war die Heimat des 2010 verstorbenen Grappa-Königs Romano Levi, der seine Etiketten stets selbst gestaltete. Im Palazzo Communale ist ihm ein kleines Museum gewidmet.

Trüffel sind das geschmackvolle Aushängeschild der Region. Oben: Barbaresco und Guarene sind zwei kleine Orte im Langhe.

7 Alba

Bischofssitz und mit gut 30000 Einwohnern größter Ort der Langhe, steht Alba in erster Linie für Genuss: Als Trüffelmetropole, Wein- und Obstanbaugebiet sowie internationales Süßwarenzentrum, denn seit der Gründung durch den Konditor Pietro Ferrero (1946) hat hier die gleichnamige Firma ihren Sitz. Albas Anfänge reichen indes zurück bis ins Neolithikum. Nachdem sich zunächst die Ligurer niedergelassen hatten, kam das Gebiet unter die Herrschaft des Römischen Reiches; 89 v. Chr. ist ein Municipium Alba Pompeia verbrieft. Aus der Römerzeit sind die Überreste einer Befestigungsanlage mit Mauern und einem Tor erhalten sowie einige mit Mosaiken ausgelegte Gebäude. Der Dom San Lorenzo Martire geht zurück auf das 10. Jahrhundert, wurde aber mehrfach umgebaut. Beeindruckend ist sein blaues Deckengewölbe. Die derzeitige Fassade stammt aus dem späten 19. Jahrhundert. Ebenfalls auf das Mittelalter geht die Kirche San Giovanni Battista zurück. Der Torre Astesiano (Via Cavour) ist einer der letzten der im Mittelalter zahlreichen Geschlechtertürme Albas. Die Barockkirche Santa Maria Maddalena erhebt sich an der geschäftigen Via Vittorio Emmanuele. Ein interessantes Beispiel zeitgenössischer Kirchenarchitektur ist die 2009 eingeweihte Chiesa della Trasfigurazione in Mussetto d'Alba am nördichen Stadtrand. Albas Trüffelmarkt, die Fiera internazionale Tartufo Bianco d'Alba, findet jeweils im Oktober und November statt; am ersten Oktoberwochenende wird zudem der Esels-Palio ausgetragen.

WEINGÜTER

Cantina Renato Ratti
Piero Renato setzt inzwischen die Idee seines innovativen Vaters in Sachen Barolo im modernen Weingut mit den DOCG Rocche dell'Annunziata, Conca und Marcenasco fort.
Frazione Annunziata 7
12064 La Morra
Tel. +390173/50185
www.renatoratti.com

Produttori del Barbaresco
Mehr als 50 Winzer bearbeiten heute für die Cantina aus dem Jahr 1894 in neun Premiumlagen 100 Hektar des Gebiets.
Via Torino 54
12050 Barbaresco
Tel. +390173/635139, www.produttoridelbarbaresco.com

Braida
Mit seinem Bricco dell' Uccelone wurde Giacomo Bolgona zum Vorreiter für einen neuen Barbera-Stil; die Kinder interpretieren den väterlichen Pioniergeist auf ihre Weise.
Via Roma 94, Rocchetta Tanaro
Tel. +390335/1559195
www.braida.com

Tenuta La Giustiniana
Handgelesen und traditionell gekeltert wird die Cortesetraube für den Gavi D.O.C.G.
Frazione Rovereto 5
15066 Gavi
Tel. +390143/682132
www.lagiustiniana.it

8 Grinzane Cavour

Der inmitten von Weinbergen liegende 2000-Seelen-Ort ist vor allem bekannt dank seiner Burg. Denn in dem mittelalterlichen Gemäuer, das zum Welterbe der UNESCO zählt, haben seit mehr als einem halben Jahrhundert die Cavalieri del Tartufo ihren Sitz. Dem Ritterorden verdankt sich auch die erste Vinothek des Piemont. Zudem findet im Castello jeden November die weltweite Versteigerung des weißen Alba-Trüffels zur wohltätigen Zwecken statt. Bereits seit dem 16. Jahrhundert war das Castello Domizil der

Unten: Der Weinberg und das Castello Grinzane Cavour liegen in herrlich herbstlicher Landschaft.

Markgrafenfamilie von Cavour, aus der im 19. Jahrhundert auch Grinzanes Bürgermeister und späterer Staatsmann Camillo Benso di Cavour (1810 bis 1861) hervorging. Um Grinzane Cavour werden vor allem Reben für den Barolo und den Dolcetto d'Alba angebaut.

9 La Morra

Von den Hängen dieses Ortes stammen einige der besten Weine der Region. Etwa 70 Winzer bauen hier für die lokale Genossenschaft vor allem die Nebbiolo-Rebe an. Auf engstem Raum drängen sich in der Straßengemeinde unterhalb der einstigen Burgmauern historische Palazzi, Case und Kirchen. Berühmt ist La Morra auch für die Cappella della Madonna delle Grazie inmitten der Weinberge. 1914 erbaut, aber niemals geweiht, verlieh der US-amerikanische Künstler Sol Lewitt dem Kirchlein kurz vor der Jahrtausendwende eine zeitgenössische, kräftig-bunte Außenhaut, während sein britischer Freund und Kollege für eine neue farbenfrohe Innengestaltung des heute meist »Cappella del Barolo« genannten Bauwerks sorgte.

10 Barolo

Der Szenograf des Filmmuseums in Turin schuf auf dem Besitz der Familie Falletti 2010 das interaktive Museo del Vino al Barolo. Bereits zu Zeiten der Römer wurden auf dem Cannubi-Hügel der Gemeinde Nebbiolo-Trauben angebaut. Zu seinem Ruf als »König der Weine« verhalf dem nach dem Ort Barol benannten Roten wohl schon die letzte Schlossherrin: Giuglietta Barolo, eine geborene Colbert, ließ Carlo Alberto Amadeo (1798–1849), dem damaligen König von Sardinien-Piemont, rund 300 Kisten Wein als Überraschungsgeschenk schicken.

11 Dogliani

Bis in vorrömische Zeiten reicht die Geschichte dieser kleinen Gemeinde am Flüsschen Rea zurück. Ihr historischer Kern längs der Ufer entstand im Mittelalter. Viele der Gebäude aus dieser Zeit wurden im 19. Jahrhundert nach Plänen des lokalen Architekten Giovanni Battista Schellino umgestaltet, darunter auch die Kirche Sant Quirico e Paolo mit ihrer mächtigen Kuppel. Auf dem Friedhof oberhalb des Stadtkerns, für den Schellino einen monumentalen Eingang aus Ziegelsteinen entwarf, ist der aus Dogliani stammende ehemalige italienische Staats-

WELTERBEREGION

Als »außergewöhnliches Beispiel der Interaktion des Menschen mit seiner natürlichen Umwelt« zählt die Weinlandschaft Langhe, Roero Monferrato seit 2014 zum Welterbe der UNESCO – und zwar mit der Langa del Barolo, Barbaresco/Neive, dem Castello di Grinzane Cavour, Canelli (Asti Spumante), Nizza Monferrato (Barbera) und Monferrato degli Infernot (Tuffsteinkeller).

präsident Luigi Einaudi (1874–1961) bestattet. Auch sein Sohn Guilo, Verleger und Gründer des Verlagshauses Einaudi, wurde im Ort geboren. Neben ihren offiziellen Ämtern und Engagements widmeten sich die Einaudis bereits ab 1897 in ihrer Heimat auch dem Thema Wein. Heute reifen um Dogliani nicht nur die Trauben für den bekannten DOCG-Rotwein Dolcetto di Dogliani, sondern auch Spätburgunder oder Chardonnay, die zum Schaumwein Alta Langa verarbeitet werden. Die Alta Langa schließt südlich und östlich an Dogliani an; rasch weicht hier das liebliche Hügelland mit seinen Weinbergen einer schrofferen, bergigen Landschaft mit alten Kastanienwäldern und Haselnussplantagen, auf denen die Tonda Gentile delle Langhe, die »zarten Runden aus den Langhe«, wachsen, die den in Dogliani geborenen Ferrero-Erben Michele zu seiner weltbekannten Nuss-Nugat-Creme »Nutella« inspirierten. Die Nüsse werden wie andere Produkte aus der Langhe regelmäßig auf dem lokalen Wochenmarkt angeboten. Am 23. und 24. Dezember jeden Jahres wird Doglianis Altstadt zur Kulisse für eines der größten Krippenspiele Italiens.

12 Bra

Carlo Petrini erblickte hier das Licht der Welt und machte das Barockstädtchen zur Wiege der Slowfood-Bewegung. Hier locken in den charmanten Gassen und Innenhöfen ebenso wie in der Via Cavour und der Via Vittorio Emmanuele zahlreiche Genussadressen, natürlich auch für die berühmte rohe Kalbswurst Salchicca di Bra. Unweit der prächtigen Kirche Sant' Andrea finden sich zudem alle zwei Jahre im September die Stände der internationalen Käsemesse. Im Stadtteil Pollzeno residiert seit dem Jahr 2004 die weltweit einzige Universität der Gastronomischen Wissenschaften. Ihre Räume liegen in einem neugotischen Castello mit kleinen Backsteintürmen – ebenso wie die Banco del Vino, das Weingedächtnis Italiens. Alle Weinregionen des Landes sind hier vertreten; jeder der nach dem Slowfood-Guide ausgewählten Winzer lieferte 90 Flaschen ein: einen Teil zum Altern, einen als ewige Einlage – den Rest zum Verkauf. Das ganze Jahr über bietet die Weinbank für Besucher Verkostungen an.

Linke Seite oben: Weinberge des Guts Braida; kleines Bild oben: farbenfrohe Fassade der Cappella delle Brunate in La Morra, die meist »Barolo-Kapelle« genannt wird und von den US-amerikanischen Künstlern Sol Lewitt und David Tremlett gestaltet wurde.

WEINFESTE

JUNI
»Festival del Dolcetto d'Alba e non solo« in Rodello

SEPTEMBER
»Festa del Vino« in Alba,
»Festa del Vino e del Monferrato«,
»Festa del Vino« in Barolo,
»Douja d'Or« in Asti

Weinstraße im Chianti

Im Weinbaugebiet rund um die Hügel des Chianti findet man köstliche Weine und traditionsreiche Orte.

WEINROUTE 15

Mehr als ein halbes Dutzend kleinerer und größerer (inoffizieller) Weinstraßen durchziehen die Toskana. Die berühmteste ist sicher jene der antiken Via Chiantigiane folgende durch das Chianti-Classico-Gebiet, das sich grob gesagt zwischen Florenz und Siena erstreckt. Beide Städte rivalisierten im Laufe der Geschichte immer wieder um die Vorherrschaft dieser einzigartigen Region mit ihrer hügeligen, waldreichen Landschaft mit Olivenhainen, kleinen Dörfern, Schlössern und einsamen Bauerngehöften. Nur ein Zehntel des Gebiets wird für Weinbau verwendet. Der Gallo Nero (»Schwarze Hahn«) ist das Kennzeichen der Chianti-Classico-Weine. Über die Einhaltung ihrer strengen Produktionsregeln wacht das Consorzio del Marchio Storico Chianti Classico; seine Mitgliedswinzer liefern das Gros der Gesamtproduktion. 1716 definierte Großherzog Cosimo III. die Classico-Zone; sie war damals deutlich kleiner als heute. Um die Qualität der Weine zu steigern und sich von der Standard-Chianti-Klassifizierung zu unterscheiden, wurden rund 60 Prozent der aktuellen Rebflächen des Gebiets in den vergangenen 15 Jahren neu gepflanzt. Als beste Lagen gelten die mittleren Höhen südlich von Greve, nördlich von Radda und Castellina sowie von den Hängen, die sich von Gaiole bis Castelnuovo in Richtung des Arbia-Tales erstrecken. Die typischen Classico-Bodenarten sind Galestro (lockerer Kalkmergel) und Alberese (verwitterter Sandstein).

Routenlänge: ca. 150 km
Zeitbedarf: 1–2 Tage
Start: Greve in Chianti
Ziel: San Casciano im Val di Pesa
Routenverlauf: Als Teil der »Strada Chiantigiana« zwischen Florenz und Siena verläuft die Route kreisförmig von Greve in Chianti über Radda im Süden und wieder zurück nach San Casciano Richtung Norden.

Besondere Hinweise: Wer mehr als ein bis zwei Tage Zeit hat, bereist die Strecke am besten mit dem Fahrrad.

Auskünfte:
www.chianticlassico.com,
www.chianti.com

1 Greve

Mit einem guten Dutzend, meist aus mittelalterlichen Burgdörfern erwachsenen Ortsteilen zählt Greve in Chianti flächenmäßig zu den größten Gemeinden Italiens. Das urbane Zentrum des Chianti-Classico-Gebiets entwickelte sich um die Piazza Matteotti. Auf dem großen dreieckigen Platz mit Balkon-Arkaden und der Statue des im Ort geborenen Seefahrers Giovanni da Verrazzano, der 1524 an der amerikanischen Ostküste landete, wird bis heute regelmäßig ein Wochenmarkt abgehalten; zudem dient er als Kulisse diverser Feste. An den oberen Teil grenzt der kleine Platz mit der Kirche Santa Croce. Bereits im Mittelalter am Knotenpunkt von vier wichtigen Straßen gelegen (Florenz, Valdarno, Val di Pesa, Chianti), wurde Greve erstmals 1330 schriftlich erwähnt. Es war für die Dörfer der Umgebung ein wichtiger Warenumschlagplatz. Eines von ihnen, Montefioralle, thront etwa zwei Kilometer westlich malerisch auf einem Hügel. Seine von Bögen und Durchgängen geprägten Häuser drängen sich an einer einzige Gasse um die romanische Kirche Santo Stefano. Ebenfalls aus romanischer Zeit stammen die Pfarreien Rubbiana, Cintoia, Sillano, San Cresci und San Leolino. Das Dorf San Francesco geht zurück auf einen Franziskanerkonvent; von hier bietet sich ein fantastisches Panorama. Die Rebflächen von Greve zählen komplett zum Chianti-Classico-Gebiet.

2 Panzano

Eine riesige Weinflasche weist unmissverständlich auf die Rebtradition des zu Greve zählenden Burgdorfes hin. Berühmt ist es aber auch für Fleischliches: den »Tonno del Chianti« (eine Art, Jungschwein mittels Wein und Olivenöl haltbar zu machen) sowie weitere Spezialitäten des Metzgers Dario Checchini. Von der im 11. Jahrhundert erstmals erwähnten Burg der Firidolfi sind noch die Ringmauern, ein Originaltor, der Hauptturm (Mastio) sowie kleinere Türme erhalten. Ein dritter Wehrturm des Castello dient der im 19. Jahrhundert auf einem mittelalterlichen Vorgängerbau errichteten Kirche Santa Maria als Campanile. Südlich des heute lang gezogenen Ortskerns steht die 1085 erstmals erwähnte Sprengelkirche Pieve di San Leolino mit vielen Malereien; südwestlich das Oratorio di Sant'Eufrosino (15. Jh.) mit gotischer Ädikula.

In Greve (oben) finden oft Weinmessen statt. Kleines Bild: Chianti im Castello di Brolio. Unten: Pieve di Panzano.

ABSTECHER: San Gimignano

Auch das »mittelalterliche Manhattan« hat UNESCO-Welterbestatus. Ähnlich berühmt wie seine einst 75 Geschlechtertürme ist der Weißwein (Vernacchia) der Gemeinde.

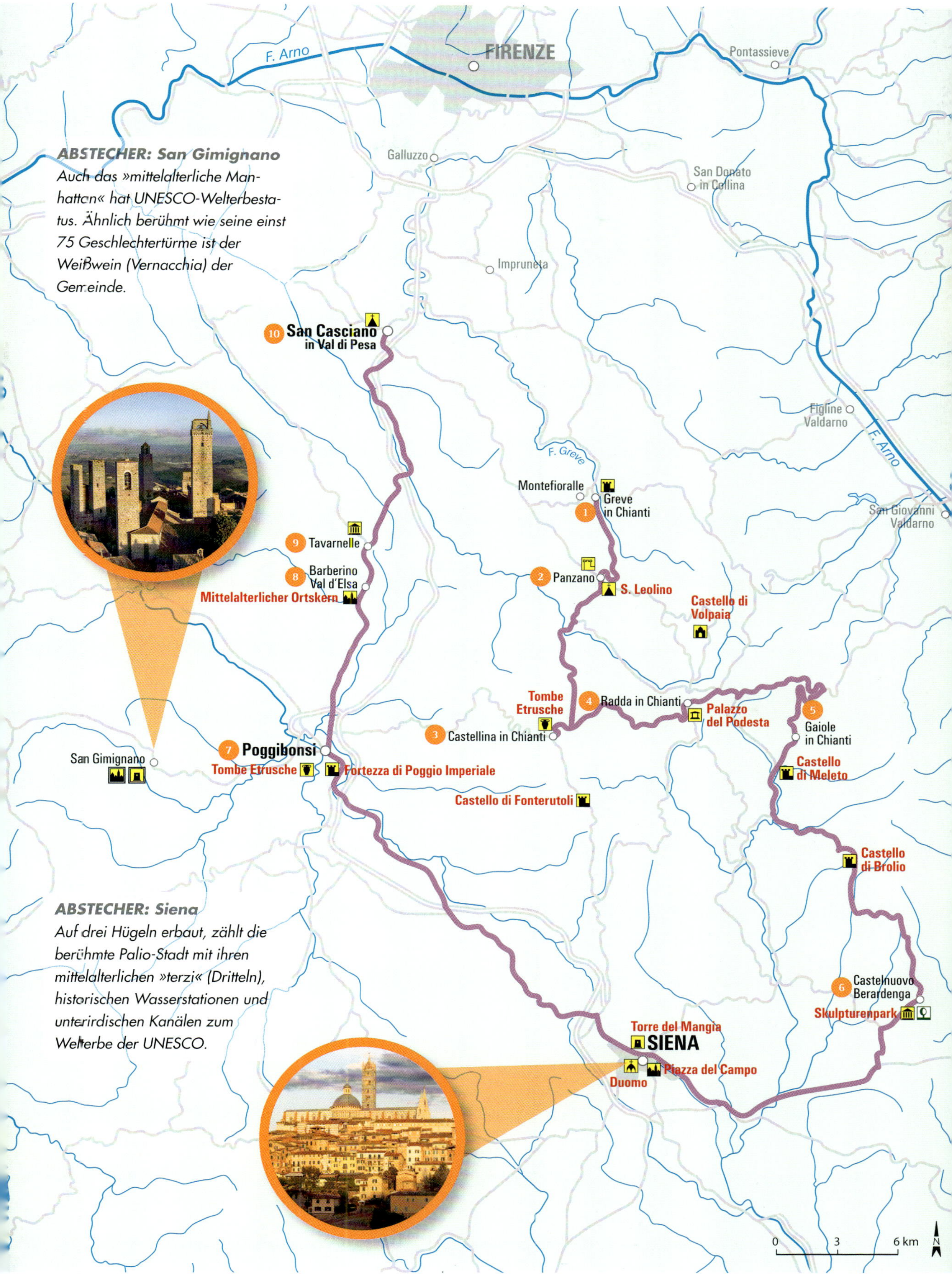

ABSTECHER: Siena

Auf drei Hügeln erbaut, zählt die berühmte Palio-Stadt mit ihren mittelalterlichen »terzi« (Dritteln), historischen Wasserstationen und unterirdischen Kanälen zum Welterbe der UNESCO.

WEINFESTE

JUNI
»Radda nel Bicchiere«

SEPTEMBER
»Festa dell'Uva« in Impruneta, »Settembre Gaiolese« (Erntefest) in Gaiole, »Sagra dell' Uva« (Traubenfest) in Greve

3 Castellina

Vermutlich etruskischen Ursprungs, war Castellina im Mittelalter als Salingolpe bekannt. Das erstmals im 11. Jahrhundert erwähnte Schloss auf dem fast 600 Meter hohen Hügel wurde im 15. Jahrhundert zur Festung umgebaut. Seit 2006 befindet sich hier das Museo Archeologico del Chianti Senese. Zu seinen Hauptattraktionen zählt ein Raubkatzenkopf aus Sandstein, der die Zunge herausstreckt. Er wurde wie auch ein etruskischer Wagen und bemalte Tongefäße aus dem 6. Jahrhundert v. Chr. bei Grabungen im Tumulus des Monte Calvario gefunden. Vom Turm des Museumsgebäudes blickt man bei schönem Wetter weit über die Hügel des Chianti und bis nach San Gimignano. Hauptkirche von Castellina ist die auf das Mittelalter zurückgehende Chiesa di San Salvatore im Ortskern. Um Castellina liegen zahlreiche mittelalterliche Burgen (Castello di Fonterutoli, Castello di Grignano) und Burgruinen (die Castello di Monternano, Castello di Rencine). Die Rebflächen der Gemein-

Castellina in Chianti (links oben) lohnt einen Besuch, genauso aber Gaiole in Chianti (links: Mosaiken am Altar der Kapelle des Castello di Brolio).

de zählen komplett zum Chianti-Classico-Gebiet.

4 Radda

Ausgrabungen zufolge war der gut 500 Meter hoch gelegene Ortskern mit der zentralen Piazza Ferrucci, verwinkelten Gassen und Durchgängen schon 2000 v. Chr. bewohnt. Im 11. Jahrhundert erscheint Radda erstmals in Dokumenten, u.a. des Klosters Badia a Coltibuono. Als die Florentiner Republik 1250 das Chianti-Gebiet in drei Ligen (Terziere di Radda, Terziere di Gaiole und Terziere di Castellina) aufteilte, wurde Radda bis ins 15. Jahrhundert Hauptsitz der politisch-militärischen Allianz Lega del Chianti. Aus dem 15. Jahrhundert stammt auch der Palazzo del Podesta (Rathaus). Die Kirche San Niccolo nutzt einen der Türme des einstigen Kastells als frei stehenden Glockenturm; Reste der mittelalterlichen Stadtmauer sind ebenfalls erhalten. Das frühmittelalterliche Castello di Volpaia in der nahen Umgebung ist heute Weingut und Ölmühle. Die Rebflächen und Raddas »frazioni« zählen ebenfalls komplett zum Chianti-Classico-Gebiet.

5 Gaiole

Bereits im Mittelalter entwickelte sich der heute weitläufige Ort im Schutze bedeutender Burgen (wie z. B. Castello di Brolio, Castello di Meleto oder Castello di Tornano, heute ein Hotel) und Klöster zu einem wichtiger Marktflecken nahe der früheren Verbindungsstraße von Siena zum oberen Arnotal. Erhalten von den historischen Pfründen ist u. a. Badia a Coltibuono, von Bendektinermönchen 1051 gegründet, unter Lorenzo de' Medici erblüht und bald Abbazia del Buon Raccolto (»Abtei zur guten Ernte«) genannt. Heute ist die Anlage ein renommiertes Weingut. Sehenswert in der Umgebung sind auch die Straßenkapelle San Michele (Oratorio di Pianigiani) mit Fresken aus dem 15./16. Jahrhundert sowie die Kirchen San Sigismondo und San Lorenzo ad Ama. Gaiole selbst entwickelte sich um seinen Markplatz in Form eines gestreckten Dreiecks; es war nie befestigt. Im Süden der Gemeinde entspringt der fast 40 Kilometer lange Fluss Ambra.

6 Castelnuovo Berardenga

Auf einem Hügel zwischen den Flüssen Marena, Arbia und Ombrone gelegen, zählt der 1366 von der Republik Siena als befestige Überwachungsburg der seneischen Grenzen gegründete Ort seit Anfang des letzten Jahrhunderts zum Chianti-Gebiet. Seine Weinbauzonen umfassen Teile des Classico-Areals sowie der Colli Senesi. Von der zweiten Stadtmauer (15. Jh.) ist nur ein einziger Turm erhalten. Zum typisch ockerfarbenen Ortsbild

Unten: Blick über Castellina in Chianti. Kleines Bild oben: Oliven aus Castellina.

GALLO NERO

Das Gütesiegel und historische Emblem der Chianti-Liga entstand, so die Legende, als Florenz und Siena durch den Treffpunkt zweier beim ersten Hahnenschrei aufbrechender Ritter ihre Grenzen neu festlegen wollten. Der satte weiße Sieneser Hahn krähte deutlich später als der hungrige »gallo nero« der Florentiner. Somit erhielten diese das größere Terrain. Die »Via Chiantigiana« verbindet die beiden Städte noch heute.

gehören auch mehr als 600 Jahre alte Kirchen und noble historische Villen wie der barocke Palazzo Chigi – einst Sitz der berühmten Musikakademie Chigiana. Ein über mehrere Jahrhunderte reichendes Erbe prägt auch den Ortsteil San Gusmé. In der Frazione Pievasciata initiierten zwei Galeristen auf dem Areal einer ehemaligen Wildschweinzucht einen modernen Skulpturenpark. Mehr als zwei Dutzend internationale Künstler sind hier mit ihren Werken vertreten.

7 Poggibonsi

Schon in der Jungsteinzeit siedelten hier Menschen; die wichtigsten diesbezüglichen Funde stammen aber aus der Zeit der Etrusker und Römer. Das beweisen zahlreiche, um die Stadt verstreute kleine Nekropolen. Aus ihnen stammen u.a. die umfangreichsten Zeugnisse attischer Keramik im ganzen Val d'Elsa. Die romanische Burg Castello delle Magione, einst im Besitz der Tempelritter, dient heute als Herberge für Pilger der Via Francigena. Eine weitere mittelalterliche Burg steht im Ortsteil Staggia Senese. Die Fortezza di Poggio Imperiale aus dem 16. Jahrhundert entstand im Auftrag der Medici. Zur historischen Bausubstanz des Mittelalters zählen zudem die Kirchen San Andrea und San Lorenzo, das Kloster San Lucchese sowie das Santuario di Romituzzo. Um Poggibonsi sind mehrere Weingüter angesiedelt. Die Rebflächen der Gemeinde zählen nur in Teilen zum Gebiet des Chianti Classico, das Gros des hier produzierten Weins stammt aus dem Anbaugebiet Colle Senesi.

8 Barberino Val d'Elsa

Bedeutung erlangte der im Kern mittelalterliche Ort (ca. 4500 Einwohner) vor allem durch seine Lage an den Römerstraßen Via Regia Romana, Via Francigena und Via Chiantigiana, die Siena mit Florenz verbinden. Noch original erhalten ist das Stadttor Porta Romana (auch Porta Senese genannt); die Porta Fiorentina wurde rekonstruiert. In der Frazione Vigliano ist noch die Kirche aus dem 10. Jahrhundert erhalten; in Sant Appiano, die wiedererbaute Pieve aus derselben Zeit. Die südlichen Ortsteile gehören zum Gebiet des Chianti und zum Weinbaugebiet des Chianti Classico.

9 Tavarnelle Val di Pesa

Als Tabernulae 790 erstmals urkundlich erwähnt, umfasst das Gebiet der einstigen Römer-Station im Tal des Pesa-Flusses heute die weitgehend mittelalterlich geprägten Ortsteile Sambuca Val di Pesa, San Donato in Poggio und Badia a Passignano. Letzterer ist benannt nach einem Kloster aus dem 11. Jahrhundert. Im Museum Sakraler Kunst sind u. a. Werke des Meisters von Tavernelle (15./16. Jh.) ausgestellt; das Museo Emilio Ferrari della Cultura Contadina in San Donato befasst sich mit toskanischer Handwerkskunst. Mit der Rocca dei Dragoni besitzt das niederländische Königshaus seit Jahrzehnten einen Sommersitz vor den Toren von Tavernelle. Die Rebflächen der Gemeinde zählen teilweise zum Gebiet des Chianti Classico.

10 San Casciano in Val di Pesa

Die Etruskergründung wurde im 14. Jahrhundert von Florenz befestigt; 1513 fand Niccolò Machiavelli im Familiengut Albergaccio im Ortsteil Sant'Andrea in Percussina Zuflucht. Zahlreiche Kirchen und Pieve des 9. bis 17. Jahrhunderts prägen das heute 17000 Einwohner umfassende Gemeindegebiet, dessen Weinberge teils im Chianti-Classico-Gebiet liegen.

Malerische Landschaften: bei Tavarnelle in Val di Pesa (oben) und bei Poggibonsi (unten). Kleines Bild links: »Cannolo«, ein typisches toskanisches Dessert.

WEINGÜTER

Castello di Ama
Hier findet man mehrere Classico Gran Selezione, den aufs Wesentliche reduzierten »Haiku« und zeitgenössische Kunst von Pistoletto über Louise Bourgeois bis hin Daniel Buren.
53013 Ama
Tel. +390577/746069
www.castellodiama.com

Borgo Scopeto
Das Gut umfasst 70 Hektar Rebfläche für diverse Chianti-Classic-Varianten, 50 Hektar Olivenbäume, eine moderne Cantina und ein Relais zum Übernachten.
Località Borgo Scopeto
53019 Castelnuovo Berardenga
Tel +390577/322729
www.borgoscopeto.com

Barone Ricasoli
Auf Schloss Brolio erfand 1872 Bettino Ricasoli die Formel für Chianti Classico. Produziert wird dieser Wein heute hier u.a. in den Varianten Gran Selezion und Riserva.
Loc. Madonna a Brolio
53013 Gaiole di Chianti (SI)
Tel. +390577/7301

Isole e Olena
Paolo de Marchi aus dem Piemont sorgte als ausgebildeter Önologe für neuen Glanz des Gutes; auf 40 Hektar reifen nun Trauben auch für Außergewöhnliches wie den Cepparello (100 Prozent Sangiovese)
Loc. Isole 1
50021 Barberino Val di Elsa
Tel. +39055/8072763

Weinstraße auf Sizilien

Kostbarer Wein gedeiht in den facettenreichen Landschaften der Vulkaninsel.

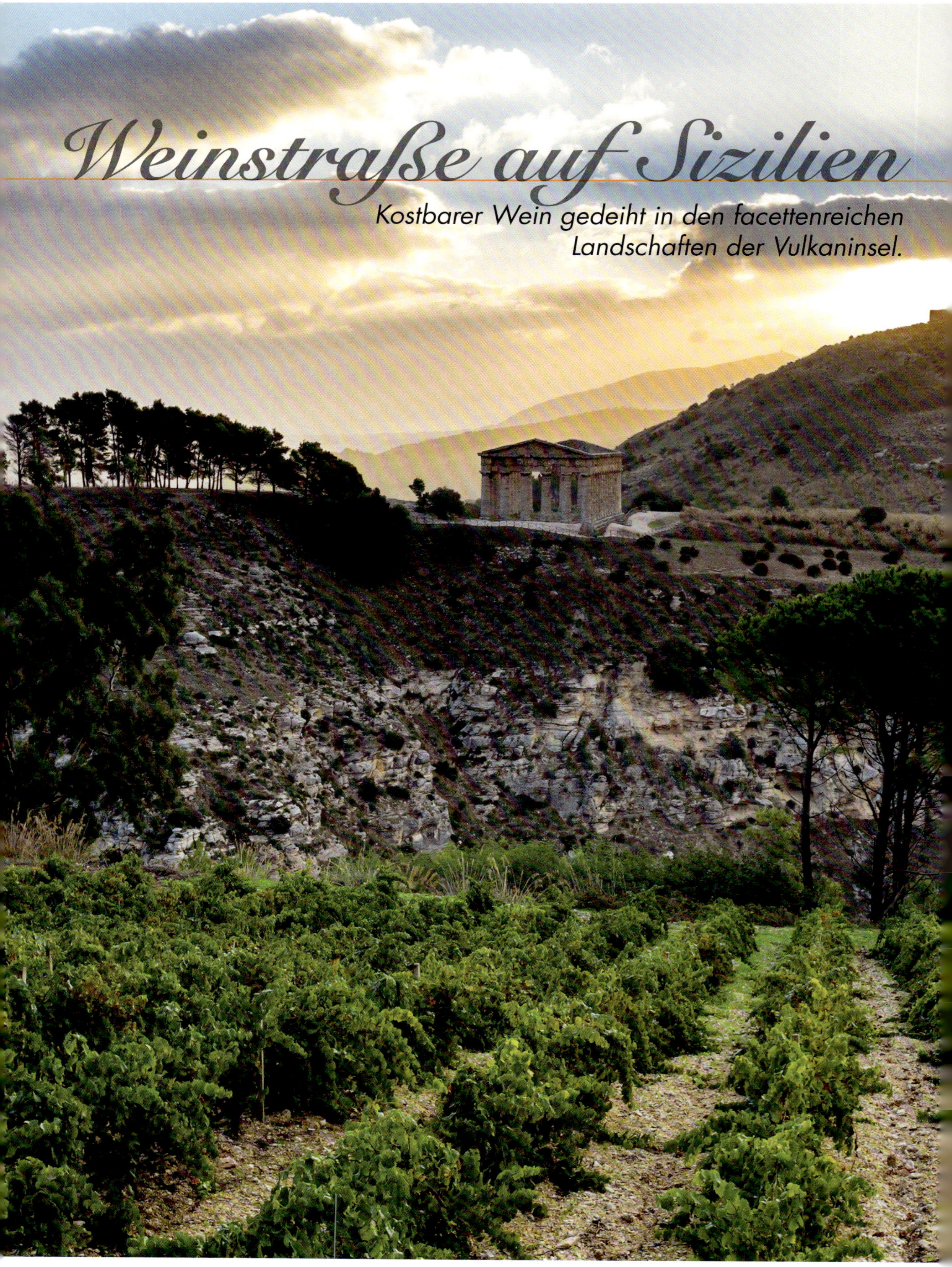

WEINROUTE 16

Ende des 19. Jahrhunderts entdeckte versteinerte Reben bewiesen, dass Wein bereits seit frühester Zeit auf Sizilien wuchs. Mit seiner Kultivierung begannen die Griechen im 8. Jahrhundert v. Chr.; sie führten auch die Rebenerziehung in Form von Bäumchen (»alberello«) ein. Heute ist Sizilien die größte Weinregion Italiens. Rund drei Viertel der ca. 120000 Hektar großen Rebfläche sind mit weißen Sorten bestockt, vor allem mit Catarratto, gefolgt von Grillo, Inzolia und Trebbiano. Die häufigsten Roten sind der »Sizilianische Fürst« Nero d' Avola (Calabrese) und Nerello. Der Rotweinanteil wächst allmählich, vor allem in der Nähe Palermos, wo neue Weingüter internationale Sorten gepflanzt haben. Lange Zeit war Sizilien in erster Linie für den alkoholverstärkten Süßwein Marsala bekannt. Inzwischen bauen immer mehr Winzer dessen Basistrauben auch zu Tafelweinen aus; etwa zwei Dutzend davon haben bereits DOC-Status. Seit 2005 gibt es mit dem roten Cerasuolo di Vittoria zudem den bislang einzigen DOCG. Siziliens Weinvielfalt ist aufgrund der klimatischen Bedingungen breit gefächert; sie reicht von den Tropfen aus den sonnendurchfluteten Weingärten in der Ebene bei Pachino oder Marsala über Mittelgebirgslagen im Inselinneren bis hin zu den Weinen von den Hängen des Ätna, wo die Reben noch auf 1000 Meter stehen. Allerdings wird nur etwa ein Viertel der gesamten Produktion auf der Insel abgefüllt, da es vielen der rund 50 Genossenschaften an entsprechenden Anlagen fehlt.

Routenlänge: ca. 450 km
Zeitbedarf: 3–4 Tage
Start: Randazoo
Ziel: Alcamo
Routenverlauf: Einmal rund um Sizilien führt diese Weinroute zu interessanten Städten und den unterschiedlichsten Weinlagen.

Besondere Hinweise: Zahlreiche Weingüter entlang der Strecke können besichtigt werden. Rund um den Ätna findet sich nicht nur Wein, sondern vor allem viele Ausflugsmöglichkeiten in die raue Natur.

Auskünfte:
www.regione.sicilia.it

1 Randazzo

Im 12. Jahrhundert war die Hanggemeinde am Ätna von einer kilometerlangen Stadtmauer umgeben. Teile von ihr sind noch erhalten, darunter vier der einst zwölf Tore sowie einer der acht Türme. Aus dem Mittelalter stammen auch die Kirchen Santo Martino, Santa Maria sowie die größte von allen, San Nicola. Prachtvolle Profanbauten wie der Palazzo Clarentano, der Palazzo Reale oder der Palazzo Comunale zeugen ebenfalls von den Blütezeiten des Ortes. Sein Museo di Pupi Siciliani birgt eine Sammlung von Marionetten, die Figuren aus dem Mittelalter darstellen. In einigen der historischen Gassen von Randazzo, z.B. der Via degli Archi mit ihren Zierbögen, ist der Belag noch aus antikem Lavagestein. Die Vulkanerde der Umgebung bietet beste Voraussetzungen für den Weinbau.

2 Avola

Unter den Namen Aballo bzw. Abola bereits in der Antike bekannt, von Byzantinern und Arabern bewohnt, wurde der Ort im 16. Jahrhundert von den Türken angegriffen und 1693 bei einem Erdbeben komplett zerstört. Zwei Jahre später begann man ihn 8 Kilometer nordöstlich des alten Ortes (jetzt: Avola Vecchia) neu zu errichten. Das Zentrum bildet die Piazza Umberto I.,

★★★

MARSALA

Bereits im Jahr 1773 verschiffte John Woodhouse die ersten Marsalaweine. Seit 1969 haben sie DOC-Status; die Spitzensorten werden auch nicht mehr aufgespritet. Produktionszone ist fast die gesamte Provinz Trapani. Zugelassene Rebsorten sind nur Catarratto, Damaschino, Grillo und Inzolia (für den weißen Marsala) und Nerello, Nero d'Avola und Perricone (für den roten).

ganz in ihrer Nähe steht die Kirche S. Maria di Gesù. Neben zahlreichen weiteren Kirchen (z. B. Madre di S. Nicolò di Mira, S. Venera) zeugt auch das neoklassizistische Theater Garibaldi von der historischen Bedeutung der heute gut 30000 Einwohner zählenden Stadt. Ihr berühmtester kulinarischer Botschafter ist der Rotwein Nero d'Avola auf der Basis der gleichnamigen Traube.

3 Noto

Giardino di Pietra (»Garten aus Stein«) nennen viele die Hochburg des sizilianischen Barocks. Seit 2002 zählt sie zum Welterbe der UNESCO. Das Gros ihrer Architektur aus honigfarbenem Kalktuff verdankt sie dem Wiederaufbau nach dem schweren Erdbeben von 1693. Kurz vor dem Jahr 2000 stürzte in der 20000-Einwohner Stadt ein Teil der Kathedrale S. Nicolo aufgrund von Erosion und Materialermüdung ein; es dauerte mehr als ein Jahrzehnt, bis das Gotteshaus wieder zugänglich war. Insgesamt besitzt Noto mehr als 30 Kirchen; der einstige Herzogspalast (1746) dient heute als Rathaus. In der nahen Umgebung finden sich neben den Ruinen des alten Noto auch die Villa Romana del Tellaro aus dem 4. Jahrhundert mit wertvollen Mosaikensowie die antike Siedlung Eloro. Nach ihr ist die Appellation Eloro DOC benannt. Der Moscato di Noto wird auch in den Kommunen, Rosolini, Pachino und Avola produziert.

4 Ragusa

Als eine der spätbarocken Städte des Val di Noto wurde Ragusa von der UNESCO zum Welterbe erklärt. Seinen Namen hat es vom griechischen Wort »rogos« (»Getreidespeicher«). Denn bereits seit Jahrtausenden ist die Region die Kornkammer Siziliens. Ragusa selbst ist seit dem Wiederaufbau nach dem Erdbeben von 1693 zweigeteilt; Ragusa-Ibla im Osten wurde bereits zu Zeiten der Sikuler gegründet; heute prägen es prächtige Bauten im Barockstil und der Dom San Giorgio.

Dem Dom gegenüber liegt der im Jahr 1746 errichtete Palazzo Ducezio in Noto, in dem heute das Rathaus untergebracht ist (links).

ABSTECHER: Taormina
Das mittelalterliche Bergstädtchen am Monte Tauro ist ein beliebtes Reiseziel. Das römische Theater bietet Blick auf den Ätna und die Bucht; schön ist auch der am Meer gelegene Ortsteil Mazzaró.

ABSTECHER: Syrakus
Die »schönste aller griechischen Städte«, wie Cicero einst befand, zählt inzwischen zum Welterbe der UNESCO; sie besticht mit wichtigen Bauwerken und archäologischen Stätten.

Das Gros der Einwohner lebt in der Oberstadt im Westen mit der barocken Kathedrale S. Giovanni Battista. Verbunden sind die beiden Stadtteile über drei Brücken. Außer Getreide werden in der Region auch Gemüse und Früchte angebaut sowie Mandeln, Walnüsse und Oliven. Zu den Weinen zählen der Eloro und der Moscato di Siracusa.

5 Vittoria

Die Tochter des im frühen 17. Jahrhunderts amtierenden sizilianischen Vizekönigs Marcantonio Colonna, Gräfin Vittoria Colonna von Modica, ist Namenspatin der Stadt, welche starke Schäden durch das Erdbeben von 1693 erlitt. Im Zuge ihres Wiederaufbaus wurde das Stadtzentrum vergrößert; man restaurierte die Basilica San Giovanni Battista und die Burg. Das Theater stammt aus dem 19. Jahrhundert. Vittoria lebt von der Landwirtschaft. Die Umgebung ist eines der Hauptanbaugebiete für Wein; von hier stammt wird der einzige DOCG Siziliens, der Cerasuolo di Vittoria.

6 Sciacca

Bereits die Römer kannten die Heilkraft der heißen Quellen des Küstenorts. Heute besitzt er nicht nur Thermalanlagen, sondern den zweitwichtigsten Fischereihafen Siziliens. Normannen und Araber sorgten ihrerseits für das Wachstum der Stadt; Letzteren verdankt sie die Struktur der steil über dem Hafen liegenden Altstadt mit Mauer und Kastell. Beide wurden unter Friedrich II. von Aragon (14. Jh.) erneuert. Erhalten sind die Kirche Maria SS. del Soccorso (11.–16. Jh.), das Castello dei Conti Luna und das Rathaus (17. Jh.) an der Piazza Scandaliato. Am Fuß des Monte Kronio liegt das Castello Incantato von Filippo Bentivegna. Einige der skurrilen Skulpturen des Autodidakten (1888–1967) zählen zur Sammlung des Musée de l'Art Brut in Lausanne. Mit Menfi, Sambuca di Sicilia und Santa Margherita di Belice bildet Sciacca eine der bedeutendsten Weinbauregionen Siziliens. Seit 1998 existiert die eigene DOC Sciacca.

WEINFESTE

JUNI
»Festa del Vino« in Menfi, die »INYCON«
(eines der beliebtesten und größten Weinfeste)

JULI
»Divino Festival« in Castelbuono

SEPTEMBER
»Festa della Vendemmia« (Weinlesefest) in Piedomonte Etneo;
»Vini Milo Sagra dei Vini dell'Etna« in Milo

7 Menfi

Der Ort war zu Zeiten der Araber um eine Festung entstanden. Friedrich II. ließ diese nach der Zerstörung wiedererbauen; der Rest des Ortes zerfiel. 1698 wurde er von Diego Tagliava Aragona neu gegründet; 1968 von einem Erdbeben in Mitleidenschaft gezogen. Schloss und Pfarrkirche wurden stark beschädigt. Gut erhalten sind der neoklassische Pignatelli-Palast und die Hafenanlage im Ortsteil Porto Palo. Im landwirtschaftlich geprägten Menfi existiert seit 1995 mit der DOC Menfi eine eigene kontrollierte Ursprungsbezeichnung für Qualitätswein.

8 Marsala

Die Namensgeberin für den berühmten Süßwein Siziliens wurde infolge der Zerstörung der bereits 800 v. Chr. auf der Insel San Pantaleo gegründeten Phönizier-Siedlung Mothia gegründet. Ihr heutiges architektonisches Erbe umfasst u. a. den Palast des 7. April, im 16. Jahrhundert erbaut als Sitz der Adligen aus Pisa am Log-

WEINGÜTER

Valle dell'Acate
Ende des 19. Jahrhunderts gegründet, spezialisiert sich diese Kellerei bis heute auf einheimische Trauben und produziert u.a. Frappato-Weine sowie den einzigen DOCG der Insel, den Cerasuolo di Vittoria.
Contrada Bidini, 97011 Acate
Tel. +390932/874166
www.valledellacate.com

Cantine Florio
Bereits seit 1833 im Marsala-Geschäft, gehört dieses Gut inzwischen zur Gruppe Illva und produziert auch Moscato und Passito di Pantelleria.
Via Vincenzo Florio 1
91025 Marsala
Tel. +390923/781111
www.duca.it/visite-in-cantina

Azienda Agricola Biondi
Von der Architektur zurück zum Wein – die meist autochthonen Reben stehen an den Hängen des Ätna und werden zur aparten Tropfen gekeltert wie Outis Bianco und Outis Rosso.
Corso Sicilia 20
95039 Trecastagni
Tel. +390329/1179746
www.ibiondi.com

Tenuta Tascante
Dieses Weingut zählt zum Imperium Tasca. Hier entsteht guter Rosso del Conte (Nero d'Avola); interessant ist auch der Regaleali Bianco.
C. da Boccadorzo / C. da Sciaranova, 95036 Randazzo
Tel. +39091/6459711
www.tascadalmerita.it

gia-Platz, und die auf die normannische Zeit zurückgehende Chiesa Madre (mit barocker Fassade). Das archäologische Museum Baglio Anselmi birgt u. a. ein punisches Kriegsschiff; im Parco Archeologico am Cap Boeo sind Relikte aus römischer Zeit zu sehen. An der Küste zwischen Marsala und Trapani liegen die größten Salinen Siziliens. Die Trauben für den Marsala DOC werden auf den Feldern dahinter angebaut.

9 Trapani

Unter Karl V. war es die wichtigste Hafenstadt im Westen Siziliens. Im 19. Jahrhundert breitete sich die Stadt von der Halbinsel in das Hinterland Richtung Erice aus. 1860 wurden weite Teile der antiken Stadtmauer und Türme niedergerissen, um Platz für neue Bauwerke zu schaffen. Im Zweiten Weltkrieg trafen Trapani schwere Bombardements. Luftangriffe der Alliierten zerstörten das älteste Stadtviertel San Pietro und das Teatro Garibaldi. Die Wiederaufbauphase dauerte bis 1965. Erhalten sind u.a. der Torre di Ligny (1617) auf der äußersten Spitze der Landzunge (er beherbergt heute das Prähistorische Museum) und die 1830 gegründete Biblioteca Fardelliana, eine der wichtigsten Bibliotheken Siziliens mit etwa 150000 Bänden, einigen Originalkupferstichen von Giovanni Battista Piranesi sowie einer bedeutenden Zeitschriftensammlung. Seit ca. 1000 n. Chr. ist Trapani bekannt für seine roten und schwarzen Korallen; über Jahrhunderte war auch die Salzgewinnung der wichtigste Wirtschaftszweig der Stadt. Beiden Produkten sind Museen gewidmet: das Museo Regionale Agostino Pepoli (auch Skulpturen und Gemälde) und das Museo del Sale neben den Salinen von Nùbia. Zu den Weinen der Provinz zählen neben dem Marsala und dem Alcamo auch zahlreiche Varianten des Contessa Entellina DOC. Angebaut werden vor allem die Rebsorten Grillo und Nero d'Avola.

10 Alcamo

Mit dem Bau des heute als Museum genutzten Schlosses der Familie Ventimiglia im Jahr 1340 an der Stelle des arabischen Manzil Alqameh an der Straße zwischen Palermo und Syrakus begann die Entwicklung des Ortes. Im Jahr 1348 bereits entstand die Kirche San Francesco d'Assisi. Ebenfalls aus dem 14. Jahrhundert stammt die Chiesa Maria Santissima Assunta. Ihr Ausbau zum großen Dom erfolgte allerdings erst im 17./18 Jahrhundert. Weitere sehenswerte Kirchen von Alcamo sind Sant'Oliva an der Piazza Ciullo d'Alcamo und San Tommaso. Bekannt ist Alcamo, das seit 1972 DOC-Appellation hat, vor allem für seinen Weißwein (Bianco di Alcamo); es werden auch Rosé- und Rotweine produziert.

Auf einem 500 Meter hohen Hügel wurde die Unterstadt Ragusa Ibla (links) errichtet – hier stand einst auch die antike Altstadt.

Frankreich

*Nicht nur für sein Essen ist dieses Land bekannt,
hier findet sich auch eines der
bedeutendsten Weinbaugebiete der Welt.*

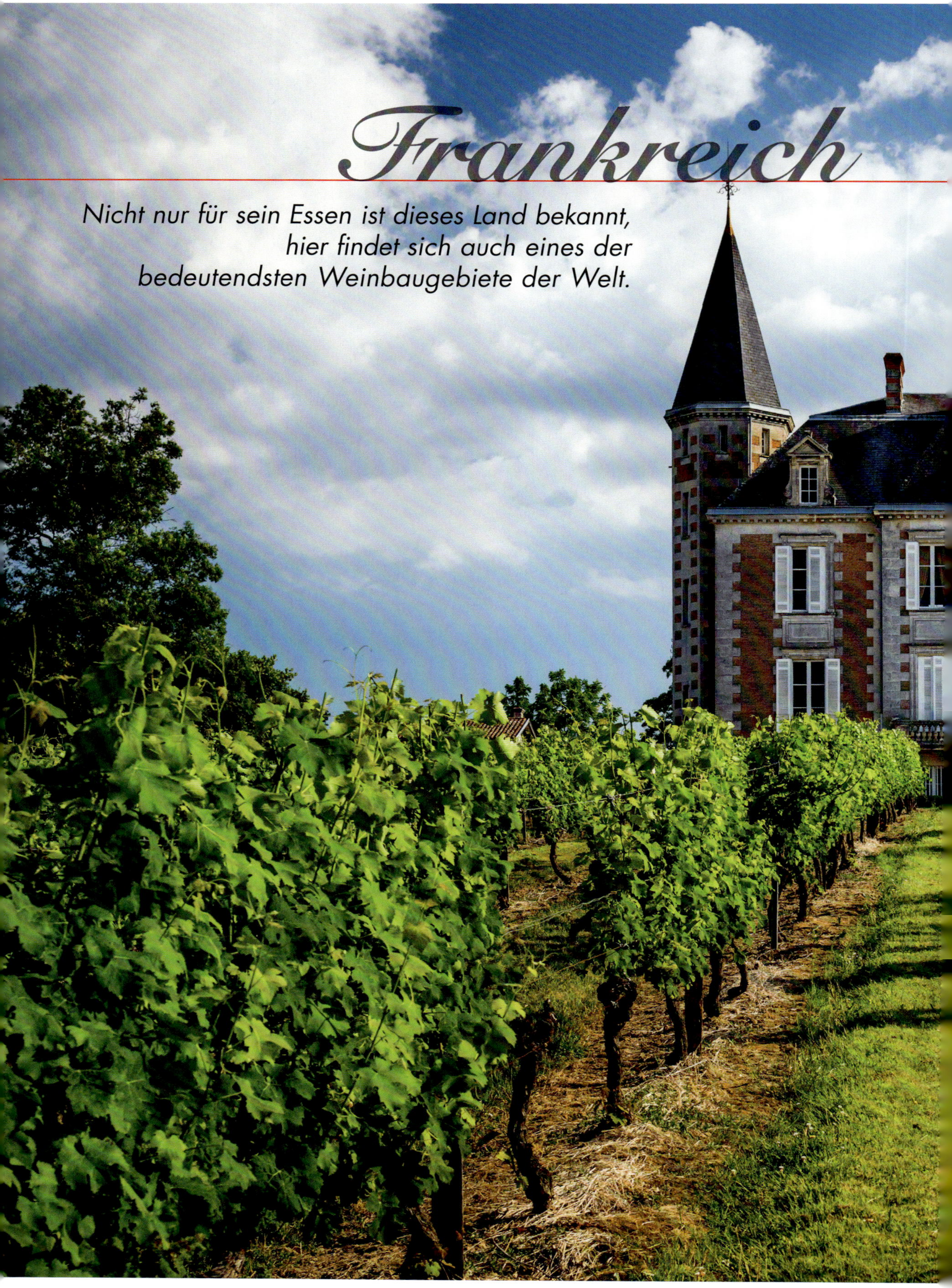

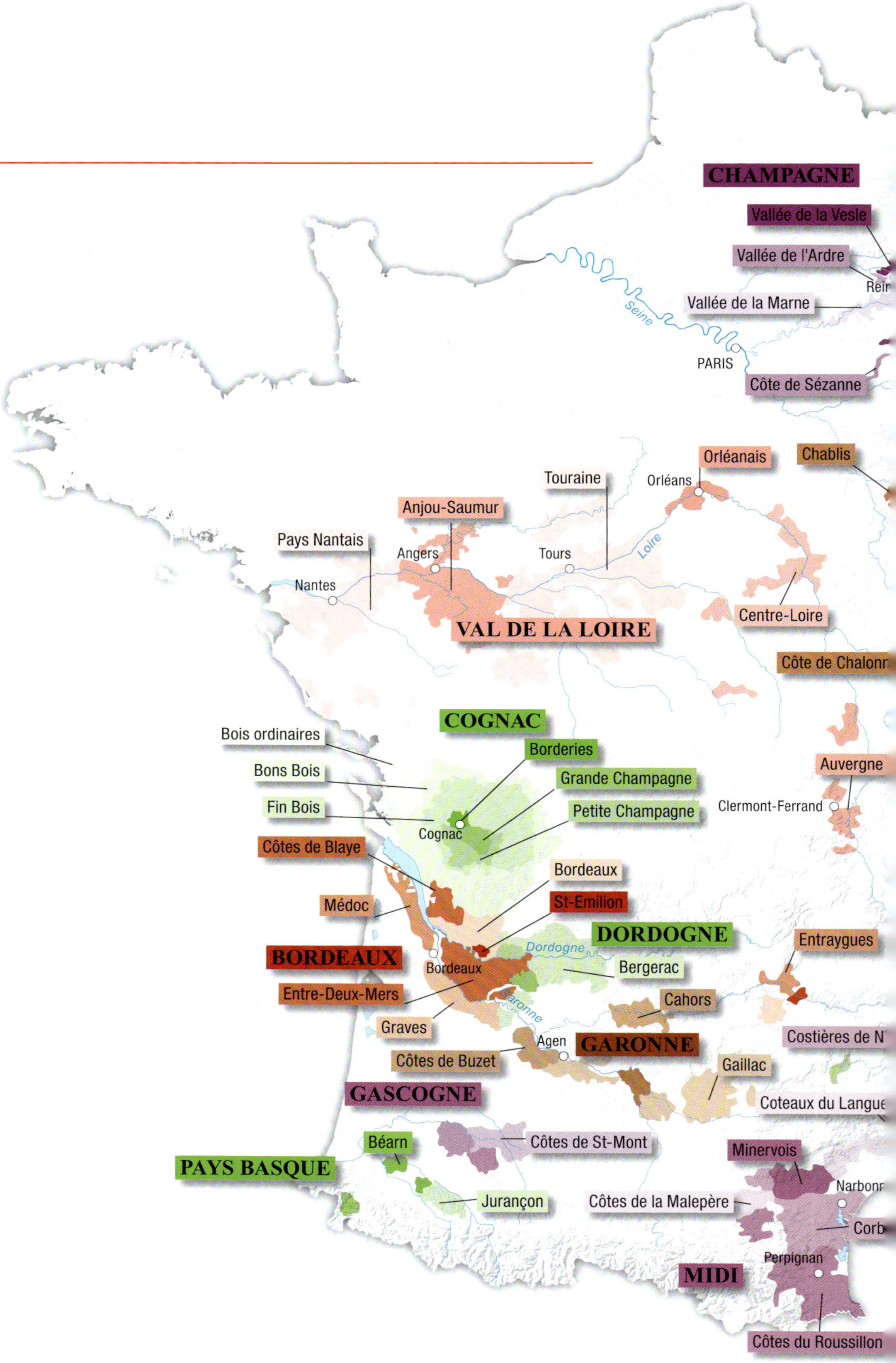
CHAMPAGNE
Vallée de la Vesle
Vallée de l'Ardre
Vallée de la Marne
Seine
PARIS
Côte de Sézanne
Chablis
Orléanais
Orléans
Touraine
Anjou-Saumur
Pays Nantais
Angers
Tours
Loire
Nantes
VAL DE LA LOIRE
Centre-Loire
COGNAC
Bois ordinaires
Borderies
Bons Bois
Grande Champagne
Fin Bois
Petite Champagne
Cognac
Auvergne
Clermont-Ferrand
Côtes de Blaye
Bordeaux
Médoc
St-Emilion
DORDOGNE
Dordogne
BORDEAUX
Bordeaux
Bergerac
Entre-Deux-Mers
Entraygues
Garonne
Cahors
Graves
Agen
GARONNE
Côtes de Buzet
Gaillac
GASCOGNE
Béarn
Côtes de St-Mont
PAYS BASQUE
Minervois
Jurançon
Côtes de la Malepère
Perpignan
MIDI
Côtes du Roussillon

Weinregionen Frankreich

Französische Wein-

WEISSWEIN

ARBANE
Anbau: Diese alte Sorte aus dem Aube ist für die Champagner-Herstellung zugelassen, wird allerdings aufgrund ihres späten Reifezeitpunktes und geringen Ertrages kaum angebaut. Nur noch eine Handvoll Winzer verwenden die Traube anteilig für ihre Champagnerproduktion, z. B. in Avize, Buxeuil, Jouy-les-Reims und Urville.

ALIGOTÉ
Geschichte: Diese im Burgund beheimatete Rebsorte ist seit dem 17. Jahrhundert bekannt.
Anbau: Die Traube gedeiht in den Böden, die sich weniger für Pinot Noir oder Chardonnay eignen. Sie macht etwa sechs Prozent der gesamten Rebfläche aus. Verarbeitet wird sie im Bourgogne-Aligoté, in den Coteaux Bourguignons, im Crémant de Bourgogne sowie im AOC-Village Bouzeron.

CHARDONNAY
Anbau: Seit Jahrhunderten von den Burgundern angebaut, bildet diese autochthone Traube die Basis für das Renommee der Weißweine der Côte de Beaune, der Côte Chalonnaise, des Mâconnais et des Chablis. Die inzwischen weltweit gepflanzte Rebe ist ein direkter Nachfolger des Pinot Noir und verwandt mit dem Gouais Blanc; sie passt sich gut ihrer jeweiligen Umgebung an. Auf den verschiedenen Kalkmergel-Böden des Burgund zeigt sie ihre ganze Intensität und Vielfalt. Die Chardonnay-Traube macht heute etwa 45Prozent der gesamten Rebfläche des Burgund aus. So ihr Wein nicht sortenrein ausgebaut wird, trägt er zum Crémant de Bourgogne bei. Rund ein Drittel der Rebflächen in der Champagne sind mit dieser hochwertigen Traube bebaut, vor allem in der Region Côte des Blancs (Marne).
Genuss: Sowohl ihr Goldton als auch ihre Aromen verändern sich je nach Gebiet – von matt und zitrus-apfelig über strahlend und weißfleischfruchtig mit floralen Noten bis hin zu intensiv und trockenfruchtig mit Vanille- oder Honigtönen.

GEWÜRZTRAMINER
Geschichte: Bei dieser früh reifenden Sorte der Region handelt es sich um die Variante des seit jeher im Elsass bekannten, alten Traminer Rose (auch Savignin Rose genannt).
Anbau: Der Gewürztraminer bedeckt fast ebenso viel Fläche wie die Riesling-Traube und der Pinot Blanc.
Genuss: Die Traube, die gut auf kalk-mergeligen Granit- und Sand-Lehm-Böden gedeiht, entwickelt eine Vielfalt von Aromen. Vor allem die Spätlesen und Auslesen ergeben runde, weiche Weine von großer Komplexität.

und Rebsorten

PINOT BLANC

Anbau: Die weiße Variante des Pinot Noir wird im Elsass auch als Klevner bezeichnet. Meist handelt es sich um die Variante Pinot d'Alsace. Für den Elsässer Wein kann die Traube reinsortig ausgebaut werden oder einen Auxerrois-Anteil haben. Flächenmäßig ist die robuste Sorte inzwischen etwa gleichauf mit dem Riesling.

PINOT GRIS

Anbau: Die dünnhäutige, aber gegenüber der Winterkälte recht resistente Sorte wurde lange auch Tokay Pinot Gris oder Tokay d'Alsace genannt. Ihre Reben nehmen heute ca. 15 Prozent der gesamten Anbaufläche ein. **Geschichte:** Der Legende nach war es Baron Lazare de Schwendi, der um 1565 aus dem ungarischen Tokay Rebschösslinge mitbrachte, um diese um sein Chateau in Kientzheim zu reproduzieren. Tatsächlich handelt es sich aber um eine aus dem Burgund stammende Sorte (Grauer Tokajer). **Genuss:** Er wird zu Rotwein-Gerichten serviert oder als Aperitif; die Aromen entfaltet er am besten in der Karaffe.

PETIT MESLIER

Anbau: Im 19. Jahrhundert in ihrer Heimat Champagne noch weit verbreitet und bis heute zur Champagnerherstellung zugelassen, spielt die auch Arbonne, Barnay oder Berrnet genannte Traube mengenmäßig kaum noch eine Rolle in der Region. Die zusammen kaum 5 Hektar Anbaufläche liegen vor allem in den Gemeinden Jouy-les-Reims, Verteuil und Cormoyeux im Marnetal sowie in Buxeuil an der Côte-de-Bar. Allerdings haben einige Winzer seit der Jahrtausendwende wieder neue Parzellen mit den alten Sorten bestockt. Ein einziger Champagnerhersteller schuf bislang einen hundertprozentigen Petit Meslier-Schaumwein.

RIESLING

Anbau: Ein gutes Fünftel der Elsässer Weinberge sind mit dieser alten Sorte bestockt. Die Traube reift spät und braucht zur Vollendung kühle Nächte, dafür ist sie wie kaum eine andere in der Lage, den Boden zu nutzen. Je nach seiner Beschaffenheit entwickelt sie mineralische Aromen.

SYLVANER

Anbau: Ähnlich klein wie die Fläche des Pinot Noir ist jene dieser traditionell im Elsass angebauten, ursprünglich in Österreich beheimateten Sorte. Obwohl recht anfällig für Frühjahrs- und Winterfröste, bringt sie recht regelmäßige Erträge. Zotzenberg ist in der Region des Elsass die einzige Grand-Cru-Lage für Sylvaner.

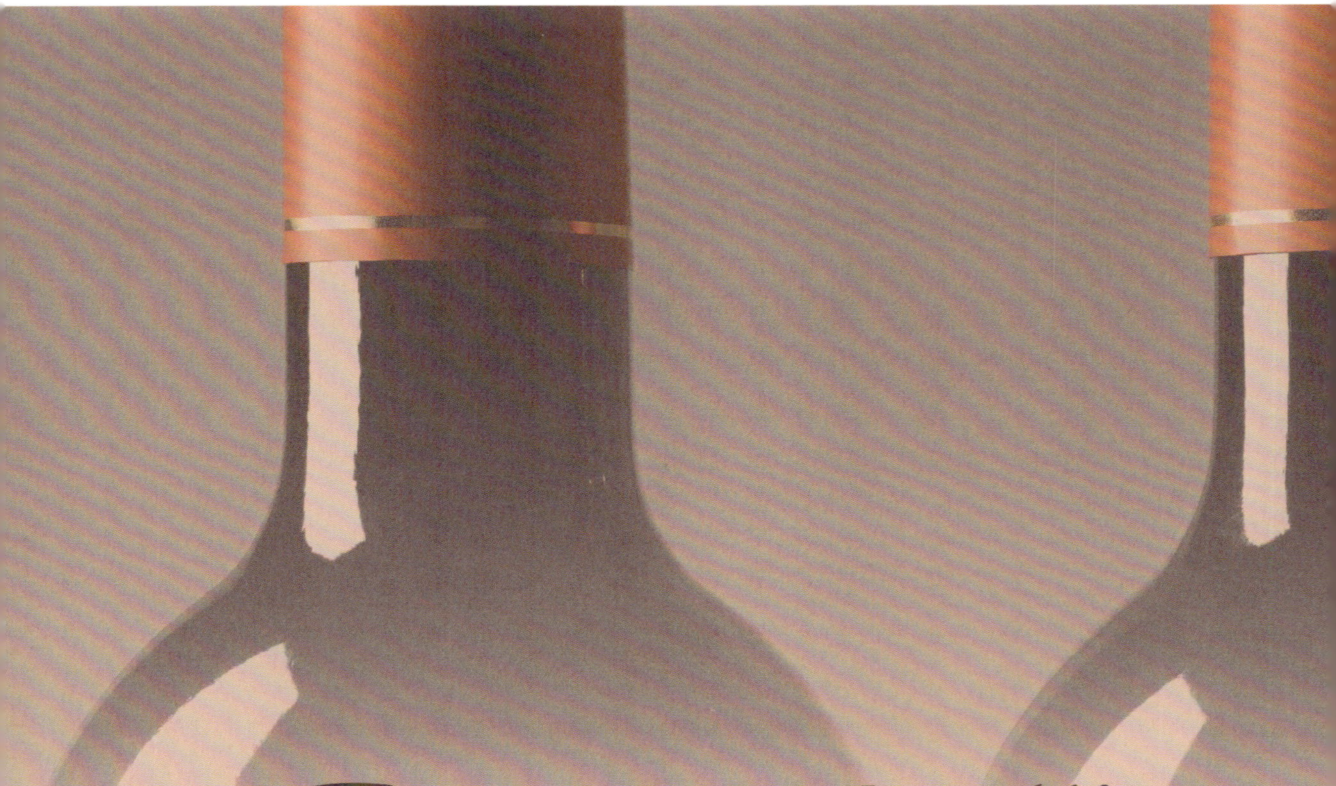

Französische Wein-

ROTWEIN

COTEAUX CHAMPENOIS

Geschichte: Früher waren diese Stillweine, die inzwischen das AOC-Siegel tragen, unter der Bezeichnung Vin Nature de Champagne bekannt. Für sie sind die gleichen Rebsorten zugelassen wie für die Schaumweine. Rote Coteaux Champenois basieren auf Pinot Noir und/oder Pinot Meunier.

CRÉMANT DE BOURGOGNE

Anbau: Wie Champagner wird dieser Schaumwein in Flaschengärung hergestellt. Meist ist er aus den Rebsorten Pinot Noir und Chardonnay komponiert, aber auch aus den zusammen knapp 20 Prozent der Rebfläche ausmachenden Sorten Gamay, Aligoté, Pinot Gris, Pinot Blanc, Melon oder Sacy.

GAMAY

Geschichte: Ein Weiler in der Gemeinde Saint-Aubin bei Puligny-Montrachet gab dieser Rebsorte ihren Namen. Bereits im 14. Jahrhundert erstmals erwähnt, ließ Philippe le Hardi sie aber 1395 als ertragreichen Konkurrenten des Pinot Noir aus dem damaligen Herzogtum Burgund verbannen. Später wurde sie dann im Süden des Burgund sowie im Beaujoulais wieder gepflanzt.

Anbau: Vor allem im Mâconnais mit seinen granit- und kieselhaltigen Böden bildet die Traube inzwischen die Basis großer Weine. Man findet sie auch in den Coteaux Bourguignons sowie in einigen Crémants de Bourgogne.

PINOT DE JUILLET

Geschichte und Anbau: Bekannt auch unter Namen wie Pinot Précosse, Agustclevner, Blauer Frühburgunder, Jakobstraube oder Madeleine Noir, stammt der Wein wohl ursprünglich aus dem Burgund. Er reift ca. zwei Wochen vor dem Pinot Noir, von dem er eine Variation darstellt. Wie auch die alten Weißweinsorten Arbane und Petit Meslier ist er nach wie vor zur Champagner-Produktion zugelassen, schlägt aber flächenmäßig ebenfalls kaum mehr zu Buche. Durch ihren frühen Reifezeitpunkt sind die Trauben des Pinot de Juillet kaum anfällig für Botrytis.

Genuss: Die Weine sind oft samtiger als jene des Pinot Noir. Im Fass ausgebaut, lassen sie sich gut lagern.

PINOT MEUNIER

Anbau: Vor allem die Lehmböden des Marnetals sagen dem Schwarzriesling zu. Die Traube ist ein Mutant des schon im 16. Jahrhundert bekannten Blauen Spätburgunders. Mit der Weißweinrebe Riesling hat er nur Wuchs und Form gemeinsam. Er gibt dem Champagner seine Fruchtigkeit. Etwa

und Rebsorten

ein Drittel der gesamten Rebfläche des Champagner-Gebietes sind derzeit mit Pinot Meunier bestockt.

➳ PINOT NOIR

Geschichte: Dieser autochthonen Rebe verdankt sich der Weltruf des Burgund als Rotwein-Gebiet; nahezu alle großen Burgunder-Weine basieren auf dieser eher schwierigen »cépage«, die 1375 erstmals schriftlich erwähnt wird und den französischen Namen von der Form ihres Beerenstandes hat, welcher an einen Pinienzapfen erinnert.

Anbau: Für Krankheiten anfällig, benötigt der Schwarzburgunder – der als Vater vieler Rebsorten gilt, darunter auch des Gamay, des Aligoté und des Chardonnay – eher ein »nördliches« Klima, das ihm eine langsame Reifezeit zubilligt. Das ist im Burgund der Fall. Zudem fühlt sich die Rebe, die nur wenige Generationen von den wilden Weinen in den regionalen Wäldern der gallo-romanischen Epoche trennen, auf den verschiedenen Kalkböden der Bourgogne wohl und entwickelt dort gute Terroir-Facetten. Pinot wird im Burgund in der Regel reinsortig ausgebaut; seine Beeren sind dünnhäutig und blauschwarz bis tief violett. Ihr der Saft ist anfänglich farblos, erst durch die Mazeration entstehen die tiefen Rottöne des Weines. Ohne Beerenhaut gekeltert, ergibt die Traube den Weißwein Blanc de Noir. Im Burgund bildet er die Basis für einen Crémant »blanc de noir«. Insgesamt ist gut ein Drittel der burgundischen Rebfläche mit Pinot Noir bestockt.

➳ PINOT NOIR 455

Anbau: Als Basis für den raren Rotwein der Gegend macht die weltweit angebaute Spätburgunder-Traube im Elsass nur knapp zehn Prozent der gesamten Rebfläche aus. Etwa 20 Winzer widmen sich ihr, das berühmteste Ergebnis ist der Grand Cru Rouge d'Otrott.

Genuss: Der Pinot Noir ergibt in der Regel einen leichten frischen Wein mit Kirsch- oder Brombeeraromen.

➳ ROSÉ DES RICEYS

Anbau: Hergestellt aus Pinot Noir, ist dieser Rosé einer der wenigen AOC-Stillweine der Champagne. Die Reben stehen ausschließlich in der Gemeinde Riceys. Ausgebaut wird er dort entweder im Stahltank oder mindestens zwölf Monate im Holzfass. Im Jahresdurchschnitt werden nur rund 60 000 Flaschen Rosé des Riceys abgefüllt.

Genuss: Er verfügt über einen Duft nach reifen Kirschen, Himbeeren und schwarzen Johannisbeeren, mit feinen Noten von Mandel, Vanille und Bergamotte.

WEINROUTE 17

Bereits 1963 offiziell als Touristenroute eingerichtet, schlängelt sich die Elsässer Weinstraße ab Marlenheim bis nach Thann durch Täler und über Hügel entlang der Vogesen. An ihrem Saum liegen mittelalterliche Burgen, historische Klöster, schmucke Dörfer mit Renaissancehäusern und blumenbunten Gassen. Die Route führt durch vier verschiedene Anbauregionen mit unterschiedlichsten Böden; akzentuiert von Städtchen wie Obernai, Barr, Ribeauvillé und Colmar. Von den Weinbergen wie Couronne d'Or oder Piémont bieten sich ebenso herrliche Ausblicke wie etwa von der Kuppe des Mont Sant Odile oder der Hochkönigsburg. Rund um Colmar gehen die verschiedenen Landschaften der Elsässischen Ebene, der Vogesenberge und der Rebflächen ineinander über. Teilweise gehört dieses Gebiet zur Schutzzone Parc Naturel Régional des Ballons des Vosges. Am südlichen Ende der Elsässer Weinstraße werden die Hänge teilweise richtig steil; in einigen Lagen um Thann und Guebwiller müssen sich die Helfer bei der Lese mitunter sogar anseilen lassen. Die Weine des Elsass haben in der Regel AOC-Status; das Gros der Winzer in den rund 120 Weinbaugemeinden (von denen gut die Hälfte an der Weinstraße liegt) widmet sich auf den ca. 15000 Hektar Rebfläche dem Anbau von Weißwein – sowohl in stiller Form als auch als Crémant. Die meisten Weine werden sortenrein ausgebaut. Sie dürfen nicht ab Fass verkauft werden, sondern nur in Flaschen – den typischen langhalsigen »flûtes« (»Flöten«).

Routenlänge: ca. 170 km
Zeitbedarf: ca. 3–5 Tage
Start: Marlenheim
Ziel: Thann
Routenverlauf: Die Strecke führt in Nord-Süd-Richtung von Marlenheim über das unbedingt sehenswerte Colmar nach Thann.

Besondere Hinweise: In der Winterzeit ist es in dieser Region am ruhigsten; Sehenswürdigkeiten können teilweise aber geschlossen haben.

Auskünfte:
www.elsass-weinstrasse.com

Elsässer Weinstraße

Als südliche Fortsetzung der Deutschen Weinstraße verläuft die Elsässer am Fuß der Vogesen in der Oberrheinebene.

1 Marlenheim

Fachwerkhäuser der Renaissancezeit prägen die Hauptstraße der Gemeinde, deren Anfänge zurückgehen bis in die Hallstadtzeit. Erstmals urkundlich erwähnt wird Marilegium im 6. Jahrhundert; sein heutiges Architekturspektrum umfasst eine mittelalterliche Poststation (inzwischen ein Hotel), das neoklassizistische Schloss (heute das Rathaus) sowie die Richardis-Kirche (1716) und ein Kaufhaus aus dem 18. Jahrhundert. Das älteste und größte der rund 30 Marlenheimer Weingüter existiert seit 1577 – wenngleich bereits König Childebert II. Ende des 6. Jahrhunderts in dem Ort Weinberge besaß. Wahrscheinlich handelte es sich um die heutige Lage Steinklotz. Von ihren rund 130 Hektar Rebflächen sind gut 40 als Grand Cru ausgewiesen. Ein Weinlehrpfad erklärt die Sorten und Anbaumethoden.

2 Molsheim

Johann Wolfgang von Goethe verbrachte als Student einige Zeit in dem heute knapp 10 000 Einwohner zählenden Ort am Ufer der Bruch. Und der legendäre Autokonstrukteur Ettore Bugatti hatte in den einstigen Gebäuden einer Färberei ab 1910 seine Wirkungsstätte. Molsheim besitzt eine der größten Kartausen (16./17. Jh.) des Oberrheingebiets; sie birgt heute ein Museum. Aus dem 16. Jahrhundert stammen auch die Kirche des ehemaligen Jesuitenkollegiums Sankt-Georg mit ihrer Silbermannorgel, das »Stadtschlössl« Chateau Oberkirch (in Privatbesitz) und der Metzgerturm. Auch das Schmiedeturm-Stadttor (14. Jh.) sowie der Pulverturm am Ende der Stadtmauer sind noch erhalten. Gleiches gilt für die Zehntscheuer des Bischofs von Straßburg. Dieser besaß bereits im Mittelalter Weinberge bei Molsheim; bearbeitet wurden sie von Zisterziensermönchen. Ihnen verdankt sich der Name der heutigen Grand-Cru-Lage Bruderthal.

3 Obernai

Als Ehinheim im Jahr 778 erstmals erwähnt, unterstand das Städtchen am Ufer der Ehn lange der Abtei der heiligen Odile, die hier, so die Legende, als blinde Tochter eines Merowingerherzogs geboren wurde. Eine zehn Kilometer lange »Heidenmauer« umgibt bis heute den rund 750 Meter hohen, bereits den Kelten heiligen Klosterberg. Innerhalb des doppelten Mauerrings an seinem Fuße konnte Obernai sein mittelalterliches Stadtbild weitgehend bewahren. Zu sehen sind in den Ringgassen der zum Belfried

Idyllisch gelegen: das von Weinbergen gesäumte Obernai (oben) und das Örtchen Marlenheim (links).

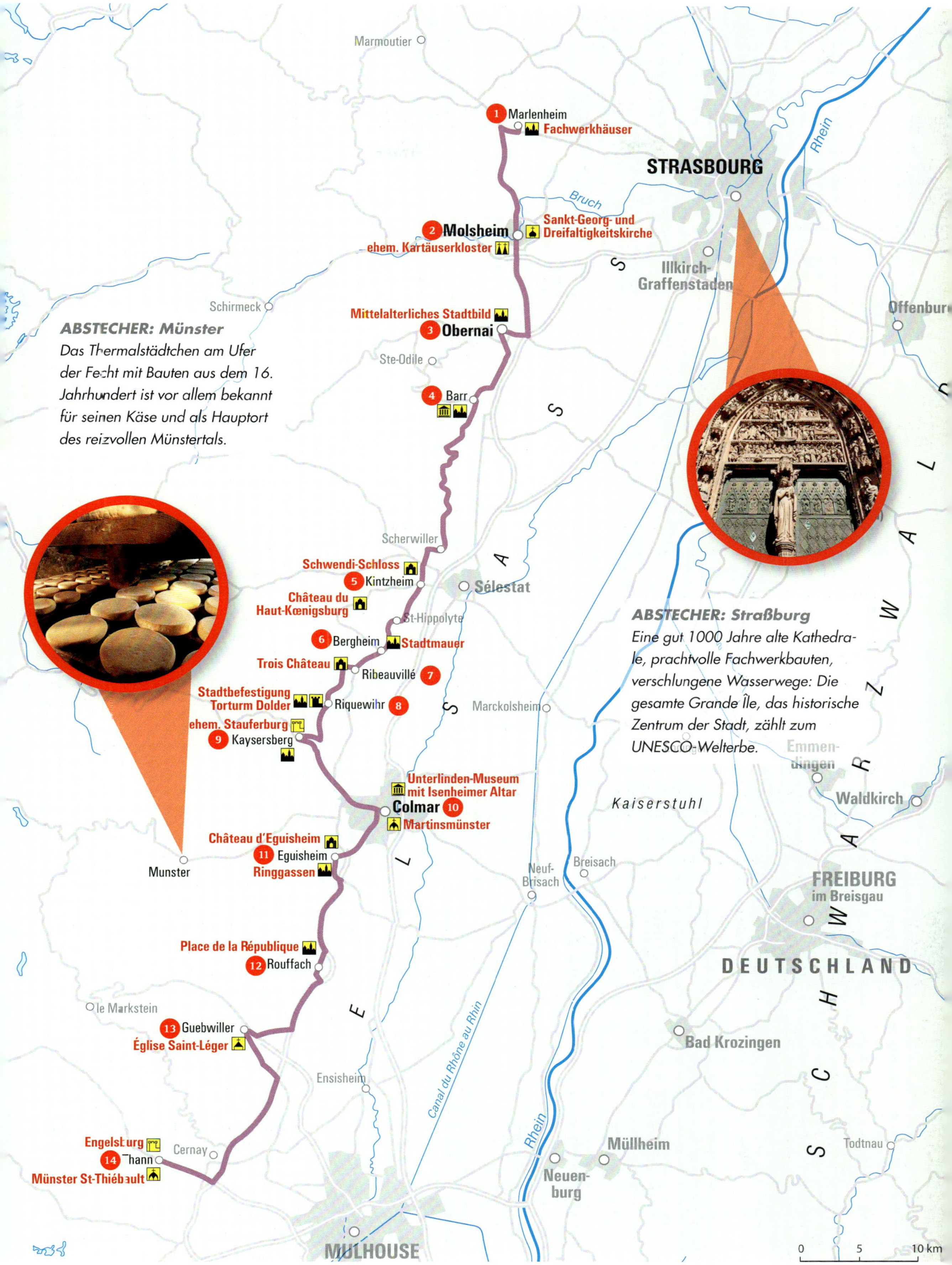

ABSTECHER: Münster

Das Thermalstädtchen am Ufer der Fecht mit Bauten aus dem 16. Jahrhundert ist vor allem bekannt für seinen Käse und als Hauptort des reizvollen Münstertals.

ABSTECHER: Straßburg

Eine gut 1000 Jahre alte Kathedrale, prachtvolle Fachwerkbauten, verschlungene Wasserwege: Die gesamte Grande Île, das historische Zentrum der Stadt, zählt zum UNESCO-Welterbe.

WEINFESTE

JULI
»Gewürztraminer-Fest« in Bergheim

AUGUST
»Crémant-Fest« in Cleeburg, »Klevener Fest« in Heiligenstein

SEPTEMBER/OKTOBER
»Fête des Vendanges« in Barr

umgewidmete Kirchturm (16. Jh.), die einstige Kornhalle (heute Restaurant) sowie der für die Region typische Sechs-Eimer-Brunnen (1579). Die Kirche Saints-Pierre-et-Paul ist eines der größten neugotischen Gotteshäuser im Elsass; sie birgt mittelalterliche Altäre und eine Merklin-Orgel. Durch die Reben auf dem Schenkenberg – benannt nach einer ab dem 12. Jahrhundert erwähnten Familie – führt ein Weinlehrpfad. Etwa zehn Winzer arbeiten in Obernai sowie in den Nachbarorten Bernardswiller und Ottrott.

4 Barr

Wald und Wein sorgten in dem Ort am Ausgang des St.-Ulrich-Tals schon früh für Wohlstand. So datiert das älteste Gasthaus »Le Brochet« von 1514. Viele der Fachwerkhäuser stammen aus dem 14./15. Jahrhundert. Das Rathaus wurde 1640 auf den Grundmauern der mittelalterlichen Wepfermannsburg errichtet. In einem Herrschaftshaus des 18. Jahrhunderts, dem

Schöne Fachwerkhäuser finden sich in den Straßen von Barr (links oben). Links: Burgruine und Weinbau bei Kintzheim.

nach seinem Erbauer benannten Maison Marco, ist heute das Musée des Arts Décoratifs zur regionalen Wohnkultur untergebracht. Unmittelbar davor erstreckt sich seit dem Mittelalter ein Weinberg. Zur Gemeinde gehören die Grand-Cru-Lage Kirchberg sowie der Altenberg. Berühmt ist auch der AOC-Wein Klevener Heiligenstein aus einer alten Form des Tramin Rosé. Er wird nur noch auf 90 Hektar um Barr angebaut; eine Neuanpflanzung außerhalb des AOC-Bereiches ist nicht mehr erlaubt.

OBERLIN NOIR

Bereits im Jahr 1854 begann der elsässische Ingenieur und Rebenzüchter Philip Christian Oberlin mit der Anpflanzung von Versuchs-Weingärten zum Sortenvergleich. Wenig später schuf er dann in Colmar sein »Institute Viticole«, das sich der Kreuzung und Verbreitung neuer Rebsorten widmete. Bald waren es mehr als 1000 – von Rieslingvarianten bis zur roten Hybride Oberlin Noir.

5 Kintzheim

Schon weithin sichtbar liegt die Burgruine (Château de Kintzheim), die seit 1968 eine Greifvogelwarte (Volerie des Aigles) beherbergt. Besucher können aus nächster Nähe die Flugkünste von Adlern, Milanen und Bussarden verfolgen. Ähnlich beliebt ist der nahe gelegene Affenberg (Montagne des Singes), ein Park, in dem rund 200 frei lebende Berberaffen ein Zuhause haben. Ansonsten prägen schöne alte Fachwerkhäuser und ein spätbarockes Rathaus den historischen Kern innerhalb der Stadtmauer, deren Verlauf man auf einem von Kirschbäumen gesäumten Weg entlang des Wassergrabens folgen kann. Auch ein mit den Darstellungen elsässischer Rebsorten geschmückter Winzerbrunnen steht in dem Ort, der seinen Namen der bereits im13. Jahrhundert als Castrum Kunegesheim erwähnten nahen Burg verdankt. Insgesamt zieren vier Brunnen diese Ortschaft. Zur Gemeinde gehört außerdem die Grand-Cru-Lage »Praelatenberg«; eine Handvoll Winzer bewirtschaftet sie.

6 Bergheim

Zwei Mosaikfunde belegen, dass schon die Römer an diesem, heute zum regionalen Naturpark Ballons des Vosges zählenden, Ort siedelten. Und an der Dorflinde soll um 1300, dem Erbauungsjahr der ersten Synagoge und der (privat bewohnten) Burg Reichenberg, bereits ein Fest gefeiert worden sein. Im 14. Jahrhundert wurde eine erste Stadtmauer errichtet, von der noch das Obertor erhalten ist; im 16. Jahrhundert dann eine zweite. Sie ist vollständig begehbar, während der innere Befestigungsring heute identisch ist mit den Außenmauern der Stadthäuser. Auf das Mittelalter geht auch die barock umgestaltete Pfarrkirche Notre-Dame de l'Assomption zurück mit Fresken aus dem 15. Jahrhundert und einer historischen Orgel. In den blumengeschmückten Gassen lassen sich Winzerhäuser aus dem 15.–17. Jahrhundert entdecken, das ehemalige Waschhaus und das »Hexenhaus«. Die beiden bekanntesten Weinlagen Bergheims sind der Altenberg und der Kanzlerberg.

7 Ribeauvillé

Hoch über dem bereits im 8. Jahrhundert erstmals erwähnten Ort thronen die Burgen Girsberg, Ulrichsburg und Haut-Ribeaupierre. Inmitten seiner Gassen mit schönen alten Fachwerkhäusern – darunter das reich verzierte Pfifferhüs – recken sich das barocke Rathaus, der mittelalterliche Metzgerturm, die Kornhalle und die Église St.-Grégoir-le-Grand mit einer der ältesten Orgeln des Elsass. Aus der Fontaine

Zwischen Ribeauvillé und Riquewihr liegt der malerische Weinort Hunawihr. (links). Kleines Bild: in Bergheim.

Dégustation
Vente

FINKENWEIN

Von 1598 bis zu ihrer Vertreibung im Jahr 1792 ließen die Kartäuser von Molsheim auf ihrem klostereigenen Grund Weißwein produzieren, der damals als »Finkenwein« zu ihrer Haupteinnahmequelle wurde. Er wurde teilweise auch an das englische Königshaus geliefert. Jedes Jahr, so heißt es, kam ein Lord zur Kartause, um den Nachschub auszusuchen und zu ordern.

du Vin am Marktplatz fließt jeweils im September Wein – und zwar am Pifferdaj, der an die einst unter dem Schutz der Herren von Ribeaupierre abgehaltenen Zusammenkünfte der elsässischen Spielleute, Minnesänger und Gaukler erinnert. Auch ein Weinbaumuseum besitzt das Städtchen. Zehn Winzer arbeiten auf dem Gemeindegebiet, darunter seit 1626 die Familie Trimbach.

8 Riquewihr

Wahrzeichen des doppelt befestigten Ortes ist der Tortum Dolder. Innerhalb der Mauern konnte die Altstadt ihr mittelalterliches Bild bewahren; dicht an dicht stehen die typischen elsässischen Fachwerkhäuser mit ihren Erkern, gemauerten Erdgeschossen (für die Weinkelter) und Berufszeichen (Böttger). Im ehemaligen württembergischen Schloss ist ein kleines Postmuseum untergebracht; das Musée Hansi zeigt das Werk des Grafikers Jean-Jacques Waltz. Bereits im 8. Jahrhundert, so die Legende, soll ein fränkischer Grundbesitzer namens Richo ein Weingut an diesem Ort (Richo Villa) bewirtschaftet haben. Und ab dem 16. Jahrhundert weit über die Grenzen des Elsass bekannt waren die Weine der heutigen Riquewihrer Grand-Cru-Lagen Sporen und Schoenenburg; sogar der französische Philosoph Voltaire besaß hier Reben. Heute bearbeiten rund ein Dutzend Winzer die beiden berühmten Rebflächen des Ortes.

9 Kaysersberg

Malerisch liegt der mittelalterliche Ort im Tal der Weiss, der einst wichtigen Wegeverbindung zwischen der Rheinebene und Lothringen. Die namensgebende ehemalige Stauferburg oben am Hang ist noch als mächtige Ruine erhalten. Zwischen den reich verzierten Fachwerkhäusern in den Ortsgassen ist auch jenes, in dem Albert Schweitzer geboren wurde; dem legendären »Urwalddoktor« widmet sich zudem ein kleines Museum. Die Kirche Sainte-Croix birgt einen Schnitzaltar aus dem Jahr 1518; das Rathaus stammt aus der Renaissancezeit. Kaysersberg wird auch die »Wiege der Grands Crus d'Alsace« genannt – denn 1975 wurde die Lage Schlossberg als erste Grand-Cru-Lage des Elsass anerkannt.

10 Colmar

Im Jahr 823 als Columbarium erstmals urkundlich erwähnt, verdankt die drittgrößte Stadt des Elsass ihren Ruhm vor allem dem heute im Musée Unterlinden

In Riquewihr (links) gibt es noch zahlreiche Fachwerkhäuser aus dem 16./17. Jahrhundert. Durch das nette Kaysersberg (oben) fließt ein Bach.

zu bewundernden Isenheimer Altar von Matthias Grünewald. In Colmar steht auch das Geburtshaus des Bildhauers Frédéric-Auguste Bartholdi, der 1886 die New Yorker Freiheitsstatue schuf. Martin Schongauer zählt ebenfalls zu den berühmten Söhnen der Stadt an der Lauch. Ihr gut erhaltenes architektonisches Erbe umspannt fast sechs Jahrhunderte. Es reicht vom gotischen Martinsmünster über die Dominikanerkirche mit Schongauers Gemälde »Madonna im Rosenhag« (1473) und das Koïfhus mit der ehemalige Zollstelle bis hin zum Maison Pfister und dem klassizistischen Gerichtsbau Cour d'Appel. Das legendäre Maison des Têtes von 1609, dessen Fassade mit mehr als 100 Köpfen verziert ist, gehört heute der Winzergenossenschaft und beherbergt ein Restaurant. Ebenso beliebt als Fotomotiv ist der Quai de la Poissonerie; hier verkauften Fischer und Fischhändler bis Mitte des 20. Jahrhunderts ihre Ware. »La Petite Venise« wird das Viertel mit seinen Kanälen gern genannt; es grenzt unmittelbar an das Gerberviertel (Quartier des Tanneurs) mit seinen hohen, schlichten Fachwerkbauten des 17./18. Jahrhunderts. An den Hängen unmittelbar um Colmar wachsen Reben, z. B. auf dem Terroir de la Harth. Dieser Weinberg gilt als der trockenste Frankreichs.

11 Eguisheim

Von Weinbergen und viel Grün umgeben, zeichnet sich der 2000-Seelen-Ort aus durch den konzentrischen Verlauf seiner Gassen um die einst achteckige Burganlage und durch den Blumenschmuck seiner Fachwerkbauten. Seit mehr als drei Jahrzehnten wird er regelmäßig mit der höchsten nationalen Auszeichnung des entsprechenden Wettbewerbs belohnt. Brunnen, Dinghöfe, die Kirche St.-Peter-und-Paul mit ihrer Schreinmadonna (14. Jh.) und die neoromanisch-byzantinische St.-Leo-Kapelle auf dem Areal des Château d'Eguisheim zählen zu den weiteren Attraktionen der Weinbaugemeinde. Zwei Grand-Crus-Lagen gehören zu ihrem Gebiet: der Eichberg und der Pfersichberg. Die große Winzergenossenschaft von Eguisheim produziert unter dem Markennamen »Wolfberger«; etwa 50 Weinbauern arbeiten in der Gemeinde.

12 Rouffach

Schon zu Zeiten der Merowinger stand auf dem Hügel über dem heutigen Bauern- und Winzerort eine königliche Burg. Im Mittelalter wurde eine neue Festung erbaut, die u. a. Erzherzog Leopold V. von Österreich, Bischof von Straßburg und Landsherr von Rouffach weiter verstärken ließen. Der Nachfolgebau aus dem 19. Jahrhundert birgt heute ein Hotel. Noch aus dem Mittelalter erhalten ist der Hexenturm; Gleiches gilt für die Kirche Notre-Dame de l'Assomption (11.–13. Jh.) am Rande des Markplatzes. Letzte Arbeiten an dem Bau aus gelbem Sandstein wurden noch im frühen 16. Jahrhundert ausgeführt; die Doppelturmfassade blieb un-

Unten: Eguisheim ist ein elsässisches Bilderbuchdorf mit Fachwerkfassaden.
Oben: Weingut Jean Becker.

WEINGÜTER

Domaine Sylvie Spielmann
Auf dem Areal der alten Familien-Gipsgrube und mit Lagen wie Altenberg und Kanzelberg keltert die Winzerin Interessantes wie den Gypse Terroir Unique aus drei Pinotsorten. Das Weingut ist generell Montag–Samstag 9–12 Uhr und 14–18 Uhr geöffnet, an Sonn- und Feiertagen geschlossen.
2 route de Thannenkirch
68750 Bergheim
Tel. +33389/733595 oder
sylvie@sylviespielmann.com,
www.sylviespielmann.com

Domaine Robert Karcher et Fils
In einer Ferme von 1602 im Herzen der Stadt verarbeitet die Familie nur Trauben der Lage Harth – u. a. auch zu Crémant Rosé.
11 rue de l'Ours
68000 Colmar
Tel. +33389/411442
www.vins-karcher.com

Domaine Jean Becker
Hier werden Riesling und Gewürztraminer u. a. aus den Grand-Cru-Lagen Schoenenbourg, Sporen und Praelatenberg produziert.
4, Route d'Ostheim
68340 Zellenberg
Tel. +33389/479016
www.vinsbecker.com

Domaine Rieflé-Landmann
Seppi Landmann setzte Meilensteine in Sachen Elsässer Wein. Seine Reben stehen u. a. in den Cru-Lagen Zinnköpfle und Steinstuck. Beachtlich sind auch die Rieslinge AOC Alsace Vallée Noble.
7 rue du Drotfeld
68250 Pfaffenheim
Tel. +33389/785221
www.seppi-landmann.fr

vollendet. In der Gemeinde liegt das Weingut Clos St. Landelin der Familie Muré, die sich seit Mitte des 17. Jahrhunderts dem Weinbau widmet. Zu ihren Lagen gehören auch Zinnköpfle und Steinstuck.

13 Guebwiller

Als Hofgut Gebunvillare des Benediktinerklosters Murbach erstmals 774 erwähnt, entwickelte sich das Städtchen am Ufer der Lauch im 12. Jahrhundert um die fünfschiffige Kirche Saint-Léger und eine Burganlage, die heutige Ruine Burgstall. Das ehemalige Dominikanerkloster mit seinen mittelalterlichen Wandmalereien birgt inzwischen ein Kulturzentrum; die aus rotem Vogesensandstein erbaute Kirche St. Notre-Dame gilt als eines der eindrucksvollsten neoklassizistischen Religionsbauwerke Nordfrankreichs und wird nach wie vor als solches genutzt. Guebwiller besitzt als einzige Gemeinde vier der insgesamt 51 Appellation-Alsace-Grand-Cru-Lagen: Kessler, Kitterlé, Saering und Spiegel – zusammen rund 100 Hektar.

14 Thann

Mit dem Münster St. Theobald besitzt der Ort zwischen den steilen Hängen des Thurtals eines der besten Beispiele Oberrheinischer Gotik im Elsass. Zur Erbauung der Kirche kam es, so die Legende, als der Diener des verstorbenen Bischofs von Gubbio 1161 auf dem Rückweg in seine niederländische Heimat unter einer Tanne in der Nähe des Château der Herren von Ferrette rastete und den Wanderstab seines Herrn in die Erde steckte, woraufhin drei Lichter über dem Tannenwipfel zu leuchten begannen. Alljährlich am 30. Juni gedenken die Thanner mit einem Fest des angeblichen Wunders, das zur Gründung ihres Ortes führte. Die Engelsburg hoch über ihm ist heute eine Ruine, ihr umgekippter Bergfried wird in der Region auch »Hexenauge« genannt. Mit der Fertigstellung des Münsters im 15. Jahrhundert ist auch schon der Weinbau verbrieft; seit 1483 sind die Namen der »bangards« bekannt, die über die Rebflächen an den Vulkanhängen wachten.

Oben: Innenansicht der neoklassizistischen Notre-Dame-Kirche in Guebwiller.

Champagne

Neben dem weltberühmten Schaumwein birgt diese Gegend eine Reihe sehenswerter Orte, u. a. die Städte Reims und Épernay, und viel Natur.

WEINROUTE 18

Mehr als 2000 Jahre alt ist der Weinbau in der Champagne; der legendäre Schaumwein aus der Region wird seit dem 17. Jahrhundert produziert. Inzwischen hat die UNESCO den universellen und außergewöhnlichen Wert der Weinberge, Weinkeller und Häuser der Champagne in ihre Welterbe-Liste aufgenommen. Ausgezeichnet wurden vor allem die historischen Anbaugebiete Hautvillers, Aÿ und Mareuil-sur-Aÿ, der Hügel von Saint-Nicaise bei Reims sowie die Champagneravenue und das Fort Chabrol in Epernay. Das für den Anbau der Grundweine des Champagners zugelassene Gebiet ist nicht mit der historischen Region Champagne identisch, sondern umfasst Rebflächen in fünf, nach ihren Flüssen benannten Départements: Marne, Aube, Aisne, Haute-Marne und Seine-et-Marne. 2014 wurde eine Ausdehnung des 1927 festgelegten Gebiets um fast 40 Gemeinden auf nunmehr 357 beschlossen. Damit sind bald mehr als 35 000 Hektar mit Trauben für die Champagner-Herstellung bestockt. Das Gros der Winzer liefert das Lesegut allerdings nach wie vor in Genossenschafts-Kellereien ein oder direkt an die großen Produzenten. Einige Individualisten widmen sich jedoch hauptsächlich ihren eigenen Weinen – den moussierenden ebenso wie den stillen. Denn schon zu gallo-romanischer Zeit war der »vin de rivière«, der Flusswein aus der Champagne, ein Begriff. Heute umfasst die Region ca. 20 Grand-Cru-Lagen. Die Route führt von ihrer heute größten Stadt bis zur größten Weinbaugemeinde.

Routenlänge: 250 km
Zeitbedarf: 2–5 Tage
Start: Reims
Ziel: Les Riceys
Routenverlauf: Die Weinroute führt vom geschichtsträchtigen Reims im Norden ins Gebiet rund um Épernay bis in den Süden nach Troyes und Les Riceys.

Besondere Hinweise: Neben Metropolen wie Reims gibt es auch sehr viel Natur: z. B. im Naturpark Montagne de Reims oder im regionalen Naturpark Forêt d'Orient.

Auskünfte:
www.tourisme-en-champagne.com

1 Reims

Gleich dreier UNESCO-Welterbestätten kann sich die bereits von den Kelten um 80 v. Chr. begründete, größte Stadt der Champagne rühmen: Die gotische Notre-Dame-Kathedrale war die Krönungsstätte für rund zwei Dutzend Könige und ist mit mehr als 2000 Skulpturen verziert.

Das Palais de Tau diente im Mittelalter als Bischofsresidenz; heute birgt es das Musée de l'Oeuvre mit Skulpturen, Bildwerken und Krönungsobjekten. In der ebenfalls zum Museum umgewandelten Benediktinerabtei Saint-Remi (17./18. Jh.) wird die Krönungs-Ampulle aufbewahrt. In der frühmittelalterlichen Abteikirche wurden drei fränkische Herrscher bestattet. Sie ist fast so groß wie die Kathedrale, zu der ein prächtiger Boulevard führt. Die Bauten an seinem Saum wurden im Zuge des Wiederaufbaus der im Ersten Weltkrieg stark zerstörten Stadt im Stil des Art déco errichtet. Ältestes erhaltenes Monument ist jedoch das Mars-Tor, ein gallo-romanischer Triumphbogen. Schon zur Römerzeit lag Reims am Schnittpunkt wichtiger Verbindungsrouten. Neben Épernay ist es das wichtigste Zentrum der Champagnerproduktion. Wie dort lagert der edle Schaumwein in vielen uralten Kalkfelsenkellern. Seine berühmteste Botschafterin ist Barbe-Nicole Clicquot-Ponsardin (1777–1866). Sie war die erste Frau überhaupt, die ein Champagnerhaus leitete. Zudem ließ sie sich vor der Toren ihrer Heimatstadt das Schloss Boursault erbauen.

2 Hautvillers

Dank des Mönchs Dom Pérignon, der 1668 in der Benediktiner-Abtei St. Pierre die Zuständigkeit für den Versorgungsbereich und somit der Weinproduktion übernahm, gelangte der kleine Ort zu internationalem Ruhm. Zwar hat Pérignon die »méthode champenoise« nicht erfunden, trug aber maßgeblich zu ihrer Weiterentwicklung bei. Er verschnitt als erster Weine verschiedener Lagen zu einem Cuvée und legte die Basis für das Weißkeltern roter Traubensorten. Die Abteikirche Saint-Sidulphe birgt die Grabplatte Dom Pérignons. Die Abtei selbst wurde 1794 von Jean-Remy Moët gekauft und zum Weingut umgewandelt.

Oben: Basilika Saint-Rémi in Reims. Unten: Statue Pérignons vor dem Champagnerhaus Moët & Chandon in Épernay.

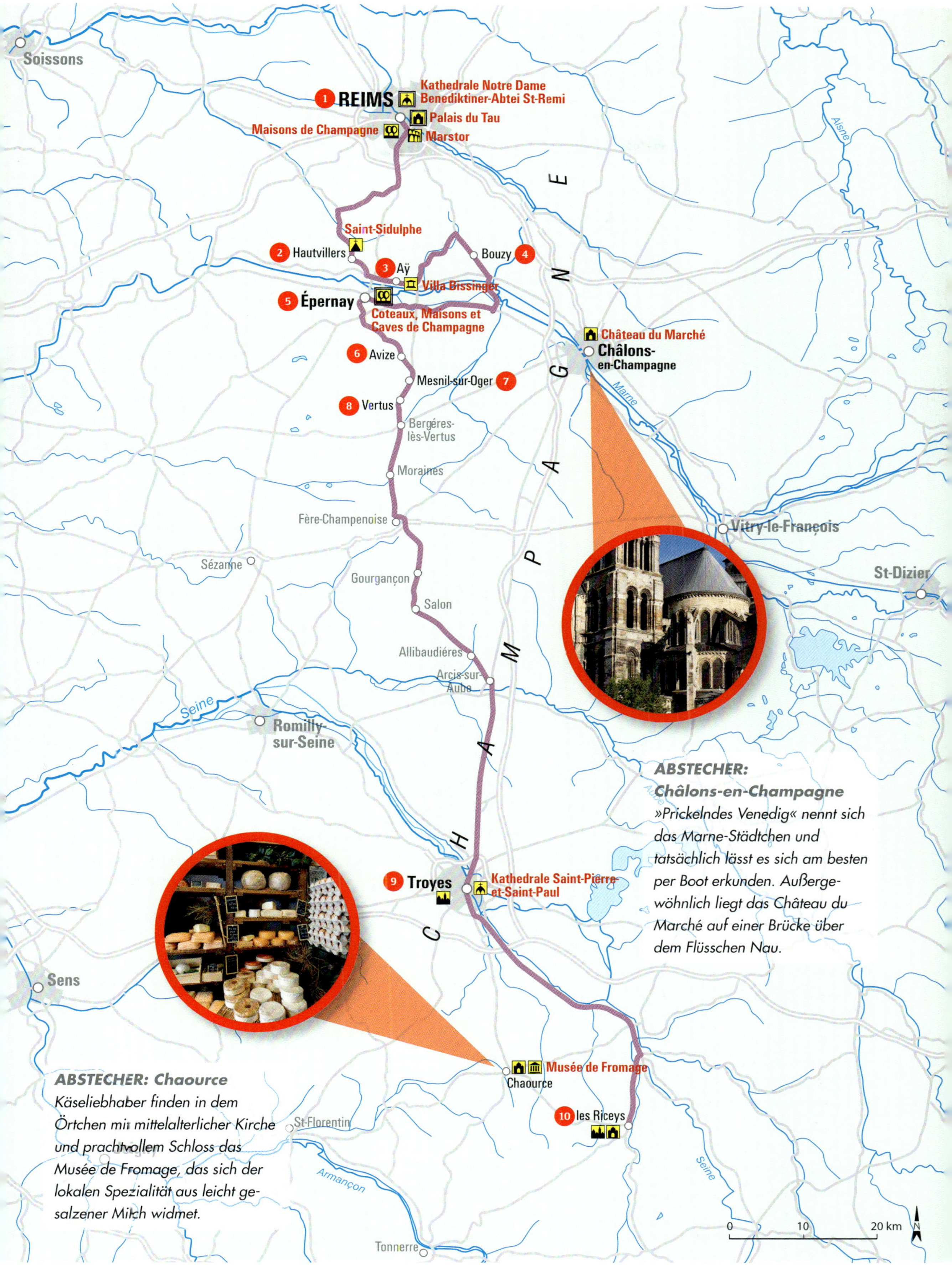

ABSTECHER:* *Châlons-en-Champagne

»Prickelndes Venedig« nennt sich das Marne-Städtchen und tatsächlich lässt es sich am besten per Boot erkunden. Außergewöhnlich liegt das Château du Marché auf einer Brücke über dem Flüsschen Nau.

ABSTECHER: Chaource

Käseliebhaber finden in dem Örtchen mit mittelalterlicher Kirche und prachtvollem Schloss das Musée de Fromage, das sich der lokalen Spezialität aus leicht gesalzener Milch widmet.

WEINFESTE

JANUAR
»Fête de Saint Vincent« am Sonntag nach dem 22. Januar in der ganzen Region

JULI
»Fêtes Henri IV« in Aÿ (alle zwei Jahre Anfang Juli; nähere Infos unter: www.fetes-henri4-ay.fr);
»La Route du Champagne en Fête« um Bar-sur-Aube (Infos unter: www.route-duchampagne.com)

3 Aÿ

Frankreichs König Henri IV. besaß einen bis heute erhaltene Kelter in dem befestigten Städtchen; er trug u. a. den Titel »Sire d'Aÿ«. Aÿs Weinberg war schon zu galloromanischer Zeit bekannt. Heute produzieren in dem Städtchen, dessen Kreideböden gespickt sind mit ausgedehnten Kellergewölben, mehrere Champagnerhäuser, darunter auch jenes von Joseph Jacob Bollinger aus dem baden-württembergischen Ellwangen. Rund 350 Hektar Rebfläche sind als Grand-Cru-Lagen eingestuft. Die Villa Bissinger ist Sitz des Institut International des Vins de Champagne; die Winzergenossenschaft des Ortes ist die älteste der Champagne.

4 Bouzy

Weltruhm genossen die Weine von Bouzy bereits zu Zeiten des Sonnenkönigs; Louis XIV. zog den Roten von den Hängen des Ortes allen anderen seines Reiches vor. Seit 1895 sind die ausschließlich nach Süden gewandten, vorwiegend mit Pinot bestockten Weinberge des Ortes (ca. 380 Hektar) als Grand Cru klassifiziert. Aus ihren Trauben werden sogar rein rote Champagner hergestellt. Die ersten moussierenden Weine wurden unter Namen wie Grand vin du trésor de Bouzy oder La fine fleur de Bouzy verkauft. Sehenswert ist im Ort selbst u. a. die anstatt ihres romanischen Vorgängers errichtete neue Kirche Saint-Basle von 1856; diese verdankt sich weitgehend einem Lotteriegewinn und weiteren privaten Spenden.

5 Épernay

Die Stadt nennt sich gern »Champagner-Metropole«. An ihrer Hauptstraße, der Avenue de Champagne, haben seit dem 19. Jahrhundert fast alle großen Champagnerhäuser ihren Sitz. In ihren rund 120 Kilometer langen Kalksteinstollen liegen in 20 bis 40 Meter Tiefe mehrere Millionen Champagnerflaschen. Aus dem 19. und frühen 20. Jahrhundert stammt auch das Gros der übrigen historischen Gebäude (Rathaus, Theater, Château Perrier, Maison Gallice und das sogenannte Fort Chabrol, die erste praktische Weinbauschule der Region). Denn die Stadt am rechten Marneufer war in ihrer wechselvollen Geschichte mehr als zwei Dutzend Mal zerstört. Aus der Renaissancezeit ist nur noch das Sei-

In dieser Landschaft (oben) in der Champagne gedeiht ausgezeichneter Wein.

WEINGÜTER

Champagne Ayala
Edmond de Ayala, Sohn eines kolumbianischen Diplomaten, gründete dieses Haus bereits 1860; inzwischen ist es bekannt für seine weitgehend naturbelassenen Champagner.
1 Rue Edmond de Ayala
51160 Aÿ
Tel. +33326/551544
www.champagne-ayala.fr

Domaine Jacques Selosse
Im Weinberg wird biologisch gearbeitet, im Keller auf Zuchthefen verzichtet. Das Ergebnis ist ein Champagner mit großem Charakter.
59 Rue de Cramant
51190 Avize
Tel. +33326/575356
www.selosse-lesavises.com

Champagne Brice
Zu den Champagnern, die die Familie aus Grand-Cru-Reben produziert, zählt auch ein roter: 100 Prozent aus Pinot Noir.
22 Rue Gambetta
51150 Bouzy
Tel. +33326/520660
www.champagne-brice.com

Champagne Chevrolat
Erst zur Jahrtausendwende hat sich der Genossenschaftswinzer selbstständig gemacht; inzwischen umfasst die Produktpalette auch einen Rosé-Champagner sowie den Stillwein Rosé des Riceys.
7 bis Rue du Pont
10340 Les Riceys
Tel. +33325/299964
www.champagne-chevrolat.com

tenportal der ehemaligen Abteikirche St. Martin erhalten. Neben dem Champagner brachte es übrigens es auch eine offizielle Persönlichkeit des 19. Jahrhunderts aus Épernay zu internationalem Ruhm: Marcel Guillaume. Der damalige Kriminaldirektor der heute rund 35 000 Einwohner zählenden »Capitale du Champagne« inspirierte den belgischen Autor George Simenon zur Figur seines Kommissar Maigret.

6 Avize

Besonders hoch ist unter den rund 2000 Avizois die Zahl unabhängiger Winzer. Diese rund 40 Weinbauern der Côte des Blancs bringen die maßgeblich angepflanzten Chardonnaytrauben (270 Hektar der Rebfläche sind als Grand Crus klassifiziert) nicht zur Genossenschaft, sondern bauen eigene Champagner aus. Eine der frühen Winzerfamilien von Avize waren die Debordes, deren Schlösschen (1890) inzwischen als Schule dient. Bereits auf das 11. Jahrhundert geht die Kirche St. Nicolas zurück. Aus jüngster Zeit stammen die zahlreichen Wandmalereien im Ort sowie der Brunnen in Form einer riesigen Champagnerflasche mit passendem Glas.

7 Mesnil-sur-Oger

Im Gebiet rund um Mesnil fand 451 die Schlacht auf den Katalaunischen Feldern statt, in der ein römisch-westgotisches Heer die Hunnen unter Attila besiegte. In der Kirche Saint-Nicolas (11./12. Jh.) finden sich schöne Holzschnitzereien aus dem 17. Jahrhundert. Mesnil zählt zu den Grand-Cru-Gemeinden der Champagne. Auf rund 400 Hektar wird ausschließlich Chardonnay angebaut. Die Lage Clos du Mesnil mitten in der Gemeinde gilt als die beste. Fünf Champagnerhäuser haben in dem Ort ihren Sitz, darunter Launois Pier & Fils mit einem kleinen Weinmuseum.

8 Vertus

Die Grafschaft Vertus um den gleichnamigen Hauptort war ursprünglich eine einfache Seigneurie im Besitz des Erzbischofs von Reims, fiel aber mit Louis X. an die französische Krone. Bereits im 11. Jahrhundert wurde Vertus befestigt und die auf Pfählen ruhende Kirche St. Martin erbaut. Das vor dem Gotteshaus liegende, aus mehreren Quellen gespeiste Wasserbecken Puits Saint Martin war ursprünglich eine galloromanische Kultstätte für die Gottheit Virotus, von der sich wohl auch der Ortsname ableitet. Vom mittelalterlichen Grafenschloss ist nur noch die Porte Baudet erhalten. Die Weinberge der Gemeinde Vertus sind als Premier Cru, d. h. als gute, aber nicht als Spitzenlagen eingestuft.

Die St.-Martins-Kirche in Vertus (kleines Bild oben) besitzt drei für die Champagne einzigartige Krypten.

GASTON CHEQ

Der Töpfer aus Bar-sur-Aube führte im Jahr 1911 den Aufstand der Winzer an, mit dem diese – erfolgreich – für die Wiederzugehörigkeit ihrer Rebflächen zur Champagne stritten. Die damalige Regierung hatte sie ihnen aberkannt. Die Kooperative der Coteaux du Landion im Gebiet Côte des Bar hat Gaston Cheq daher eine kleine Champagner-Serie gewidmet.

Wie überall an der Côte des Blancs dominiert im Rebsortenspiegel der Chardonnay.

9 Troyes

Exakt der Form eines Champagnerkorkens, so heißt es, entspricht die Kontur des historischen Zentrums dieser bereits im Mittelalter als wichtiger Messeplatz bekannten heutigen Verwaltungsmetropole des Departements Aube. Schon unter den Grafen der Champagne, die Troyes zu ihrer Hauptstadt erkoren hatten, entstand hier einer der ersten Geldmärkte. Zudem entwickelte sich Troyes ab dem späten Mittelalter zu einem bedeutenden Zentrum der Bildhauerkunst, deren Vertreter (z.B. der Meister von Chaource) sich der Zunft der Buchdrucker, (Buch- und Glas) Maler und Seidensticker anschlossen. Textilhandel und -produktion prägen neben dem Weinbau bis heute den frühen Bischofssitz (4. Jh.). Sein architektonisches Erbe reicht von der Kathedrale Saint-Pierre-et-Saint-Paul (13.–17. Jh.) und einem weiteren halben Dutzend Kirchen der Gotik und Renaissance mit einer einzigartigen Fülle an Glasgemälden über den Bischofspalast (heute Museum moderner Kunst) bis hin zu den prächtigen, einst privaten Altstadtpalais (16.–18. Jh.) wie dem Maison de l'Orfèvre oder dem Hôtel de Vauluisant (heute Museum der Strumpf-Fabrikation). In Troyes wurde der spätere Papst Urban IV. geboren – und im frühen 21. Jahrhundert begann mit dem örtlichen Strickwarenhersteller André Cillier die Erfolgsgeschichte der Marke.

10 Les Riceys

Die südlichste und mit 750 Hektar Rebfläche größte Gemeinde innerhalb des Anbaugebiets der Champagne besteht aus den drei befestigten Orten Ricey-Haut, Ricey-Haute-Rive und Ricey-Bas und umfasst gleich drei AOCs: Champagne, Côteaux Champenois, Rosé des Riceys. Das historische Erbe umfasst zwei Schlösser, drei denkmalgeschützte Kirchen, mehrere Kapellen, unzählige Guts- und Winzerhäuser sowie einige der inzwischen seltenen, aus Trockenstein geschichteten Weinbergsunterschlüpfe (»cadoles«).

Links: Innenraum der gotischen St.-Peter-und-Paul-Kathedrale in Troyes. Der Fluss La Laignes fließt durch Les Riceys (oben).

WEINROUTE 19

Bereits im 1. Jahrhundert gab es Weinstöcke im Burgund. Zwischen dem 6. und 15. Jahrhundert sorgten dann die burgundischen Klostergemeinschaften für die allmähliche Verbesserung der Anbaumethoden. Heute sind in der Region rund 28 000 Hektar mit Reben bestockt, aus denen jährlich 1,5 Mio. Hektoliter Wein hergestellt werden (60 Prozent weiß, 30 Prozent rot, 10 Prozent Crémant). Das Gebiet ist aufgeteilt in sechs große Anbauregionen: Chablis (bei Auxerre), Côte de Nuits, Côte de Beaune, Côte Chalonnaise, Mâconnais und Beaujolais, mit zusammen mehr als 1200 sogenannter »climats«. Jene dieser Reblagen an den Hängen der Côte de Nuits und der Côte de Beaune zählen seit 2015 zum Welterbe der UNESCO, da sie »eine einzigartige Kombination von Hangausrichtung, Bodenbeschaffenheit, Mikroklima und historischer Anbauweise vereinen«. Durch diese berühmten Anbaugebiete, die »Champs-Elysées de la Bourgogne«, führt auch die Route des Grands Crus, von der ein Teil gut mit dem Rad zu befahren ist. Das erste ist bekannt für seine Rotweine, die inzwischen zu den teuersten der Welt zählen; das zweite gilt als eines der besten Weißweingebiete Frankreichs. Insgesamt gibt es im Burgund fast zwei Dutzend Grand-Crus-Lagen und rund 560 Premiers-Crus-Lagen. Alle roten Grand Crus, die ausschließlich auf Pinot Noir basieren, stammen aus dem Gebiet der Côte de Nuits – mit einer Ausnahme: dem Corton Grand Crus in der Côte de Beaune.

Routenlänge: ca. 80 km
Zeitbedarf: 1–2 Tage
Start: Gevrey-Chambertin
Ziel: Santenay
Routenverlauf: Entlang mittelalterlicher Ortschaften mit romanischen Kirchen führt die Route durch die abwechslungsreiche Landschaft Burgunds.

Besondere Hinweise: Die Strecke von Beaune nach Santenay (ca. 25 Kilometer) ist eine hervorragende Fahrradstrecke.

Auskünfte:
www.vins-bourgogne.fr,
www.burgund-fur-radfahrer.com

Burgund

Weite Felder, dichte Wälder, lichtes Land – die »Champs-Elysées des Burgund« ist ein Mosaik unterschiedlichster Landschaften.

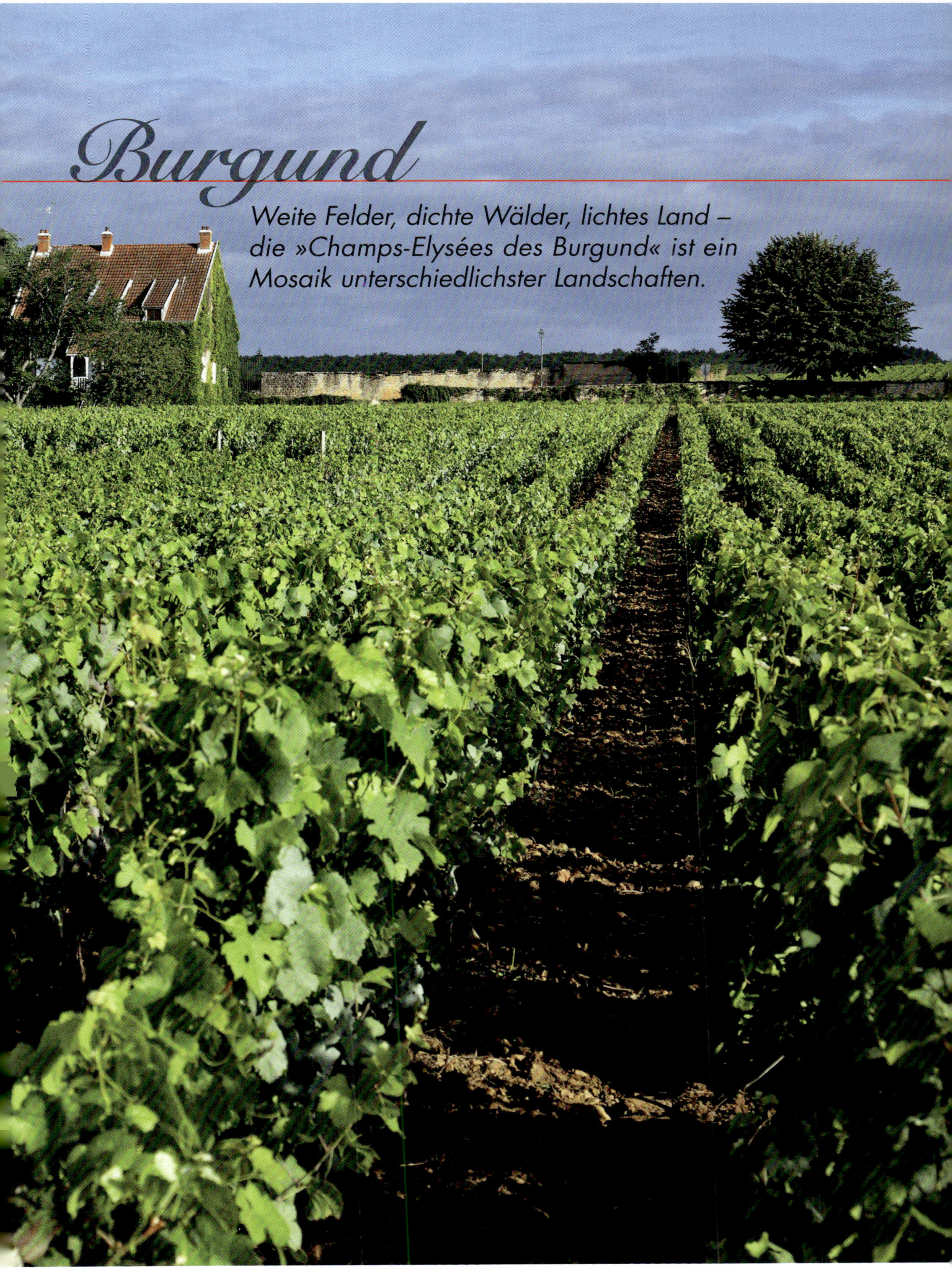

1 Gevrey-Chambertin

In dieser kleinen Côte-de-Nuits-Gemeinde am Fuß des Naturparks Combe de Lavaux beginnt die »Champs-Elysées des Burgund«. Eindrucksvollstes Bauwerk ist das befestigte Schloss der Mönche von Cluny aus dem 12. Jahrhundert, über dessen Reben lange Zeit die Stiftsherren von Langres wachten. Der Weinbau geht aber zurück bis in die Antike: Bei Aushubarbeiten stieß man 2008 auf eine Fläche von 6000 Quadratmetern mit mehr als 300 parallelen Gräben, die Spuren von Rebstöcken aufwiesen – ein Szenario, wie es bereits Plinius d. Ä. und der römische Agronom Columelle beschrieben. Später war es Napoleon, der Gevrey erneut auf die Weltkarte brachte: Der Chambertin des Ortes galt als sein Lieblingswein. Heute ist Chambertin eine der neun Grand-Cru-Lagen von Gevrey-Chambertin. Zudem gibt es auf den nur mit Pinot Noir bestockten 400 Hektar Rebfläche der Gemeinde 26 als Premier Crus klassifizierte climats.

2 Chambolle Musigny

Einst der Wirtschaftshof der Abbaye de Cîteaux, das Mutterkloster aller Zisterzienser, widmet sich das Dorf bis heute ganz dem Weinbau: auf ca. 150 Hektar ist ausschließlich Pinot Noir gepflanzt, darunter in den beiden Grand-Crus-Lagen Bonne Mares (welche an die Rebflächen von Morey-Saint-Denis grenzt) und Musigny (oberhalb des Clos de Vougeot) sowie in 24 climats, die als 1er-Crus klassifiziert sind.

3 Vosne-Romanée

Vor den Toren der kleinen Ortschaft wachsen einige der teuersten und gesuchtesten Rotweine der Welt. Auch hier waren es Mönche von Saint-Vivant de Vergy (Cluny) und Cîteaux, die im Mittelalter den Grundstein für den Qualitätsweinbau legten; heute kann man auf ihren Spuren auf einem ausgeschilderten Weg durch die Rebflächen wandern. 1760 gab der Prinz von Conti einer von ihnen seinen Namen; sie zählt heute zu den sechs Grand-Crus-Lagen von Vosne-Romanée. Insgesamt umfasst das Weinareal der Gemeinde gut 150 Hektar; ca. 60 davon sind Erste Lagen.

4 Nuits-St.-Georges

Weiheinschriften für den Gott Segomo belegen eine Besiedlung des Ortes bereits in gallorömischer Zeit; bis heute erhalten sind Reste einer Nekropole, eines Mithraeums sowie von Werkstätten und Wohngebäuden mit Wein- und Vorratskellern. 1060 wird Nuits-St.-Georges dann als Dependance der

Von Wein umgeben: Chateau du Clos de Vougeot (oben) und Schloss Gevrey-Chambertin (unten).

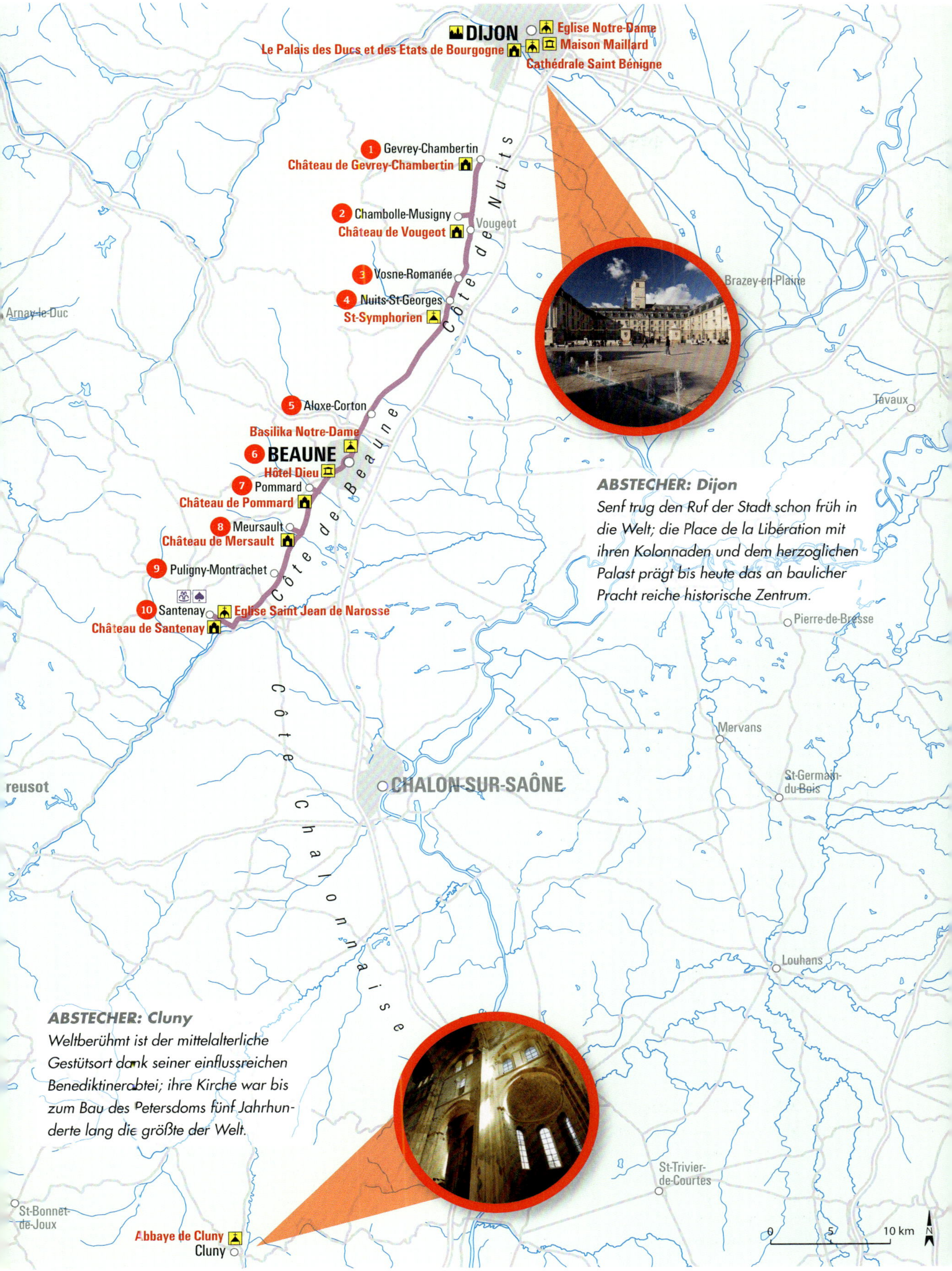

ABSTECHER: Dijon

Senf trug den Ruf der Stadt schon früh in die Welt; die Place de la Libération mit ihren Kolonnaden und dem herzoglichen Palast prägt bis heute das an baulicher Pracht reiche historische Zentrum.

ABSTECHER: Cluny

Weltberühmt ist der mittelalterliche Gestütsort dank seiner einflussreichen Benediktinerabtei; ihre Kirche war bis zum Bau des Petersdoms fünf Jahrhunderte lang die größte der Welt.

Landherren von Vergy erwähnt. Stadtrechte bekam es 1212. Auf diese Zeit geht auch die Kirche Saint-Symphorien zurück. Im 14. Jahrhundert wurde Nuits-St.-Georges befestigt, im 17. das Krankenhaus erbaut und der Beffroi (Glockenturm). Aus jüngster Zeit stammen die beiden Museen des Ortes: das dem Wein gewidmete Imaginarium und das Cassissium zum Thema Schwarze Johannisbeere. Zur Gemeinde zählen ca. 300 Hektar Rebfläche. Sie sind überwiegend mit Pinot Noir bestockt und umfassen etwa 135 Hektar rote Grand-Cru-Lagen. Auf etwa 10 Hektar wird Chardonnay angebaut – zu gut zwei Dritteln in 1er-Cru-Lagen.

5 Aloxe-Corton

Von Reben umgeben drängt sich das Dorf am Fuß des Corton-Hügels eng um die Kirche Saint-Médard (1890). Das Gotteshaus birgt ein Bas-Relief und Gemälde aus dem 16. Jahrhundert; es ersetzte eine hölzerne Kapelle, die wohl aus der Zeit Karls des Großen stammte. Auf Geheiß des Franken-Herrschers sollen auf dem Curtis Otto auch die ersten 70 Reben angepflanzt worden sein; ein Clos de Charlemagne ist erstmals 1375 dokumentiert. Heute bearbeitet ein gutes Dutzend Winzer die ca. 120 Hektar Rebfläche der Gemeinde. Sie umfasst zwei Grand-Cru-Lagen: Corton (95 Prozent Pinot, fünf Prozent Chardonnay) und Corton-Charlemagne (Chardonnay) sowie 14 Erste Lagen.

6 Beaune

Die Weinhauptstadt des Burgund erwuchs aus einem keltischen Heiligtum. 1203 verlieh ihr Odo III., Herzog von Burgund, die Stadtrechte; seit dem 14. Jahrhundert war Beaune neben Dijon Wohnsitz der Herzöge von Burgund. Von der kreisrunden, etwa zwei Kilometer langen Stadtmauer aus dem 15. Jahrhundert sind noch größere Teile erhalten. Sie dienen heute teilweise als Lager der großen Weinhandelshäuser. Die Basilika Notre-Dame gilt als eines der Hauptwerke der burgundischen Romanik. Ihr gotischer Chor ist mit Tapisserien zum Leben der Jungfrau Maria geschmückt (um 1500). Auch viele profane Gebäude zeugen von der Blüte der Stadt im Spätmittelalter (Rue de l'Enfer), während der Renaissance (Rue de Lorraine) und des Barock. Das bekannteste ist sicher das Hospice de Beaune (Hôtel-Dieu) mit farbenfrohem Ornamentdach und gotischen Türmchen. Die auf den Rebflächen des ehemaligen Hospitals aus dem 15. Jahrhundert angebauten Weine (Grands und Premiers Crus) werden jedes Jahr im Château du Clos de Vougeot zu wohltätigen Zwecken versteigert. In den Fachwerkbauten des Hôtel des Ducs de Bourgogne, einst Wohnsitz der Burgunderherzöge in Beaune, ist heute das Burgundische

Das Hôtel-Dieu mit seinen bunt glasierten Ziegeln und aufwendiger Architektur war einmal ein Hospiz (unten). Rechts oben: Garten des Château Pommard.

WEINFESTE

JANUAR
»Saint-Vincent Tournante« in Côte d'Or
(www.st-vincent-tournante.fr)

SEPTEMBER/OKTOBER
»Festival Musique au Chambertin«
(Wein und Musik in Gevrey-Chambertin und Umgebung: www.vins-bourgogne.fr)

NOVEMBER
»La Paulée de Meursault«
(Traubenlese-Picknick: www.beaune-tourisme.fr)

Weinmuseum untergebracht. Zum Gemeindegebiet von Beaune zählen ca. 120 Hektar Rebfläche, fast ausschließlich mit Pinot Noir bestockt (ein Drittel davon Premier Cru). Vor den Toren der Stadt lässt sich außerdem das sogenannte Alignement entdecken: eine Anordnung von sieben, vermutlich steinzeitlichen Granit-Menhiren.

7 Pommard

Münzfunde belegen seine Existenz bereits in der Antike; im Mittelalter gehörte Pommard zum Hause Burgund; bis zur Französischen Revolution hatte es wechselnde Besitzer. Zum architektonischen Erbe des Ortes zählt vor allem sein Château. Das im Jahr 1726 von Vivant Micault, dem Sekretär von Louis XV., als Weingut erbaute Schloss mit herrlichem Garten birgt heute ein Museum zur Wein- und Rebkultur. Und in seinem mehr als 800 Quadratmeter großen historischen Gewölbekeller lagern Hunderte von Eichenfässern sowie rund 300 000 Flaschen wertvollen Weins. Zudem widmet es sich Ausstellungen zeitgenössischer Kunst. Ein zweites, im Jahr 1802 erbautes Schlösschen versteckt sich auf dem Weingutsgelände hinter einem Hain; seine bemalten Holzvertäfelungen sind ein Geschenk Napoleons an die befreundete Familie Marey-Monge, die im 18. Jahrhundert auf dem Château de Pommard residierte. Die Appellation Pommard umfasst 330 Hektar, die Hälfte davon entfällt auf die 28 Premier-Cru-Lagen. Angebaut werden ausschließlich Rotweine aus der Rebsorte Pinot Noir.

WEINGÜTER

Domaine Ponsot
Neben ihren roten Grand Crus steht diese im Jahr 1872 gegründete Domaine u. a. für einen Premier Cru, den sie ausschließlich aus Aligoté-Trauben gewinnt.
21 Rue de la Montagne
21220 Morey-Saint-Denis
Tel. +33380/343246
www.domaine-ponsot.com

Domaine Berthelemot
Peu à peu erweitert die patente Winzerin ihre Rebflächen; inzwischen produziert sie acht Premier-Cru-Weine, darunter einen hervorragenden Meursault und je einen weißen Beaune und Puligny-Motrachet.
24 Rue des Forges
21190 Meursault
Tel. +33380/216861
www.domaineberthelemot.com

Domaine Arnoux-Lachaux
Vier Grand-Crus-Weine zählen zu der im Jahr 1858 gegründeten Domaine, u. a. aus der legendären Lage Clos de Vougeot.
3 Route Departementale 974
21700 Vosne-Romanée
Tel. +33380/610841
www.arnoux-lachaux.com

Maison Louis Latour
Grand Crus fast aller großer Lagen gibt es auf diesem Weingut, darunter Sorten wie Bonnes Mares, Montrachet und Château de Corton Grancey.
18 Rue des Tonneliers
21204 Beaune
Tél. +33380/248100
www.louislatour.com

FRANZÖSISCHER SENF

Beaune war lange Zeit nicht nur für seinen Wein berühmt, sondern – neben Dijon und Meaux – eines der wichtigen französischen Zentren der Senfherstellung. Die historische Senfmühle Fallot von 1840 ist das letzte noch in Familienbesitz befindliche Unternehmen dieser Art in Burgund. Noch im 19. Jahrhundert gab es mehr als 30 Senfmühlen in Beaune.

8 Meursault

In Meursault wachsen einige der größten Weißweine Frankreichs. Über die Winzerhäuser und stattlichen Bürgerpalais des Ortes ragt die gut 50 Meter hohe Turmspitze der Kirche Saint-Nicolas (15. Jh.); das 1142 von Herzog Hugues II. begründete Pilgerhospital wurde jüngst renoviert und zum Gemeindefestsaal erweitert. Das einstige Lehnsherren-Domizil dient inzwischen als Rathaus; seine Fassade und sein markantes, farbig ornamentiertes Dach brachten es sogar zu Filmruhm (»Die Große Sause«). Unter dem Hauptgebäude des Weingutes Château de Meursault liegen einzigartige Kellergewölbe aus dem 12.–16. Jahrhundert. Zur Gemeinde zählen rund 400 Hektar Rebfläche, das Gros ist mit Chardonnay bestockt, darunter 100 Hektar Erste Lagen.

9 Puligny-Montrachet

Die Côtes de Beaune ist berühmt für ihre majestätischen Chardonnays. Vier Grands-Crus-Lagen zwischen den Dörfern Puligny-Montrachet und Chassagne-Montrachet stechen jedoch besonders heraus: Le Montrachet, Bâtard-Montrachet, Chevalier-Montrachet und Bienvenues-Bâtard-Montrachet. Die erstgenannte, welche schon 1861 den höchsten Status an der Côte d'Or erhielt, fällt je etwa zur Hälfte in beide Gemeinden. Ihre Weine ließen Dichter wie Stendhal und Alexandre Dumas d. Ä. jubeln; Thomas Jefferson hielt sie für die besten der Welt. Puligny selbst besteht nur aus einer Handvoll Häuser inmitten eines Rebenmeeres; so auch Chassagne. Während in Puligny, das im Mittelalter Wein für die Zisterzienserabtei Maizières produzierte, heute fast ausschließlich Chardonnay angebaut wird (200 Hektar, davon die Hälfte in 1er-Cru-Lagen), sind die 330 Hektar von Chassagne (ebenfalls mit der Hälfte in 1er-Cru-Lagen) zu 60 Prozent weiß bestockt und zu 40 Prozent rot (Pinot Noir).

10 Santenay

Schon zur Römerzeit war der kleine Ort im Tal der Dheune bekannt für seine Quellen. Zwei Brunnen sorgen noch heute für Kurbetrieb im Thermenviertel. Das Schloss war bis ins 9. Jahrhundert Zentrum einer großen Karolinger Domäne. Turm und Befestigungsanlagen stammen aus dem 14. Jahrhundert. Inzwischen ist das Château de Santenay ein Weingut. Insgesamt gehören zu der Gemeinde am Canal du Centre 390 Hektar Rebfläche (davon 140 Hektar Premier-Cru-Lagen). Produziert wird fast ausschließlich Rotwein aus Pinot Noir.

Links: Weingut Château de Meursault.
Oben: buntes Dach, Schloss Santenay.

Provence & Rhônetal

Von den steilen Anhöhen entlang der Rhône führt die Strecke in den sonnenverwöhnten Süden Frankreichs.

WEINROUTE 20

Als die Phönizier Marseille gründeten, brachten sie auch die ersten Reben mit nach Frankreich. Somit gilt die Provence als die älteste Weinbauregion des Landes. Heute erstrecken sich ihre Rebflächen auf einem schmalen Streifen zwischen Meer und Gebirge, rund 200 Kilometer von der Camargue bis vor die Tore von Nizza. Geprägt ist das Gebiet von drei Appellationen: AOC Côtes de Provence (ca. 20 000 Hektar), AOC Coteaux d'Aix-en-Provence (ca. 4000 Hektar) und AOC Coteaux Varois en Provence (2200 Hektar). Rund 500 Winzer und Genossenschaftskellereien produzieren vor allem in der größten Appellation vorwiegend Roséweine (auf der Basis von Sorten wie Cinsault und Grenache); sie liefern damit ein gutes Drittel der gesamten Roséproduktion Frankreichs. Anders sieht es an den Rhône-Ufern aus. Hier dominieren rote Sorten (Grenache Noir, Syrah, Mouvedre); für weiße stehen Marsanne und Viognier. Das Weinbaugebiet der Appellation Côtes-du-Rhône erstreckt sich entlang der Mäander des Flusses von der Höhe Avignons (wo die Päpste seit dem 14. Jahrhundert Rebflächen anlegen ließen) bis hinauf nach Vienne. Aber auch wenn Gregor von Tours bereits im 6. Jahrhundert den Wein von Avignon lobte, erlebte der Weinbau im Rhônetal erst im 17./18. Jahrhundert deutliche Fortschritte. Mitte des 19. Jahrhunderts wird das Anbaugebiet um die Lagen auf der linken Seite der Rhône erweitert. Heute umfasst es 16 lokale Appellationen (zu den berühmtesten zählen Condrieu, Heremitage, Châteauneuf-du-Pape und Gigondas) und etwa ebenso viele mit Gemeindenamen.

Routenlänge: ca. 530 km
Zeitbedarf: 2–4 Tage
Start: Vienne
Ziel: St. Tropez
Routenverlauf: Von Vienne im Inland geht es nach Süden über Avignon die Küste entlang bis St. Tropez.

Besondere Hinweise: Im Winter widmet sich das Rhônetal ganz dem Trüffel.

Auskünfte:
www.rhone-weine.com
www.vinsdeprovence.com

1 Vienne

Bereits 125 v. Chr. gründen die Römer eine Siedlung am Ufer der Vienne und legen dort einen Weinberg an. Die antiken Relikte bilden heute die Hauptattraktion Viennes und seiner Umgebung; vor allem der Augustus-und-Livia-Tempel inmitten der Altstadt und das Theater am Pipe-Hügel (es dient als Kulisse für ein Jazzfestival). Von seiner Kuppe bietet sich eine herrliche Aussicht über den Fluss, die Weinberge und auf das Pilat-Massiv inmitten des Nationalparks am anderen Rhône-Ufer. Auch eine Pyramide und ein römisches Straßenstück sind erhalten; außerdem wurde ein archäologischer Park (Jardin de Cybèle) geschaffen. Die Kirche Saint-Pierre ist eine der ältesten Frankreichs (6. Jh.); sie birgt heute ein kleines archäologisches Museum. Flusskreuzfahrtschiffe fahren von Vienne bis hinauf nach Lyon; zudem bietet sich eine Fülle von Wassersportarten auf der Rhône an. Nachdem bereits Plinius den Wein von Vienne erwähnte, bestätigen Dokumente, dass auch im Mittelalter und in der Renaissance (aus der zahlreiche Fachwerkbauten der Stadt stammen sowie ihre Kathedrale) Wein erzeugt wurde im Viennois, zu dem außer der namengebenden Stadt heute 18 Gemeinden zählen.

2 Condrieu

Der Garon-Turm, die Befestigungsmauern und die Stadttürme künden bis heute von der wichtigen Stellung des Ortes im Mittelalter; der Hafen erinnert an die große Zeit der Flussschifffahrt, als die Rhône die wichtigste Transportachse vom Norden zum Mittelmeer war. Aber schon die Römer liebten den Wein von Condrieu. Inzwischen bringt die kleine Appellation an »einer Fluss-Ecke« (frz. Coin de Ruisseau) den wohl exotischsten aller Weißweine Frankreichs hervor – auf der Basis der Rebsorte Viognier. Unweit der Rebflächen, die außer um Condrieu teils auch in sechs Nachbardörfern liegen, beginnt der regionale Naturpark Pilat. Unmittelbar gegenüber dem Hafen entstand an der Halbinsel Condrieux Les Rochers ein großes Freizeitareal mit Wasserpark.

3 Tain-l'Hermitage

Schon Thomas Jefferson bestaunte die Aussicht von dem »Eremiten«-Hügel oberhalb des Ortes; hier wachsen in bis zu 20 kleinen Lagen auf rund 140 Hektar die (Syrah-)Trauben für einen der berühmtesten – schon im 17. Jahrhundert von Louis XIII. zum Hofwein erkorenen und bis an den Zarenhof exportierten – Rotweine Frankreichs. Aber auch die Weißen AOC-Hermitage (meist auf der Basis von Marsanne) genießen hohes Ansehen. Zudem wird seit geraumer Zeit in der Appellation wieder Strohwein produziert. Über den Weinbau auf dem Hermitage berichtete bereits der griechische Geograf Strabon. Auf dem Gipfel des Granitberges stand zunächst ein Herkulestempel; im Mittelalter, nachdem sich, so die Legende, der verwundete Kreuzritter Gaspard de Sterimberg hier

Oben: Kathedrale Saint-Maurice in Vienne. Kleines Bild: kleine Kirche bei Tain-l'Hermitage.

ABSTECHER: Orange

Sie war einst die prächtigste Stadt der Provinz Gallia Narbonnensis und ist heute UNESCO-Welterbe. Das antike Theater bildet alljährlich die Kulisse für das Opernfestival.

ABSTECHER: Arles

Das antike und romanische Erbe der Stadt mit zwei Theatern, den Konstantinthermen und dem Augustustor zählt zum UNESCO-Welterbe. Die Kirche Saint-Honorat ist Teil vom »Jakobsweg in Frankreich«; hier beginnt die Via Tolosana.

als Eremit niedergelassen hatte, wurde die Christhopherus-Kapelle erbaut, die der heutigen Lage La Chapelle ihren Namen gab.

4 Grignan

Eines der größten Renaissanceschlösser Frankreichs erhebt sich über einer Handvoll charmanter Gassen auf der felsigen Anhöhe des Ortes. Im Château lebte im 17. Jahrhundert die Tochter der Marquise de Sévigné. Die berühmte Briefschreiberin ist in der Stiftskirche St. Sauveur beigesetzt. Nach den Schlossherren Adémar (13. Jh.) ist das Rhône-Weinbaugebiet Grignan-les-Adhémar benannt (2500 Hektar); es umfasst neben Grignan rund 20 weitere Dörfer. Produziert wird hauptsächlich Rotwein aus den Sorten Grenache Noir und Syrah sowie Garignan und Mourvèdre.

5 Gigondas

Erstmals schriftlich erwähnt wird das Dorf am Saum des Felsmassivs Dentelles de Montmirail anno 951 unter dem Namen Jucundus. Anfang des 12. Jahrhunderts stiftet dann der Bischof von Vaison der ihm unterstellten Pfarrei zur Deckung der anfallenden Aufwände ein Lehen, zu dem auch ein Weinberg zählt. Im 19. Jahrhundert schwand die Rebkultur jedoch zugunsten des Anbaus von Oliven und von Maulbeeren für die Seidenraupenzucht; auch ein Thermalbad wurde gebaut. Erst 1861 belebte die Familie Raspail den Weinbau wieder. Knapp hundert Jahre später, als ein großer Frost alle Olivenbäume vernichtet hatte, gründete sich die örtliche Winzergenossenschaft. Ihre Weine wurden zunächst als Côtes du Rhône Villages vermarktet; 1971 erhielten die Produzenten als erstes Gebiet in den Côtes du Rhône das Recht auf eine lokale Herkunftsbezeichnung. Inzwischen umfasst die AOC Gigondas rund 1300 Hektar, fast ausschließlich mit roten Reben bestockt. Auf dem Gemeindegebiet stehen drei ursprünglich romanische Kirchen und Kapellen sowie die Ruinen der mittelalterlichen Befestigung. Zum Hospice-Ensemble gehört ein Parcours mit Skulpturen zeitgenössischer Künstler.

6 Châteauneuf-du Pape

Wahrzeichen des Ortes ist die Ruine des Schlosses der Päpste von Avignon. Von ihrem Hügel bietet sich der beste Blick auf die nach ihm benannte Siedlung und den nahen Fluss. Anfang des 13. Jahrhunderts hieß sie noch Châteauneuf Calcernier – bezugnehmend auf die bedeutende Kalkproduktion. Bis 1893 blieb dies auch die offizielle Bezeichnung. Anfang des 14. Jahrhunderts ließ Papst Johannes XXII., zuvor Bischof von Avignon, hier seine Sommerresidenz erbauen und einen Weinberg anlegen. Bis zum 18. Jahrhundert blieb das mehrfach zerstörte und wiedererbaute Schloss im Besitz der Päpste; die Rebfläche wuchs kontinuierlich

Château Grignan (oben) ist eines der größten in Frankreich aus der Renaissancezeit.

und umfasste 1750 bereits 650 Hektar. Heute erstreckt sich die Appellation Châteauneuf-du-Pape auf gut 3000 Hektar; Anteil an ihr haben auch einige Nachbargemeinden wie Sorgues und Orange. Vorherrschend sind rote Sorten; es wird aber auch wie im 16. Jahrhundert ein weißer Châteauneuf-du-Pape erzeugt. Zu den bekanntesten Weingütern zählen La Nerthe, Château Rayas und Clos des Papes.

7 Avignon

Eine fünfbogige Brücke nur bis zur Mitte des Flusses, imposante mittelalterliche Stadtmauern und darüber der majestätische Papstpalast – vom Rhôneufer aus bietet Avignon ein grandioses Panorama. Sieben Päpste (und zwei Gegenpäpste) hatten hier im 14. Jahrhundert ihren Sitz; die Residenz des Pontifex maximus, dessen Ehrenhof heute als Kulisse dient für das berühmte Festival d'Avignon, galt als der bedeutendste gotische Palast weltweit. Er zählt als Teil der historischen Altstadt inzwischen zum UNESCO-Welterbe – ebenso wie das bischöfliche Ensemble und die sogar mit einem eigenen Lied bedachte Pont d'Avignon, einst wichtige Station für Pilger sowie Kontroll- und Mautstelle für den Schiffsverkehr. Avignon paart bis heute französisches und italienisches Flair: Mittelalterliche, mit schönen Patrizierhäusern gesäumte Pflasterstraßen laden zum Flanieren ein, an kleinen Plätzen locken Terrassencafés zum Verweilen. Und natürlich spielt auch der Wein eine wichtige Rolle: Als Metropole der Weine der Appellation Côte du Rhône besitzt Avignon seit 1997 auch deren einzigen AOC-Weinberg intra muros. Er liegt inmitten des Papstpalast-Gartens auf der Spitze des Rocher des Doms (von dem man einen wunderbaren Blick genießt über die Dächer der Stadt und das Fort St.-André de Villeneuve-lez-Avignon auf der anderen Seite der Rhône) und umfasst rund 900 Quadratmeter. Die kleine Parzelle ist bestockt mit 550 Reben, die die Weinberge der Rhône von Nord nach Süd repräsentieren. Jedes Jahr vinifiziert die Trauben ein anderer Winzer der Freiwilligenorganisation Compagnons des Côtes du Rhône; nur in großen Jahren gibt es einen Cuvée. Die jährlich besten Weine des Rhônetals sind in der Bouteillerie du Palais des Papes versammelt: Im Ambiente eines historischen Waffensaales werden sie zum Preis wie auf dem Weingut verkauft.

8 Ménerbes

Picasso kaufte Dora Maar ein Haus in diesem bis auf die Antike zurückgehenden malerischen Bergdorf am Saum des Lubéron; es sollte vier Jahrzehnte lang die Heimat der (Fotografie-)Künstlerin bleiben. Vor den Toren des lang gestreckten, im Mittelalter von

WEINFESTE

JULI
»Fête du Vin« in Saint-Rémy de Provence (weitere Informationen unter: Tel. +33490/920 522)

AUGUST/SEPTEMBER
»Ban des Vendanges« (Weinlese-Eröffnung) in Avignon (www.provenceguide.com);
»Fête du Raisin Muscat des Terrasses du Ventoux« in Villes-sur-Auzon (www.ventoux-saveurs.fr)

NOVEMBER
»Fête des Vins Primeurs de l'Enclave« in Valreas (weitere Infos unter: Tel. +3349/0350471)

In Gigondas (kleines Bild) leben nur etwa 550 Menschen. Unten: Pont d'Avignon über der Rhône.

einer Festung überragten Ortes gründeten die Karmeliter bereits im 13. Jahrhundert ein Kloster; inzwischen ist die Abbaye de Saint-Hilaire denkmalgeschützt und in Privatbesitz. Das historische Palais d'Astier de Montfaucon (17. Jh.) am Rathausplatz von Ménerbes birgt heute das Maison de la truffe et du vin du Luberon; fast alle Winzer der Lage im Regionalpark Luberon sind hier mit ihren Weinen vertreten. Die Rebflächen der AOC Côtes du Luberon umfassen ca. 4000 Hektar, verteilt auf rund drei Dutzend Gemeinden, darunter Apt, Bonnieux und Cucuron. Teile der Weinberge von Apt und Bonnieux zählen auch zur Appellation Côtes du Ventoux, die sich zu Füßen des von der UNESCO zum Biosphären-Reservat erklärten berühmten Tour-de- France-Berges zwischen dem Gebiet von Carpentras, Fontaine de Vaucluse, Gordes und Roussillon bis zu den Ockerfelsen von Rustrel erstreckt. Wie diese dienten Bonnieux und Cucuron auch bereits als Filmkulisse – u. a. für Ridley Scotts Kinoproduktion »Ein gutes Jahr« (2006).

9 Les Baux-de-Provence

Beherrscht von einer der größten Burgruinen Frankreichs, liegt das nach dem provenzalischen Wort »baou« (»schroffe Felsen«) benannte Dorf, das auch dem Mineral Bauxit seinen Namen gab, auf einem felsigen Hochplateau am Südhang der Alpilles. Im 17. Jahrhundert kam der geschichtsträchtige Ort als Lehen an die Fürsten von Monaco – und noch heute tragen die Grimaldi auch den Titel Comtes de Baux. Auf dem Gebiet von Baux stehen uralte Olivenbäume zur Ölproduktion – und ca. 300 Hektar Reben. Die Weinberge zählen bereits zur AOC Coteaux d'Aix (die sich im Süden bis zum Mittelmeer, im Osten bis zur Montagne Sainte-Victoire zieht); produziert werden vorwiegend rustikale Rosés und robuste Rote.

10 Aix-en-Provence

Als erste römische Siedlung auf gallischem Boden gegründet, begeistert die Heimat die Malers Paul Cézanne heute durch Kulturvielfalt und Lebensart. Viele Studenten beleben das Bild der einstigen Hauptstadt der Provence; erst im 18. Jahrhundert trat Aix diesen Titel ab an Marseille. Die Prachtmeile Cours Mirabeau führt nördlich hinein in die Gassen der Altstadt; im Süden schließt das vornehme Mazarin-Viertel an. Oberhalb der Place des Loges im Westen entstand im Herzen des Kulturforums das moderne Konservatorium für Musik, Tanz und Theater nach Plänen des japanischen Architekten Kengo Kuma. Berühmt ist neben dem Musée Granet mit Werken u. a. von Cézanne, Giocometti und Ingres auch die Fondation Vasarely. Zwischen dem

Dieser von Moos überwachsene Brunnen in Aix-en-Provence (oben) ist ein Kunstwerk. Links: Das Dorf Les Baux (oben); Weinreben und Lavendel prägen das Landschaftsbild der Region (unten).

★★★ ART & VIN ET MUSIQUE

Welche schönere Verbindung an man sich vorstellen: Kunst und Wein paaren sich von Juni bis September, wenn die unabhängigen Winzer des Var Maler, Bildhauer oder filmisch arbeitende Künstler einladen und so aus ihrer Domäne oder ihrem Chateau eine Galerie auf Zeit machen. Die Weinbauern von Cairanne, Vaqueras und Visan bitten von Mai bis November zu zehn Jazz-Konzerten in ihren Domänen und Kellern.

Atelier von Cézanne und dem Oppidum d'Entremont bietet ein kleiner Hügel inmitten eines Wohngebiets einen wunderbaren Blick auf das Massif des Mont St. Victoire. Ebenfalls inmitten herrlicher provenzalischer Landschaft liegt nördlich von Aix, im Weiler Le Puy Sainte-Réparde, das Château La Coste. Umgeben von Eichen- und Mandelbäumen, umfasst es Olivenhaine ebenso wie 125 Hektar Reben. Namhafte Architekten und Künstler wie Tadao Ando, Frank O. Gehry und Renzo Piano trugen zur Gestaltung des Weinguts bei.

11 Le Tholonet

Grauer Fels, rote Erde und tiefblauer Himmel: Paul Cézanne war begeistert von Le Tholonet; er malte u. a. das Schloss. Auf einem Rundweg kann man den Spuren des Künstlers folgen. Die 12 Hektar Rebfläche des Dorfes zählen zur AOC Coteaux d'Aix; die heutige Lage La Palette geht zurück auf eine mittelalterliche Karmeliter-Gründung.

12 Brignoles

Enge, steile Gassen, Reste der alten Stadtmauer, das Palais der Grafen der Provence, die Kirche Saint Sauveur mit romanischem Portal – die Geschichte des Marktstädtchens reicht weit zurück. Neben Oliven- und Obstanbau spielt der Wein eine wichtige Rolle in der bereits in der Antike von der Via Aurelia durchzogenen Region. Brignoles ist das Zentrum der zur Appellation Côtes de Provence zählenden AOC Coteaux Var. Sie umfasst gut 2000 Hektar in rund 30 Gemeinden (darunter auch Cotignac und Sanary-Sur-Mer); mehr als 50 Prozent sind mit Trauben für Rosé bestockt, etwa 40 Prozent mit roten Sorten (meist Syrah).

13 Saint-Tropez

Bereits die Kartäuser von La Verne kultivierten Reben auf der Halbinsel von Saint-Tropez und seit dem Mittelalter entwickelte sich das Gebiet auf dem Ausläufer des Maurengebietes zu einer der wichtigsten Regionen der AOC Côtes de Provences. So steht hier z.B. eines ihrer insgesamt nur knapp zwei Dutzend Cru-Classé-Güter. Saint-Tropez selbst, benannt nach dem Heiligen Torpes, war bis ins 20. Jahrhundert ein schlichtes Fischerdorf, das jedoch – schon lange bevor ab den 1950ern die Reichen und Schönen kamen und der Kino-Mythos erblühte – viele Maler anzog. Allen voran Paul Signac, dessen Werke den Grundstock bildeten für das hochkarätige Musée de L'Annonciade in der gleichnamigen Kapelle am Alten Hafen, der mit seinen Terrassencafés und den großen internationalen Jachten nach wie vor die größte Attraktion des Städtchens ist.

Links: Wein ist das beherrschende Thema der Provence. Rechte Seite: der Hafen von Saint-Tropez in der Abendsonne.

WEINGÜTER

Remi Niero
Winzer in der dritten Generation: Neben dem Condrieu der Lage Chéry gibt es hier auch Cuvée »Les Ravines«.
Impasse du Pressoir, Rue de la Mairie
69420 Condrieu
www.vins-niero.com

Château Raspail
Im Weinberg (43 Hektar) des 1866 im Stil einer italienischen Villa erbauten Gutes dominiert Grenache; der Gigondas ist körperreich und elegant.
Le Colombier
84190 Gigondas
www.chateauraspail.com

Maison Ogier
Le Clos de l'Oratoire des Papes zählt zu den Ikonen der AOC Châteauneuf-du-Pape; ein kleiner Garten stellt die verschiedenen Bodenarten der Appellation vor.
10 Avenue Pasteur
84230 Châteauneuf-du-Pape
www.ogier.fr

Château Simone
Zurückgehend auf die großen Karmeliter von Aix, ist das kleine Gut seit 1830 im Besitz der Familie Rougier; es produziert u. a. zwei schöne Rosé-Linien.
Chemin de la Simone
13590 Meyreuil
www.chateau-simone.fr

Château St. Maur
Sieben der acht Weine dieses Guts sind Cru Classé; darunter die drei Roséweine sowie ein samtiger Roter.
537 Route de Collobrière
83310 Cogolin
www.chateausaintmaur.com

Bordeaux

Die Stadt Bordeaux ist ein optimales Zentrum für Erkundungen des sie umgebenden Weinparadieses.

WEINROUTE 21

Weinbau betrieben in der Region bereits die Römer; heute gilt das Bordelais mit rund 120 000 Hektar Rebfläche als das größte zusammenhängende Anbaugebiet für Qualitätswein weltweit. Es erstreckt sich an den Ufern der Garonne und der Dordogne sowie am Zusammenfluss beider in einem langen Mündungsgebiet bis fast zum Atlantik. Etwa 3000 Weingüter (Châteaux) liegen verstreut auf die fünf Gebiete Médoc, Graves, Entre-Deux-Mers (auch »Toskana des Bordelais« genannt), Blayais und Bourg/Libournais. Erzeugt werden vor allem trockene, langlebige Rotweine, die im Gebiet des »linken Ufers« (der Garonne) fruchtiger und in den Appellationen von Saint-Émilion und Pomerol (»rechtes Ufer«) sanfter und voller ausfallen. Viele von ihnen zählen zu den berühmtesten und teuersten Tropfen der Welt. Gewonnen werden sie vor allem aus den drei Rebsorten Cabernet Sauvignon, Merlot und Cabernet Franc. Knapp 20 Prozent der Gesamtproduktion entfällt auf Weißwein. Die Spitze stellen die edelsüßen Sauternes aus der Sémillon-Traube dar, erzeugt um den gleichnamigen Ort und im nahen Barsac. Die charaktervollsten trockenen Weißweine – meist auf der Basis von Sauvignon Blanc – stammen aus dem Bereich Graves. Seit 1991 gibt es auch eine Appellation für Schaumwein, den Crémant de Bordeaux. Insgesamt existieren für das Weinbaugebiet rund 50 verschiedene AOC; je kleiner sie sind, desto höher sind in der Regel Ansehen, Qualität und Preis.

Routenlänge: ca. 250 km
Zeitbedarf: 2–3 Tage
Start: Blaye
Ziel: Pauillac
Routenverlauf: Die Route verläuft ringförmig von Blaye entlang der Dordogne über Sauternes im Süden wieder hinauf entlang der Garonne nach Pauillac.

Besondere Hinweise: Eine schöne Strecke ist die »Burgenstraße« nördlich von Bordeaux zwischen dem Atlantischen Ozean und der Gironde-Mündung.

Auskünfte:
www.bordeaux.com, www.bordeaux-aquitaine-wine-trip.fr, www.bordeaux-tourismus.de

1 Blaye

Bereits zu Römerzeiten bestand am östlichen Ufer des Ästuars Gironde ein Castrum Blavia. Ab dem 4. Jahrhundert begann der Bau der Basilika Saint-Romain de Blaye. Sie wurde im 17. Jahrhundert unter Vauban teilweise abgerissen, ihre Relikte sind aber erhalten. Ebenfalls aus der Ära des Festaungsbaumeisters von Louis XIV. stammt die Zitadelle nördlich des Flusshafens Saugeron. Unter dem Begriff »Verrou Vauban« zählt sie inzwischen zusammen mit Fort Pâté (auf der gleichnamigen Gironde-Insel) und dem Fort Médoc zum Welterbe der UNESCO. Das Weingebiet der AOC Blaye (früher auch Blayais, inzwischen häufiger Côte de Blaye) umfasst knapp 6000 Hektar, überwiegend bestockt mit roten Sorten. Noch Anfang des 20. Jahrhunderts wurden vorrangig Weißweine gekeltert, die zur Herstellung von Cognac dienten, der in Blaye aber von 1909 an, zum Schutz der Region Cognac, nur noch als Branntwein bezeichnet werden durfte.

2 Libourne

Bald nach ihrer Gründung im 13. Jahrhundert als Bastide (Wehrdorf) entwickelte sich die heute ca. 35 000 Einwohner zählende Stadt am Zusammenfluss von Isle und Dordogne rasch zum wichtigen Hafen für den Export von Wein (u. a. nach England und Holland), die Anlandung von Holz und den Umschlag anderer Waren aus ganz Europa. Als »Patentochter« von Bordeaux unter der kurzen Regentschaft von Bernard de Nogaret de La Valette war sie auch deren Rivalin in Sachen Handel und Steuern. Im 18. Jahrhundert wurden ihre Kais und Tore erneuert, Alleen und Brunnen geschaffen. Bis heute zeugen der Tour du Grand Port (als Relikt der mittelalterlichen Befestigung), die Kirche St. Jean, das Rathaus und die Place Royale mit ihren Arkadengebäuden sowie die imposante steinerne Flussbrücke

In goldenes Abendlicht getaucht zeigen sich Blaye (oben) und Libourne (unten).

ABSTECHER: Arcachon

Schon im 19. Jahrhundert bauten sich wohlhabende Bordelaiser Villen in der von feinsandigen Stränden gesäumten Küstenstadt am Atlantik. Südlich der Villenvororte Le Pilat Plage und Pyla sur Mer liegt die berühmte große Düne (du Pilat).

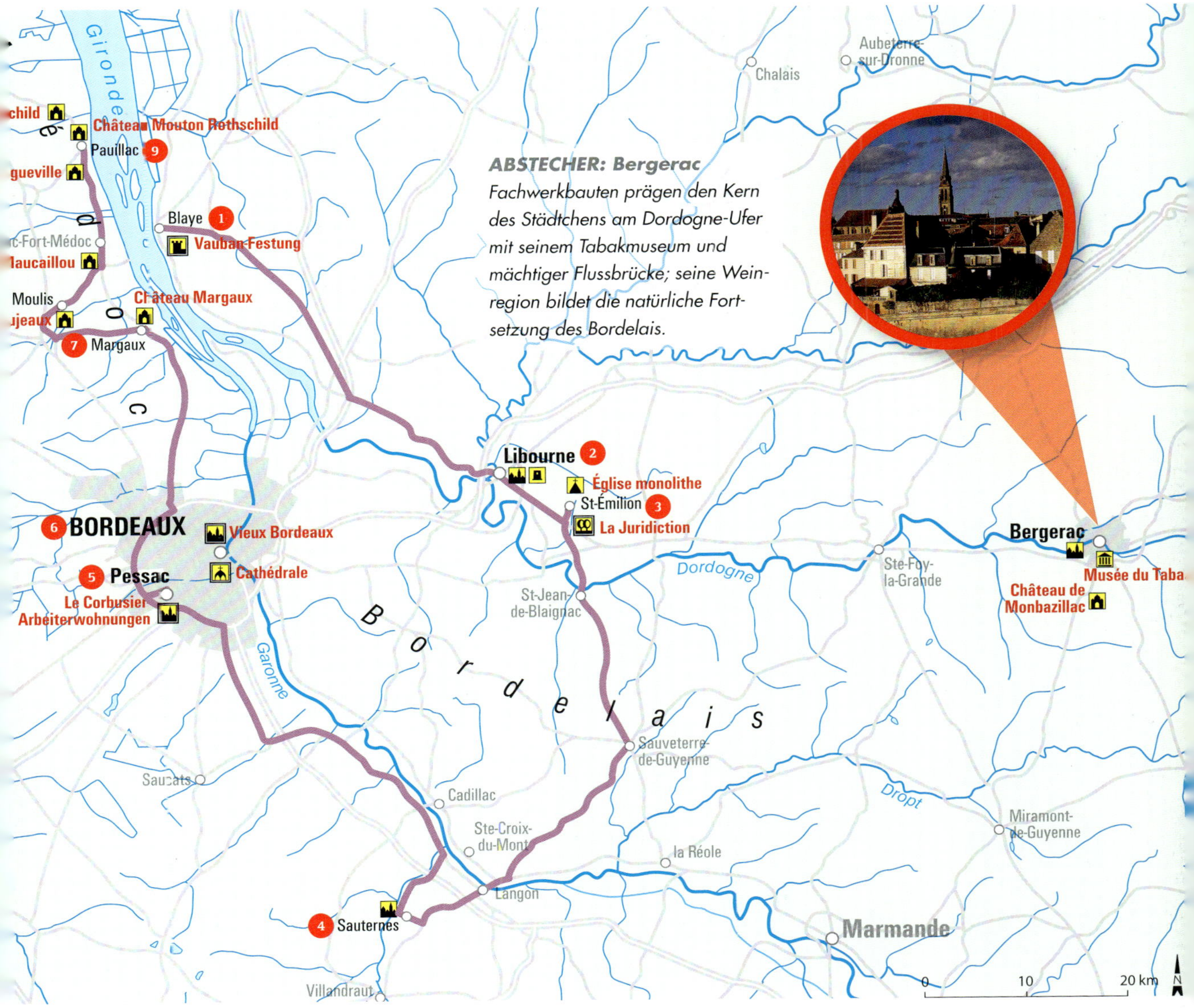

ABSTECHER: Bergerac
Fachwerkbauten prägen den Kern des Städtchens am Dordogne-Ufer mit seinem Tabakmuseum und mächtiger Flussbrücke; seine Weinregion bildet die natürliche Fortsetzung des Bordelais.

WEINFESTE

APRIL
»Printemps des Vins de Blaye« (www.printemps.vin-blaye.com)

JUNI
»Bordeaux Fête Le Vin« (www.bordeaux-fete-le-vin.com)

SEPTEMBER
»Les Grands Heures des St.-Émilion« (www.saint-emilion-tourisme.com)

NOVEMBER
»Margaux Saveurs« (www.margaux-saveurs.com)

von den historischen Blütezeiten der Stadt. Das Weinbaugebiet Libournais (ca. 5200 Hektar, vorwiegend rot auf der Basis von Merlot und verteilt auf tausend Winzer) versammelte schon früh große Namen; bereits im 18. Jahrhundert waren die Lagen Pomerol und Fronsac weit über die Grenzen Frankreichs hinaus bekannt.

3 Saint-Émilion

Bereits in der Antike wurde um den heutigen Ort am oberen Ende eines Talkessels Wein angebaut; der römische Dichter Ausonius soll hier Rebland sein Eigen genannt haben. In seiner heutigen Form geht St.-Émilion zurück auf die Klause des Eremiten Aemilianus (8. Jh.). Um sein Grab entstanden zahlreiche Klöster; der Ort wurde eine wichtige Etappe für Pilger auf einer Nebenstrecke des Jakobswegs. Inzwischen zählen St.-Émilion und sein Weinbaugebiet (AOC) zum Welterbe der UNESCO. Die beiden herausragenden Güter sind die Châteaux Ausone und Cheval Blanc (Premier Grands Crus Classés A). Der kleine Ort hat ein reiches architektonisches Erbe; sehenswert sind u. a. die Felsenkirche, der Donjon des Château du Roi und der Kreuzgang des Franziskanerklosters. Direkt im Nachbarort Pomerol produziert das berühmte Château Pétrus Weine.

4 Sauternes

Nicht der Jungfrauenstatue am Rathausgiebel verdankt das im 11. Jahrhundert als Salternas verbriefte, am Ufer des Ciron liegende heutige 800-Seelen-Dorf seine Berühmtheit, sondern seinen Süßweinen. Vor allem jenen des Château d'Yquem. Es ist das einzige Weingut des Bordelais, das anlässlich der Klassifikation von 1855 einen offiziellen Status als Premier Grand Cru Classé Supérieur genießt. Insgesamt umfasst die Appellation Sauternes AOC ca. 2300 Hektar, das Gros entfällt auf den namengebenden Ort. Sauternes-Weine werden vor allem auf der Basis der Rebsorte Sémillon erzeugt. Dank der lokalen Herbstnebel, die durch den Zufluss des kalten Quellwasserflüsschens Ciron in die Garonne entstehen, bildet sich die für die natürliche Süße der Traube verantwortliche Edelfäule in der Regel besonders gut.

Das Stadttor Porte Cailhau in Bordeaux (oben) wurde Ende des 15. Jahrhunderts zu Ehren Karls VIII. erbaut. Links: Das Château Smith Haut Lafitte lädt mit seinen herrlichen Innenräumen mit einer Mischung aus altem Bauernhaus und gemütlich Moderne zum Verweilen und Genießen des Weins ein.

WEINGÜTER

Château d'Arsac
Rund die Hälfte der Rebfläche dieses Weinguts zählt mittlerweile zur AOP Margaux; zudem erweitert sich der zum Weingut gehörende Jardin des Skulptures um Werke zeitgenössischer Künstler.
1 Allée du Comte
33460 Arsac-en-Médoc
Tel.+33556/588390
www.chateau-arsac.com

Chateaux Climens
Alle 30 Hektar dieses Barsac-AOC-Weinguts sind ausschließlich mit der für edelsüße Weine prädestinierten Sémillon-Traube bestockt.
33720 Barsac
Tel. +33556/271533
www.chateau-climens.fr

Château Smith Haut Lafitte
Daniel und Florence Cathiard, die früher beide einmal Profiskiläufer waren, bauen inzwischen nicht nur rote und weiße Trauben an, sondern haben sogar noch ein eigenes Wein-Spa kreiert und eine traubenbasierte Kosmetiklinie – Verwöhnung aller Sinne also!
33650 Bordeaux Martillac
Tel. +33557/831122
www.smith-haut-lafitte.com

Denis Dubourdieu
Die Familie besitzt insgesamt gleich vier Weingüter; im Clos Floridine wird unter ökologischen Aspekten gearbeitet. Die 33 Hektar Rebfläche sind je zur Hälfte rot und weiß bestockt. Seidige Sauvignons kommen von hier.
33410 Beguey
Tel. +33556/629651
www.denisdubourdieu.fr

5 Pessac

Seit Sommer 2016 kann sich die 60 000-Einwohner-Stadt rühmen, Teil des Le-Corbusier-Welterbes zu sein. Denn der berühmte Architekt verwirklichte hier zwischen 1924 und 1926 mit einer Siedlung von Arbeiterwohnungen im Auftrag des Zuckerfabrikanten Henry Frugès sein erstes städtebauliches Projekt. 50 der 120 geplanten Einheiten in sieben Haus-Typen wurden gebaut; eines kann besichtigt werden. Moderne Architektur gepaart mit historischer zeigt das Rathaus von Pessac; die Kirche Saint-Martin (17. Jh) ist im Kern romanisch. Von der Ferme Expérimentale, dem königlichen Versuchsbauernhof des 18. Jahrhunderts, auf dem auch Seidenraupen gezüchtet und Kammerdiener ausgebildet wurden, blieb nur die Mühle (Le Moulin de Noès) erhalten. Pessac zählt zur Weinbauregion Graves und gehört zur Appellation Pessac-Léognan. Die bekanntesten Weingüter der Stadt – in der die Universität Bordeaux eine Ausstelle hat und die französischen Euro-Münzen geprägt werden – sind Château Haut-Brion und Château Pape-Clément.

Kleines Bild: Innenraum der aus einheitlichem Kalksteinfelsen geschlagenen Kirche Saint-Émilion.

6 Bordeaux

»Eine Mischung aus Versailles und Antwerpen« nannte Victor Hugo die Hauptstadt des Bordelais. Tatsächlich sind es nicht einzelne Bauten, die beeindrucken, sondern die bis heute fast vollständig erhaltene historische Gesamtanlage – von der spätbarocken Anordnung der Straßen und Plätze über die Harmonie der Häuserzeilen bis hin zu den Parks und Gärten. Die »Fassade« zur Garonne ist weltberühmt: Auf mehreren Kilometern ziehen sich hohe, schmale Bürgerhäuser am Flussufer entlang, unterbrochen durch einzelne Repräsentationsbauten. Dahinter ragen die Türme und Dächer von Kirchen empor, darunter die mächtige romanische Kathedrale Saint-André und die hohe zweitürmige Église Saint-Louis-de-Chartrons. Das historische Ensemble innerhalb der ehemaligen Stadtmauer, von der noch Tore erhalten sind (die älteste ist Porte Cailhau, datiert aus dem 15. Jh.), gilt als das größte, geschlossenste und schönste von ganz Frankreich; es wird häufig als Filmkulisse genutzt. Seit 2007 zählt die Altstadt von Bordeaux zum Welterbe der UNESCO. Nordöstlich von ihr reckt sich im Hafenviertel Port de la Lune seit 2016 der markante Bau der Cité du Vin. Seine Architektur ist inspiriert vom Schwingen und

MARATHON DU MEDOC

In Pauillac wird jeweils am ersten Samstag im September der »längste Marathon der Welt« ausgetragen. Die exakt 42,195 Kilometer lange Strecke führt allerdings vorwiegend durch die örtlichen Weingüter, wo die Läufer (das Gros von ihnen ist kostümiert) die Châteaux-Weine auch probieren können. Nach der Degustation verlängert sich die Distanz zum Ziel oft ungewollt.

Spiegeln eines Weins im Glas. Mit Ausstellungs- und Veranstaltungsprogrammen will der neue Themenpark Jung und Alt die ganze Welt des Weines erfahrbar machen. Zu den eindrucksvollen Zeugnissen zeitgenössischer Architektur zählt der Justizpalast, geplant von Richard Rogers, der u. a. verantwortlich zeichnete für das Centre Georges Pompidou in Paris und den Millennium Dome in London.

7 Margaux

Margaux lebt vom Weinbau, es gehört zu den sechs Gemeinden des Haut-Medoc, die eigne Appellationen sind und den Ortsnamen auf dem Etikett tragen dürfen. Rund 80 Winzer bewirtschaften ca. 1400 Hektar bestockte Fläche (Cabernet Sauvignon und Merlot). Ein Drittel der 61 Chateaux, die im Jahr 1855 bei der Bordeaux-Klassifizierung in die Grand-Cru-Liste aufgenommen wurden, sind in und um Margaux angesiedelt. Das bekannteste ist das Château Margaux.

8 Moulis

Im Mittelalter war das Medoc die Kornkammer von Bordeaux; zahlreiche Mühlen standen hier. Ihnen verdankt das Weindorf seinen Namen. Es ist die kleinste der sechs kommunalen Appellationen. Bekannt ist vor allem sein Château Poujeaux (im 16. Jh. Teil von Château Latour) und das Château Chasse-Spleen, in dessen Nachbarschaft Odile Rédon lebte, der Illustrator des Dichters Charles Beaudelaire. Wie dieser weilte auch Lord Byron in der Gegend – und schrieb, sie trage bei zu »getting rid of the blues«.

9 Pauillac

Im 18. Jahrhundert erhielt die Metropole des Weingebiets Medoc ihr heutiges Gesicht; etwa 900 Hektar der Gemeindefläche sind mit Reben bestockt. Sie umfasst 18 Crus Classés, darunter die drei berühmten Premier Crus Châteaux Lafite-Rothschild, Château Latour und Château Mouton-Rothschild. Zum Gut des Letzteren gehört ein Weinmuseum mit internationalen Exponaten; den modernen Weinkeller plante der Stararchitekt Ricardo Bofill. Die Orangerie des Château Pichon Longueville Comtesse de Lalande birgt eine Sammlung historischer Gläser. Und selbst die 1897 erbaute Grotte d'Artigues ist mit dem Thema Wein verbunden: Damit die Pilger in dieser Replik der Grotte von Lourdes das »heilige Wasser« trinken konnten, tauschte Anne-Françoise Averous ein Fass davon gegen eines mit Wein aus ihrem Château de Haut-Bages aus. Von der frühen industriellen Blüte des Orts zeugt nach wie vor der Hafen.

Links oben: Musée National des Douanes de Bordeaux. Darunter: das Weingut Château Pichon-Longueville-Baron.

Spanien

Die Iberische Halbinsel besticht mit einer schier endlosen Bandbreite an edlen Tropfen.

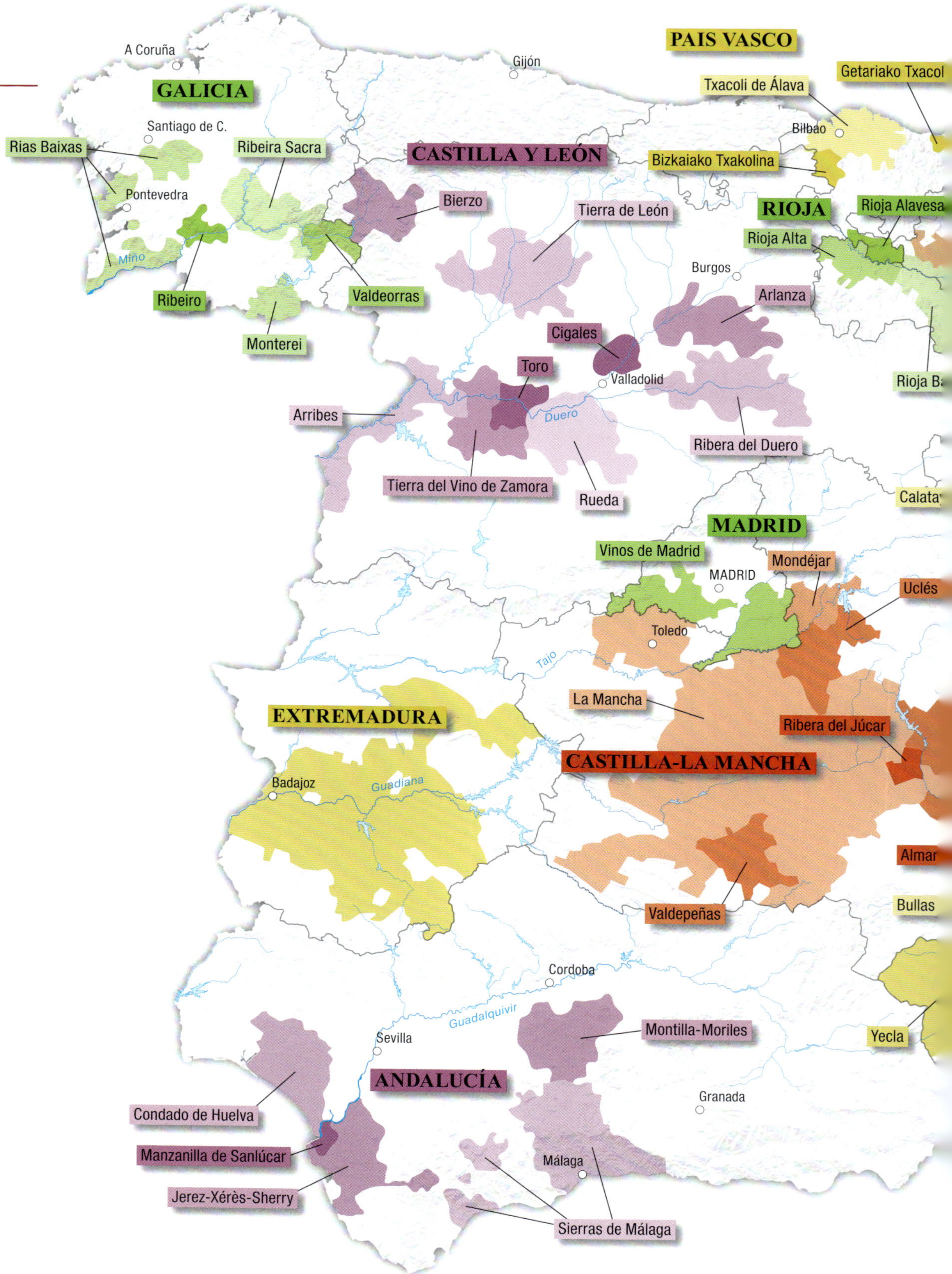
PAIS VASCO
Getariako Txacol
Txacoli de Álava
A Coruña
Gijón
GALICIA
Bilbao
Santiago de C.
Rias Baixas
Ribeira Sacra
CASTILLA Y LEÓN
Bizkaiako Txakolina
Pontevedra
Bierzo
Tierra de León
RIOJA
Rioja Alavesa
Rioja Alta
Miño
Burgos
Ribeiro
Valdeorras
Arlanza
Monterei
Cigales
Toro
Valladolid
Rioja Ba
Arribes
Duero
Ribera del Duero
Tierra del Vino de Zamora
Rueda
Calata
MADRID
Vinos de Madrid
Mondéjar
MADRID
Uclés
Toledo
Tajo
La Mancha
EXTREMADURA
Ribera del Júcar
CASTILLA-LA MANCHA
Badajoz
Guadiana
Almar
Valdepeñas
Bullas
Cordoba
Guadalquivir
Montilla-Moriles
Sevilla
Yecla
ANDALUCÍA
Granada
Condado de Huelva
Manzanilla de Sanlúcar
Málaga
Jerez-Xérès-Sherry
Sierras de Málaga

Weinregionen Spanien

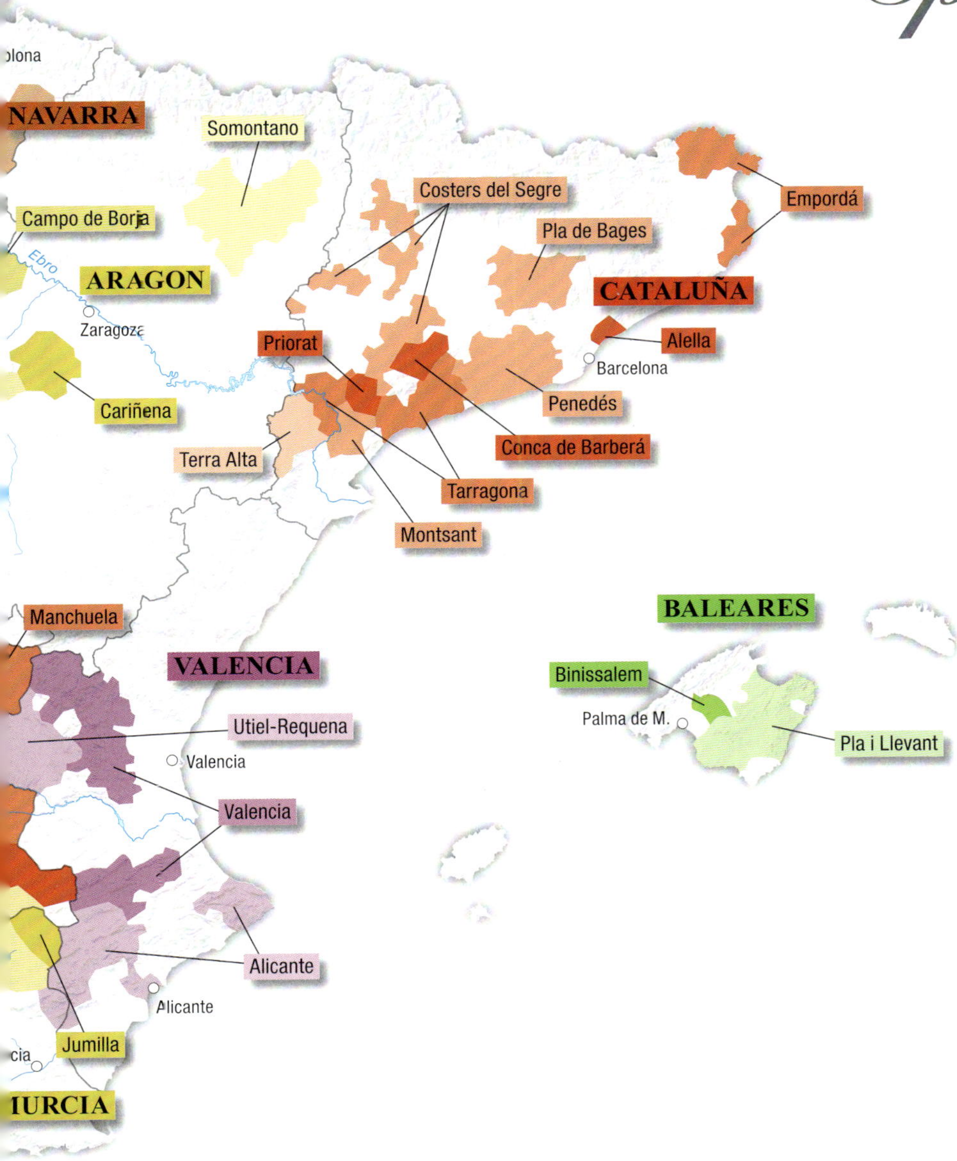

Spanische Wein- und

WEISSWEIN

AIRÉN
Anbau: Sie ist die mit Abstand am meisten angebaute Rebsorte Spaniens (bekannt auch unter den Namen Valdepeñas sowie Manchega), auch wenn ihre Bedeutung heutzutage eher rückläufig ist. Beliebt ist sie jedoch nach wie vor wegen der großen Widerstandsfähigkeit gegen Hitze und Trockenheit.
Genuss: Zumeist entstehen aus ihr jung zu trinkende Weißweine. Früher eher sehr alkoholreich, sind die Ergebnisse heute – auch dank temperaturkontrollierter Gärung – weitaus feinfühliger und frischer. So entstehen teilweise Weine mit Noten tropischer Früchte oder blumiger Buketts.

ALBARIÑO
Anbau: Diese Rebsorte gilt als prominent und hochwertig. Für Spanier ist sie die elegante Dame unter den Reben im Weißweinanbau. Gerade in feuchten Gebieten fühlt sich die Traube besonders wohl.
Genuss: Frisch, fruchtig, vielschichtig – die Weine haben ein ausgewogenes Verhältnis von Süße und Säure. Birne, Apfel, tropische Früchte, florale Noten – so schmecken die Weine geschmeidig und lebhaft zugleich, dem Riesling ähnlich.

VERDEJO
Anbau: Verdejo gehört zu den interessantesten Rebsorten der Iberischen Halbinsel, zumal die Geschichte bis ins 11. Jahrhundert zurückreicht. Sie ist eine der ertragsreichsten Rebsorten überhaupt. Vor allem auf Kalksandstein in mittleren Höhen entfaltet sie ihre volle Pracht.
Genuss: Die Weine sind meist sehr extraktreich, vollmundig und würzig. Leichte Aromen von Stachelbeere lassen mitunter eine gewisse Ähnlichkeit zum Sauvignon Blanc aufkommen. Auch wenn sich Verdejo für Cuvées eignet, findet man meistens sortenreine Weine. Sein Aroma reicht von exotische Früchten, Honig und Anis bis hin zu Nüssen.

CHARDONNAY
Anbau: Mittlerweile ist die Traube für weißen Burgunder auch in Spanien angekommen und wird gerne für Schaumweine (Cava) genutzt. Die Reben sind relativ einfach anzubauen und zu verarbeiten.
Genuss: Die Weine sind fein und aromatisch. Aber auch die fruchtige Frische ist ein Merkmal des Chardonnay, der gerne im Barrique ausgebaut wird. Vor allem dann zeigt sich der Körper voll und rund. Diese Weine haben ein leichtes Aroma von Vanille, Mango, Honig oder Keks.

Rebsorten

ROTWEIN

TEMPRANILLO

Anbau: Sie ist die wichtigste Rebsorte in Spanien und wird fast im gesamten Land angebaut. In den kühleren Weinanbaugebieten entstehen leichte, elegante Weine, in heißerem Klima werden sie dagegen zunehmend mächtig.
Genuss: Die Weine sind oftmals dunkel mit einem intensiven Bukett. Dagegen muss der Alkoholgehalt nicht zu hoch sein. Durch den eher geringen bis mittleren Säuregehalt sind sie nicht zu schwer und eignen sich auch für einen lauen Sommerabend. Tempranillo aus heißen Gegenden ist ein wunderbarer Begleiter an einem Kaminabend. Das Aroma erinnert an schwarze Beeren, Pflaumen oder Schokolade.

GARNACHA

Anbau: Die als autochthone geltende Rebsorte ist quasi ein Alleskönner und erbringt hohe Erträge. Zumeist sind die Weine fruchtig und kräftig, oftmals aber auch eher blass. Der Wein wird vielfach für Cuvées (z. B. im Rioja) und Rosés genutzt, kann aber auch weiß gekeltert werden.
Genuss: Garnacha passt zu fast allen Gerichten. Da die Weine oftmals recht alkoholreich sind, sollte vorher ein Blick aufs Etikett geworfen werden. Sie werden auch im Verschnitt gern genommen. Der Geschmack erinnert an reife Früchte und süße Gewürze wie Himbeere, Anis und Pfeffer.

BOBAL

Anbau: Die Rebsorte wird vor allem in höher gelegenen Regionen angebaut. Sie gilt als schwierig, da bei zu früher Lese Weine mit unbändigen Tanninen entstehen können.
Genuss: Zumeist findet sich die Rebsorte in massentauglichen Weinen. Durch den oft geringen Alkoholgehalt lässt sich der Wein unkompliziert trinken, selbst wenn manchmal erdige Nuancen zu erkennen sind. Bei reduziertem Ertrag können aber auch aromatische, tiefdunkle Weine entstehen.

MONASTRELL

Anbau: Bekannt ist diese Rebsorte auch unter dem Namen Mourvèdre und mag gerne hohe Temperaturen. Zudem liebt sie trockene Böden. Früher nur in Spanien verbreitet, findet man sie heute auch in anderen Ländern.
Genuss: Die Weine weisen Aromen von eingelegten Früchten wie Brombeeren oder Himbeeren auf und können recht blumig schmecken. Sie sind eine wunderbare Ergänzung in Cuvées. Die Tanninstruktur ist eher schwach ausbildet. Der Wein hat eine intensive Farbe und oft einen hohen Alkoholgehalt.

Rías Baixas

Die raue Schönheit der Natur und ein reiches Angebot an Meeresfrüchten machen diese Weinstraße besonders reizvoll.

WEINROUTE 22

»Die Galicier sind mit dem Regenschirm in der Hand auf die Welt gekommen«, so spötteln die Spanier gerne über das Völkchen am äußersten Westzipfel ihres Landes. Tatsächlich ist das Wetter hier eher atlantisch-wechselhaft geprägt und die Niederschlagsmenge groß. Zudem ist es deutlich kühler als in anderen Gegenden des Landes – gute Bedingungen also für leichte Weißweine. Darauf hat sich die Region spezialisiert, eine typische Traube ist die aromatische Albariño-Rebe mit ihrer feinen Säure. Mehr als 200 Weingüter produzieren hier auf 3600 Hektar jährlich 15 Millionen Liter Wein. Dabei profitieren sie von der besonderen Lage ihrer Landschaft und den fjordähnlichen Einschnitten in die Küste. Hier erwärmt sich das flache Meer schnell und schickt gerne Nebel oder feuchten Niesel über die breiten Landzungen. Was dem Weinbau guttut, erfreut auch die Besucher, denn die Landschaft hier ist einzigartig mit teilweise spektakulären Aussichten wie bei Ría de Muros und Porto do Son. Dadurch, dass sich die Küste auf relativ kleinem Gebiet derart schlängelt, kann Galicien für sich verbuchen, ein Drittel der gesamten spanischen Küste zu besitzen. Das lockt viele Sommerurlauber aus dem heißen Madrid, die sich hier abkühlen wollen. Nicht fehlen dürfen Muscheln auf dem Teller, sie sind die perfekten Begleiter zu den Weinen der Rías Baixas und Hauptgericht in den Bodegas entlang der Weinstraße.

Routenlänge: 80 km
Zeitbedarf: ca. 3–4 Tage
Start: Ribeira
Ziel: Pontevedra oder Vigo
Routenverlauf: Da es keine klare Weinstraße gibt, sucht sich der Besucher selbst eine Route. Das garantiert auch Stopps an den schönsten Stränden.

Besondere Hinweise: Einplanen sollte man auf jeden Fall diverse Badestopps, denn die Strände unterwegs sind äußerst malerisch.

Auskünfte:
Spanisches Fremdenverkehrsamt,
Lietzenburger Straße 99., 5. OG
10707 Berlin, Tel. +4930/8826543
oder www.spain.info

1 Ribeira

Mit seinem Jachthafen strahlt dieser Ort eine gewisse Betriebsamkeit aus. Hotels säumen den Stadtstrand und im etwas entfernten Hafen ankern Frachter. Doch zwischen den großen Schiffen schaukeln auch immer wieder die kleinen Fischerboote fröhlich auf den Wellen, ebenso wie sich zwischen den modernen Hotels so manches alte Häuschen findet. Wer sich für die Vergangenheit interessiert, macht auf jeden Fall am Castro da Cidá Halt: Hier zeigen sich die Ruinen der einstigen Festung, besonders eindrucksvoll sind dabei die beiden runden Steinringe. Doch die größte Attraktion dieser Gegend sind die Dünen von Corrubedo. Der Naturpark am Westzipfel der Halbinsel Barbanza besticht mit seinen großen Sandbergen, den langen Stränden und dem dahinterliegenden Naturschutzgebiet, das zu einem wichtigen Refugium für Vögel und andere Tiere geworden ist.

2 Boiro

Diese Stadt befindet sich nicht direkt am Meer, denn eine breite Landzunge ist ihr vorgelagert. Viele Strände reihen sich dennoch rund um Boiro auf, die meisten wenig besucht und eher abgelegen. Insgesamt ist der Tourismus hier eher sanft und ursprünglich. Wanderer kommen gerne und machen einen Stopp in einer Bodega. Wer hier über Land geht oder fährt, der entdeckt noch viele alte Speicherhäuser. Außerdem ist die Gemeinde über ihre Grenzen hinaus bekannt für ihre vielen gut erhaltenen Dolmen, Zeugnisse steinzeitlicher Lebensweise.

3 Padrón

Einer Legende nach legte an einem Meilenstein der Römer (»pedrón«) einst das Schiff an, das den Körper des Apostels Santiago (Jakobus) brachte, um ihn später ins 22 Kilometer nördlich gelegene Santiago de Compostela zu überführen. Geblieben ist der Gemeinde nur der Stein, der heute in der Santiago-Kirche zu sehen ist. Die kleine Stadt war auch Lebensmittelpunkt der Dichterin Rosalía de Castro und ihr einstiges Haus ist heute in ein Museum umgewandelt worden. Es zählt zu den Hauptsehenswürdigkeiten des Ortes, ebenso wie das einstige Wohnhaus des spanischen Literaturnobelpreisträgers Camilo José Cela. Nicht versäumen sollten Gäste zudem den Genuss von »Pimientos de Padrón«, in Öl und Salz gebratene kleine Paprikaschoten.

4 Arousa

Gäbe es ein Wappentier dieser Region, wäre es vielleicht der Graureiher. Im Süden der Insel Arousa hat sich eine große Kolonie dieser Vögel gebildet. Auf die Insel führt eine der längsten Brücken Spaniens und bringt vor allem Familien und Campingfreunde auf das eher naturbelassene Eiland, dessen Leben von der Miesmuschelzucht bestimmt wird. Auch die beiden Orte auf dem Festland tragen Arousa in ihrem Namen. Vilanova de Arousa verbindet das Land mit der Insel, lohnt aber auch einen Stopp, um durch den hübschen Stadtkern zu schlendern, der sich an die kleine Bucht schmiegt.

Santa María Maior de Iria Flavia (oben) ist eine der ältesten Kirchen in Galicien. Kleines Bild: Hafen der Insel Arousa.

ABSTECHER:
Santiago de Compostela

Das Ziel aller Jakobswegwanderer ist geprägt von der Kathedrale mit dem romanischen Portal und dem glücklichen Trubel, der sich in den Gassen niederschlägt, wenn die Pilger stolz sind, dass sie durchgehalten haben.

WEINFESTE

JULI
Weinfest in O Rosal

AUGUST
»Albariño-Fest« in Cambados

SEPTEMBER
»Fiestas de San Mateo« in Longroño

Nähere Informationen und weitere Weinfeste bei »Galicien-Tourismus« unter: www.galicia.es/de/turismo

Weiter nördlich befindet sich Vilagarcia de Arousa. Von hier aus starten Ausflugsboote zu den Miesmuschelzüchtern, oftmals auch mit der Möglichkeit, die Spezialitäten vor Ort zu probieren. Besonders schön aber sind die Strände in dieser Gegend.

5 Cambados

Verwunschen liegt sie da, und ohne Dach, die alte Kirche Santa Mariña Dozo. Torbögen aus dem 15. Jahrhundert spannen sich weit über grasbewachsenen Grund, lediglich der Altar mit dem Jesusbild ist überdacht geblieben. Zusammen mit dem historischen Friedhof ergibt die Ruinenkirche ein mystisches Bild. Zu den Attraktionen direkt in der Stadt zählen darüber hinaus die vielen Adelspaläste, die vom frühen Reichtum Cambados' zeugen. Gigantisch wirkt die Plaza Pazo de Fefiñáns mit ihren gigantischen Ausmaßen, die eher an einen Millitärparadeplatz mitsamt Burg erinnert als an einen Adelspalast. Im Inneren des Gebäudes befindet sich übrigens eine Weinhandlung. Von der Plaza aus ergibt sich ein schö-

Oben: der kleine Hafen von Sanxenxo. Unten: Friedhof und Kirchenruine der gotischen Santa Mariña Dozo in Cambados, Pontevedra.

ner Rundgang durch die Stadt, die sich ja nicht nur damit rühmen kann, Albariño-Hauptstadt zu sein, sondern auch noch eine der am besten erhaltenen Altstädte in ganz Nordspanien hat. Vor allem die vielen schönen Adelspaläste fallen ins Auge mit ihren ausgefeilten Wappen an der Fassade.

GALICISCHE KULTUR

Keltische Einflüsse sind unverkennbar in den spanischen Landstrich eingeflossen, nicht nur bei den Megalithen, sondern auch in traditioneller Dudelsack-Musik und an irische Weisen erinnernde Tänze. Unter dem Franco-Regime war alles untersagt, was den Galiciern eine eigene Identität gegeben hatte: Gesänge, Tänze und die Sprache. Seit den späten 1970er-Jahren nennt jeder zweite Einwohner wieder Gallego seine Muttersprache.

6 O Grove

Miesmuscheln sind das, was man in Spanien mit diesem Ortsnamen verbindet, denn sie sind kulinarische Spezialität Nummer eins. Bei Ebbe sieht man Einheimische am Strand die Muscheln sammeln, es gibt aber auch spezielle Zuchten für die Schalentiere. Klar, dass sich die Markthalle von O Grove auf Frisches aus dem Meer spezialisiert hat. Eine Brücke verbindet den Ort mit der vorliegenden Insel Illa da Toxa. Luxushotels, Thermalbad und Spielkasino locken so manchen spanischen Star hierher und machen einen Großteil des Ortes sehr lebhaft. Ruhiger geht es hingegen an der Wallfahrtskapelle zu, ihre Fassade ist mit Jakobsmuscheln bedeckt.

7 A Lanzada

Halbmondförmig breitet sich der 2,5 Kilometer lange Strand nördlich des gleichnamigen Ortes aus. Er verbindet das Festland mit der dahinter liegenden Halbinsel O Grove und zählt zu den beliebtesten Stränden ganz Galiciens. Nicht nur Badende genießen den Ort, sondern vor allem Windsurfer, da starker Wellengang und Wind ideale Voraussetzungen schaffen. Etwas außerhalb liegt die Wallfahrtskapelle Nossa Señora da Lanzada. Sie ist vor allem bei Frauen mit unerfülltem Babywunsch beliebt und soll Wunder bewirken. Ende August findet eine große Wallfahrt zur Kapelle statt.

8 Portonovo

Fast ineinander über gehen die beiden Städte Sanxenxo und Portonovo, wobei Portonovo eindeutig das quirligere Örtchen der beiden ist. Hier fühlen sich nicht nur Nachtschwärmer wohl, auch tagsüber bietet das mondän anmutende Städtchen mit seinem Jachthafen und den Stränden viel Abwechslung. Ein Spaziergang über die Promenade und Sehen und Gesehenwerden ist Pflichtprogramm. Zu den schönsten Stränden gehören die Praia de Caneliñas sowie die Playa Canelas. Letztere sieht mit ihren ockerfarbenen rund geschliffenen Felsen im Abendrot aus, als ob sie glühen würde.

9 Sanxenxo

Sie gilt als das »Marbella des Nordens« und trägt diesen Spitznamen nicht ganz zu Unrecht: Das Wasser in der geschützten Bucht erwärmt sich schnell, das moderne Städtchen mit seinem Jachthafen, den vielen Spa-

Kleines Bild: die Wallfahrtskapelle Nossa Señora da Lanzada. Unten: Playa la Lanzada bei O Grove, einer der beliebtesten Strände der Gegend.

und Wassersportangeboten lockt viele Spanier, hier ihre Ferien zu verbringen. Die Stadt am Rand der Ría de Pontevedra ist geprägt von kleinen Fischkuttern, die in den Hafen tuckern, beliebtester Strand ist die Praia de Silgar.

★★★

DOLMEN

Mystisch wirken sie, wenn sie wie riesige Tische in der Landschaft stehen: Galicien ist bekannt für seine vielen Dolmen, mehr als 5000 Megalithen sollen hier vorkommen. Berühmtester und vielleicht auch am besten erhaltener ist der Dolmen von Axeitos, der rund 6000 Jahre alt ist. Die Zeugnisse der Jungsteinzeit sind meist aus Granitfelsen erschaffen, die in der Gegend reichlich vorkommen.

10 Strände von Sanxenxo

Die Strände von Sanxenxo sind in ganz Nordspanien berühmt. Die Auswahl hier ist groß, wer es urban mag, der geht an die Strände von Silgar, Baltar, Caneliñas. Etwas ruhiger wird es an Orten wie Montalvo, Major oder Agra. Letzterer ist ein kleiner Zuckersandstrand in einer Bucht. Playa Arena Gordc ist beliebt wegen des hier so sanften Meeres, ebenso wie der breite, feinsandige Strand von Areas.

11 Combarro

Enge Gassen und alte Steinhäuser vermitteln sofort den Charme der Geborgenheit und des Pittoresken. Wenn dann noch Granithäuser auf steinernen Stelzen direkt am Meer stehen, scheint das Klicken der Fotoapparate kein Ende zu nehmen. So wie in Combarro, dem einzigartigen Fischerdorf an der galicischen Küste. Die idyllisch anmutende Enge der Siedlung begründet sich in den fruchtbaren Feldern der Umgebung. Um möglichst viel landwirtschaftliche Anbaufläche zu erhalten, bauten die Galicier hier ihre Häuser nicht nur eng an das Meer, sondern auch ihre Getreidespeicher direkt an den von nutzlosem Boden umgebenen Strand. Neben den Speichergebäuden ist die Kirche San Roque sehenswert. Auffällig in der ganzen Stadt sind die vielen Cruceiros, die Wegkreuze. Sie sind einerseits Richtungsweiser, andererseits Talismane, sollen sie doch vor bösen Geistern schützen. Dabei schaut Jesus immer in die Stadt und die Marienbildnisse sind gen Meer ausgerichtet.

12 Pontevedra

Perfekter kann ein natürlicher Hafen kaum sein: Wie ein Fjord schneidet sich die Bucht weit ins Land. Kein Wunder also, dass die Stadt ihren Wohlstand der Seefahrt zu verdanken hat. Schon im 14. Jahrhundert war Pontevedra einer der wichtigsten Häfen Galiciens, Sardinenfischerei kurbelte die Wirtschaft an. So haben Fischfang und Schifffahrt den Ort am Río Lérez über die Jahrhunderte geprägt. Die »xoubas« (Sardinen) gehören heute noch zu den Spezialitäten der Stadt, ebenso wie Austern, Mies- und Herzmuscheln. Dazu passt perfekt der Albariño, der Weißwein aus den umliegenden Feldern. Er wird hier in den Bodegas rund um die Plaza de España ausgeschenkt. Viele kleine Plazas verbreiten typisch spanisches Flair. Das Ortszentrum bildet das eklektische Rathaus aus dem 19. Jahrhundert mit seiner Uhr im Scheingiebel, daneben befinden sich etliche Herrenhäuser, einige davon sogar mit Säulengängen. Sehenswert ist auch die Praza do Teucro. Nicht versäumen sollten Besucher zudem das Provinzialmuseum mit der mittelalterlichen Kunst und den Goldschmiedearbeiten. Immer wieder trifft man auf alte Kirchen wie etwa die Basilika Santa María, die Reste des ehemaligen Klosters Santo Domingo oder das Konvent San Francisco an der Plaza Ferrería. Insgesamt gehört die Altstadt von Pontevedra zu den Kleinoden Galiciens.

13 Costa da Vela

Steil ragen die Felsen wie eine Zunge in das Meer. Während unten die Wellen tosen, weht in 150 Meter Höhe in Donón ein stetiger Wind. Eine Landschaft, die ein wenig an Südengland erinnert. Doch es ist der äußerste Westen der Halbinsel Morrazo, die zwischen Vigo und Pontevedra liegt. Kristallklar und türkisgrün schimmert das Wasser hier, Pinienwälder verströmen ihren würzigen Duft fast direkt am Ufer und geben wohltuenden Schatten. Den Sonnenuntergang genießt man am Leuchtturm Faro de Cabo Home. Wer Mystisches und Altertümliches mag, unternimmt einen kurzen Abstecher zum O Facho de Donón. Dort wurde ein Wald mit etwa 200 großen, an Altäre erinnernden Steinplatten gefunden.

14 Nationalpark Islas Atlánticas de Galicia

Er gilt nicht nur als einer der schönsten Strände Spaniens, sondern zählt sogar zu den schönsten der Welt: Playa de Rodas verbindet wie eine Sichel aus Sand die beiden Inseln Illa do

Linke Seite oben: Plaza de Herreria in der Altstadt von Pontevedra. Darunter: Nationalpark Islas Atlánticas de Galicia. Kleines Bild oben: Wegkreuz in Combarro.

Faro und Illa de Monteagudo. Fast blendet das Weiß in der Sonne, das türkisgrüne Meer bildet einen perfekten Kontrast und die Eukalyptusbäume im Hintergrund stoßen würzige Duftwolken aus. Das kleine Paradies der Illas Cies gehört zum Nationalpark Islas Atlánticas de Galicia wie auch die Eilande Cortegada, Sálvora und Ons. Der Nationalpark ist vor allem ein Vogelschutzgebiet, die Mittelmeermöwe brütet hier ebenso wie die Kormoran-Art namens Krähenscharbe. Das Wasser ist reich an Krustentieren. Hier tummeln sich viele Delfine und mit Glück lassen sich sogar Schweinswale beobachten. Im Jahr 2002 war der Öltanker Prestige vor der galicischen Küste havariert, manche Vogelbestände haben sich von dem Unglück noch nicht erholt.

15 Cangas

Auf der anderen Seite der Ria de Vigo zeichnet sich die Silhouette der Großstadt Vigo ab – gegenüber ist es beschaulich geblieben. Cangas hat sich den Charakter eines Fischerdorfs bewahrt. Mit seiner langen Promenade führt es Besucher direkt an den Strand,

WEINGÜTER

Acega Bouza do Rei
Diese ist eine Genossenschaft, die vor 30 Jahren von Winzern aus Ribadumia, Cambados und Portas gegründet wurde und sich höchste Qualität auf die Fahnen geschrieben hat.
Calle Puxafeita
36636 Ribadumia
Tel.:+34986/710257
www.bouzadorei.com

Bogeda Aguiuncho
Seit Jahrhunderten baut die Familie Troncoso Wein an. Hier können nicht nur die Weine verkostet, es kann auch eine Führung durch die Weinberge gebucht werden.
Calle As Pedreiras 1A
36990 Vilalonga
Tel.:+34986/720980
www.aguiuncho.com

Bodega Gil Armada
Weinbau vom 16. Jahrhundert bis heute können nur wenige Winzer bieten. Ein Besuch in der Kellerei ist eindrucksvoll, da sie im Fefiñanes-Palast untergebracht ist.
Plaza Fefiñanes
36630 Cambados
Tel. +34986/524877
www.bodegagilarmada.com

Eulógio Pomares Zárate e Hijos
Diese ist eine der ältesten Albariño-Kellereien der Region. Hier werden Traditionen gepflegt und bei einer Führung gerne gezeigt.
Calle Bouza 23
36638 Padrenda
Tel. +346498/70592
www.bodegas-zarate.com

vorbei an alten Kirchen und Natursteinhäusern direkt am Meer. Noch vor 300 Jahren hat hier die Inquisition gewütet und viele Frauen als Hexen hingerichtet. Heute vergnügt man sich an einem der vielen malerischen Strände, etwa der Praia de Rodeira oder der Playa L mens.

16 Soutomaior

Zwischen Vigo und Pontevedra liegt Soutomaior. Etwas abseits der Weinstrecke im Landesinneren, aber auf jeden Fall einen Abstecher wert ist dieser Ort nicht zuletzt wegen seiner Festung. Sie wurde zwar schon im 12. Jahrhundert gegründet, aber der heutige Bau stammt größtenteils aus dem 15. Jahrhundert. Geblieben ist eine Ritterburg, wie sie sich Kinder vorstellen: Trutzige Bauten, Zugbrücken, Gräben und stattliche Türme. Schießscharten, zinnengeschmückte Mauern, aber auch eine eigene Kapelle und ein Prachtbau mit Spitzbögen sind heute die Attraktionen der Festung.

17 Vigo

Die günstige Lage als natürlichen Hafen schätzten schon die Römer, als sie die Stadt namens Vicus gründeten. Inzwischen wurde aus dem Namen Vigo. Der Hafen bleibt bis heute Motor der knapp 300 000-Einwohner-Stadt, in der sich inzwischen auch viel Industrie angesiedelt hat. Doch immer noch sehenswert bleibt die Cidade Vella mit ihren verwinkelten Gassen und der neoklassizistischen Kathedrale im Fischerviertel O Berbés. Es lohnt sich, auf dem Mercado do Pedra einmal galicische Austern zu probieren. Wer noch Zeit hat, besucht die alte Festung oder erfrischt sich an einem Strand, etwa der Playa de Samil.

18 O Rosal

Südlich von Vigo befindet sich diese Gemeinde wie eine kleine südliche Enklave des Gebietes der Rías Baixas. Sie gehört zu deren wärmsten Anbaugebieten. Hier werden die Reben auf terrassenförmig angelegten Feldern gepflegt. Insgesamt 312 Hektar Fläche nimmt der Weinbau in dieser Region ein und findet perfekte Bedingungen zwischen dem Meer und dem Fluss Miñon. Die Gegend ist ideal zum Wandern, besonders rund um die Molinos del Folón y del Picón, 60 Jahre alte einfache Mühlen aus Natursteinen, die sich wie Perlen an einer Schnur an einem Bach aufreihen. Im Ort selbst lohnt sich ein Blick auf die Kirche Santa Marina, die Brücke Tamuxe sowie das Denkmal Al Cabaqueiro.

Linke Seite: alte Römerbrücke in Cangas de Onís (ganz oben); Schrägseilbrücke Ponte de Rande in Vigo (oben); Miesmuschelflöße vor Vigo (unten). Kleines Bild oben: Die Kirche Covadonga.

WEINROUTE 23

Das »Land am Ufer« – so könnte man den Namen Ribeiro übersetzen. Tatsächlich erstreckt sich diese Weinlandschaft vornehmlich am Ufer des Río Miño sowie seiner Nebenflüsse. In dieser für Spanien eher kühlen, niederschlagsreichen Gegend haben sich zunächst die Weißweine durchgesetzt. Sorten wie Treixadura, Torrontés oder Albariño sind geradezu perfekt angepasst an den Granitboden und das feucht-heiße Sommerwetter. Fruchtig-frische Weine entstehen unter diesen klimatischen Einflüssen. Die Besonderheit der Gegend sind die Süßweine, auch Tostados genannt. Sie werden meistens aus den Rebsorten Treixadura hergestellt. Ihre Tradition geht bis ins Mittelalter zurück. Damals gab es sogar eine spezielle Methode, den Wein aus getrockneten Trauben zu keltern. Dieser süße Tropfen erlangte schnell Beliebtheit, das ist vor allem den jüdischen Händlern aus Ourense zu verdanken, die dank der Jakobswegpilger bald ein Vertriebsnetz in die ganze Welt aufgebaut hatten. Bis heute sind die Spuren jüdischen Lebens in der drittgrößten Stadt Galiciens zu finden. Ourense bleibt an dieser Weinstraße auch der einzige Ort, der städtischen Charakter hat. Wer von Cortegada gen Nordosten startet, wird eher verlassene Orte finden, denn Landflucht ist eines der größten Themen in dieser Region, die kaum Arbeitsplätze für junge Menschen zu bieten hat. So bleiben Dörfer übrig, deren Häuser komplett zum Verkauf oder zur Miete stehen.

Routenlänge: ca. 190 km
Zeitbedarf: ca. 3 Tage
Start: Cortegada
Ziel: Celanova
Routenverlauf: Die Strecke führt über Haupt- und schmale Nebenstraßen. Abstecher in die Berge lohnen sich.

Besondere Hinweise: Einplanen sollte man auf jeden Fall Stopps an den Thermen.

Auskünfte:
Spanisches Fremdenverkehrsamt,
Lietzenburger Straße 99. 5. OG
10707 Berlin, Tel. +4930/8826543 oder
www.spain.info

Im Ribeiro

Reist man durch den Ribeiro, gelangt man in verwunschene Täler und zauberhafte Ortschaften.

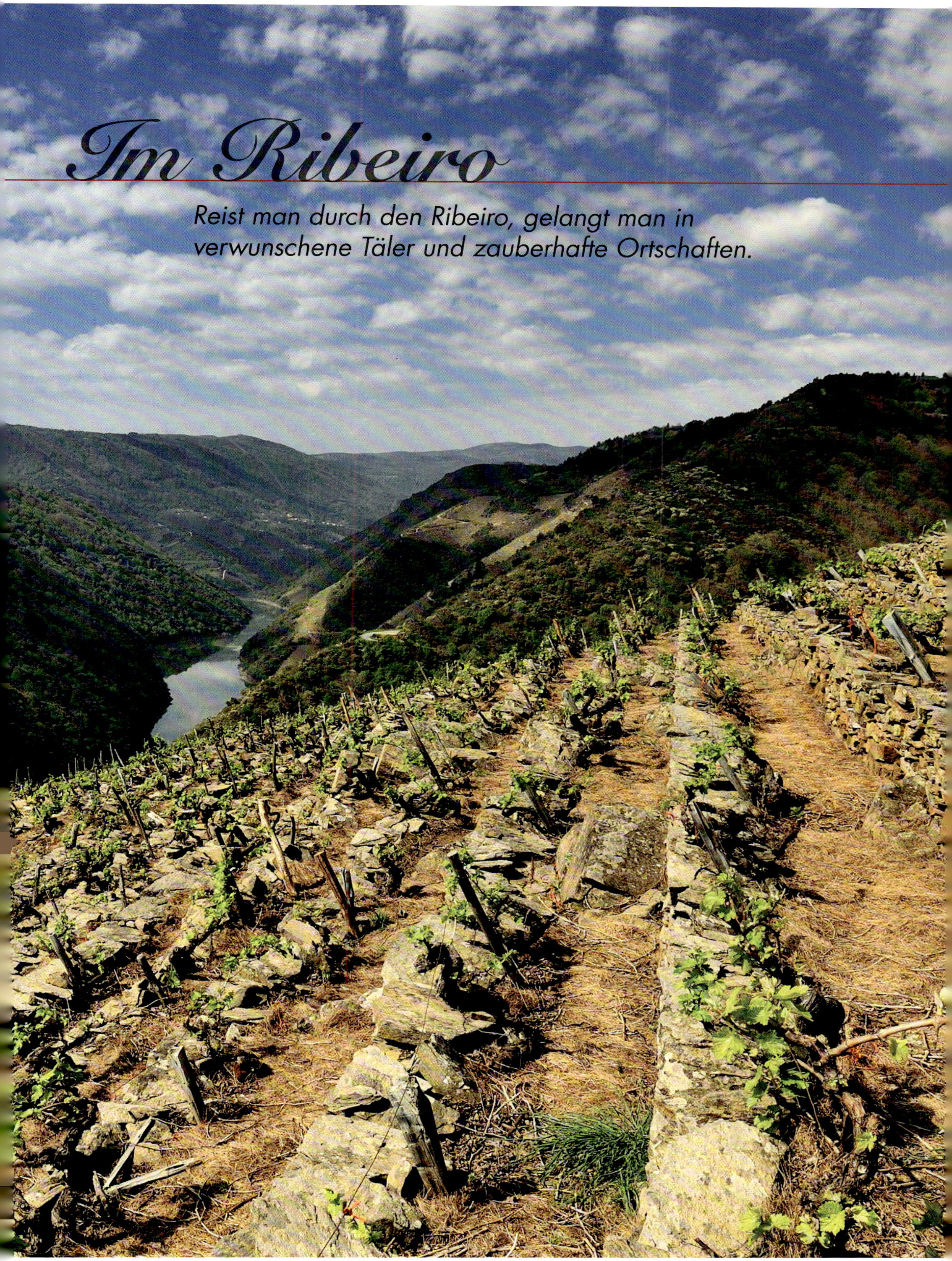

Das Zisterzienserkloster Santa María de Melón (links) aus dem 12. Jahrhundert ist seit 1961 Nationalmonument.

1 ➳ Cortegada

Nur zehn Autominuten von der portugiesischen Grenze entfernt liegt Cortegada. Der Ort war früher nicht nur für seinen Wein, sondern vor allem für sein Heilbad bekannt, denn er verfügt über schwefelhaltige Quellen. Daran erinnert das Balneario aus dem Jahr 1937, ein romantisches Gebäude am Río Miño. Von hier aus lassen sich schöne Wanderungen in die Natur unternehmen. In der Umgebung finden sich Petroglyphen, frühzeitliche Steinritzereien, vor allem sind sie am Fuße des Monte Picoñas zu sehen. Im Ort selbst sind die barocken Kirchen San Martín und Rabiño Attraktionen; außerhalb das verlassene Dorf A Barca an der portugiesischen Grenze. Die überwucherten Mauern geben ihm einen verwunschenen Anschein. Es gehört zu den vielen Dörfern in dieser Gegend, die wegen der starken Landflucht verlassen sind.

2 ➳ A Arnoia

Der Ort lebt, so scheint es, vom Wein und den Heilquellen. Kleine Bodegas prägen die Straßen rund um die Kirche San Salvador. Herrschaftliche

Häuser zeugen vom Reichtum, den die Weinproduktion einst in den Ort gebracht hat. Etwas außerhalb lockt eine große Kuranlage Touristen zu einem wohltuenden Bad in den heißen Quellen. Hier hat ein hübsches Hotel eröffnet, dessen Gärten wie italienische Terrassen malerisch über dem See liegen. Von hier aus können Touristen Bootstouren auf dem Fluss buchen. Die Landschaft ist geformt vom Cañon des Río Arnoia, der von dichten Eichenwäldern umgeben ist und ideale Bedingungen zum Wandern bietet. Dabei passieren die Fußgänger auch kleine verlassene Siedlungen. Fedrige Farngewächse säumen den Weg und immer wieder bieten sich von den Anhöhen schöne Panoramablicke auf die weinreiche Landschaft.

3 Ribadavia

In dieser Kleinstadt ist alles mit Wein verbunden. Ribadavia war namensgebend für den Ribeiro-Wein, hier befindet sich das Zentrum des Anbaugebietes. Wahrscheinlich haben schon die Römer dort Trauben gekeltert, aber die frühesten Spuren reichen nur in die Klöster zurück, etwa nach San Clodio. Großen Aufschwung gab es in der Stadt, als der galicische König García im Jahr 1065 Ribadavia zur Hauptstadt seines Reiches machte. Damals wurde der Grundstein für den Erfolg des Ribeiro-Weins gelegt, denn zur selben Zeit siedelten die ersten Juden in der Stadt. Geschäftstüchtig verstanden sie es, den Wein so gut zu vermarkten, dass er bald auch in Deutschland und Frankreich gerne getrunken und als einer der exquisitesten Tropfen der Welt gehandelt wurde. Noch heute sind die Ufer des Miño über und über mit Weinstöcken bepflanzt. In Ribadavia kommen zwei Flüsse zusammen, der strudelnde Miño vereint sich hier mit dem ruhigeren, forellenreichen Avia, zahlreiche alte Brücken sind ebenso sehenswert wie die Ruine der alten Burg. Attraktives Besucherziel ist auch das inzwischen zu einem Altenheim umgebaute Kloster San Domingos, der Rathausplatz, das Judenviertel Porta Nova mit seinen schmalen Gassen und dem Kopfsteinpflaster sowie die Casa de Inquisicíon. Ein spezieller Tipp: Die Bäckerei Tafonia dea Herminia im jüdischen Viertel arbeitet noch mit uralten Traditionen und Re-

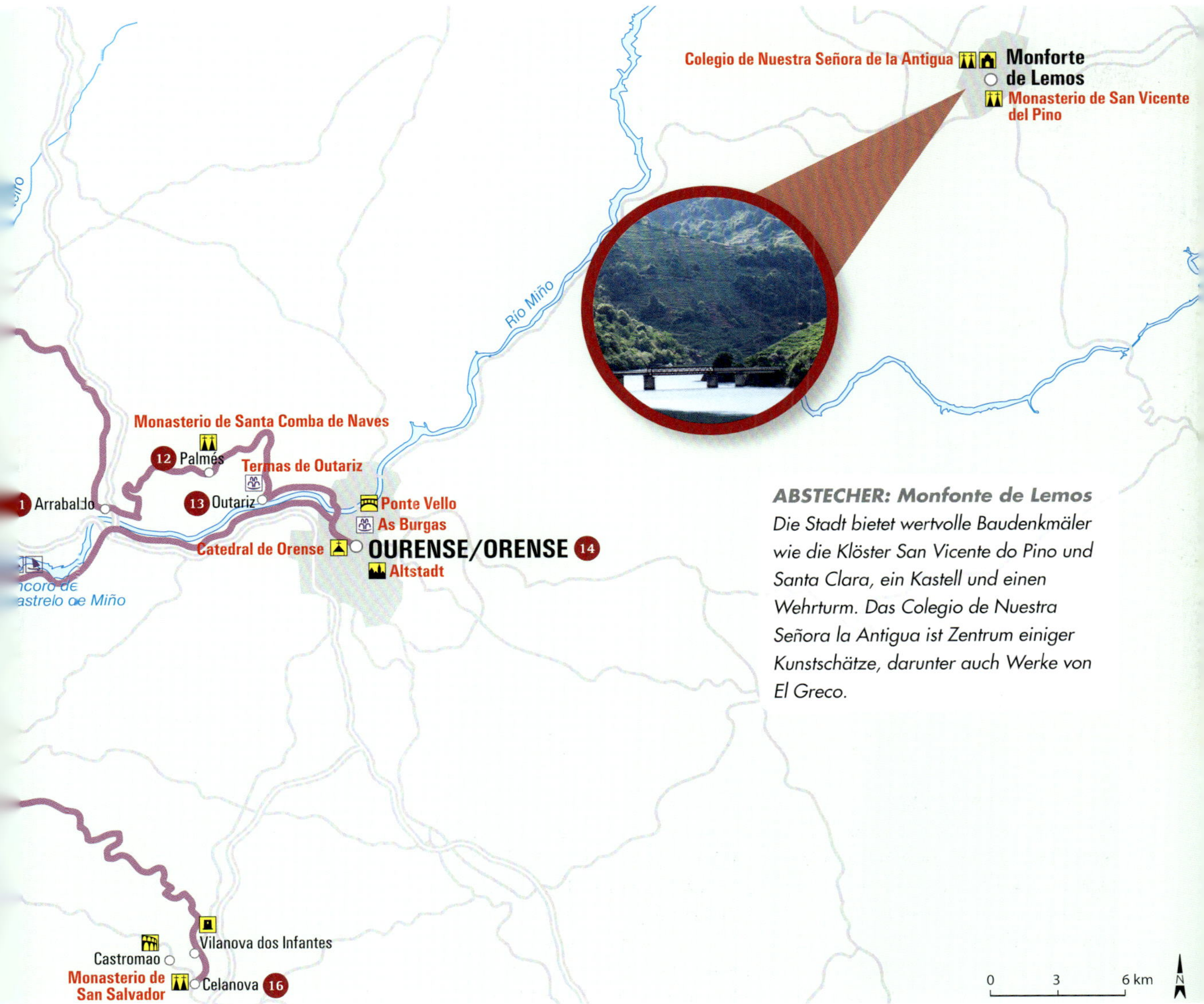

ABSTECHER: Monfonte de Lemos

Die Stadt bietet wertvolle Baudenkmäler wie die Klöster San Vicente do Pino und Santa Clara, ein Kastell und einen Wehrturm. Das Colegio de Nuestra Señora la Antigua ist Zentrum einiger Kunstschätze, darunter auch Werke von El Greco.

WEINGÜTER

Adegas Parente García
Diese ist eine Bodega mit langer Familientradition. Die alten Räume sind inzwischen zu einem Museum geworden, ein Anbau gibt moderner Kellereitechnik Platz.
As Chabolas 22
32454 Cenlle
Tel. +3463/9649358
www.parentegarcia.com

Viña Meín
Hier haben Architekten Hand angelegt, um Modernes und althergebrachte Baustile zu verbinden. Eine Kombination, die sich sehen lassen kann. Die Weine werden mit moderner Technik aus alten Rebstöcken gefertigt.
San Clodio, 32420 Leiro
Tel. +3461/7326248
www.vinamein.com

Adega Manuel Formigo
Auf einer uralten Familientradition fußt auch diese Kellerei, deren Gebäude auch sehenswert alt sind. Die Weine hingegen haben ganz jungen Charakter.
Calle Cabo da Vila 49
32431 Beade
Tel. +3462/7569885
www.fincateira.com

Adega Pazo Casanova
Auf diesem Weingut liegt der Focus auf dem Erhalt von Traditionen und der naturnahen Erzeugung des Weins. Es werden ausschließlich autochthone Sorten angebaut, seit dem 18. Jahrhundert wird hier Wein produziert.
Camiño Souto do Rio 1
32990 Arrabaldo
Tel. +3460/7576862
Tel. +34988384196
www.pazocasanova.com

zepten. Wer Naherholung sucht, findet am nördlich der Stadt aufgestauten See Encoro de Castrelo de Miño einen schönen Platz am Wasser.

4 Prexigueiro

Heiße Quellen mitten im Wald – ein perfekter Platz für ein Spa. Das Thermalbad dieses Ortes liegt auf einem Plateau direkt an einer Kiefernschonung. Es ist japanisch inspiriert, besonders hübsch sind die natursteingefassten Pools. Dort sind Behandlungen im warmen Wasser möglich – auch unter abendlichem Sternenhimmel. Aber nicht nur die Quellen sind heilsam, Wein und Trester sind es auch und werden als Anwendungen für die Haut verwendet, »Vinotherapie« nennt sich das. Auf dem Weg ins Spa finden sich kleine Bodegas für eine Einkehr, etwa die hübsch ländlich ausgestattete Vinoteca Ribadavia.

5 Kloster Melón

Es ist schon fast mit der Landschaft verwachsen, so alt sind die Mauern, die hier stehen. Das Kloster geht zurück ins 12. Jahrhundert. Es war einst dem französischen Clairvaux angeschlossen und wurde später selbst Mutterkloster des nahe gelegenen San Clodio. Gemeinsam mit dieser »Außenstelle« verfügte es über großen Landbesitz und hat damals auch den Weinbau in der Region vorangetrieben. Vor allem an den alten Kreuzgängen, die zum Teil wie Ruinen anmuten, sieht es sehr märchenhaft aus. Eine angeschlossene Cafetería lohnt den Stopp.

6 Carballeda de Avia

Es liegt malerisch im Tal der Sierra de Faro und ist ein perfekter Ort für Wanderungen durch das Gebiet der Pena Corneira. Alte Steinmühlen oder Speicher aus grob behauenen Feldsteinen stehen hier an den Wegen und die vielen Pferde deuten auf eine reiche Tradition in der Pferdezucht hin. Kletterer freuen sich über ausgezeichnete Pfade und steil aufragende Felsnadeln. Was von außen so idyllisch wirkt, ist aber im Inneren eher traurig, denn das Dorf kämpft, wie viele kleine Flecken in dieser Region, massiv mit Bevölkerungsrückgang. In den vergangenen 20 Jahren hat sich die Einwohnerzahl fast halbiert.

7 Beade

Die kleine Gemeinde Beade zählt nur etwa 5000 Einwohner. Die Felssteinkirche Santa María thront hier über den Weinbergen. Sie wurde im 11. Jahrhundert vom Lazarus-Orden errichtet und ist ein besonderer kulturhistorischer Schatz, denn in ihrem Inneren sind Skulpturen eines der besten spanischen Bildhauer seiner Zeit zu sehen: der Künstler Francisco de Moure hat für eine reiche Ausstattung gesorgt. Beeindruckend ist aber auch die Verzierung der Gewölbedecke

8 San Clodio

Ganz wie im Mittelalter wirken diese romanischen Mauern. Die Klosteranlage von San Clodio wurzelt bis ins 7. Jahrhundert. Im 12. Jahrhundert brachten die Benediktiner das Areal zum Blühen, getreu ihrem Motto »Ora et labora«. Aus diesem Jahrhundert stammt auch die romanisch geprägte Kirche: Die Kreuzgänge sowie die Mönchzellen sind erst im 16. Jahrhundert hinzugefügt worden. Später wurde sie in ein Zisterzienserkloster umgewandelt. Hier soll auch die Wiege des Ribero-Weins liegen, den angeblich die Mönche mit ihrer Gartenbaukunst erst so stark gemacht haben, dass er schnell die übrigen Felder der Gegend eroberte. Der Bau aus Natursteinen ist inzwischen in ein Luxushotel umgewandelt worden. Die dreischiffige Kirche allerdings wird noch immer als Pfarrei genutzt. Ihre typisch mittelalterliche Fassade mit der großen Rosette ist eine architektonische Besonderheit des Ortes.

9 Pazos de Arenteiro

In den Bergen von O Paraño liegt dieses dünn besiedelte Gebiet. Hier finden die Reben ideale Bedingungen, denn der Lauf des Arenteiro wird hier breiter, bevor er sich in den Avia ergießt. Die mittelalterliche Brücke A Ponte da Cruz ist ein hübscher Blickfang am Fluss. Das Dorf Pazos de Arenteiro ist ein Überbleibsel aus einer Zeit, als der Wein Wohlstand in die Gegend gebracht hatte. Der Weiler mit seinen steilen kleinen Gassen bietet ein hübsches Fotomotiv. Adelshäuser wie Casa de Arriba oder Casa do Ouro zeugen vom einstigem Wohlstand. Das Dorfzentrum wird dominiert von der Kirche Igrexa Parroquial de San Salvador.

10 O Carballiño

Das Flusstal des Arenteiro hat schon in der Bronzezeit Menschen angezogen, sich hier niederzulassen. In den Ebenen liegt fruchtbares Land, das Wasser bietet Lebensnotwendiges und einen guten Transportweg. Schon die Römer haben die Thermalbäder des Ortes zu schätzen gewusst. Auch heute noch sind die Caldas de Partovia und Gran Balneario beliebte Spas. Und auch der Fluss Arenteiro lockt mit seinen Stränden, etwa in Cuco. Flussnah befinden sich viele Weinreben, die die Verdunstungsfeuchtigkeit schätzen. Wahrzeichen der Stadt ist die Veracruz-Kirche, in der verschiedene Baustile von Romanik bis Gotik miteinander verschmelzen. Auch die Kirche Santa Baia de Banga stammt aus der Romanik, sie weist sehr schöne Fresken auf. Und wer sich frühgeschichtlich informieren möchte, besucht die archäologische Fundstätte, das alte Kastell San Cibrán de Las mit seinen Ruinen von Rundtürmen und alten Mauern.

WEINFESTE

APRIL
»Feira do Viño de Ribeiro« in Ribadavia

AUGUST
»Riberoblues Wein Festival«, »Weinlesefest«, Weinfest in Ribadavia am letzten Augustwochenende mit mittelalterlicher Atmosphäre

11 Arrabaldo

Unter Mountainbikern noch ein Geheimtipp ist die Strecke bei Arrabaldo. Hier gibt es unberührte Downhilltrassen. Wer auf dem Rad sitzt, hat genau die richtige Perspektive, um von den Hügeln die Panoramablicke in die weite Landschaft zu genießen. Der Ort ist klein und beheimatet ursprüngliche Bodegas. Wer mit aufmerksamen Augen durch die Landschaft fährt, sieht hin und wieder Petroglyphen, Steine mit frühzeitlichen Inschriften.

Idyllisch liegt das Weingut Meín in der üppig grünen Landschaft (linke Seite). Rechts: Nicht nur Ourense selbst ist sehenswehrt, sondern auch die Umgebung.

12 Santa Comba de Naves

Ein verlassenes Kloster, efeuüberwuchert und halb eingestürzt, findet sich nördlich von Ourense. Palmés heißt der kleine Ort, an dessen Rand sich dieses mystische Baudenkmal befindet. Wer in der Nähe ist, sollte vorbeifahren; es bietet sich auch als Ausgangspunkt für schöne Wanderungen an.

13 Outariz

Am Ufer des Miño liegen die Thermen Muíño da Veiga, Pools aus Natursteinen mit dampfend heißen Quellen. Mit 40 Grad Wärme kommt das Wasser hier aus dem Boden, an manchen Stellen auch mit 62 oder gar 70 Grad. Von diesem Freibadebereich aus ergibt sich ein herrlicher Blick auf den Fluss mit seinen kleinen Inseln.

14 Ourense

Einst könnte es in dem Rio Miño Gold gegeben haben, darauf deutet der Name hin, den die Römer dieser Siedlung gegeben haben: »auriense«, die »goldene Stadt«. Vielleicht stammt der Name aber auch von dem römischen Wort »aquae urentes«, »brennende Wasser«. Die 100 000 Einwohner-Stadt ist die drittgrößte in Galicien und bis heute wichtigster Thermalort des Landstrichs. Die drei Burgas, wie die Thermalquellen heißen, liegen direkt am Flussufer und gehören zu den Hauptattraktionen der Stadt. Am bekanntesten ist die Burga de Abaixo, die untere Thermalquelle. Sie ist im neoklassizistischen Stil des 19. Jahrhunderts gehalten und bringt 300 Liter Wasser pro Minute hervor, das bis heute aufgrund seiner Heilwirkung unter anderem bei Hautkrankheiten sehr geschätzt wird. Ganz in der Nähe befinden sich zwei bemerkenswerte Brücken, zum einen Ponte Vello, die mit ihren sieben Bögen eine Reminiszenz an die Römerzeit bietet. Wie ein Gegenstück wirkt die andere Brücke, ihre Stahlkonstruktion mutet eher futuristisch an. Das Zentrum der Stadt bildet die Praza Maior mit ihrem Rathaus und den herrschaftlichen Bürgerhäusern, manche davon mit schattengebenden Arkadengängen. Ganz in der Nähe befindet sich auch das archäologische Museum. Es ist in einem ehemaligen Bischofspalast aus dem 12. Jahrhundert untergebracht. Sehenswert sind nicht nur die Baudenkmäler, sondern auch der Mercado de Abastos in der Nähe der Praza Maior. Der Markt bietet ein buntes Sammelsurium von Blumen, Gemüse und Alltagsgegenständen. Religiöser Höhepunkt ist die Kathedrale aus dem 12. Jahrhundert, dem heiligen Martin gewidmet. Im Inneren befindet sich das Paradiestor, eine Replik des gleichnamigen bekannten Portals aus der Kathedrale in Santiago de Compostela. Während das Gebäude eher im romanischen Stil reich mit Skulpturen geschmückt ist, werden im Inneren Renaissanceeinflüsse deutlich, etwa am Altar.

15 Castrelo de Miño

Am südöstlichen Ufer des Stausees Encoro de Castrelo de Miño befindet sich diese Gemeinde, ein Zusammenschluss kleiner Ortschaften, die alle idyllisch am Ufer des Sees liegen. Ein Erholungsgebiet, in dem Kinder Tretboot fahren, Erwachsene segeln oder in der Sonne liegen. Schon im Mittelalter war die Gegend beliebt. Im 10. Jahrhundert ließen sich hier die Mitglieder des Lazarus-Ordens nieder und errichteten die Marienkirche sowie das dazugehörige Kloster, beide bis heute Besucherattraktionen von Castrelo.

16 Celanova

Eine der ältesten Kapellen Spaniens befindet sich im Kloster San Salvador. Ganz geschützt liegt sie im Garten der Anlage, die auf das Jahr 936 zurückgeht. Die mozarabische Kapelle ist ein Platz der Stille und Kontemplation und wirkt fast ein wenig verloren zwischen den riesigen Mauern des religiösen Gebäudes. Sie ist nur 22 Quadratmeter groß. Forscher rätseln, welche Funktion sie gehabt haben könnte. Auch die alte Inschrift gibt wenig Auskunft darüber, warum dieses Gotteshaus derart klein ist. Großzügiger zeigt sich die übrige Klosteranlage, die im Inneren reichlich mit barocker Goldausstattung verziert ist. Nicht nur die Sakralräume, auch die Bibliothek lohnt einen Blick. Die Stadt ist zudem Geburtsstätte des Literaten Manuel Curros Enríquez (1851 bis 1908). Im benachbarten Castromao sind die Ruinen einer ehemaligen römischen Zitadelle ein interessantes Ziel und lassen erahnen, mit welcher Kunstfertigkeit einst schon gebaut wurde. Auch Vilanova dos Infantes lohnt einen Abstecher, nicht nur wegen seines mittelalterlichen Turms. Hier befindet sich auch ein besonderer Stein, vielleicht ein Meteorit. Gläubige hingegen sehen darin ein Marienwunder und meinen, das liebliche Antlitz der Muttergottes in dem Stein zu erblicken.

★★★

TOSTADO

Der typische Süßwein darf nur aus den Trauben lokaler Sorten hergestellt werden, um sich Tostado de Ribeiro nennen zu können. Die reifen Trauben dazu dürfen nur per Hand verlesen werden. 90 Tage lang trocknen die Trauben dann gut belüftet im Schatten, bevor sie gepresst werden. Anschließend gären sie langsam bei niedrigen Temperaturen, und kommen sechs Monate lang in Eichen- oder Kirschenfässer und reifen dann weitere drei Monate in der Flasche. Insgesamt dauert die Herstellung mehr als 360 Tage.

Linke Seite: die Kirche Santa María de Oseira, nordwestlich von Ourense gelegen. Kleines Bild: Kathedrale der Stadt.

Navarra

Beschauliche Dörfer und schmucke Städtchen verteilen sich hier wie Sprenkel zwischen einer von Rebflächen beherrschten Landschaft.

WEINROUTE 24

»Es gibt nur zwei Arten von Wein – den guten und den besseren«, sagt ein altes navarresisches Sprichwort. Schon seit die Römer vor 2000 Jahren die Kunst des Weinanbaus herbrachten, wissen die Menschen hier den Rebensaft zu schätzen. Südlich von Pamplona verläuft die Weinstraße von Navarra. Hier treffen atlantisches, kontinentales und Mittelmeer-Klima aufeinander und schaffen eine einzigartige klimatische Vielfalt. Einst erstreckten sich die Hauptanbaugebiete eher in Richtung Norden rund um das Pamploneser Becken. Heute sind die wichtigsten Keller südlich der Stadt zu finden. Hier ist die Landschaft weniger schroff als im Norden, sanfte Hügel wellen sich durch Zentral-Navarra. Flüsse wie die Arga und der Aragón versorgen das Land mit Wasser und fruchtbarem Boden. Man unterteilt die Anbaugebiete in die fünf Unterbezirke, Baja Montaña, Ribera Baja, Ribera Alta, Tierra Estella und Valdizarbe. Die meisten Winzer sind hier in Genossenschaften organisiert. Bevorzugte Rotweinsorten sind Tempranillo, Garnacha Tinta, Cabernet Sauvignon, Merlot, Graciano, Syrah, Pinot Noir und Mazuelo. Bei den weißen Trauben sind Garnacha Blanca, Viura, Chardonnay, kleinbeerige Muskatellertrauben, Sauvignon Blanc und Malvasia am beliebtesten. Die rote Rebsorte Tempranillo dominiert, sie wird auf einem Drittel aller Flächen angebaut. Ebenfalls beliebt ist die Garnacha Tinta, die knapp ein Viertel der Anbauflächen einnimmt.

Routenlänge: ca. 200 km
Zeitbedarf: ca. 5 Tage
Start: Pamplona
Ziel: Obanos oder Muruzábal
Routenverlauf: über Ayegui und das Pilgerzentrum Puente La Reina dem Flusslauf der Arga in Richtung Süden folgend, dann über Olite zurück in den Norden
Besondere Hinweise: Auf der Strecke befinden sich eine Eisenzeitsiedlung, eine römische Ruinenstadt und ein Mittelalterdorf.

Auskünfte:
Spanisches Fremdenverkehrsamt,
Lietzenburger Straße 99, 5. OG
10707 Berlin, Tel. +4930/8826543 oder
www.spain.info

1 Pamplona

Besucher der Weinstraße von Navarra beginnen in der Regel in Pamplona ihre Tour, auch wenn die Provinzhauptstadt eigentlich etwas nördlich des Hauptanbaugebietes liegt. Weinkultur ist aber auch hier allgegenwärtig. Ob zur »Fiesta San Fermín«, bei der die ganze Stadt in ein Meer aus Rot und Weiß getaucht ist und rund eine Million Menschen der berühmten Stierhatz beiwohnen. Oder außerhalb der wilden Feierlichkeiten in einer der Bars und Tavernen rund um die Plaza de Castillo. Bereits Ernest Hemingway besuchte das Café Iruña mit seinen verschnörkelten Lampen im Jugendstil. Heute wie damals sieht man die alten Damen hier bei ihrem Nachmittagscafé sitzen – der oft mit einem Schuss Gewürzwein bzw. Wermut verfeinert ist. Manchmal scheint es, als sei hier die Zeit in der ersten Hälfte des 20. Jahrhunderts stehengeblieben. Durch Pamplona führt auch der klassische Jakobsweg, der Camino Francés. Pilger überqueren dabei auch die sehenswerte Magdalenenbrücke, die den Río Argo überspannt. Durch das Portal de Francia aus dem Jahr 1553 betritt man den Teil der Altstadt, in dem noch die mittelalterlichen Festungsanlagen erhalten sind.

2 Ayegui

Die Gemeinde am Fuß des rund 1050 Meter hohen Berges Montejurra glänzt vor allem durch die benachbarten mittelalterlichen Klosteranlagen aus dem 11. Jahrhundert. Das Benediktinerkloster Santa María la Real de Irache liegt direkt am Jakobsweg und ist ein beliebter Besuchermagnet. Für Liebhaber des Rebensaftes ist aber vor allem die lange Tradition benediktinischer Gastfreundschaft interessant, die sich in dem ungewöhnlichen Brunnen manifestiert: An ihm können sich die Pilger kostenlos an je einem Trinkhahn mit Wasser oder Rotwein verköstigen. Heute entstehen in den Bodegas Irache, den Nachfolgern der einstigen Klosterkellerei, beste Qualitätsweine des Anbaugebiets »Tierra Estella«.

3 Puente la Reina

Die einst von der Doña Mayor, der Ehefrau des navarresischen Königs Sancho el Mayo gestiftete Puente la Reina (»Königinnen-Brücke«) wurde

Oben: Sie ist das Wahrzeichen der Stadt Pamplona – prägnant sticht die Kathedrale Santa María la Real im Stadtbild hervor Unten: Die berühmte Brücke auf dem Jakobsweg wurde bereits im 11. Jahrhundert konstruiert.

ABSTECHER: Alloz-Stausee

Einige der Strände an diesem türkisfarbenen Stausee vermitteln fast Südsee-Flair und zählen zu den schönsten im spanischen Binnenland.

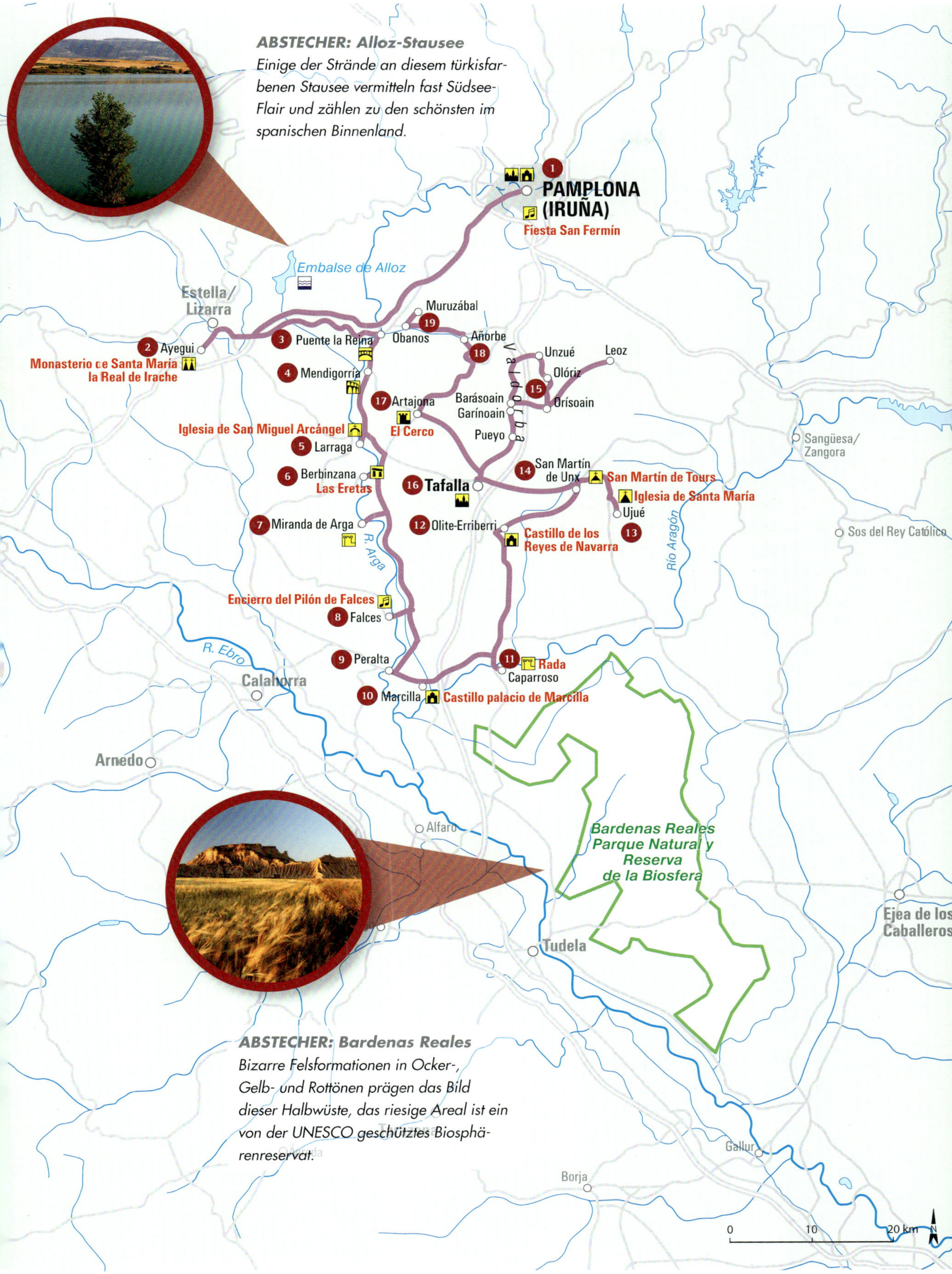

ABSTECHER: Bardenas Reales

Bizarre Felsformationen in Ocker-, Gelb- und Rottönen prägen das Bild dieser Halbwüste, das riesige Areal ist ein von der UNESCO geschütztes Biosphärenreservat.

nicht nur zur Namensgeberin des Ortes: Das fünfbogige romanische Bauwerk gilt als eine der schönsten Brücken auf der gesamten Weinstraße. Puente la Reina ist ebenso ein wichtiger Knotenpunkt für Pilger – hier vereint sich der klassische Jakobsweg, der Camino Francés mit dem aragonesischen Jakobsweg. Kein anderer Ort in Navarra ist daher derart von Pilgern geprägt wie dieser.

4 Mendigorría

Der Name dieses Dorfes ist baskisch und heißt so viel wie »roter Berg« und tatsächlich: Mendigorría liegt auf einer Anhöhe über dem Tal des Río Arga und besonders im Sommer schimmert hier der Rotton der Erde durch das trockene Gras. Im Süden, ebenfalls am Ufer des Río Arga gelegen, befinden sich die römischen Ruinen der verlassenen Siedlung Andelos. Hier locken nicht nur das Archäologische Museum der Ausgrabungsstätte, das im Jahr 2003 eröffnet wurde, sondern auch das Aquädukt und die Ruinen des Bacchus-Hauses. In diesem wurde ein Mosaik des Weingottes gefunden – ein Hinweis auf die lange Anbautradition in dieser Region seit der Römerzeit. Besonders beeindruckend ist das ausgeklügelte System der Wasserversorgung von Andelos, das sich das Wasser eines nahe gelegenen Stausees zunutze machte.

5 Larraga

Auf einem Berg hoch oben über dem Río Arga gelegen, lässt sich von dem kleinen und beschaulichen Örtchen Larraga aus fast das gesamte Zentral-Navarra (span. »Zona Media Navarra«) überblicken. Sehenswert ist hier vor allem die Kirche des heiligen Erzengels Michael mit ihrem Kreuzgang und dem hellen Altarraum. Das Gotteshaus ist eines der Meisterwerke des Architekten Juan de Villarreal, das im 16. Jahrhundert erbaut wurde. In diesem Werk ließ der Baumeister die gotischen Traditionen hinter sich und widmete sich ganz innovativ dem Renaissance-Stil.

6 Las Eretas

An diesem Ausgrabungsort vor den Toren des kleinen Dorfes Berbinzana lässt sich ein Blick auf das vorchristliche Spanien erhaschen, vor allem im Museum gleich daneben. Es zeigt das Leben in der einstigen Siedlung Las Eretas vor 2500 Jahren. Seit ihrer Entdeckung im Jahr 1991 konnten die Archäologen bei mehreren Grabungen einen großen Teil der alten Strukturen freilegen, darunter eine Gasse und einen zentralen Platz. Die mit Mauern und Türmen befestigte Siedlung stammt aus der Eisenzeit, genauer aus dem ausgehenden 7. Jahrhundert vor Christus.

7 Miranda de Arga

Wie der Name schon sagt, liegt diese Ortschaft ebenfalls am Río Arga. Auf einem Berg wachen die Ruinen von »El Torreón«, einer mittelalterlichen

Die Burg Marcilla (oben) stammt aus dem 15. Jahrhundert und wurde von Pierres de Peralta erbaut.

Festung, über den Ort. Gleich daneben sieht eine alte Einsiedelei aus dem 17. Jahrhundert. Bekannt ist Miranda de Arga auch für seine Renaissancebauten, wie etwa den Palacio de los Colomo, die Kirche zu Mariä Himmelfahrt und das Haus der Familie Bartolomé de Carranza.

8 Falces

Wem der Stierlauf in Pamplona noch nicht gefährlich genug ist, der macht sich im August auf nach Falces zum »Encierro del Pilón«. Genau wie in Pamplona warten hier die weiß gewandeten Läufer mit ihren roten Halstüchern und Schärpen darauf, dass sich das Gatter öffnet und die Stiere herausstürmen. Aber im Gegensatz zur Strecke in der Hauptstadt Navarras geht es hier über Stock und Stein und durch enge Hohlwege, während sich rechts der Berg in die Höhe schraubt und linker Hand ein gefährlicher Abhang in die Tiefe führt.

9 Peralta

Der Fluss Arga bestimmt auch hier das Landschaftsbild. Über ein jahrhundertealtes Bewässerungssystem versorgt er die Weinreben und Gemüsepflanzungen in der Region mit dem kostbaren Nass. Im Osten in der Ebene, wo einige Flussarme auslaufen und von dichten Galeriewäldern umgeben sind, liegen die Anbaukulturen. Im Westen recken sich beeindruckende Felsformationen in die Höhe. Daher auch der Name Peralta, das vom lateinischen »petra alta«, hoher Felsen, abgeleitet ist. In der Umgebung von Falces und Peralta befinden sich auch einzigartige Feuchtgebiete mit großem Artenreichtum wie der »Soto de la Muga« und das Naturschutzgebiet »Sotos Gil y Ramal Hondo«.

10 Marcilla

Das dominierende Bauwerk dieses Ortes am Fluss Aragón ist die Burg von Marcilla. Sie wurde ursprünglich im Jahr 1420 als Festung erbaut, diente später jedoch vor allem als Residenzschloss. Der rötliche Backsteinbau war lange Zeit verfallen und erstrahlt erst seit seiner Restauration im Jahr 2012 wieder in neuem Glanz.

11 Rada

Am Fluss Aragón östlich von Caparroso liegt die verlassene Siedlung Rada. Sie fiel nach ihrer Zerstörung im Jahr 1455 im Zuge eines Bürgerkrieges lange Zeit in eine Art Dornröschenschlaf. Heute ist dank Ausgrabungen Rada zu einem Anziehungspunkt für Besucher geworden, die sich für Geschichte interessieren – und für diejenigen, die gerne schöne Aussichten genießen. Das von einer mittelalterlichen Stadtmauer umgebene Dorf mit seiner Burgruine, dem alten Turm und der San Nicolás-Kirche aus dem späten 12. Jahrhundert schmiegt sich strategisch günstig auf eine Hügelkuppe. Von hier blicken Besucher über die Ebene von Olite im Norden und die Berge von Ujué. Unten fließt in malerischen Schleifen der Aragón vorbei, und im Süden zeichnen sich in der Ferne die marmorierten Felsformationen des Naturparks Bardenas Reales ab.

WEINFESTE

JUNI
»Tag des Roséweins« in San Martín de Unx

JULI
»San Fermín«,
»Festival Romano de Andelos«

SEPTEMBER
»Fest der Weinernte« in Navarra,
»Weinlesefest« in Olite

OKTOBER
»Pfännchen- und Weinwoche« in Pamplona

12 Olite-Erriberri

Eigentlich hat der Ort keinen Doppelnamen, doch werden die spanische Bezeichnung Olite und das baskische Erriberri meist gleichberechtigt nebeneinander benutzt. Sehenswert ist vor

Der Arga, rechter Nebenfluss des Aragón, mäandert teils an den Stadtkern von Pamplona heran, entfernt sich dann aber auch wieder (unten).

WEINMUSEUM VON NAVARRA

Das Museum in Olite-Erriberri bietet viel Wissenswertes zur Geschichte des Weinanbaus wie zu den bekanntesten Rebsorten der Provinz. Wie stellt man ein Weinfass her? Welche Rinde eignet sich für Flaschenkorken? Antworten gibt es bei der Besichtigungstour, die mit einer Verkostung im Kellersaal »Der Wein und die Sinne« endet, der einstigen Bodega des Palastes.

allem der prächtige, gotische Königspalast, der sich auch im Rahmen von Führungen besichtigen lässt. Im benachbarten Santo-Ángel-Palast aus dem 17. Jahrhundert befindet sich das Weinmuseum von Navarra. Jedes Stockwerk ist einem anderen Aspekt des Weins gewidmet. Olite gilt als Weinhauptstadt der Provinz, aber auch ein Spaziergang durch die engen Gassen lohnt sich: Die Herrenhäuser mit ihren großen Dachtraufen aus Holz, die Stadthäuser mit ihren mittelalterlichen Balkonen und die gotischen Kirchen verströmen aus allen Poren altertümliche Atmosphäre. Dieses Ambiente bildet auch alljährlich den passenden Rahmen für ein Mittelalterfestival im August, bei dem Narren und Gaukler durch die Straßen ziehen.

13 Ujué

Das labyrinthartige Dorf mit seinen steilen Gassen scheint sich förmlich auf der Hochebene des gleichnamigen Gebirges festzuklammern. Am höchsten Punkt des Ortes thront ein Nationaldenkmal – das Sanktuarium der Santa María de Ujué. Dieses ist als eines der bedeutendsten mittelalterlichen Bauwerke Navarras bekannt. Fast archaisch mutet der Ort an, wenn während der Wallfahrt von Ujué die Büßer mit ihren schwarzen Kutten und Kapuzen ihre Kreuze durch die Gassen tragen.

14 San Martín de Unx

Auf halbem Weg zwischen Olite und Ujué erstreckt sich inmitten der Weinberge San Martín de Unx. Es ist nicht nur für seine edlen Tropfen bekannt. Sondern es gilt mit seiner bezaubernden Kirche San Martín de Tours aus dem 12. Jahrhundert, den mittelalterlichen Gassen und Herrenhäusern auch als eines der schönsten Exemplare der ländlichen Romanik von Navarra. Wer eine Spezialität der Region kosten möchte, der kaufe sich eine Tüte gebrannte Mandeln, die sogenannten »Garrapiñadas«. Die besondere Zutat aus der Region ist der berühmte Roséwein.

15 Valdorba-Tal

Das Valdorba-Tal umfasst rund zwanzig kleine Ortschaften und Gehöfte, die alle zu den Gemeindegebieten Barásoain, Garínoain, Leoz, Olóriz, Orísoain, Pueyo und Unzué zählen. Bekannt ist das Tal nicht nur für seine Vielzahl an romanischen Kirchen, sondern auch für seine reiche Natur. Dort lebt eine der größten Greifvogel-Populationen Europas und in den ausgedehnten Wäldern wachsen Steineichen und Buchen. Im Herbst sind hier Trüffelsucher unterwegs, die die Gastronomie mit dem edlen Pilz versorgen. Jedes Jahr im Dezember findet im Valdorba-Tal Navarras Trüffelmesse statt.

16 Tafalla

Sie ist die Hauptstadt von Zentral-Navarra. Der Fluss Cidacos schlängelt sich durch die moderne Stadt, die jedoch im oberen Bereich des Hügels

Terrassenartige Kornfelder (links unten) umgeben die mittelalterliche Stadt Ujué (links oben). Kleines Bild oben: die romanische Krypta der Kirche San Martín de Unx; der Ort liegt etwa 45 Kilometer von Pamplona entfernt.

noch ihr mittelalterliches Flair bewahren konnte. Und wer einen Blick auf die Geschichte des Weinanbaus in der Region erhaschen möchte, sollte sich den Palacio de los Mencos nicht entgehen lassen. Dieser im Jahr 1590 erbaute Palast beherbergt einen Weinkeller, der zum Museum ausgebaut wurde. Ein Großteil des riesigen Kellers der Mencos-Familie ist mit seinen ursprünglichen Böden und weiß getünchten Wänden im Original erhalten. Zudem gibt es noch uralte Eichenweinfässer aus der Geschichte der Bodega zu bewundern. Besucher können den Weinkeller während der Öffnungszeiten auf eigene Faust anhand der Informationstafeln erkunden.

17 Artajona

Grüne Felder und Weinpflanzungen prägen das Bild und inmitten dieser Landschaft reckt sich das Ideal einer Ritterburg gen Himmel – die Festung von Artajona mit ihren 14 zinnenbewehrten Türmen. Sie ist das besterhaltene mittelalterliche Bauwerk von Navarra. Der Ursprung dieser sagenhaften Wehranlage, »El Cerco« genannt, geht auf das Jahr 1085 zurück. Damals begannen Mönche aus Toulouse mit dem Bau, der 35 Jahre später vollendet wurde. Und auch ein Besuch im Ort selbst, der im Süden der Festung liegt, lohnt sich: Der alte Ortskern auf dem Hügel mit seinen gotischen Kirchen und der Stadtmauer mit ihren zehn noch erhaltenen Türmen erhielt den Titel »Kulturgut von Navarra«, eine mittelalterliche Traumkulisse, in der auch schon Hollywoodfilme wie etwa »Robin und Marian« entstanden. Und zur reichen Geschichte des Ortes gibt es noch zwei wesentlich ältere Zeitzeugen in der Umgebung: die Überreste von megalithischen Dolmen aus dem 4. Jahrtausend vor Christus.

18 Añorbe

Etwa 20 Kilometer südich von Pamplona liegt dieses Dorf idyllisch am Fuße des Berges San Martín. Mitten auf diesem Berg thront die kleine Einsiedelei San Martín, die über den Ort zu wachen scheint. Die Ursprünge der

WEINGÜTER

Bodegas San Martín
Die Bodega gilt als eines der erfolgreichsten Beispiele für Winzer-Genossenschaften in Navarra. Hier erhält man Weine mit gutem Preis-Leistungs-Verhältnis.
Carretera de Sangüesa s/n
San Martín de Unx
Tel. +34948/738294 oder
admbodega@hotmail.com

Bodegas Ochoa
Die Familie Ochoa ist schon seit dem 14. Jahrhundert im Weinanbau tätig. Was man hier unbedingt probieren sollte, ist der Muskateller nach mittelalterlichem Rezept.
Calle Miranda de Arga 35
Olite
Tel. +34948/740006 oder
info@bodegasochoa.com

Nekeas
Zwölf Weinbauern gründeten Anfang der 1990er-Jahre diese Bodega im Anbaugebiet von Valdizarbe.
Calle Las Huertas s/n
Añorbe
Tel. +34948/350296 oder
nekeas@nekeas.com

Piedemonte, S.C.
In dieser Winzergenossenschaft haben sich einige Weinbauern der Region um Olite zusammengetan und bewirtschaften insgesamt stolze 320 Hektar Anbaufläche.
Calle Rua Romana s/n
Olite
Tel. +34948/712406 oder
bodega@piedemonte.com

Siedlung sind sehr alt, archäologische Funde weisen schon auf eine Besiedlung des Ortes in der Jungsteinzeit hin. Auch der Weinanbau hat hier eine lange Tradition und bildet bis heute die Haupteinnahmequelle der Dorfbewohner. So arbeiten acht Familien gemeinsam in der Kooperative Nekeas und bauen vor allem südlich des Dorfes auf 250 Hektar Fläche Reben an. Alljährlich Mitte Mai feiern die Dorfbewohner das Fest des heiligen Isidro, des Schutzpatrons der Bauern. Jeder Einwohner bekommt dann ein Brot und eine Flasche Rotwein aus der lokalen Produktion geschenkt.

19 Obanos und Muruzábal

Die beiden kleinen Dörfer Obanos und Muruzábal befinden sich in einer malerischen Ebene zwischen Weinbergen und Getreidefeldern, denen die Klatschmohnblüten rote Farbtupfer verleihen. Obanos liegt noch dazu direkt am Jakobsweg zwischen Jaca und Puente la Reina. In Muruzábal lohnt sich ein Besuch der Bodega Palacio de Muruzábal, denn dieser Weinkeller hat seinen einzigartigen Sitz in einem Barockpalast aus dem 17. Jahrhundert.

30 Hektar Rebenpflanzungen gehören zum Gut. Außerdem ist die Original-Bodega erhalten, in der seit mehreren Jahrhunderten bester Wein produziert wird.
Auf einer Führung erfährt man etwas über die Herstellung der edlen Tropfen des Familienbetriebes.

Das Weingut Ochoa blickt auf eine lange Weinbautradition zurück (links oben: Rebstöcke des Familienweinguts). Der Stadtkern von Artajona (links) ist Kulturdenkmal.

Riojа Alavesa

Traditionelle Weingüter, mittelalterliche Städte und moderne Museen – das Baskenland bietet unvergessliche Erlebnisse.

WEINROUTE 25

Sanft wellen sich die Hügel entlang des Ebro. Auf dem hellgelben Boden reihen sich die Weinstöcke bis zum Horizont, der von den spitzen Gipfeln des Kantabrischen Gebirges markiert wird. Die Ebene in Nordspanien zwischen Fluss und Gebirge bietet ideales Klima für die Tempranillo-Reben. Der Fluss bringt die Feuchtigkeit in das Becken, das Gebirge staut die Wolken, aber es ist genug Sonne vorhanden, um die Trauben ideal reifen zu lassen. Die Weinstraße des Rioja führt insgesamt durch mehr als 60 000 Hektar Anbaugebiet, sie gliedern sich in die Regionen: Rioj Alta, Rioja Baja und Rioja Alavesa. Dort keltern 20 000 Winzer jedes Jahr mehr als 100 Millionen Flaschen, die Mehrzahl davon kräftiger Rotwein. Diese typisch alavesischen Weine, die dann als Gran Reserva, Reserva oder Crianza auf die Tische kommen, werden inzwischen weltweit sehr geschätzt. Touristen aber schaffen es kaum in die Region, die deshalb immer noch Geheimtippcharakter hat. Zwischen Calahorra und Haro locken nicht nur historische Dörfer, sondern auch moderne Architektur, Weinmuseen und viele Bodegas. Ein eigener Enubus bringt Besucher zu den schönsten Plätzen rund um den edlen Tropfen. Heute bauen Architekten wie Frank O. Gehry die Weinkeller und schon vor 220 Jahren ließ man sich hier von Gustave Eiffel Gebäude rund um den Wein ausstatten, das gibt der Region auch kulturhistorisches Flair.

Routenlänge: ca. 60 km
Zeitbedarf: ca. 2 Tage
Start: Haro
Ziel: Calahorra
Routenverlauf: Es ist empfehlenswert, dem Flusslauf des Ebro zu folgen und Abstecher in die jeweiligen Dörfer entlang der Weinstraße zu machen.

Besondere Hinweise: Teile der Weinstraße liegen auf dem historischen Jakobsweg und verbinden Pilgern und Weinforschung.

Auskünfte:
Spanisches Fremdenverkehrsamt
Lietzenburger Straße 99, 5. OG
10707 Berlin, Tel. +4930/8826543 oder
www.spain.info

1 Haro

Hier macht der Ebro eine malerisch weitere große Schlaufe, bevor er seinen Weg gen Mittelmeer nimmt. Geschützt wie in einer kleinen Wiege liegen die Felder in dieser Schlaufe – und direkt daran schmiegt sich der Ort Haro, Hauptstadt des Rioja-Weinlandes. Der Rioja, so scheint es, fließt wie eine Lebensader durch diese Stadt und hat ihr viel Reichtum beschert, was sich unter anderem auch in den Adelspalästen wie etwa dem Palacio de Bendaña oder dem Palacio de los Condes de Haro, aber auch im Kunstmuseum zeigt. In der Innenstadt reiht sich Bodega an Bodega, wer entsprechende Kenntnisse hat, erwischt vielleicht sogar einen qualitativ sehr hochwertigen Jahrgangswein. Als Hauptstadt der Weinregion ist es fast selbstverständlich, dass es hier auch ein entsprechendes Weinmuseum gibt. Das Centro de Interpretación del Vino de Rioja informiert über die Geschichte und die Besonderheiten des Weinbaus. Jenseits der Bodegas, des Museums sowie der Kirchen ist die Plaza Mayor erste Anlaufstation für Gäste. Einen Besuch lohnt auch das ehemalige Kloster Exconvento de San Agustín y Teatro Bretón de los Herreros, das sich heute in ein Vier-Sterne-Hotel gewandelt

Umgeben von Rioja-Weinbergen liegt Briones (oben). Die Weinfassherstellung wird in der Bodega Muga in Haro veranschaulicht (unten).

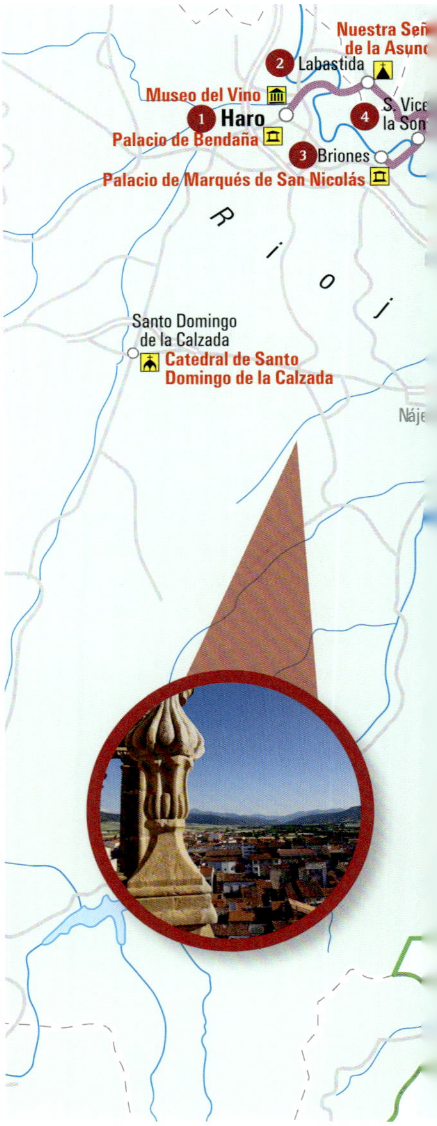

hat. Besonders der Innenhof der Anlage ist sehenswert.

2 La Bastida

Mit ihrem sandsteinfarbenen Turm überragt die Kirche Nuestra Señora de la Asunción die weite Ebene der Provinz Álava. Im Hintergrund zeigt sich der Monte Toloño als Bote des Iberischen Gebirges. Die Dorfkirche stammt aus dem 16. Jahrhundert und ist vom Barock geprägt. Wie viele andere Städte der Region ist auch La Bastida von einem Höhlensystem untergraben, in dem einst die Bewohner Schutz fanden und das sie heute in Weinkeller umgewandelt haben. Viele Bodegas befinden sich entlang der Calle Mayor, die von einem Renaissancebogen begrenzt wird. Zu den Hauptsehenswürdigkeiten gehört auch die ganz am Ortsende gelegene Ermita del Santo Cristo. Vor der Festungskirche liegt ein schön schattiger Platz, von dem man eine herrliche Aussicht auf das Gebiet des Rioja hat. Besonders lebendig ist der Ort im Herbst, wenn die Menschen mit der Lese der Trauben beschäftigt sind und feiern.

3 Briones

Dieser Ort ist geprägt von seinen ursprünglichen Natursteinhäusern, die sich entlang von schmalen Kopfsteinpflastergassen aufreihen. Sehenswert ist hier vor allem das Stadtpalais aus dem 18. Jahrhundert, in dem heute

ABSTECHER: Santo Domingo de la Calzada

Nach dem Besuch der Kathedrale der Kleinstadt am Jakobsweg geht man Kaffeetrinken auf der Plaza de España oder die hübschen Steinhäuser der Altstadt bewundern.

ABSTECHER: Sierra de Cebollera

Der Naturpark beheimatet auf mehr als 23 000 Hektar nicht nur ausgefallene Gletscherformationen in der Höhe, sondern auch dichte Wälder mit Buchen und Pyrenäeneichen.

die Stadtverwaltung residiert, sowie die Marienkirche, die über einen verspielten Rokokoaltar verfügt. Weinliebhaber zieht es eher an den Dorfrand, zum Vivanco-Weimuseum. Es ist der gleichnamigen Weinkellerei angeschlossen und informiert über die Tradition der Weinzucht im Rioja.

4 San Vicente de la Sonsierra

Wenn die dunklen Regenwolken über das weite Rioja-Land ziehen, verfangen sich die tiefsten von ihnen manchmal in den alten Burgruinen, die über San Vicente de la Sonsierra thronen. Dann liegt regenschweres Grau wie eine dämpfende Decke über dem Ort und verlangsamt alles. Die Reste des alten Kastells San Vincente beherrschen den Ort schon von Weitem, der sich mit seinen Sandsteinhäusern malerisch an den knapp 500 Meter hohen Hügel schmiegt. Neben diversen Kirchen sind hier vor allem zwei Dinge sehenswert: Am Ortsrand liegen die beiden antiken Totenstädte Atajona o San Pablo und Hornillos o de San Andrés mit ihren Rätsel aufgebenden Vertiefungen in der Erde.

5 Samaniego

Der fast fensterlose Bau der Ermita de la Virgen del Valle wirkt eher wie eine Festung als eine Einsiedelei. Sie erinnert daran, dass das Dorf viele Jahre lang von Kastilien und Navarra umkämpft worden war. Die Ermita aus dem späten 17. Jahrhundert ist ebenso schmucklos wie die Ermita del Cristo. Die Kirche Nuestra Señora de la Asuncion ist etwas üppiger ausgestattet und erinnert nicht nur an eine Festung, sie wurde im 15. Jahrhundert auch als solche benutzt. Der barocke Altar lohnt den Besuch des Gotteshauses. Zu den besonderen Bauten gehören auch die Feldsteinhütten zwischen den Weinstöcken in der Umgebung.

Eine Mittelalterbrücke führt in San Vicente de la Sonsierra über den Ebro (links oben). Rioja reift in Eichenfässern in einer Bodega in Samaniego (links).

In diesen Hütten haben sich einst Wachleute positioniert, um auf die reifenden Trauben aufzupassen. Wer sich in Samaniego aufhält, sollte einen Abstecher in die nahe gelegene Sierra de Toloño unternehmen, eine einmalige Landschaft, deren Steineichen, Kiefern und Wacholder ein Habitat für Schmutzgeier, Wanderfalke, Uhu und Habichtsadler darstellen.

6 Leza

Die ockerfarbenen warmen Sandsteine der Kirche St. Martin bilden einen schönen Kontrast zu den eher grau wirkenden Ausläufern des Iberischen Gebirges. Trutzig wie eine Burg empfängt sie den Besucher von Leza, mit ihren wenigen Fenstern umweht sie ein wehrhafter Charakter. Sie ist die Hauptattraktion des kleinen Dorfes. Im Umland liegt der Dolmen von »El Sotillo«. Er besteht aus neun Steinen, die eine kreisförmige Kammer bilden. Ein weiterer Dolmen, »Layaza«, ähnelt eher einer kleinen Schlucht. Insgesamt sind die frühsteinzeitlichen Gräber nicht so schön freigelegt und restauriert wie in Elvillar, ihnen fehlt der Deckstein.

7 Navaridas

Wann die ersten Menschen in dieser Gegend gewohnt haben, bleibt in vielen Dörfern rätselhaft, denn es sind kaum Spuren frühzeitlicher Besiedelung zu finden. So auch im 535 Meter hoch gelegenen Navaridas. Nur ein kleines Areal deutet bislang auf Spuren eisenzeitlicher Menschen hin, sie ist touristisch nicht aufbereitet. Dennoch lohnt der idyllisch auf dem Hügel gelegene Ort einen Besuch. Mit seinen knapp 300 Einwohnern hat er noch seine Ursprünglichkeit und Ruhe bewahrt. Zu den Sehenswürdigkeiten gehören die spätgotische Kirche María Inmaculada sowie der barocke Palacio de los Sodupe (18. Jh.). Die örtliche Bodega hat sich auf Tempranillo-Trauben spezialisiert.

8 Elciego

Manchmal braucht Altes den Gegensatz zum Modernen, um noch besser zu wirken. Das scheinen sich auch die Bürger von Elciego gesagt zu haben. Postkartenschön präsentiert sich der 1000-Seelen-Ort, am Dorfrand ragt die doppeltürmige Kirche San Andrés auf, dahinter ducken sich kleine spanische Häuser an die Hügel, ihre Dächer tragen fast dieselbe Farbe wie das trockene Gras der Ebene. Etwas außerhalb aber findet sich ein Gebäude, dessen gebogene Edelstahlplatten futuristisch aus der Szenerie herausragen. Der Architekt Frank O. Gehry hat hier ein kleines Pendant zum Guggenheim-Museum im 130 Kilometer entfernten Bilbao geschaffen. Das darin untergebrachte Hotel Marqués de Riscal bietet nicht nur hervorragende Sterneküche, sondern das darin befindliche Spa verwöhnt auch mit Vinotherapie: Gäste können in einem alten Weinfass baden oder sich mit Merlot-Honig-Packungen verwöhnen lassen. Es ist nicht das einzige architektonisch ausgefallene Gebäude. Das Weingut Antión beeindruckt mit seiner schneckenartigen Formgebung, entworfen hat es Jesús Marino Pascual.

WEINFESTE

JUNI

Ende des Monats findet mit der »Weinschlacht« in Haro das wohl berühmteste Weinfest statt.

SEPTEMBER

Mitte des Monats feiert Logroño farbenprächtig und groß das »Fest der Weinlese«.

9 Fuenmayor

So muss eine Plaza Mayor in einem spanischen Dorf aussehen: ein runder

Unten: Elciego mit Kirche San Andrés und Sierra Cantabria im Hintergrund. Kleines Bild: Fermentationsfässer.

Sandsteinbrunnen mit bemooster Patina, zu Sonnenschirmen gestutzte, knorrige Bäume drumherum und alles umrahmt von Natursteinhäusern. Eines davon, das Rathaus, hat sogar einen von runden Bögen eingefassten Laubengang. Fuenmayors Zentrum gleicht an manchen Stellen einem Bilderbuch und ist geprägt von historischen Gebäuden. Dazu zählt neben einigen alten Adelspalästen wie dem Palacio de los Urbán del Campo die spätgotische Pfarrkirche Santa María. Am Ortsrand liegt die Ermita de Carmen, ein einfaches Gotteshaus ohne Turm aus dem 17. Jahrhundert, in dem sich die Gläubigen ganz auf das Wesentliche besinnen können: die Stille.

★★★ ARCHITEKTUR

Wer sagt, dass Weingüter traditionelle Architektur haben müssen? Das Weingut Marqués de Riscal beauftragte Frank O. Gehry mit dem Neubau über den Kellern, in denen Weine für den König reifen. Das Weingut López de Heredia hat sich von der Stararchitektin Zaha Hadid einen Neubau hinsetzen lassen und die Bodega Ysios beauftragte Santiago Calatrava mit futuristischem Design.

10 Lapuebla de Labarca

Wie auf einem Balkon liegt dieses Dörfchen über dem Ebro. Sandsteinfarbene Häuser fügen sich harmonisch in das Landschaftsbild ein. Benannt ist dieser Ort nach dem Holzboot (»la Barca«), das einst die Menschen von einem Ufer des Ebro zum anderen brachte. Wie ein Hufeisen legen sich die Straßen der Altstadt um die Kirche Nuestra Señora de la Asunción. Wer sich die alten Häuser aus der Renaissance-Zeit genauer ansieht, wird Wappen an den Fassaden finden, die Zeichen der Familien. An manchen Stellen eröffnen sich von der Stadt aus schöne Blicke über das Ebro-Tal.

11 Siedlung La Hoya

Während sich in vielen Städten der Rioja-Region kaum Spuren menschlicher Besiedelung finden, bildet La Hoya hier eine Ausnahme. Im Jahr 1935 wurde hier eine Siedlung entdeckt, die wohl ein wichtiges Handelszentrum der Bronzezeit gewesen sein mag. Viele der Ausgrabungen, die von der 3400 Jahre alten Menschheitsgeschichte zeugen, sind heute in einem

Zur romanischen Festungsanlage Loarre aus dem 11. Jahrhundert (unten) gehört auch die Kirche Santa María. Dolmen (kleines Bild rechte Seite) wie die von Elvillar prägen die Landschaft.

WEINGÜTER

Domec Wines España
Mit dem wellenförmig errichteten Gebäude ist diese Bodega schon architektonisch ein Hingucker.
Camino de la Hoya s/n
01300 Laguardia
Tel. +34945/600640
www.domecqbodegas.com

Marqués de Riscal
Das Gebäude gehört zu den außergewöhnlichsten Kellereien Spaniens, es wurde von Frank O. Gehry entworfen. Die Qualität der Reben ist äußerst hoch, v. a. bei Tempranillo und Garnacha.
Calle Torrea 1,
01340 Elciego
Tel. +34945/606000
www.marquesderiscal.com

Bodegas Carlos San Pedro Pérez de Viñaspre
Seit mehr als 500 Jahren stellt die Familie San Pedro ihre Weine her. Das 200 Jahre alte Haus sowie die Keller tief unter der kleinen Stadt sind eine Besichtigung wert.
Calle Páganos 44
01300 Laguardia
Tel. +34945/600143
www.bodegascarlossampedro.com

Bodegas Valdelana
Einen gut eingelagerten Wein aus dem 14. Jahrhundert gibt es in dieser Bodega zu sehen. Sie ist Musterbeispiel für die Kellerei in dem natürlichen Tunnelsystem. Origialgetreuer geht es kaum.
Calle Puente Barricuelo 67–69
01340 Elciego
www.bodegasvaldelana.com

zur Ausgrabung gehörigen Museum untergebracht.

12 Salzseen von Laguardia

Eine dicke weiße Salzschicht schwimmt auf dem Wasser. Die Seen von Laguradia sind besondere Biotope, denn sie haben keinen Abfluss. So staut sich hier das Nass aus den umliegenden Hügeln und füllt das Gewässer im Frühjahr. Im Sommer aber, mit der großen Hitze, verdunstet ein großer Teil des Wassers und die Salze kristallisieren an der Oberfläche aus. Während die beiden Seen von Carravalseca und Carralogroño natürlich entstanden sind, ist der See Prao de la Paul aus einem aufgestauten Fluss geschaffen worden. Von September bis März machen viele Zugvögel hier Station, Birdwatching-Touren gehören in dieser Region zum Programm. Purpureiher, Tafelente oder Bienenfresser ergeben in der Landschaft dann schöne Fotomotive.

13 Laguardia

Auf einem Hügel in 630 Meter Höhe liegt die einstige Festung des Königreichs Navarra. Die Stadt wurde im 10. Jahrhundert gegründet, um die Südgrenze von Navarra zu beschützen. Den Charakter der Verteidigung hat sich die 1500-Einwohner-Stadt bis heute erhalten und ist nicht nur im Namen ständig präsent. Laguardia ist von mittelalterlichen Häusern geprägt, teilweise mit malerischen gusseisernen Balkonen und mit Schnitzereien verzierten Dachbalken. Die Siedlung umschließt eine Stadtmauer und ein weit verzweigtes Tunnelsystem liegt unter den Gebäuden. Haben sich hier einst die Einwohner bei Kämpfen in den Tunneln in Sicherheit gebracht, werden die perfekt klimatisierten Katakomben heute für die Lagerung von Wein genutzt und können als Keller besichtigt werden. Von der Stadtmauer aus ergibt sich teilweise ein wunderbarer Blick auf die umliegende Landschaft mit den schnurgerade geordneten Rebreihen.

14 Dolmen von Elvillar

Als hätte sich ein Riese einen Tisch aus drei Steinen und einer Platte mitten in die Landschaft gebaut, so sehen die Dolmen von Elvillar und Leza aus. Sie sind Teil von insgesamt sieben Megalithplätzen, die aus der Jungsteinzeit stammen. Alle diese Dolmen sind nach Süden ausgerichtet, über den genauen Zweck der Monumente rätseln Forscher bis heute. Waren es antike Gräber? Wurden sie für Rituale benutzt? Bekanntestes Monument ist die Chabola de la Hechicera (»Hexenhütte«), es gehört zu den besterhaltenen Steinzeitgräbern im Baskenland. Bei der Restaurierung des Denkmals legten Archäologen viele frühe Alltagsgegenstände wie Äxte,

DINOSAURIERSPUREN

Neben dem Wein lockt die Region noch mit einem anderen Thema: Die Era del Peladillo in Igea gehört zu den bedeutendsten Fundstätten von Dinosaurierspuren in Europa. Wie die Reptilien vor 150 Millionen Jahren gelebt haben, darüber lässt sich nur spekulieren; die riesigen Fußstapfen zu bewundern, die sie hinterlassen haben, ist aber ein besonderes Erlebnis, das sich auch in Enciso erforschen lässt.

Keramiken und Schmuck frei. Noch heute feiern die Einheimischen im August dort ihr großes Hexenfest.

15 Lanciego

Kleine Bäche fließen zu diesem Dorf, dessen Häuser sich in einem muldenähnlichen Tal zusammenhäufeln. Zu den Hauptsehenswürdigkeiten gehören die Kirchen San Acisclo und Santa Victoria sowie die Kapelle von Nuestra Señora del Campo. Auch das Gebäude des Gemeinderats, das ehemalige Hofhaus der Marquise von Armendariz, lohnt einem Abstecher. Insgesamt prägen viele Renaissance- und Barockgebäude das Stadtbild. Ganz in der Nähe befinden sich auch Reste der römischen Brücke von Mentible, von den einst sieben Rundbögen der Brücke sind nur noch zwei erhalten.

16 Logroño

Mit dem Brückenbau über den Ebro avancierte Logroño im 11. Jahrhundert schnell zu einer bedeutenden Siedlung in Nordspanien. Der Grund dafür lag im Jakobsweg, der nun direkt durch die Stadt führte und nicht nur Pilger, sondern auch Kaufleute und Künstler hierherbrachte. Von der einstigen Blüte zeugen heute noch Pilgerherberge, Pilgerbrunnen sowie die Santiago-Kirche. Viele Gotteshäuser prägen den Ort, herausragend ist die Kathedrale Santa María la Redonda am Marktplatz mit ihren Barocktürmen. Weinliebhaber machen auf jeden Fall einen Stopp im Rioja-Museum, das sich im umgebauten Espartero-Palast befindet und nicht nur über die Tradition des Weinbaus informiert, sondern auch mit Kunst von Picasso und Sorolla punktet.

17 Calahorra

Auf einer kleinen Anhöhe über dem Cidacos-Tal liegt die Hauptstadt des Rioja Baja: Sie wurde schon im Zusammenhang mit einer römischen Schlacht erwähnt und war immer wieder Schauplatz von Auseinandersetzungen. Mauren kämpften gegen Christen, Navarra gegen Kastilien. Überstanden hat diese Kämpfe weitgehend unbeschadet die spätgotische Kathedrale, die in ihrem Inneren über Goldschmiedekunst und eine Bibel aus dem 12. Jahrhundert verfügt. Aber auch das Stadtmuseum und das Karmeliterinnen-kloster zählen zu den wichtigsten Sehenswürdigkeiten von Calahorra.

In der Altstadt von Logroño (links) lässt es sich wunderbar bei einem Glas Wein aushalten. Oben: La Calahorra.

WEINROUTE 26

Kein anderer Name könnte die Region besser beschreiben als dieser: Somontano – »unter den Bergen«. Die Berge, damit sind die Pyrenäen gemeint, spielen eine entscheidende Rolle für den Weinbau. Sie schützen die Rebflächen vor den kalten Nordwinden, sorgen aber mit heißen Sommern für genügend Sonne, um die Trauben zur richtigen Süße heranreifen zu lassen. Der Weinanbau kam in diese Gegend eigentlich nur, weil die Reblaus in Frankreich großen Schaden angerichtet hatte und Winzer auf der Suche nach alternativen Gebieten waren. 1894 kamen so die ersten Weinstöcke in die von Mandelbäumen, Oliven und Steineichen geprägte Landschaft. Die ersten Winzer setzten damals auf Cabernet Sauvignon und Merlot, heute sind auch Tempranillo, Pinot Noir und andere Sorten hier heimisch. Insgesamt ist das Gebiet bekannt für eine große Sortenvielfalt. Der Großteil der Anbaufläche ist für Rotweine, nur 15 Prozent Weißwein stammen von hier. Die Weinstraße erstreckt sich rund um den Ort Barbastro, den Ausgangspunkt der Route, die vor allem geprägt ist von Naturerlebnissen. Wandern, Klettern, Canyoning – entlang dieser Weinstraße geht es sehr sportlich zu. Und dabei vor allem schroff und steil, denn sie verläuft ja eben »unter den Bergen«. Doch mit vielen alten Klöstern und Kirchen kommt die Kultur nicht zu kurz, ebenso wenig wie das Kulinarische, denn so manche Ölmühle oder Käserei liegt auf dem Weg und bietet Köstlichkeiten an.

Routenlänge: ca. 90 km
Zeitbedarf: ca. 2 Tage
Start: Barbastro
Ziel: Huesca
Routenverlauf: Die Strecke kann nach Belieben auch kürzer gewählt werden.

Besondere Hinweise: An den entlegenen Orten sind die Unterkünfte sehr einfach. In den Bergen sollte man warme Kleidung mitführen, auch im Sommer.

Auskünfte:
Spanisches Fremdenverkehrsamt
Lietzenburger Straße 99, 5. OG
10707 Berlin, Tel. +4930/8826543 oder
www.spain.info

Weinstraße von Somontano

Am Südrand der Pyrenäen wachsen Weinreben nebst Mandelbäumen und Steineichen.

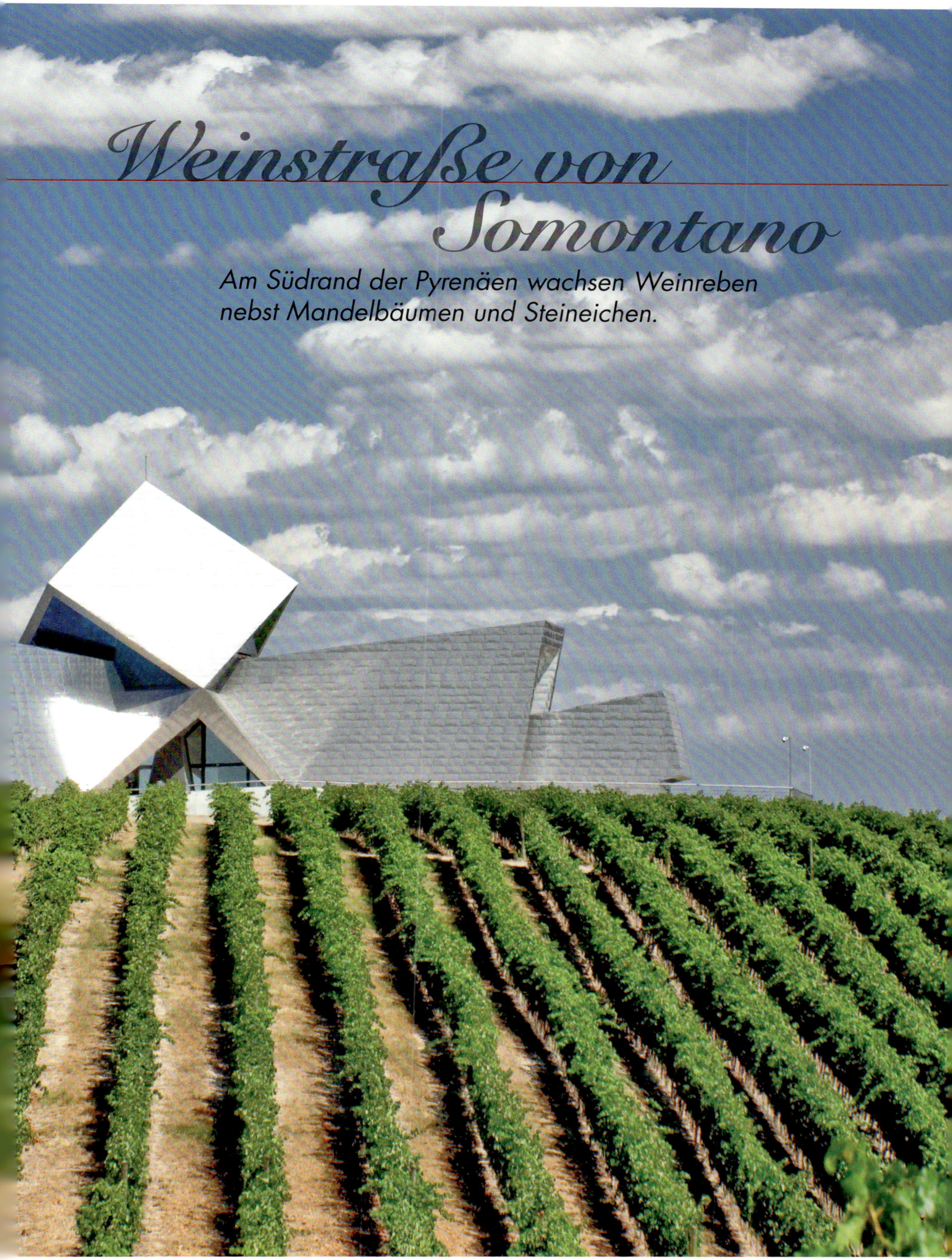

1 Barbastro

Mit seiner Kathedrale und der verkehrsgünstigen Lage am Fuße der Sierra de Guara ist Barbastro eine aufstrebende Gemeinde und markiert nicht nur die Hauptstadt, sondern zugleich das Weinzentrum der Region Somontano. Über die Rebenbautradition informiert das städtische Weinzentrum mit Dokumentationen und Möglichkeiten zum Testen. Wichtigstes kulturhistorisches Denkmal ist die Kathedrale Santa María de la Asunción aus dem frühen 16. Jahrhundert. Ihre barocken Portale sind ebenso Höhepunkte sakraler Baukunst der Gegend wie die gesamte Innenausstattung. In guter fußläufiger Entfernung befindet sich der archäologische Garten. Nicht nur Geschichtsinteressierte finden hier wertvolle Zeugnisse aus dem 12.–18. Jahrhundert. Sehenswert sind auch Diözesanmuseum, Bischofspalast, Casa de los Argensola, Rathaus und San-Francisco-Kirche. Eigentlich sieht es aus wie

Oben: Blumenwiese bei Estada (Huesca). Der Altar der Kathedrale Santa María Assunta in Barbastro (unten) wurde im plateresken Stil, der spanischen Ausprägung der Renaissance, aus Alabaster errichtet, vermutlich in der Werkstatt von Damià Forment (1480–1540).

ein Schloss, aber es ist ein Kloster: El Pueyo beeindruckt nicht nur mit seiner herrschaftlichen Bauweise außen, sondern auch mit den Fresken im Inneren. Die Kirche ist das älteste Gebäude von Barbastro und stammt aus dem 13. Jahrhundert. Einst soll an dieser Stelle einem Pastor das Bild der Jungfrau Maria auf einem Mandelbaum erschienen sein. Zu den Besuchermagneten zählen zudem die Casa Baselga (16. Jh.) und der San-Julián-Komplex, die einige Kunstschätze beherbergen. Modernere Architektur zeigt sich in dem Bau der Bodega Sommos.

2 Estada

Wie ein großer Schatten der Pfarrkirche San Pedro ragt unter der Silhouette des 200-Einwohner-Dorfes ein markantes Felsengebilde auf. Insgesamt geht es hier ruhig und gelassen zu, neben der Pfarrkirche lädt die Kirche San Valero in einer alten Burgruine zum Besuch. Zudem wurde hier eine römische Villa ausgegraben mit alten Mosaiken. Das Kunstwerk befindet sich inzwischen in Saragossa im Museum.

3 El Grado

Schon die Römer siedelten in El Grado. Damals allerdings schlängelte sich der Fluss Cinca noch in Ursprungsform durch die Landschaft. Das ist heute anders, eine riesige Mauer staut den Fluss zu einem See. Das macht El Grado zu einer fischreichen Gegend, Forellen, Schwarzbarsche oder Hechte kommen

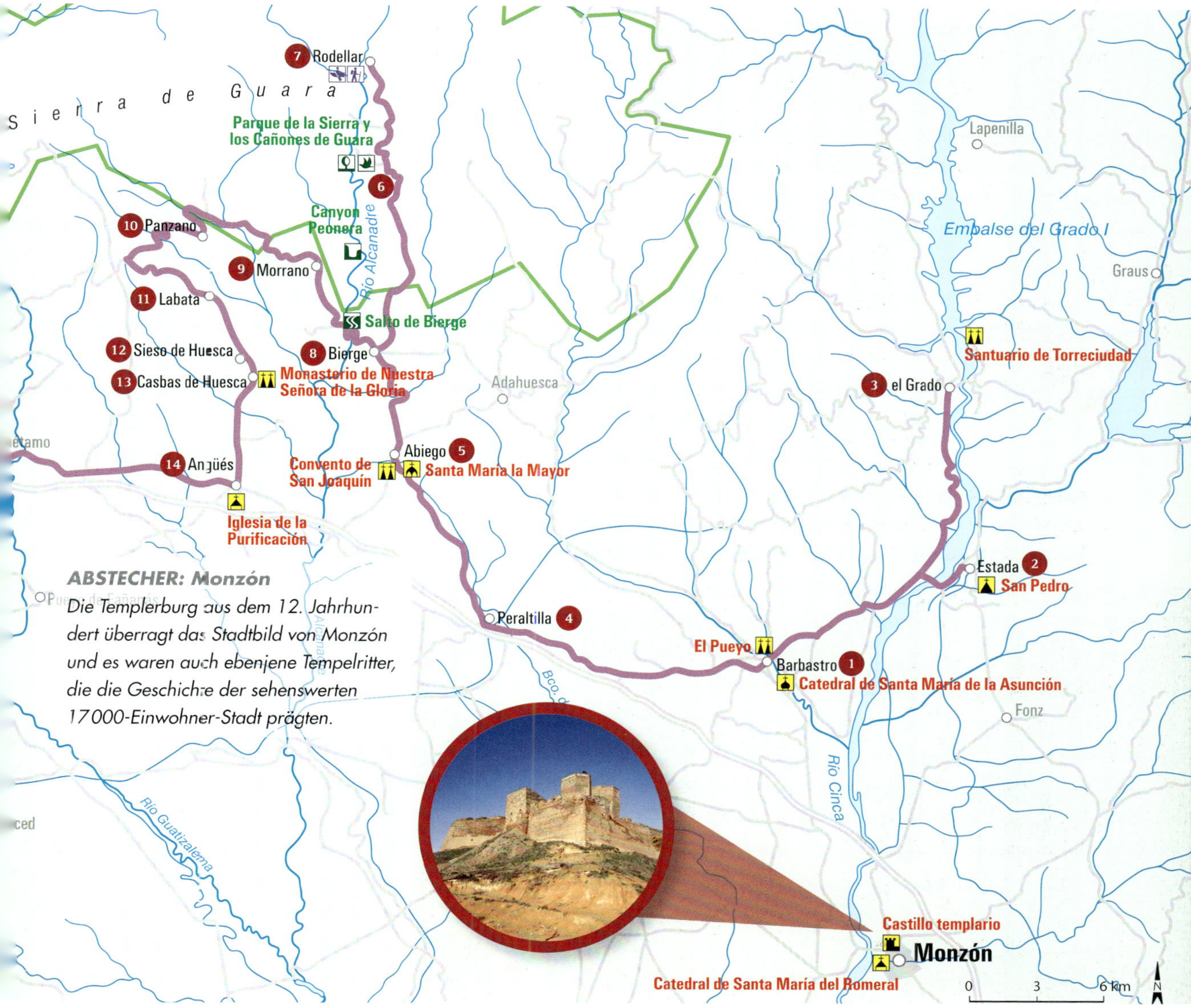

ABSTECHER: Monzón

Die Templerburg aus dem 12. Jahrhundert überragt das Stadtbild von Monzón und es waren auch ebenjene Tempelritter, die die Geschichte der sehenswerten 17000-Einwohner-Stadt prägten.

hier gerne auf den Tisch. Dazu wird natürlich ein echter Somontano-Wein gereicht. Der Stausee und die Altstadt sind aber nicht die Hauptattraktion der Gegend, sondern das Marienkloster in Torreciudad. Es liegt auf einer Anhöhe und geht auf das 11. Jahrhundert zurück, damals war es eine Einsiedelei. Erst im vergangenen Jahrhundert wurde es als Kloster ausgebaut, der Opus-Dei-Gründer Josemaría Escrivá hat es 1975 als große Wallfahrtsstätte eingeweiht. Heute zählt es zu den wichtigsten Stationen des Marienpilgerweges. Im Zentrum der Anbetung steht dabei der Alabasteraltar und bildet den Rahmen für das Heiligtum des Klosters: Das Gnadenbild »Unserer Lieben Frau von Torreciudad«, das die wichtigsten Stationen im Leben der Maria darstellt. Außerdem sehenswert sind der große und seltene Bananenbaum sowie die Mühle von Chuaqín.

4 Peraltilla

Rund um die Calle Mayor erstreckt sich der alte Kern dieser Stadt, geprägt von Bauten aus Quadersandstein, Häusern mit runden Portalen und manche sogar mit Wappen verziert. Der Cinca-Kanal erzählt von früheren Zeiten, als man das Wasser noch ohne Leitungen bändigen musste, und führt durch die kleine Stadt. An manchen Stellen ist noch Kulturerbe zu sehen, denn Besucher treffen hier auf Reste des alten Kastells, die inzwischen zu Wohnhäusern umgestaltet worden sind.

5 Abiego

Wie ein Schloss ist die aus der Dorfmitte aufragende Kirche Santa María la Mayor abends angestrahlt. Das Hügeldorf ist ein Musterbeispiel der spanischen Wasserkunst, denn einst brachten die Pyrenäen das wertvolle Nass in die Täler, wo es in Brunnen, Waschhäusern, Tanks und Stauseen gespeichert wurde. Ein Zeugnis dessen findet sich etwa in Abiego mit der öffentlichen

Die Tafel der heiligen Ursula aus dem 13. Jahrhundert in Bierge (oben). Links: Das Städtchen Rodellar liegt inmitten der Berglandschaft.

Quelle, die früher auch als Waschanlage und Tränke genutzt wurde. Der Brunnen, in dem steinerne Männchen das Wasser aus dem Mund rinnen lassen, ist bis heute in Gebrauch. Wer sich in dem Ort aufhält, sollte darüber hinaus aber auch einen Abstecher zum barocken Kloster San Joaquín unternehmen, das malerisch auf dem Hügel Tozal de las Forcas liegt. An der Landstraße steht das moderne »Denkmal des 20. Jahrhunderts«, ein Kunstwerk aus 20 Stehlen von Ulrich Rükriem. Und im Norden finden Liebhaber prähistorischer Monumente Passendes, dort sind mehr als 1000 Fährten von Säugetieren zu sehen, die älter als 35 Millionen Jahre sind.

6 Naturpark Sierra y Cañones de Guara

Zerklüftete Felsen, abgelegene, dünnbesiedelte Gegend und Berge, nicht zu hoch, um genug Beutetiere zu haben – Reviere wie diese mag der Steinadler. Kein Wunder also, dass er sich in diesem Gebirge ausgebreitet hat. Auch Bartgeier und Wanderfalke locken viele Ornithologen hierher. Im Naturpark befindet sich übrigens die größte Kolonie von Geiern Europas: Neben den Bartgeiern fühlen sich hier Gänsegeier und Schmutzgeier wohl und segeln über die steilen Klippen. Auch die Pflanzenwelt bietet Außergewöhnliches, hier haben sich viele Steineichen in ungestörtem Wachstum zu wahren Monumenten entwickelt und bilden beeindruckende Naturdenkmäler. Darüber hinaus ist vor allem das enge Schluchtensystem mit den Grotten und Wasserfällen interessant. Nicht nur Klettern, sondern auch Canyoning steht hier hoch im Kurs. Informationszentren befinden sich in Bierge, Arguis und Santa Cilia de Panzano.

7 Rodellar

Abgelegener geht es kaum in dieser Gegend: Mitten in den Bergen reiht sich dieses knapp 50-Einwohner-Örtchen um die Kirche San Lorenzo. Sobald es wärmer wird, erwacht es aus dem Winterschlaf, denn es ist nicht nur bei Kletterern, sondern auch bei Canyoning-Fans beliebt. Dann spielen plötzlich abends Livebands in der Dorfkneipe und die internationale Klettererszene ist zu Gast. Aber auch wer es nicht ganz so sportlich mag, ist hier gut aufgehoben, denn mehr Bergatmosphäre entlang der Strecke gibt es wohl kaum. Und als Alternativprogramm steht Angeln an der Tagesordnung.

8 Bierge

Im Schatten des Gipfels von Tozal de Guara schmiegt sich dieses Bilderbuchdorf malerisch an einen Hügel. Weinberge und Mandelplantagen wechseln sich am Fuße der Gemeinde ab, die von der gotischen Apostelkirche überragt wird. Viele herrschaftliche Häuser zeugen von der einst reichen Vergangenheit des Ortes. Die Ölmühle lohnt ebenso einen Besuch wie die mittelalterlichen Gemälde der Kirche San Fructuoso. Von Bierge aus starten nicht nur Touren zum Tal von Rodellar, das für viele Bergsportaktivitäten bekannt ist. Besonders schön ist eine Tour zum Wasserfall. Dort lockt nicht nur ein Ausflugslokal: Wer die kleine Wanderung entlang des Bergbaches auf sich nimmt, erreicht oben die Fuente de Tamara, ein wunderbares Felsbecken, in dem das Wasser noch einmal Kraft sammelt, bevor es sich in die Tiefe ergießt. Am zehnten August feiert man hier ein ursprüngliches Fest: Dann wird auf dem Dorfplatz ein Feuer entzündet, eine Stroh-

WEINFESTE

25. MÄRZ
»Crespillo-Fest«: Der Nachspeise ist ein eigenes Fest gewidmet.

OSTERN
»Semana Santa«

AUGUST
»Weinlese« mit großem Fest am Anfang des Monats

Im beeindruckenden Naturpark Sierra y Cañones de Guara mit seinen Felsformationen (unten) lebt der Steinadler (kleines Bild links).

UNESCO-WELTKULTURERBE: HÖHLENMALEREIEN

Die von der UNESCO geschützten Höhlenmalereien in der Weinregion befinden sich zwischen Arpan, Mallata und Barfaluy. Vor mehr als 22 000 Jahren hinterließen Jäger und Sammler der Steinzeit hier ihre Zeichnungen auf den Sandsteinwänden der Höhlen. Die Grotten sind heute zu Museen umgebaut und zeigen drei prähistorische Kunstrichtungen.

puppe verbrannt und gegrillte Kartoffeln und Sardinen verzehrt.

9 Morrano

Wenn die Mandelbäume in ihrer Blüte stehen, verbreitet sich an den Hängen von Morrano eine zauberhafte Atmosphäre. Aber auch an anderen warmen Tagen ist der Ort etwas quirliger als seine Nachbardörfer, denn Morrano ist das Tor zum Canyon der Peonera: Von hier aus lässt sich die Schlucht am besten erwandern. Malerisch liegt die Kirche San Martín de Rodellar. Nicht nur der Fluss Alcanadre bringt frisches Gebirgswasser in die Siedlung, immer wieder rauschen kleine Bäche und Nebenflüsschen am Wegesrand. Größte Attraktion aber ist der Blick auf die rote, steilwandige Felsformation »Huevo de Morrano«, die viele Ausflügler anlockt. Der Bau der San-Pedro-Kirche ist ebenfalls eine wichtige Sehenswürdigkeit mit seinem romanischen Turm und den Ziegeln im Mudéjar-Stil.

10 Panzano

Panzano ist einer der Ausgangsorte für Touren in die Sierra y Cañones de Guara. Doch der Tourismus hält sich in Grenzen, das Dorf auf der Höhe von knapp 650 Metern hat eher Geheimtippcharakter für die Spanier, vor allem im Winter, denn es kann tatsächlich sein, dass die Häuser hier von einer Schneeschicht bedeckt sind. Nur eine Straße gliedert das Dörfchen, die Calle Única. Hier befindet sich auch eine sehr ursprüngliche Unterkunft, die einen wunderbaren Blick auf das davorliegende Tal garantiert. Einen weiteren Blick wert ist auf jeden Fall die romanische Kirche San Pedro aus dem 12. Jahrhundert mit ihrem halbrund erbauten Schiff. In ihrer Schlichtheit und der ruhigen Umgebung ist sie ein perfekter Ort, um noch mal in sich zu kehren, bevor man sich aufmacht, in den Bergen zu klettern oder zu wandern.

Noch kleiner ist der Nachbarort Yaso mit seinen nur elf Einwohnern, aber einer sehenswerten Kirche.

11 Labata

Rund um die Plaza San Mateo erwacht das Minidorf zum Leben. Der Flecken mit seinen knapp 60 Einwohnern ist geprägt von Resten aus maurischer Zeit, etwa einem alten Turm oder eben der Kirche San Mateo, wirkt aber insgesamt ruhig bis ausgestorben. Ein Abstecher in die Bodegas Alodia in ca. 30 Kilometer Entfernung lohnt sich.

Linke Seite: 18 000 bis 13 000 v. Chr. entstandene Ritz- und Kohlezeichnungen. Kleines Bild: Felsformation »Huevo de Morrano«, das »Ei« von Morrano.

12 Sieso de Huesca

Fast zusammengewachsen mit Casbas ist dieser Ort. Auch hier dominiert die Kirche die kleine Ansammlung von Häusern. Feinschmecker allerdings haben Sieso in anderem Zusammenhang im Hinterkopf, vom Familienbetrieb Villa Villera stammt ein hervorragender Käse, der sogar schon einige internationale Wettbewerbe gewonnen hat. Und wer noch einen Abstecher wagen will, wandert zu der etwas außerhalb gelegenen Kirche Ermita de San Blas und genießt den weiten Blick auf die Landschaft.

13 Casbas de Huesca

Die Ursprünge des Dorfes reichen offiziell zurück bis ins 11. Jahrhundert, damals wurde der Ort erstmals urkundlich erwähnt. Mit seiner Lage an den Südhängen war er nicht nur strategisch ideal, sondern bot auch noch gute Bedingungen für die Rebenzucht. Dominiert wird das knapp 300 Einwohner zählende Dorf heute noch vom Zisterzienserkloster Nuestra Señora de la Gloria. Es wurde im 12. Jahrhundert gegründet und wacht wie eine Festung über dem Berg, an dem sich der Ort mit seinen kleinen Häuschen in typisch spanischer Feldsteinbauweise erstreckt. Die Dorfgemeinschaft bemüht sich, die alten Traditionen aufrechtzuerhalten und veranstaltet einmal pro Jahr ein Sportfest mit so außergewöhnlichen Disziplinen wie Hufeisenweitwurf, Fingerhakeln oder Straßenkegeln. Die Kirchen San Nicolás aus dem 18. Jahrhundert sowie die Ermita de Bascués aus dem 11. Jahrhundert gehören ebenso zu den sakralen Sehenswürdigkeiten. Viele andere, wie etwa die Ermita de los Moros sind schon in Ruinen und ziehen Fotografen als außergewöhnliche Kulisse an. Eher kontemplativ ist der Gang durch das sehr stille Dorf mit den schmalen

Die Fassade der gotische Kathedrale von Huesca (unten) ist ein beliebtes Fotomotiv, genauso wie die Weinberge von Somontano (oben).

WEINGÜTER

Sommos
Sortentypisches Aroma und eine feine Eleganz machen die Weine dieser neuen Bodega aus. Das Gebäude ist in einer futuristisch anmutenden Architektur gestaltet.
Carretera Nacional 240,
Barbastro
Tel. +34974/269900
www.bodegasommos.com

Viñas del Vero
Eine moderne Kellerei, hier lohnt es sich, den Weißwein Macabeo Chardonnay zu degustieren. Im angeschlossenen Weinkeller kann man auch gut essen.
Carretera Barbastro-Naval km 3,7
22300 Barbastro
Tel. +34974/302216
www.vinasdelvero.es

Bodega Lalanne
Traditionell geht es in dieser Bodega zu: Sie besteht schon seit 1894; eine Besichtigung gibt Einblick in frühere Herstellungsweisen.
Castillo de San Marcos,
Carretera Barbastro
22300 Barbastro
Tel. +34974/310689

Bodegas Fábregas
Seit fünf Generationen ist dieser Betrieb in Familienbesitz. Viele der Reben wachsen am Ufer des Río Vero, vor allem der Merlot und Syrah. In ihnen wird der typische Somontano-Charakter deutlich.
Calle Cerler
22300 Barbastro
Tel. +34974/310498
www.bodegasfabregas.com

Straßen. In diesem Bergdorf lassen sich noch dazu hübsche Privatunterkünfte für wenig Geld finden.

14 Angües

Diese Gegend ist geprägt von romanischen Bauwerken. Vor allem die Kirchen stammen aus dieser Zeit, so wie die Iglesia de la Purificación in Angües, die sich mit ihrem erdbraunen Turm über den beschaulichen Ort erhebt. Ein wunderbares Bild ergibt sich im Frühjahr, wenn die dahinterliegenden Pyrenäengipfel noch von Schnee bedeckt sind. Im Ort selbst finden sich urige kleine Bars, in denen Besucher noch etwas Schinken oder Oliven naschen, bevor sie den Weg in die Berge fortsetzen.

15 Kastell von Montearagón

Östlich von Huesca befindet sich auf einer Anhöhe ein altes Kastell. Es stammt aus dem späten 11. Jahrhundert und wurde im Zuge der Kämpfe gegen die Araber errichtet. Das Kastell gilt zwar als spanisches Kulturerbe, aber man sucht noch nach sinnvollen Nutzungsmöglichkeiten für die Anlage, die etwas verfallen ist. Genau darin aber liegt auch ihr besonderer Charme.

16 Huesca

Die größte Stadt der Region zählt um die 52 000 Einwohner und war schon in der Zeit der Römer eine Siedlung. Im 8. Jahrhundert wurde sie von den Arabern erobert und im 11. und 12. Jahrhundert war sie dann Hauptstadt des Königreiches Aragón. Aus dieser bewegten Vergangenheit sind bis heute viele Bauwerke erhalten geblieben. Zu den wichtigsten zählt sicherlich die Kathedrale, die im gotischen Stil auf den Fundamenten einer alten Moschee errichtet wurde. Kunstvoll gearbeitet ist vor allem auch das Portal mit kunstvollen Steinmetzdarstellungen der zwölf Apostel. Im Inneren des Gotteshauses ist der Alabaster-Altar eine Besonderheit, der die Kreuzigung Jesu zeigt. Ein weiterer Sakralbau in Huesca gehört zu den Kunstschätzen Spaniens: Das Kloster San Pedro el Viejo aus dem 12. Jahrhundert zählt zu den ältesten Kirchen des Landes. Der sechseckige Glockenturm prägt das Gebäude, dessen Kreuzgang mit den romanischen Kapitellen ebenfalls architektonisch interessant ist. Die Universität ist in dem einstigen Palacio de los Reyes de Aragón untergebracht. Dort soll sich einst die Legende um die Glocke von Huesca abgespielt haben, die der Sage nach aus den Köpfen von Rebellen errichtet wurde. Neben diesen Gebäuden treffen Besucher beim Rundgang aber auch auf die alte arabische Stadtmauer und den Festungsturm Torreón del Amparo.

La Mancha

Seit Jahrhunderten wird in der zentralen Hochebene Spaniens, der Heimat des Don Quijote, erlesener Wein angebaut.

WEINROUTE 27

Die Küsten eines Landes waren stets die ersten Gebiete, die der Weinbau für sich eroberte. So auch in Spanien. Aber mehr und mehr Bauern im Landesinneren entdeckten schon bald die Rebenkunst für sich. Mit seinen heißen, regenarmen Sommern ist Kastilien-La Mancha ideal und avancierte zum größten zusammenhängenden Weinbaugebiet der Welt. Überall in den Bodegas auf den Dorfplätzen oder den abgelegenen Landgasthöfen werden Airén und Sauvignon Blanc ausgeschenkt. Auf 500 bis 800 Metern Höhe gelegen, ist die Hochebene vor allem ein Weißweingebiet. Zudem punktet die Region mit einem weiteren weltbekannten Wahrzeichen: Hier hat Don Quijote einst gegen die Windmühlen gekämpft. In Campo de Criptana, aber auch Argamasilla de Alba, finden Besucher heute noch die auf den Hügeln gelegenen Windmühlen, wie sie typischer nicht sein können. Die Weinstraße vereint sich an vielen Stellen mit der touristischen Route des Don Quijote, etwa bei Argamasilla de Alba und El Toboso. Und doch lohnt es sich, der önologischen Strecke zu folgen, viele kleine Städte reihen sich hier in ihrer Ursprünglichkeit aneinander, umgeben von Lagunen und im Herbst blühenden Krokusfeldern, auf denen Safran geerntet wird. Auch kulinarisch Einzigartiges ist hier geboten, vor allem der typische Queso Manchego, aber auch der Eintopf Pisto Manchego. Als Mitbringsel bietet sich der Honig Miel de Alcarria ebenso an wie der Nougat Turrón.

Routenlänge: 150 km
Zeitbedarf: mind. 4 Tage
Start: Belmonte
Ziel: San Clemente
Routenverlauf: von Belmonte über Alcázar de San Juan und Tomelloso nach San Clemente

Besondere Hinweise: In der Umgebung finden sich Naturschutzgebiete, besonders Vogelfreunde sollten Ferngläser mitnehmen. Dort lässt es sich auch gut wandern.

Auskünfte:
Auskunft: Spanisches Fremdenverkehrsamt, Lietzenburger Straße 99, 5. OG
10707 Berlin, Tel. +4930/8826543 oder www.spain.info

1 Villafranca de les Caballeros

Wein und Safran passen hervorragend zusammen. Wenn im Herbst dann auch noch die Krokusse die Landschaft in ein purpurfarbenes Meer tauchen, entwickelt die Region ihren ganz eigenen Zauber. Safran ist neben dem Wein eine der Spezialitäten dieses Landstriches, vor allem in Villafranca de los Caballeros. Die kleine Stadt liegt idyllisch an zwei Lagunen. Die alte Kirche aus dem 12. Jahrhundert bestimmt das Ortsbild. Die Laguna Grande (»die große«) und die Laguna Chica (»die kleine Lagune«) etwa zwei Kilometer nordöstlich von Villafranca sind zwei Naturschönheiten der Region: Erstere eignet sich perfekt für ein medizinisches Bad; Letztere zum Genießen der herrlich reichen Natur am Wasser.

2 Belmonte

Mittelalterlichen Burgen wohnt immer eine besondere Faszination bei – so ist es auch mit der Burg von Belmonte. Besonders nachts, wenn sie in gelbgolde-

Die Burg von Belmonte (oben) ist ein beliebtes Ausflugsziel, der Nationalpark Cabañeros (unten) ein bedeutendes Wild- und Vogelschutzgebiet.

ABSTECHER: Toledo
Sie gilt zu Recht als eine der schönsten Städte Spaniens mit ihren engen Gassen, Kirchen, Moscheen und Synagogen. Vielleicht hat Toledo sogar die größte Sehenswürdigkeitendichte auf engstem Raum.

nes Licht getaucht wird, wirkt sie märchenhaft auf ihrem Sporn. Die Burg wurde im Jahr 1456 errichtet und im 17. Jahrhundert aufgegeben. Sie war schon fast eine Ruine, als sie erst im 19. Jahrhundert von der französischen Schlossherrin Eugenia de Guzmán restauriert wurde. Aber als das Zweite Kaiserreich gefallen war, endete auch ihr Einfluss auf der Festung und erneut begann eine Zeit des Verfalls. Erst im Jahr 1930 wurde die Belmonte als kulturelles Erbe anerkannt und geschützt. Im Jahr 2010 wurde sie schließlich umfassend restauriert. Im gleichen Zuge wurde sie der Öffentlichkeit zugänglich gemacht und begeistert heute vor allem Familien als Ausflugsziel. Auch der Ort Belmonte selbst mit seiner (west-)gotischen Kirche La Colegiata aus dem 15. Jahrhundert und dem 2014 komplett restaurierten Palacio del Infante Don Juan Manuel ist in jedem Fall sehenswert.

3 Mota del Cuervo

Auch als »Balkon von La Mancha« ist dieses Dorf bekannt. Hier stehen die typischen weißen Windmühlen auf dem Hügel. Ihnen zu Füßen breitet sich eine Siedlung aus mit einem hübschen, von Arkadengängen geschmückten Rathaus, kleinen Stadthäusern und alten, igluförmigen Schäferhütten zwischen den Feldern. Einst haben sich die wichtigen Handelswege zwischen Madrid und Toledo sowie Cuenca und dem Süden hier gekreuzt – und schon immer haben die Menschen den Wein genossen, scheint es. Sehenswert sind hier die

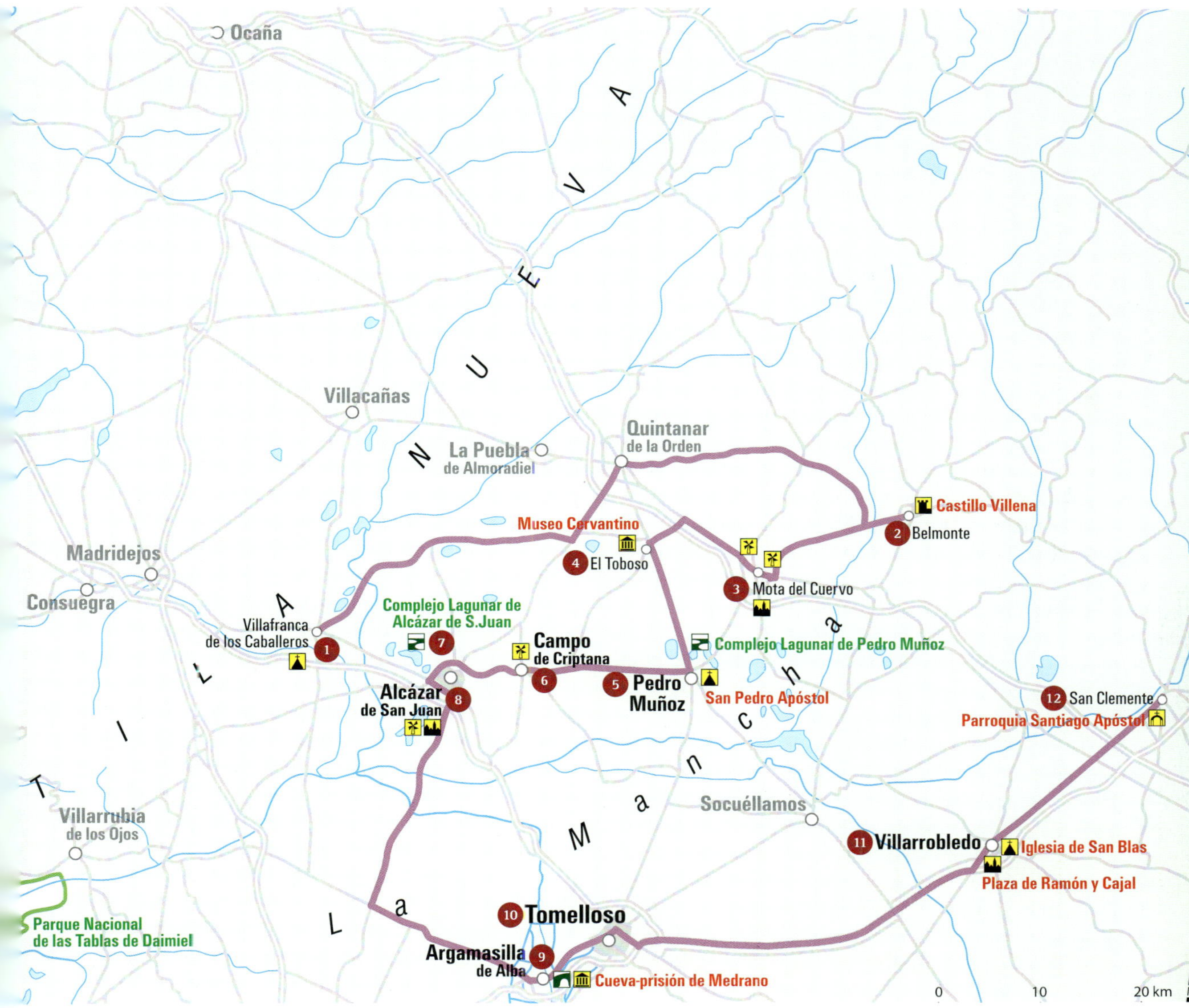

schönen Adelspaläste rund um die Plaza del Mercado o del Coso, die Kirche San Miguel sowie das Konvent de los Trinitarios.

4 El Toboso

Eigentlich ist es ein Dorf wie jedes andere in der Region. Viele Häuser sind aus erdfarbenen Steinen errichtet. Eine hübsche Kirche aus dem 15. Jahrhundert namens San Antonio Abad dominiert das Stadtbild, zudem gibt es ein Kloster und einen See. Und zwei Museen, die natürlich mit dem berühmtesten aller Helden der westlichen Literatur, dem Don Quijote, zu tun haben. Das knapp 2000 Einwohner zählende Dorf spielte eine Schlüsselrolle in dem Roman von Miguel de Cervantes, zumindest bleibt es dort für immer verewigt. Denn Don Quijote war damals auf der Suche nach einer Herzensdame und kürte kurzerhand die Bauerstocher Aldonza Lorenzo zur Frau seines Lebens. Er ernannte sie zur »Dulcinea del Toboso«, aber ohne dass sie je davon erfuhr – weder von seiner Zuneigung noch von dem eigens für sie erschaffenen Titel. Er himmelte sie nur aus der Ferne an und zeichnete ein immer schöneres Bild von ihr. Diese platonische Liebe hatte ein reales Vorbild, Doña Ana Zarco hatte einst in El Toboso gewohnt und Miguel de Cervantes zur Romanfigur inspiriert. Ihr Haus ist heute zum Museum Casa de Dulcinea umgewandelt worden. Im nahe gelegenen Museum des Schriftstellers sind viele Editionen des »Don Quijote« zu betrachten.

5 Pedro Muñoz

Fast ein wenig bayerisch wirkt das Rathaus der Stadt mit seinem kontrastreichen weinrot-weißen Putz und dem Turm mit der geschwungenen Spitze. Bis zum beginnenden 20. Jahrhundert war das Dorf noch für seinen Kartoffelanbau bekannt. Doch dann stellten die Bewohner schnell auf den Gewinn versprechenden Wein um. Das gemäßigte mediterran-kontinentale Klima, extreme Temperaturen im Sommer wie Winter, wenig Niederschläge im Sommer und kalkhaltiger, lehmiger Boden erwiesen sich als ideal zur Weinzucht. Weiße Reben wie Sauvignon Blanc und Arién gedeihen hier ebenso wie die roten Tempranillo, Merlot oder Granancha. Verkosten lassen sich die edlen Tropfen in einer der Bodegas in dem kleinen Ort, der von vielen Herrenhäusern geprägt ist. Sehenswert sind auch die beiden Brücken Puente Romano und Puente de San Miguel sowie die Kirche San Pedro Apóstol, die mit ihrem burgähnlichen Turm eher an eine Festung erinnert als an ein Gotteshaus. Etwas außerhalb der Stadt liegt der Complejo Lagunar, mit seinen drei Seen ein wichtiges Naturschutzgebiet der Region, in dem sich auch Flamingos beobachten lassen.

6 Campo de Criptana

Wenn die Abendsonne die Schatten länger und den Blick kürzer werden lässt, dann verwandeln manche Dinge ihre Gestalt. So müssen es einst die Windmühlen vom Campo de Criptana getan haben, denn Don Quijote hielt sie bekanntlich für Riesen. Unerschrocken zückte er seine Lanze und startete den Kampf mit den Giganten. Vcn den einst vielen Mühlen sind immerhin noch zehr erhalten geblieben. Gleißend weiß getüncht blenden sie in der starken Sonne, in Reih und Glied stehen sie wie Soldaten einer Armee. Die einzelnen Mühlen sind inzwischen umgewandelt in Museen, jede widmet sich einem anderen Thema: Die einen s ellen Grafiken oder Gemälde aus, a ıdere dokumentieren spanische Lyrik. Die Molino Culebro ist der Geschich e rund um die rebellische Schauspielerin und Sängerin Sara Montiel gewidmet. Und wie es sich für eine Weingegend gehört, informiert die Pi ón-Mühle über die Weinbautradition der Gegend. Die älteste Mühle, Molino Sardinero, befindet sich noch in der Renovierung. Aber am schönsten sind die Windmühlen tatsächlich, wenn sich die Abendsonne über das Land senkt und den Himmel über Kastilien-La Mancha in ein Meer aus Rottönen taucht. Dieser Abendhimmel i ı der Region hat übrigens in Spanien den Ruf, der schönste zu sein und über die meisten Farbabstufungen zu verfügen. Je später es wird, desto mehr verwandeln sich die Mühlen heute ıoch in schattenhafte Riesen. Auch außerhalb der Windmühlen wartet Campo de Criptana mit Sehenswürdigkei en auf: Etwa das Karmeliterkloster an der Calle Convento. Seine barocke nnenausstattung enthält einen Reliquierschrein aus Köln, darin sollen sich Knochen von Jungfrauen befinden, die die einst heilige Ursula begleitet haben. Auch der alte Kornspeicher der Stadt lohnt den Besuch.

★★★

NATIONALPARKS UND VOGELBEOBACHTUNG

Im Süden der Weinstraße liegen zwei wichtige Nationalparks: Tablas de Daimiel ist eines der letzten flussbegleitenden Feuchtgebiete des Landes und ein großes Rückzugsgebiet für Vögel. Noch eindrucksvoller ist ein Besuch des Nationalparks Cabañeros, der auch als Serengeti Spaniens gilt, denn hier leben Kaiseradler, Mönchsgeier und der seltene Iberische Luchs.

7 Complejo Lagunar de Alcázar de San Juan

Fast 700 Hektar groß ist dieses Naturreservat, das sich im Westen der Stadt anschließt. Mit seinen drei Lagunen bildet es ein wertvolles Reservat für Vögel und ist auch ein beliebtes Ausflugsziel in der sonst so trockenen Ebene von La Mancha. Die Seen fließen bei Campo de Criptana wieder zusammen.

8 Alcázar de San Juan

Vier weiße Windmühlen stehen auf der Anhöhe vor Alcázar de San Juan – Cervantes und sein »Don Quijote« sind auch hier allgegenwärtig. Tatsächlich befindet sich Alcázar de San Juan im Herzen des Cervantes-Landes. Vor allem im Museum Casa del Hidalgo bekommt der Besucher Einblick in die Welt der Ritter und Edelleute zu Lebzeiten von Cervantes. Ebenfalls Reisen in den Alltag vor 500 Jahren bietet das Museum Formma an, es hat sich weniger auf Ritterrüstungen, mehr auf Alltagsgegenstände konzentriert. Am Rande der Plaza de Santa María steht ein trutziger roter Turm und erinnert an die Zeit der Mauren und der Kämpfe zwischen Arabern und Christen, sein Baustil ist eindeutig arabisch geprägt. Er stammt aus dem 13. Jahrhundert und war Teil eines Palastes, der später vom hier ansässigen Johanniterorden

Das Land der Windmühlen: Im Örtchen Campo de Criptana (linke Seite oben) wie in der es umgebenden Landschaft (unten) dominieren die »Riesen«.

genutzt wurde. Heute ist auch er ein Museum geworden. Die zum Komplex gehörende Kapelle ist ebenfalls einen Blick wert. Ganz in der Nähe des Turms befinden sich prächtige Herrenhäuser aus dem 16. und 17. Jahrhundert. In der kleinen Bodega sitzen die Menschen auf der Plaza España und genießen den Rotwein der Region. Sie schauen auf die klassizistisch anmutende Fassade des Rathauses. Während dieser Platz offen wirkt, strahlt die Plaza Mayor eher Patio-Charakter aus, denn das rot-weiße Haus mit Arkardengängen umrahmt mit seiner quadratischen Bauweise den gesamten Platz. Eher portugiesisch mit seiner verspielten weiß-blauen Fassade mutet die Casa Manchega an. Auf dem Weg zwischen den Sehenswürdigkeiten liegen immer wieder alte Kirchen wie etwa Santa María la Mayor, die sogar noch romanischen Ursprung hat.

★★★ KASTILIEN-LA MANCHA: GRÖSSTES WEINANBAUGEBIET DER WELT

Kastilien-La Mancha soll schon in der Römerzeit Weinbau betrieben haben. Der richtige Aufschwung kam erst im 15. Jahrhundert, als die Weine auch an den Königshöfen sehr beliebt waren. In den 1970er-Jahren allerdings eilte ihnen der Ruf der Billigweine voraus. Heute bauen die Winzer hier mehr Qualitätsreben als in anderen Weinbaugebieten an.

9 Argamasilla de Alba

Hat Miguel de Cervantes tatsächlich hier im Gefängnis gesessen und seinen berühmten Roman »Don Quijote« begonnen? Man weiß es nicht genau, aber gerätselt wird vor allem in Argamasilla de Alba noch heute gerne darüber. Die Gefängnishöhle Cueva de Medrano bietet sich für solche Spekulationen an. Ob sie wahr sind, bleibt bis heute ungewiss. Auf jeden Fall haben die Menschen hier dieser großen Weltliteratur mit Skulpturen der Romanfiguren ein Denkmal auf ihrer Plaza de España gesetzt. Die Stadt ist einst zwischen den beiden Burgen Peñarroya und Argamasilla gewachsen, nur noch die Höhlen sind davon übrig geblieben. Auch jenseits von Cervantes und seinen Romanhelden bleibt der Ort sehenswert mit der aus dem 16. Jahrhundert stammenden Kirche San Juan Bautista sowie den hübschen Herrenhäusern. Auch die Kapelle San Antón aus dem späten 18. Jahrhundert gehört zu den Attraktionen des Ortes. Zwölf Kilometer südlich von Argamasilla de Alba staut eine riesige Mauer den Río Guadiana zu einem See. Hier findet sich ein Überbleibsel aus der Maurenzeit, das Castillo Peñarroya, das wie eine alte Ritterburg über dem Gewässer thront. Der Bau aus dem 12. Jahrhundert mit seinen wehrhaften Türmen ist als Ausflugsziel bei Familien und auch bei Touristen der Weinroute beliebt und bildet den Eingang zu einem Naturpark am Wasser – dem Lagunas de Ruidera. Hier soll der Río Guadiana entspringen. 15 kleine Seen liegen hier aufgereiht wie auf einer Perlenkette, mit Wasserfällen und Bächen verbinden sie sich sehr malerisch und bilden in der trockenen Landschaft von La Mancha eine herrliche grüne Oase.

WEINFESTE

FEBRUAR
Einen eindrucksvollen Karneval feiert das Dorf Villarrobledo.

SEPTEMBER
Am ersten Wochenende feiert Valdepeñas sein großes Weinfest mit traditionellem Stampfen, Musik und Köstlichkeiten.

10 Tomelloso

Wenn Menschen wirtschaftliche Vorteile wittern, dann handeln sie manchmal drastisch. So auch die Bewohner von Tomelloso, die im 19. Jahrhundert alles auf den Wein setzten und die dichte Macchia und weiten Wälder abholzten, um Reben anzubauen. Das Land ist um einiges kahler geworden, aber vielleicht haben sie alles richtig gemacht, denn bis heute bleibt Tomelloso eines der Zentren des Weinbaus in Kastilien-La Mancha. Auf dem kalkigen, lehmigen Boden wachsen vor allem Weißweine, die gerne in den Bodegas im Ort ausgeschenkt werden. Einst ging es auch in der Posada de los Portales hoch her, doch das Wirtshaus aus dem 18. Jahrhundert an der Plaza de España ist inzwischen zum Kulturzentrum umgebaut worden. Es zählt ebenso zu den Sehenswürdigkeiten der Stadt wie das Museum Antonio López Torres, das Werke des spanischen Malers ausstellt. Im Wagenmuseum Museo del Carro ist eines der letzten Exemplare eines »bombo«, eines einfachen Steinhäuschens, das Schäfern und Vieh einst Unterschlupf gewährt hat, zu besichtigen.

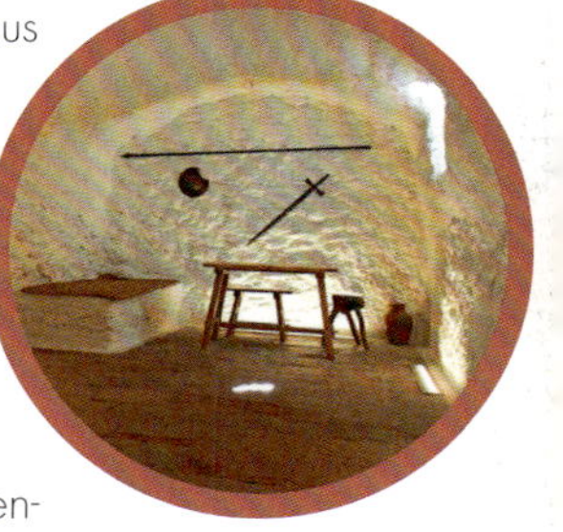

Die Befestigungsanlage von Peñarroya (linke Seite) war im 14. Jahrhundert ein militärisch-wirtschaftlicher Stützpunkt des San-Juan-Ordens. Kleines Bild oben: In der Cueva de Medrano soll Cervantes gefangen gewesen sein.

11 Villarrobledo

Riesige Amphoren reihen sich kurz vor dem Ortseingang von Villarrobledo auf, mannshoch und konisch zulaufend. Tinajas Padilla ist eines der wenigen Unternehmen auf der Welt, das noch die traditionellen Tonfässer für Weine herstellt. Denn hier werden die Reben weder in Edelstahl noch in Barrique gekeltert, sondern in Terrakotta. Eine Technik, die heute eine Renaissance erlebt. Immer mehr Winzer entdecken sie für sich, denn Ton hat zwei Vorteile, im Gegensatz zu Edelstahl atmet er und gibt, anders als Barrique, keine Geschmacksstoffe an den Wein ab. Die Tradition der Fässerherstellung aus Ton reicht bis ins Mittelalter zurück und wird heute noch von einigen Betrieben am Leben erhalten. Hauptsehenswürdigkeiten der Kleinstadt sind die Plaza de Ramón y Cajal mit ihrem dreistöckigen Brunnen sowie das Rathaus aus dem 16. Jahrhundert. Nur wenige Minuten weiter befinden sich der neoklassizistische Círculo Mercantil sowie die Kirche San Blas, deren kunstvolle Innenausstattung ebenso wie das Theater und die Casa de Don Andrés López Muñoz einen Besuch lohnen. Schutzpatronin des Ortes ist die mildtätige Maria. Die ihr geweihte Kirche aus dem 16. Jahrhundert liegt etwas stadtauswärts und gehört mit ihrem umgebenden Park zu den beliebtesten Grünflächen der Siedlung. Nicht mehr zu sehen sind die vielen Windmühlen, die einst die Stadt umgaben und Getreide klein mahlten.

12 San Clemente

Der Startpunkt der Route durch das größte Weinanbaugebiet der Welt ist touristisch eher ein Geheimtipp geblieben. Eine Tatsache, die etwas verwundert, wenn man sich den Ort genauer ansieht. Bis ins Bronzezeitalter gehen die Spuren der Besiedelung zurück. Wer durch die Stadt schlendert, wird aber eher Renaissancebauten bewundern wie etwa das Rathaus. Die Casa Consistorial ist zwei Stockwerke hoch, ein rundbögiger Laubengang ziert das Erdgeschoss und lädt mit einem Café zur Kaffeepause ein. Im Haus, das mit seinem Turm einen echten Blickfang darstellt, sind ein Museum und eine Ausstellung zur zeitgenössischen Kunst untergebracht. Aus der Zeit der Renaissance stammt die Kirche Santiago Apóstol mit ihrem sehenswerten Alabasterkreuz. Noch älter ist das Stadttor, es geht auf das 15. Jahrhundert zurück, ebenso wie das etwas außerhalb liegende Castillo de Santiago de la Torre. Viele alte Adelspaläste zeugen von dem einstigen Reichtum San Clementes. Seine umliegenden Felder tragen übrigens den Ruf, den besten Knoblauch Spaniens zu produzieren. Er wird zu den typischen Zöpfen geflochten, die überall in der Region verkauft werden.

In Villarrobledo sollte man die Renaissancekirche San Blas (oben) besuchen, und in San Clemente den Torbogen und Stadtplatz (unten). Links: ein alter Weinkeller in Valdepeñas.

WEINGÜTER

San Isidro de Pedro Muñoz
Die Weine Carril de Cotos und Amigo Sancho gehören zu den besten der Region und können in dieser Kellerei verkostet werden.
Calle Dos de Mayo 21
13620 Pedro Muñoz
Tel. +349265/86057
www.viacotos.com

Bodegas Peinado
Nicht nur Wein gibt es in Kastilien-La Mancha. Schon im 19. Jahrhundert hat man hier auch Branntweine hergestellt. Heute werden die Brandys in den Delikatessengeschäften Spaniens angeboten.
Calle Lepanto 24
13700 Tomelloso
Tel. +349265/10064
www.peinado.es

Alcoholes de Tomelloso
Wer das Außergewöhnliche sucht, wird hier fündig, denn diese Kellerei ist in einer alten Höhle untergebracht, ganz wie es früher üblich war. Hier reift Brandy.
Carretera Argamasilla de Alba km 1
13700 Tomelloso
Tel. +349265/38037
www.altosa.es

SAT nº 3756 »San José«
Wer Weinherstellung in den typischen traditionellen Tonkrügen sucht, wird hier garantiert fündig.
Vereda de Socuéllamos
13700 Tomelloso
Tel. +34 9265/11747
sanjose3062@cajarural.com

Rund um Bullas und Jumilla in Murcia

Im Umland der beiden Weinstädte eröffnen sich wunderschöne Landschaften und attraktive Weinrouten.

WEINROUTE 28

Die beiden vielleicht kürzesten Weinstraßen des Landes befinden sich in der Region Murcia. Sie schlängeln sich eigentlich nur entlang der beiden Hauptorte, denn die Gegend zwischen Murcia und Valdepeñas ist sehr naturbelassen. Wenn weit und breit weder Dörfer noch Häuser zu sehen sind, wirkt das Land selbst im dünn besiedelten Teil Spaniens fast menschenleer. Wer hier wohnt, schätzt seine Reben, denn fast jede Familie hat irgendwie mit dem Weinbau zu tun. In Bullas wird auf 5500 Hektar Land Wein angebaut, 80 Prozent der Fläche nimmt die autochthone Rebe Monastrell ein. Sie findet in der regenreichen Gegend perfekte Bedingungen vor. Auch rund um Jumilla, Start der zweiten Weinstraße, ist das Klima sehr kontinental geprägt, aber es fällt nicht so viel Regen wie rund um Bullas. Einst war der Wein hier als Billigwein verschrien, doch mit den neuen Winzern kommen auch höhere Qualitätsstandards in diese Region, nicht zuletzt die Reblauskrise in den 1980er-Jahren forderte eine Neuausrichtung. In Jumilla werden etwa 41 300 Hektar Fläche von Rebstöcken belegt. In beiden Regionen, die etwa eine Autostunde Fahrt voneinander entfernt liegen, haben schon die Römer Trauben gekeltert. Ein reiches archäologisches Erbe zeigt sich in den Museen der Siedlungen. Die Städte sind klein und passen sich mit ihren ockerfarbenen Häusern wunderbar in die schroffe Landschaft ein. Wasserfälle, Seen und einsame Berglandschaften erfreuen Naturliebhaber.

Routenlänge: ca. 20 km
Zeitbedarf: 1 Tag
Start: Bullas
Ziel: Jumilla
Routenverlauf: Entweder entscheidet man sich nur für eine Weinstraße oder man verbindet die Straßen, dabei muss man etwa 80 Kilometer überbrücken.

Besondere Hinweise: Die Weinstraßen prägen sehr ursprüngliche Lebensbedingungen.

Auskünfte:
Spanisches Fremdenverkehrsamt
Lietzenburger Straße 99, 5. OG
10707 Berlin, Tel. +4930/8826543 oder
www.spain.info

Weinstraße von Bullas

1 Valle del Aceniche

Zwischen den Weinfeldern und dichten Kiefernwäldern liegt das Tal Aceniche auf 825 Metern Höhe. Es ist eine besondere Gegend, umgeben von Bergen wie Lomo Prieto, der Sierra de Lavia oder El Castellar. Adler und Gänsegeier fühlen sich hier wohl. Das Mikroklima im Tal ist speziell: Hier fallen die meisten Niederschläge der Region, die Temperaturunterschiede sind selbst an Sommertagen derart stark, dass man an Augustabenden eine Jacke tragen muss. Das perfekte Klima für Tempranillo-Trauben, die hier ebenso gut gedeihen wie der rote Monastrell. Die Bodega Balcona etwa keltert schon in der dritten Generation und ist beliebt als Einkehr nach einer Wanderung.

2 Salto del Ulsero

Auf dem Weg vom Valle de Aceniche nach Bullas liegt dieser kleine hübsche Wasserfall mit einem natürlichen, vorgelagerten Pool, in dem man sogar schwimmen kann. Der Wasserfall schwappt malerisch über zwei ockerbraune Felsen. Er ist in den Sommermonaten ein beliebtes Ausflugsziel. Wer in der Johannisnacht hier badet (24. Juni), der soll Wunderheilungen genießen können, so glauben viele Einheimische heute noch.

3 Mühlen von Abajo und Arriba

Im Süden von Bullas liegen zwei alte Mühlen. Die Mühle von Arriba (spanisch »oben«) ist eine Getreidemühle aus dem 12. Jahrhundert und liegt am Ufer des Mula. Ihre originale Mechanik ist noch erhalten. Heute ist die Mühle in eine Gaststätte umgewandelt worden. Die Mühle von Abajo (spanisch »unten«) ist etwas jünger, aber auch das 300 Jahre alte Gebäude wurde komplett restauriert und in ein Restaurant umgewandelt. Die Gegend ist auch archäologisch interessant: Im Umfeld der Mühlen sind Überreste einer römischen Siedlung aus dem 1. Jahrhundert gefunden worden.

4 Bullas

Die 11 000-Einwohner-Stadt ist ganz vom Wein geprägt. Schon die Römer sollen hier aus den Trauben die edlen Tropfen gekeltert haben. Und immerhin reichen die Schriften, die von der Kunst der Weinherstellung des Ortes zeugen, bis ins 17. Jahrhundert. Mehr als 200 Bodegas gab es früher in der Stadt, einige sind noch übrig geblieben und laden die Besucher zu einem guten Monastrell. Viele Schanken sind längst anderer Nutzung übergeben, wie etwa die Bodega der Familie

Das Weinmuseum von Bullas (oben) befindet sich in einer der größten traditionellen Bodegas von Murcia.

★★★

WANDERN AUF DER VÍA VERDE DEL NOROESTE

Die alte Eisenbahntrasse zwischen Murcia und Caravaca de la Cruz hat sich zu einem beliebten Wanderweg gemausert. Sie misst etwa 80 Kilometer, führt durch eine abwechslungsreiche Landschaft und erstreckt sich entlang der Weinbaugegend von Bullas. Spannend muten dabei die verlassenen Bahnhöfe an, die Radfahrer und Fußgänger auf der Strecke passieren.

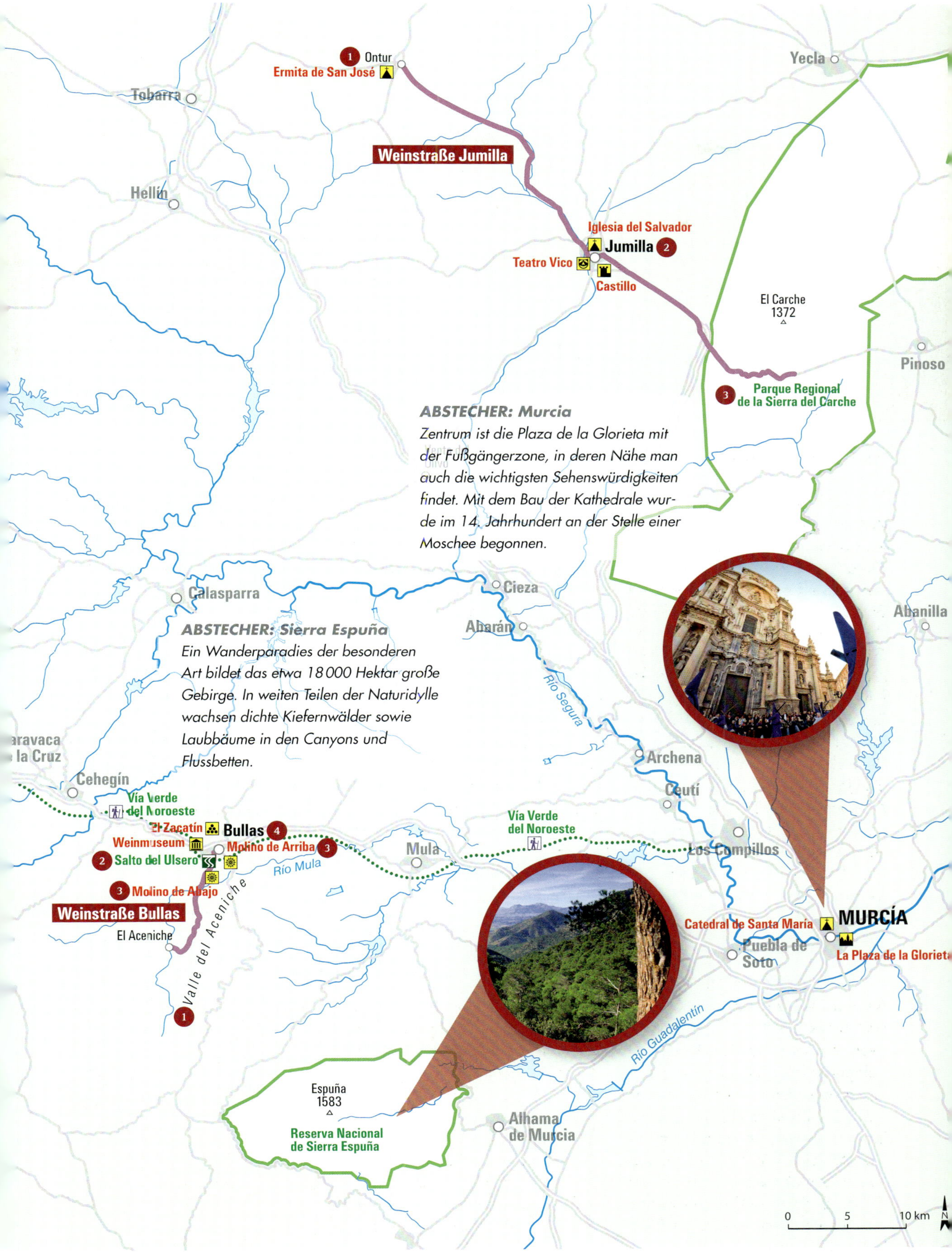

ABSTECHER: Murcia

Zentrum ist die Plaza de la Glorieta mit der Fußgängerzone, in deren Nähe man auch die wichtigsten Sehenswürdigkeiten findet. Mit dem Bau der Kathedrale wurde im 14. Jahrhundert an der Stelle einer Moschee begonnen.

ABSTECHER: Sierra Espuña

Ein Wanderparadies der besonderen Art bildet das etwa 18 000 Hektar große Gebirge. In weiten Teilen der Naturidylle wachsen dichte Kiefernwälder sowie Laubbäume in den Canyons und Flussbetten.

WEINFESTE

APRIL
»Miniferias del Vino (ein »kleines« Volksfest rund um den Wein in Jumilla)

AUGUST
»Fiestas de la Vendiema« in Jumilla (bei diesem Fest wird der Wein noch traditionell barfuß zertreten)

NOVEMBER
Gastronomiewochen, kulinarische Genussveranstaltung in Jumilla

Melgares de Aguilar, die heute in ein Weinmuseum umgewandelt ist. Einst reiften hier 350 000 Liter Wein in großen Tonkrügen heran. Die Krüge waren in die Erde eingegraben, eine raffinierte Methode, um den Wein bei konstanter Temperatur zu halten. Holzfässer kannte man damals nicht, wozu sollte man sie auch benutzen, wenn man den günstigen Ton direkt vor Ort hatte? Heute informieren alte Maschinen und Filme über die Kunst der Winzer. Nach der Besichtigung des Museums bietet sich auf jeden Fall ein Rundgang durch die Stadt an. Dabei fallen nicht nur die modernistischen Adelshäuser auf, sondern vor allem der Uhrturm Torre del Reloj sowie die Kirche Nuestra Señora del Rosario. Und wer es ganz antik mag, der sucht noch die Reste der alten Burganlage.

Weinstraße von Jumilla

Die Weinstraße durchläuft ein kleines Areal und befindet sich ca. 80 Kilometer nördlich der Weinroute von Bullas.

1 Ontur

Am Rande der Region Kastilien-La Mancha liegt die kleine Gemeinde Ontur. Unter Historikern und Archäologen ist sie vor allem wegen ihrer frühzeitlichen Puppen bekannt. In der Nekropole der Stadt wurden Puppen aus Elfenbein und eine sogar aus Bernstein gefunden – eine Besonderheit, die auf Reichtum der Besitzer schließen lässt. Die Puppen, die in ihrer Art einzigartig und mindestens 1700 Jahre alt sind, können heute im Archäologischen Museum von Albacete besichtigt werden. Auch jenseits dieser Funde hat Ontur Schönes zu bieten. Etwa die Ermita de San José, die erhaben auf dem Hügel über dem Ort thront. Freizeitsportler schätzen den Flughafen, der sich auf Flüge ohne Motor, also Paragliding, Segelfliegen und Co. spezialisiert hat.

2 Jumilla

Alte Burgen haben immer etwas Faszinierendes, vor allem, wenn sie mit ihren zinnenbewehrten Türmen auf einem Hügel thronen, so wie das Kastell

In Jumilla fährt man nicht nur durch von Wein gesäumte Straßen (unten) – das Weinbaugebiet ist nach ihr benannt, auch der Ort selbst ist sehenswert.

WEINGÜTER

Balcona
Idyllisch im Valle del Aceniche gelegen, wird diese Bodega schon in der dritten Generation geführt. Monastrell ist vorherrschend, aber auch andere Sorten werden an diesem Wanderort ausgeschenkt.
Ctra. Avilés. Paraje „Aceniche", Murcia
Tel. +34968/652891
www.partal-vinos.com

Bodegas Carrascalejo
In einem hübschen Herrenhaus in den Weinbergen befindet sich diese Bodega, die auf junge, spritzige Weine spezialisiert ist.
Finca Carrascalejo
Bullas
Tel. +34968/652003
www.carrascalejo.com

Julia Roch e Hijos
Diese Bodega hat auch über die Landesgrenzen hinaus einen sehr guten Ruf. Sie ist dafür bekannt, mit der Monastrell-Traube zu experimentieren und Finessen aus ihr herauszukitzeln.
30520 Jumilla (Murcia)
Finca Casa Castillo
Ctra. Jumilla – Hellí
Tel. +34968/781691

Casa de la Ermita
Diese Bodega hat bereits etliche Preise gewonnen und führt Besucher gern durch ihre Räumlichkeiten.
Casa de la Ermita, Winery and Vineyards, Carche Highway, Jumilla Murcia
Tel. +34968/783035
www.casadelaermita.com

von Jumilla. Der Bau stammt aus dem 15. Jahrhundert, aber die Wurzeln der Stadt reichen zurück bis in die Bronzezeit, so viel weiß man inzwischen aus Grabungen in Jumilla. Die Burg gehört dennoch zu den ältesten Gebäuden der Siedlung. Sie ist noch gut erhalten und dominiert die Stadt, deren einheitlich in goldgelben Farben gehaltene Häuser, Kirchen und eben auch die Burg, ein wunderbar harmonisches Bild ergeben. So auch die Kirche El Salvador: Mit ihrem doppelten Turm ist sie eindeutig barock gehalten. Auch das Theater gehört zu den Klassikern einer Tour durch die Stadt. Es stammt aus dem beginnenden 17. Jahrhundert und wurde auf den Resten eines alten Klosters gebaut. Noch heute gehört ein Besuch in dem mehr als 500 Plätze fassenden Haus zu den kulturellen Highlights der Region. Nicht nur nach dem Theatergang, auch tagsüber kommt auf der Plaza de Arriba romantische Stimmung auf. Sie wird dominiert vom Palacio del Concejo, heute ein archäologisches Museum sowie der alten Posada, in der heute Teile der Volkshochschule untergebracht sind. Hübsche Herrenhäuser und kleine Gassen runden das Stadtbild von Jumilla ab.

★★★

WOCHENMARKT EL ZACATÍN

Auf diesem Markt klöppeln die Frauen im Freien, am Nachbarstand werden Töpferwaren oder Ziegenkäse verkauft: El Zacatín gehört zu den größten Sehenswürdigkeiten in Bullas. Der Markt findet jeden ersten Sonntag im Monat auf der Plaza Vieja statt und jeden Monat steht er unter einem besonderen Thema, im Dezember etwa ist süße Weihnachtszeit, im Juli Tag der Holzschnitzer.

3 Regionalpark Sierra del Carche

Mit dem 1372 Meter hohen Gipfel ragt die Sierra del Carche aus der von Weinstöcken dominierten Landschaft heraus. In dieser Kalksteinlandschaft hat sich ein wichtiges Refugium für Greifvögel wie etwa Schlangenadler, Uhu, Waldkauz oder Rohrweihe gebildet. Es lohnt sich also, eine Pause zu machen, sein Fernglas umzuhängen und eine Runde in die Berge wandern zu gehen. Dort befindet sich übrigens auch ein frisch restaurierter »Schneebrunnen«, eine steinerne Hütte, in der der Schnee aus den Bergen bis in den Sommer hinein gelagert wurde.

Bild oben: Ein historisches Denkmal: die Burg von Jumilla.

WEINROUTE 29

Andalusien, das »Land des Lichts«, wie es vom Arabischen übersetzt heißt, ist eine spanische Landschaft wie aus dem Bilderbuch. Leuchtend weiße Häuser, feurige Tänze, schmackhafte Tapas und süßlicher Wein. Die Weinstraße von Montilla-Moriles führt mitten durch das Land der Lebensfreude, so scheint es. Eine Mischung aus maurischem Erbe und spanischer Kultur macht die Region einzigartig. Es ist eine Gegend mit der Tradition von Stolz und Stierkampf. Start der Route ist Córdoba, ein beeindruckendes Zeugnis der bewegten Geschichte Spaniens. Die alte Moschee war einst die bedeutendste außerhalb Arabiens und brachte viele Gelehrte in die Stadt. Von Córdoba aus wird es immer ländlicher und Besucher der Weinroute tauchen ein in das ursprüngliche Leben der Region, die mit 3000 Sonnenstunden pro Jahr gesegnet ist. Kein Wunder also, dass die Weine einen besonderen Charakter haben. Pedro Jiménez heißt die Rebe, die meist von Thymian oder Rosmarin umgeben ist und in ihrer Süße schon fast Sherryqualitäten hat. Die gepflückten Trauben werden noch ein wenig in der Sonne zum Trocknen und Nachreifen ausgebreitet, was ihnen eine hohe Süße gibt. Und auch der Alkoholgehalt kann bisweilen auf 17 Prozent steigen. Die kulinarischen Begleiter können sich sehen lassen, denn wer hier nicht Wein anbaut, erntet Mandeln und Orangen, die nach uralten arabischen Rezepten zu Gebäck verarbeitet werden. Die Route verspricht Gaumenkitzel.

Routenlänge: ca. 130 km
Zeitbedarf: mind. 4 Tage
Start: Córdoba
Ziel: Archidona oder Fuente de Piedra
Routenverlauf: Von Córdoba über Aguilar de la Frontera und Lucena nach Antequera. Es bieten sich Abstecher nach Fuente de Piedra oder Archidona an.

Besondere Hinweise: Auf dieser Route speist man noch sehr ursprünglich.

Auskünfte:
Spanisches Fremdenverkehrsamt
Lietzenburger Straße 99, 5. OG
10707 Berlin, Tel. +4930/8826543 oder
www.spain.info

Montilla-Moriles

Diese wegen ihrer Pedro-Ximénez-Reben berühmte Weinbauregion in Andalusien trägt stolz den Status einer Denominación de Origen (D.O.).

1 Córdoba

Die wohl am meisten arabisch anmutende Stadt Andalusiens ist Córdoba. Sie stand mehr als 400 Jahre lang unter maurischer Herrschaft und gehörte damals zu den bedeutendsten Städten ihrer Zeit. Das lag zum einen an der schon früh erbauten Moschee, die viele Gläubige in die Stadt lockte und zum islamischen Pilgerzentrum wurde. Die Mezquita ist heute noch das Wahrzeichen der Stadt, obwohl sie später längst in eine christliche Kathedrale umgebaut wurde. Und genau diese Mischung aus moslemischen und christlichen Gestaltungselementen macht sie so einzigartig. Der Bau wurzelt im 8. Jahrhundert, wurde im 13. Jahrhundert christlich und im 16. Jahrhundert als Kathedrale umgebaut. Einen schönen Blick auf die Mezquita hat man von der römischen Brücke aus, die zu den wichtigen Sehenswürdigkeiten der Stadt gehört, ebenso wie der Torre de la Calahorra. Der mittelalterliche Wachturm ist ebenfalls von der Brücke aus gut zu sehen. Während Brücke und Turm eher profanere Bauwerke sind, besticht der Alcázar de los Reyes Cristianos mit edler Schönheit. Der Palast der christlichen Könige stammt aus dem 13. Jahrhundert und beeindruckt nicht nur mit seinen Türmen, den arabischen Bädern und den prächtigen Mosaikarbeiten, sondern auch mit den kunstvoll angelegten Königsgärten rundum. Ist der Palast sehr museal, geht es im Viertel Judería eher bodenständig zu. Wo einst Juden und Araber zusammenlebten, ist in den engen Gassen ein reiches kulinarisches Angebot entstanden: Dort befindet sich auch die einzige erhaltene Synagoge aus jener Zeit. Es lohnt sich zudem, die vielen besonderen Plätze Córdobas zu erkunden, sei es die Plaza de las Tendillas, die Plaza de los Capuchinos oder die Plaza de Corredera.

2 Fernán Núñez

Die 10000-Einwohner-Gemeinde liegt südlich von Córdoba. Herausragend sind vor allem zwei Bauten: Die Kirche Santa Marina überragt mit ihrem barocken Natursteinbau die Innenstadt. Es lohnt sich auch, in das prächtig verzierte Innere einen Blick zu werfen. Nicht weit davon entfernt befindet sich der Palacio Ducal aus dem 18. Jahrhundert. Errichtet im neoklassizistischen Stil, hat er eine Besonderheit in seiner Architektur: In die Fassade eingelassen

Geschichtsträchtiges Córdoba: Die Puerta de la Calahorra (oben) ist ein islamischer Festungsbau, der die Puente Romana schützte. Unten: Calle de las Flores. Kleines Bild links: Mezquita.

ABSTECHER: Málaga

Die Geburtsstadt Picassos lohnt den Abstecher nicht nur, weil sie am Meer liegt. Zu den Besuchermagneten gehören auch Kathedrale, Burg oder Römisches Theater. Zudem gehört Málaga zu den Einkaufsparadiesen Andalusiens.

WEINFESTE

MAI
Mehr als 20 Bodegas stellen ihre Spezialitäten bei der »Cata del Vino Montilla-Moriles« vor.

SEPTEMBER
Zum Erntedankfest öffnen viele Bodegas ihre Türen und präsentieren ihre Spezialitäten.

sind alte Kanonen des einstigen englischen Kriegsschiffes von Robert Blake. Sie wurden zu Wasserspeiern umgewandelt. Auch wenn es hier viele Bodegas mit Wein aus der Region gibt, ein Besuch in den Lädchen der Stadt gehört dazu, denn Fernán Núñez gilt als Zentrum der Klöppelkunst, aber auch Keramik und Schnitzkunst finden sich in den Regalen. Auch das Freilichtmuseum von La Campiña zählt ebenso wie die vielen Herrenhäuser zu den Besuchermagneten.

3 Montemayor

Dieser Ort gehört zu den ältesten in der Provinz Córdoba. Dies wird bei einem Besuch des örtlichen archäologischen Museums deutlich. Doch nicht das Museum, sondern die Burg ist Publikumsliebling Nummer eins in Montemayor. Sie dominiert den knapp 4000 Einwohner zählenden Ort. Erbaut wurde die Anlage im arabischen Stil; mit zinnenbewehrten Mauern und schweren Türmen thront

Die Burg Montemayor (links oben) ist ein wichtiges Beispiel der Militärarchitektur der Provinz Córdoba. Links: Weinfässer des Weinguts Alvear in Montilla.

sie noch heute auf dem Hügel über dem Ort. In direkter Nachbarschaft befindet sich eine kleine Kirche.

4 La Rambla

Zu den bedeutendsten Töpferzentren des Landes zählt auch dieses Städtchen. Archäologen fanden hier Scherben von 3000 Jahre alten Vasen und es scheint, als ob dieses Kunsthandwerk einfach schon immer in der Gegend ausgeübt worden wäre. Viele Läden in der Innenstadt verkaufen die typischen bunten, verschnörkelten Vasen und Teller, ein Keramikmuseum informiert über die Historie des Handwerks und bis heute haben sich viele Töpfereien in der Stadt gehalten. Wer sich nicht für Keramik interessiert, besucht die Kirche Santísima Trinidad oder Conventual del Espíritu Santo. Auch der barocke Torre de las Monjas sowie der eindeutig maurisch anmutende Torre del Homenaje lohnen einen Stopp. Weinkenner gehen zur Bodega Sillero und trinken dort einen guten Tropfen der Pedro-Ximénez-Rebsorten.

5 Montilla

»Weißliche Böden« (span. »Tierras Albarizas«) nennen die Andalusier die Erde von Montilla. Sie eignet sich perfekt, um Wein anzubauen und genau davon lebt die Gemeinde auch fast ausschließlich. Die Rebsorte Pedro Ximénez ist hier stark, ein Weißwein also. Er neigt zu hohen Zuckerwerten, deswegen ist die Rebsorte auch für die Sherry-Produktion sehr beliebt. Nicht nur die Böden und der Wein sind hier weiß, die Gebäude und Häuser sind es auch. Viele davon sind so interessant, dass die knapp 23 000 Einwohner zählende Stadt eine eigene Sehenswürdigkeiten-Route eingerichtet hat. Dazu gehört auch der Adelspalast La Tercia, das Rathaus mit seiner neoklassizistischen Fassade, das eigentlich ein altes Krankenhaus aus dem 17. Jahrhundert ist. Auch das Fürstenhaus der Familie Medinaceli zählt zu den Attraktionen ebenso wie das alte Schloss Alhorí Ducal, das sich in ein Weinmuseum verwandeln soll. Das Garnelo-Museum beherbergt eine Sammlung von Werken des spanischen Malers José Garnelo. Zudem zieren viele Sakralbauten die Kleinstadt, zu den wichtigsten gehören die Basílica de San Juan de Ávila sowie die Parroquia de Santiago und die Parroquia de San Francisco Solano. In einem alten Fabrikgebäude liegt das Kunstzentrum Envidarte, das nicht nur zeitgenössische Werke zeigt, sondern auch Wein als Teil der Lebenskunst sieht. Übrigens beginnt die Weinernte aufgrund der exponierten Lage der Stadt auf dem Hügel einen Monat früher als in anderen Regionen.

6 Aguilar de la Frontera

Die Stadt blickt auf eine lange Geschichte zurück. Das Rathaus und der

TAPAS

Da haben die Spanier etwas erfunden: kleine Portionen, großer Genuss. »Tapa« heißt »Deckel« und lässt vermuten, dass früher Weingläser mit einem Deckel aus einer Brotscheibe vor Fliegen geschützt wurden. Aus diesen schlichten Snacks entstanden immer raffiniertere: Ob Muscheln, Gemüse, Stücke eines Omeletts oder Oliven – die Vielfalt scheint grenzenlos.

Unten: die Stadt Montilla mit der Weinbauregion Montilla-Moriles, in der Pedro-Ximénez-Reben gedeihen.

SEVILLA 1940
SEVILLA
NOVILLOS
JOSE MANUEL ROMO
MIGUEL ANGEL RONDINO
Y ALONSO SANCHEZ
SEVILLA
CURRO ROMERO
EMILIO MUÑOZ
JULIO APARICIO

★★★
FLAMENCO

Er wirkt melancholisch, dieser Tanz, begleitet von Gitarre, Gesang und klackenden Kastagnetten. Flamenco ist entstanden als Ausdrucksweise der Roma-Frauen, die seit ihrer Ankunft in Spanien im 15. Jahrhundert immer wieder schweren Repressalien ausgesetzt waren. Tanz war oft das einzige Mittel, um ihre Geschichten zu erzählen. Heute zeigt er arabische, indische und spanische Einflüsse.

dazugehörende polygonal angelegte Platz sind Meisterstücke spanischer Baukunst aus dem frühen 19. Jahrhundert. Flankiert wird die Plaza de San José von einem dreistöckigen Bauwerk im andalusischen Stil mit Rundbögen und Rundfenstern, weißer Fassade und grünen Rollläden. Der Uhrturm (»Torre del Reloj«) stammt aus dem Jahr 1774 und wurde im barocken Stil errichtet. Zu den ältesten Gebäuden gehört das Ensemble Casas Señoriales, dessen Wurzeln teilweise bis ins 16. Jahrhundert zurückreichen. Vom ehemaligen Castillo de Aguilar hingegen, das etwas am Rande liegt, sind nur noch Ruinen geblieben, es stammte aus dem 9. Jahrhundert. Teile des Baus wurden für eine städtische Zisterne umgenutzt. Das Kulturzentrum Carta de los Paisajes lädt hier zu Theater und Veranstaltungen, oftmals rund um das Thema Wein. Zu den herausragenden Sakralbauten der Stadt gehören die Kirchen Nuestra Señora del Soterraño, das Kloster San José y San Roque sowie das Kloster Nuestra Señora del Carmen. Etwas außerhalb befinden sich die Seen Zóñar und Rincón, die Vögeln ein wichtiges Rückzugsgebiet geben und das Klima der Weingegend mit Verdunstungsfeuchte bereichern.

7 Monturque

Zwischen all den weißen Häusern, die so malerisch auf dem Hügel liegen, wirkt der große natursteinerne Turm wie ein Fremdkörper. Dabei wird er es wohl gewesen sein, der zuerst in dieser Gegend erbaut wurde. Der 18 Meter hohe Turm stammt aus dem 13. Jahrhundert und ist Teil einer alten Befestigung, die heute noch als Stadtmauer zu sehen ist. Noch älter sind die etwas entfernten liegenden Reste einer Zisterne, sie stammen, ebenso wie die benachbarte Totenstadt, noch aus romanischer Zeit. Diese Totenstadt hat sich einst über 37 Meter erstreckt, man nimmt an, dass sie aus dem 1. Jahrhundert stammt, archäologische Fundstücke wie Scherben und Vasen sind im örtlichen Museum ausgestellt. Weiterhin sehenswert ist die Kirche Ermita del Santo Cristo de la Vera Cruz, deren Anfänge auf das 16. Jahrhundert zurückreichen.

8 Lucena

Die zweitgrößte Siedlung der Provinz Córdoba war im 11. Jahrhundert auch bekannt als »Stadt der Juden«. Sie kamen als Händler in die Gegend und brachten Reichtum in die Stadt, die in

Linke Seite: der Weinkeller der Bodega Toro Albalá im andalusischen Aguilar de la Frontera.

dieser Zeit in voller Blüte stand. Später wanderten die Juden nach Toledo ab. Das heutige Bild der größten Stadt zwischen Córdoba und Málaga ist geprägt von Bauten aus dem 15. und 16. Jahrhundert. Dominierend ist die San-Mateo-Kirche mit ihrer Natursteinfassade und ihrer barocken Ausstattung. Der Ort liegt 485 Meter hoch und ist Zentrum des Weinbaus. Noch heute stellen Töpfer die »Tinajas«, Terracotta-Weinfässer, her, die einst anstatt von Holzfässern benutzt wurden. Die hiesigen Weine haben eher eine sherryähnliche Qualität und werden gern in den Bodegas getrunken, etwa rund um das Rathaus. Weinliebhaber steuern auf jeden Fall das önogastronomische Zentrum Olivino an. Damit der Ackerbau auch gut gelingt, wacht die Schutzheilige María Santísima de Araceli in einer kleinen Kirche etwas außerhalb der Stadt über die Häuser und Felder. Hervorstechend im Ortsbild ist zudem der Turm Torre de Moral und der Palast der Medinaceli sowie andere Adelspaläste.

9 Puente Genil

Dieser kleine Ort liegt westlich von Lucena, umgeben von reicher Natur – und von Quittenbäumen. Im Herbst wird aus den Früchten ein Mus hergestellt, das in der ganzen Region gerne genascht wird. Wein und Oliven gehören neben den Quitten zu den Spezialitäten. Doch die Kleinstadt ist auch sonst einen Abstecher wert. Nicht nur wegen ihrer vielen Kirchen wie etwa der Señora de la Purificación oder der alten romanischen Brücke, sondern hier verbergen sich Schätze aus römischer Zeit, etwa Reste eines antiken Theaters. Ebenso etwas außerhalb befindet sich die alte römische Stadt »Fuente Álamo«, in der Reste früher Besiedlung zu finden sind. Die dazugehörige Ausstellung zeigt antike Mosaiken. Weil die Funde so reichhaltig sind, ist im ehemaligen Kloster heute ein archäologisches Museum untergebracht. Wer sich eher für die Natur begeistert, findet in den Schutzgebieten Laguna Amarga und Laguna de los Jarales sowie beim Malpasillo-Stausee eine gute Möglichkeit der Erholung im Grünen.

10 Encinas Reales

Die drei Orte Encinas Reales, Benameji und El Tejar reihen sich als kleine Dörfchen entlang der Strecke und bezeugen beschauliche spanische Langsamkeit. Wer etwas Zeit hat, kann von hier aus einen schönen Abstecher zum Stausee Embalse de Iznájar unternehmen, der umgeben von Weinfeldern idyllisch liegt.

11 Los Llanos

An dem kleinen Ort verzweigt sich unsere Weinroute. Reisende können entweder gen Westen nach Fuente de Piedra abbiegen oder ostwärts nach Archidona. In beiden Fällen aber sollten sie einen Abstecher nach Antequera machen, bevor sie weiterfahren.

12 Antequera

Ganz frühe Spuren menschlicher Besiedelung finden sich im Norden von Antequera. Hier liegen zwei der größten Megalithanlagen Spaniens. Der Dolmen von Menga misst rund 50 Meter Durchmesser und vier Meter Höhe. Er ist mindestens 3500 Jahre alt. Große Stützpfeiler tragen das Dach, das sich über ein ovales Inneres spannt. In der Mitte des Raumes liegt ein tiefer Brunnen. Da sich der Dolmen komplett von anderen Anlagen dieser Art, die als Totenstädte genutzt wurden, unterscheidet, vermuten Forscher, dass er einst als Kultstätte gedient hat. Der Dolmen von Viera hingegen, der ganz in der Nähe liegt, war wohl Totenstätte.

Einen tollen Kontrast bildet der rote Boden mit den grünen Rebstöcken des Weinguts Fuente de Piedra in der Provinz Málaga (unten). Kleines Bild rechte Seite: Dolmen von Menga.

WEINGÜTER

Bodegas Alvear
Diese Kellerei wurde 1729 gegründet und ist die drittälteste Spaniens. Hier wird eine lange Linie der Tradition aufrechterhalten. Unbedingt ausprobieren sollte man den Brandy, aber auch der Essig lohnt sich.
Av. María Auxiliadora 1
14550 Montilla
Tel. +34957/664014
www.alvear.es

Bodegas Lagar el Monte
Kalkhaltiger Boden und das besondere Mikroklima geben den Weinen eine eigene Note, besonders den Pedro-Ximénez-Rebsorten.
Carretera Moriles-Aguilar de la Frontera km 1
14510 Moriles
Tel. + 34957/537755
www.bodegaselmonte.com

Bodegas Cabriñana
Diese Bodega ist schon seit Generationen in Familienbesitz und hat zu den Probierräumen alte Geräte und Weinherstellungswerkzeuge in einer Art Museum ausgestellt.
Carretera Del Cerro Macho
14550 Montilla
Tel. + 34639/187056
www.cabrinana.es

Bodega Agrimenez
Diese Bodega liegt idyllisch in den Bergen der Sierra de Montilla. Allein das schön verzierte Gebäude ist schon den Besuch wert.
Carretera Montilla-Llano del Espinar km 5,1
14550 Montilla, Córdoba
Tel. + 34957/335024

Er gehört ebenso wie der Tholos von El Romeral zu einer ganz besonderen frühgeschichtlichen Anlage. Nicht nur außerhalb der Stadt befindet sich historisch Interessantes. In Antequera selbst können Besucher auf den Spuren berühmter Poeten wandeln, denn hier hat sich im 16. Jahrhundert eine eigene Schule der Dichter etabliert, zu der unter anderem auch Pedro Espinosa gehörte. Aus dieser Zeit stammt auch die Kirche Real Colegiata de Santa María la Mayor, die sich malerisch an einen Hügel über der Stadt schmiegt. Sehenswert sind zudem die Burganlage Alcazaba de Antequer sowie verschiedene gut erhaltene Torbögen, die in die Stadt führten.

13 Fuente de Piedra

Wer in Spanien diesen Namen hört, der denkt wohl sofort an Flamingos. Fuente de Piedra zählt mit seinen 1300 Hektar zu den größten Lagunen des Landes. Sie ist zwar groß, aber doch sehr flach und ihr Wasser salzig. Während schon unter den Römern Salz gewonnen wurde, sind die alten Salinen heute stillgelegt und bieten Flamingos ideale Lebensbedingungen. Hier findet sich die zweitgrößte Flamingokolonie Europas, nach der Camargue in Frankreich. Insgesamt werden an dem Gewässer mehr als 15 000 Jungvögel pro Jahr aufgezogen. Vogelfreunde finden in diesem Gebiet ideale Bedingungen und erfreuen sich daran, auch Lachseeschwalben, Graugänse oder Löffelenten zu sehen.

14 Archidona

Ganz in der Nähe der Sierra de Gracia befindet sich dieser 8500 Einwohner zählende Ort. Schon früh siedelten Menschen nahe dieser Stadt. Ein Zeugnis dessen bot die Höhle Las Grajas, in der erste Spuren frühmenschlicher Besiedelung gefunden worden sind. Doch während man in der Höhle eher paläontologisch vorgebildet sein muss, um diese Spuren zu erkunden, lassen sich in Archidona auch historische Monumente finden. Von dem alten Schloss sind nur noch die Mauern geblieben. Ganz in der Nähe befindet sich die strahlend weiße Kirche Ermita de la Virgen de Gracia, die über dem Ort thront. Sie ist eine umgebaute Moschee und stammt aus dem 10. Jahrhundert. Auch der Konvent Santo Domingo aus dem 16. Jahrhundert sowie die Kirche Santa Ana, auch aus derselben Zeit sind touristisch interessant. Architektonisch sehenswert ist auch die Plaza Ochavada mit ihrer barocken Bebauung. Einen Abstecher wert, nicht nur für Naturfreunde, ist der Besuch der Lagunen von Archidona. Aber auch Wanderungen in die bergige Umgebung der kleinen Stadt lohnen sich.

Portugal

Im Landesinneren werden schwerer Rotwein, Port- und Madeirawein gekeltert, im Norden dagegen entsteht der leichte Vinho Verde.

Weinregionen Portugal

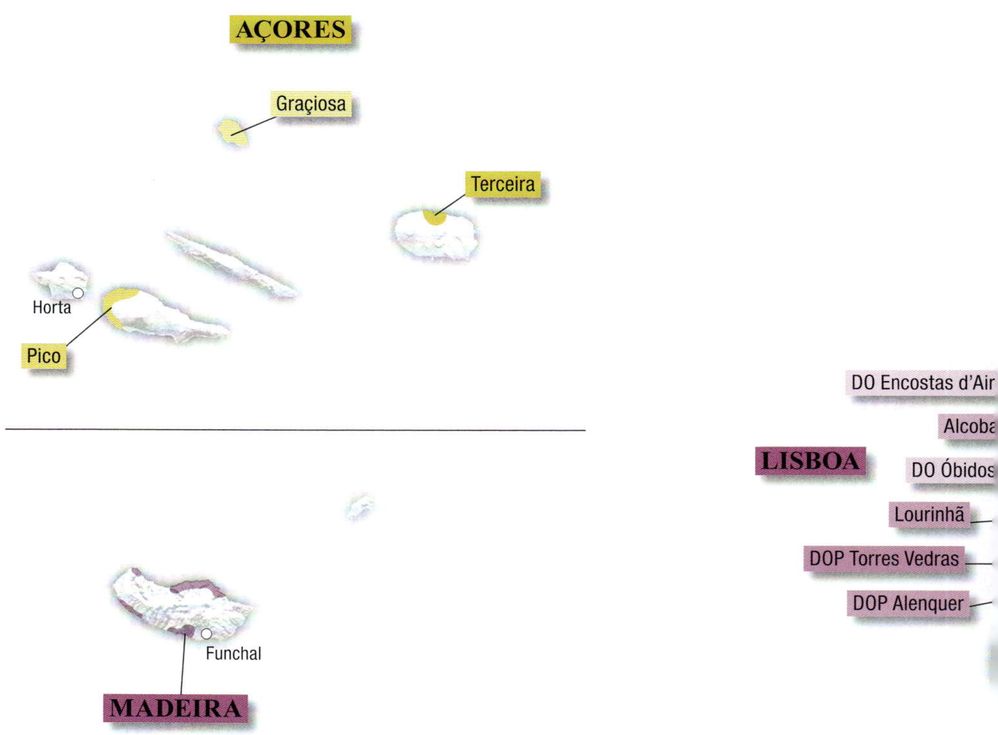

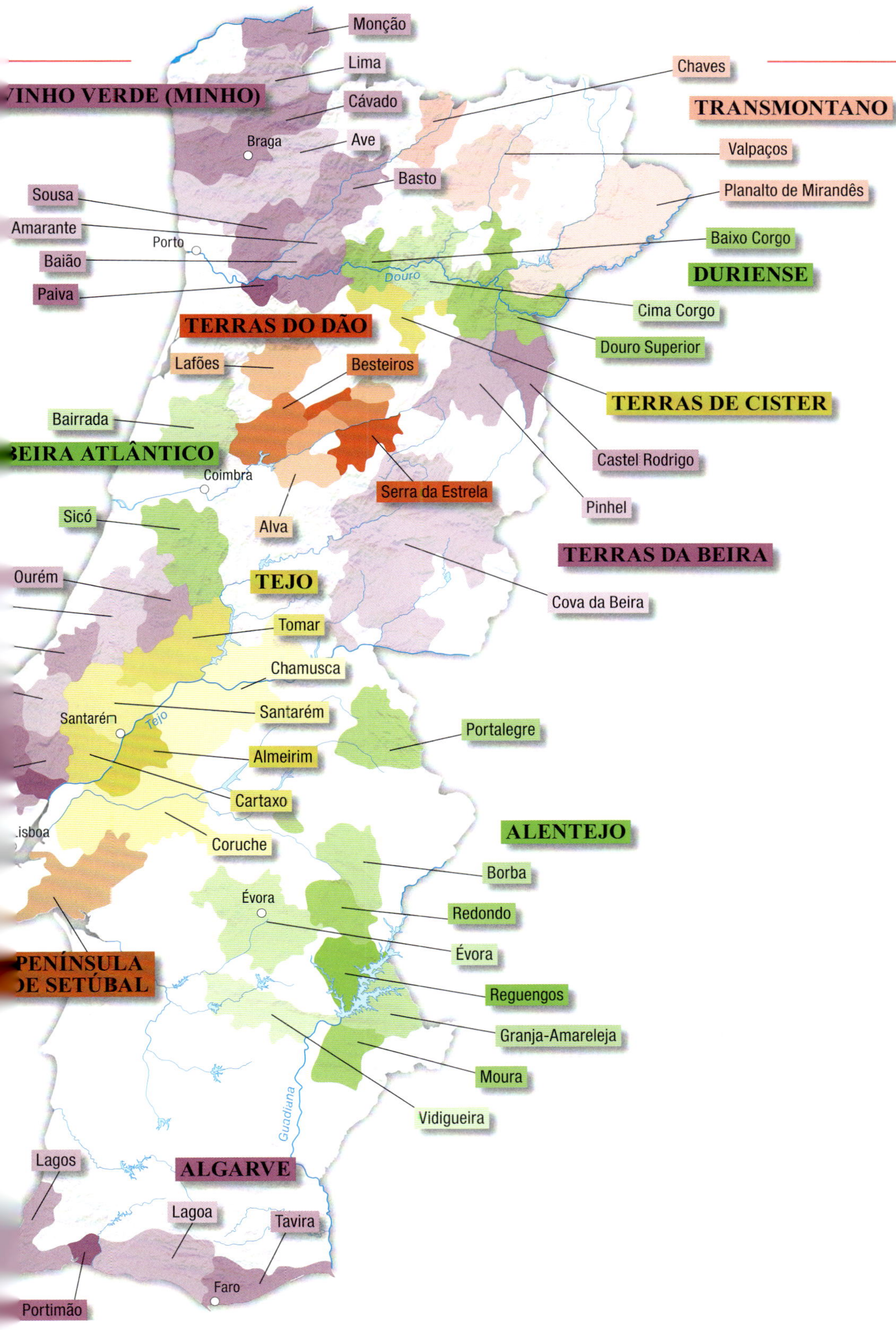

Monção
Lima
VINHO VERDE (MINHO)
Cávado
Braga
Ave
Basto
Sousa
Amarante
Porto
Baião
Paiva
Chaves
TRANSMONTANO
Valpaços
Planalto de Mirandês
Baixo Corgo
DURIENSE
Douro
Cima Corgo
Douro Superior
TERRAS DO DÃO
Lafões
Besteiros
TERRAS DE CISTER
Bairrada
BEIRA ATLÂNTICO
Coimbra
Castel Rodrigo
Serra da Estrela
Pinhel
Sicó
Alva
TERRAS DA BEIRA
Ourém
TEJO
Cova da Beira
Tomar
Chamusca
Santarém
Tejo
Santarém
Portalegre
Almeirim
Cartaxo
Lisboa
ALENTEJO
Coruche
Borba
Évora
Redondo
Évora
PENÍNSULA DE SETÚBAL
Reguengos
Granja-Amareleja
Moura
Guadiana
Vidigueira
Lagos
ALGARVE
Lagoa
Tavira
Faro
Portimão

Portugiesische Wein-

WEISSWEIN

ANTÃO VAZ

Geschichte: Diese sehr alte Rebsorte hat ihren Ursprung im Alentejo.

Anbau: Sie stellt im Anbau keine hohen Ansprüche, reift früh (von Anfang bis Mitte August), und ist – da dickschalig – krankheitstolerant.

Genuss: Diese Rebsorte bringt würzige, säurebetonte und kräftige, körperreiche Weine, die meist reinsortig im Barrique ausgebaut werden. Sie gilt als die beste Rebsorte des Alentejo.

ARINTO/PEDERNÃ

Anbau: Diese vielseitige Rebsorte wird in den meisten Regionen Portugals angebaut.

Genuss: Aus der Arinto-Rebe entstehen kräftige und lebendige Weine. Das Aroma zeigt eine erfrischende Säure mit mineralischer Note und leichtem, fruchtigem Apfel-, Limetten- und Zitronengeschmack.

RABO DE OVELHA

Anbau: Nicht zu verwechseln ist diese in ganz Portugal angebaute Sorte mit der Rabo-de-Anho-Traube für den Vinho Verde. Im Alenteja wird sie u. a. in Borba, Redondo, Reguengo und Vidigueira angebaut. Ihren Namen – er bedeutet »Schafschwanz« – verdankt sie der Form des Traubenstands.

Genuss: Sie ergibt Weine mit hohem Alkoholgehalt und einer leichten Muskatnote.

ROUPEIRO

Geschichte: Unter dem Namen Siria ist diese alte portugiesische Traube seit Langem im ganzen Land bekannt. Man nennt sie auch Alva, Graciosa oder Codega; ein Elternteil ist die Cayetana Blanca.

Anbau: Roupeiro ist eine spät reifende, ertragreiche Sorte, aus der sich aromatische Weine mit mäßigem Säuregehalt keltern lassen. Man sollte sie möglichst jung trinken. Reinsortige Roupeira-Weine sind in Portugal eher unüblich; in Cuvées ist die Traube hingegen sehr geschätzt, da sie die bestimmenden Sorten gut zu verfeinern weiß. Im Alentejo ist sie mit 40 Prozent der Anbaufläche die weiße Hauptsorte.

Genuss: Den leichten Weißen trinken vor allem junge Leute gern.

TAMAREZ

Geschichte: Die eine autochthone portugiesische Sorte wurde bereits im Jahr 1712 schriftlich erwähnt.

Anbau: Die Tamarez-Rebe ist spät reifend und erbringt säurebetonte Weine. Daher setzt man sie auch zur Erzeugung von Grundweinen für die Destillation ein. In der Region Alentejo (sowie bei Setúba)l ist Tamarez ein Synonym für Trincadeira das Pratas.

und Rebsorten

ROTWEIN

ARAGONEZ

Anbau: Auch als Tinta Roriz (und in Spanien als Tempranillo) bekannt, wird diese dickschalige Traube im Alentejo meist reinsortig und im Barrique ausgebaut. Es handelt sich bei ihr um eine spontane Kreuzung der weißen spanischen Sorte Albillo Mayor mit der roten Benedicto.

Genuss: Die Weine sind dunkel, kräftig und können sehr langlebig sein.

ALFROCHEIRO

Geschichte: Bereits 1791 erwähnt, wird diese autochthone, vorwiegend in der Dao-Region beheimatete Sorte wegen ihrer kräftigen Farbe und Dichte gern als Cuvée-Partner verwendet. Die Sorte wird u. a. auch als Albarin, Bastardo Negro oder Tinta Francesa De Viseu bezeichnet.

Genuss: Reinsortig ausgebaut, ergibt sie fruchtig-frische Rot- oder Roséweine mit einem Bukett von roten Früchten, z. B. Kirschen und würzigen Akzenten. In der Regel sind die Weine zum raschen Genuss bestimmt.

MORETO

Anbau: Die autochthone portugiesische Sorte ist spätreifend, wuchskräftig und sehr ertragreich. Man keltert aus ihr säurearme Weine mit eher neutralem Charakter. Viele Genossenschaften im Alentejo setzten langen Zeit auf die Moretotraube; seit dem 21. Jahrhundert nimmt ihre Anbaufläche jedoch mehr und mehr ab.

PERIQUITA

Geschichte: Unter diesem Namen, den die natürliche Kreuzung aus Cayetana Blanca und Alfrocheiro Preto erst 1834 erhielt, wurden die allerersten Flaschen Rotwein überhaupt in Portugal abgefüllt. Inzwischen auch Castelão genannt, erbringt die kleinbeerige Sorte sehr kräftige, elegante Rotweine mit mittlerem Alkoholgehalt.

Genuss: Sie sind tanninbetont, oft nicht sehr farbbetont und sowohl jung genießbar als auch lagerfähig, da sie über eine ordentliche Portion Säure verfügen. In einfachen Weinen zeigt die Periquita oft animalische oder Wildaromen.

TRINCADEIRA (PRETA)

Anbau: Aus der autochthonen, auch als Tinta Amarela bekannten Sorte entstehen farbkräftige, qualitativ hochwertige Weine mit hohem Säure- und ausgeglichenem Alkoholgehalt. Die Rebe ist schwer anzubauen, ihr Ertrag ist in der Regel hoch, aber unsicher. Im heißen, trockenen Klima sind Fäulnis- und Krankheitsrisiken jedoch gering.

Genuss: Oft ein Himbeerbukett mit kräutrig-pfeffrigen Noten.

Alto Douro

Die älteste Weinbauregion der Welt birgt unzählige sehenswerte Orte und ist stolzes UNESCO-Welterbe.

WEINROUTE 30

Seit mehr als 2000 Jahren wird am Douro Wein angebaut. Lange Zeit stand die Region allerdings nur für Portwein. Doch bereits im Mittelalter wurden hier Tafelweine erzeugt – vor allem für die Klöster. Die Reben wuchsen in den Lücken der Stützmauern der Mais- und Getreidefelder. Die heutigen Weinberge wurden erst im 18. Jahrhundert angelegt. Gleichzeitig trat ein System der Herkunftskontrolle in Kraft sowie eine regionale Klassifizierung – die erste weltweit! Granitblöcke dienten zur Abgrenzung der besten Lagen. Von ihnen stammte der für den Export bestimmte »vinho de feitoria«, während man die anderen Flächen für einfachen »vinho do ramo« (Strauchzweig-Wein) nutzte. Bis Ende des 18. Jahrhunderts reichte der Weinbau am Douro allerdings nicht weiter als bis zu den Stromschnellen des Cachão de Valeira. Erst Anfang des 19. Jahrhunderts gelang es, diesen Teil des Flusses schiffbar zu machen. Heute umfasst das Douro-Weinbaugebiet ca. 40 000 Hektar – unterteilt in die Gebiete Baixo Corgo (13 500 Hektar), Cima Corgo (17 000 Hektar) und Douro Superior bzw. Alto Douro (8000 Hektar). Letzteres zählt seit 2001 zum Welterbe der UNESCO. Neben dem Portwein erlangen die Tafelweine zunehmende Bedeutung (vor allem die roten), da es den Winzern seit 1986 gesetzlich erlaubt ist, selbst zu produzieren anstatt nur an die Kellereien in Porto zu liefern. Meist verwenden die Quintas für ihre Weine traditionelle Rebsorten wie Touriga Nacional oder Tinta Roriz (Tempranillo).

Routenlänge: ca. 270 km
Zeitbedarf: 2–3 Tage
Start: Mesão Frio
Ziel: Lamega
Routenverlauf: Südlich und nördlich des Rio Douro führt die Strecke durch wichtige Orte und Landschaften des Weinbaus, vorbei an Weinterrassen, ursprünglichen Dörfern und bedeutenden Kirchen.

Auskünfte:
Rota do Vinho do Porto e do Douro
Largo da Estação – Apartado 113
5050-237 Peso da Régua
Tel. +351/254324774
www.ivdp.pt

1 Mesão Frio

Im Jahr 1059 erstmals urkundlich erwähnt, geht der Weinort am Fuß der Serra do Marão zurück auf eine vorgeschichtliche Wallburg. Seinen Namen verdankt er einer der an der später hier verlaufenden Römerstraße liegenden Herbergen (»Mansionis Frigidae«). Sie existierte bis ins Mittelalter; aus dem u. a. das São Francisco und die Kirche São Nicolau stammen. Im Umkreis führt ein ausgeschilderter, 12 Kilometer langer Wanderweg an Hügeln, Weingütern, Dörfern und Kapellen entlang der Marksteine des 1756 eingerichteten ersten geschützten Weinbaugebiets der Welt.

2 Peso da Régua

Das moderne Städtchen direkt am Douro-Ufer geht zurück auf die Römerzeit. Ab dem 5. Jahrhundert neu besiedelt. erlangte Régua Bedeutung als Handelsplatz durch seinen kleinen Verladehafen, vor allem für den Transport

An den sonnenverwöhnten Hängen des Douro (oben) gedeiht erlesener Wein. Kleines Bild links: Museu do Douro. Unten: Palácio de Mateus in Vila Real.

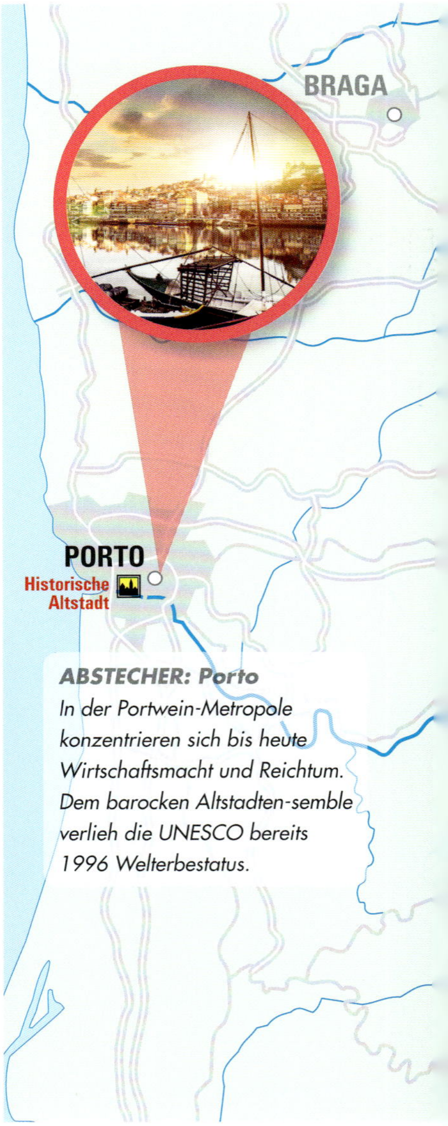

ABSTECHER: Porto

In der Portwein-Metropole konzentrieren sich bis heute Wirtschaftsmacht und Reichtum. Dem barocken Altstadten-semble verlieh die UNESCO bereits 1996 Welterbestatus.

des regionalen Weins bis Vila Nova de Gaia. Im Jahr 1756 schuf der königliche Minister Marquis von Pombal mit der Companhia Geral das Vinhas do Alto Douro in Régua die Grundlage für das erste geschützte Weinbaugebiet der Welt. Mit dem Bau der Eisenbahnlinie Linha do Douro im Jahr 1878 erhielt der Ort weiteren Aufschwung. Noch heute verkehrt ein historischer Dampfzug bis nach Tua. Der Bahnhof und die Altstadt von Régua stehen unter Denkmalschutz. Das Museu do Douro (Weinmuseum) versteht sich auch als Dokumentationszentrum der Weinbauregion. Im Umkreis von Peso da Régua liegen zahlreiche Herrenhäuser und einige große Wein-Quintas sowie die herrlichen Aussichtspunkte Miradouro Santo António und São Leonardo de Galafura. In Régua selbst legen Flusskreuzfahrtschiffe an und ab, von denen aus sich die Reblandschaft an den steilen Ufern bestens bei einer Flussfahrt bewundern lässt.

3 Vila Real

An den Ausläufern der majestätischen Berghänge der Serra do Marão, 1289 von König Dinis gegründet, spielte die »königliche Stadt« (ursprünglich: »Vila Rial«) eine bedeutende Rolle in der Geschichte Portugals. Viele Adelige bauten hier im 16./17. Jahrhundert prachtvolle Paläste; der Palácio de Mateus aus dem 18. Jahrhundert hat es sogar auf das Etikett eines Roséweines geschafft. In seinem Garten finden häufig Konzerte statt. Die Casa de Diogo Cão ist das Ge-

ABSTECHER: Guimarães

Portugals erster König wurde hier geboren und erhob die mittelalterliche Klostergründung zur Hauptstadt. Der historische Kern mit Burg und Herzogspalast ist UNESCO-Welterbe.

burtshaus des Afrika-Seefahrers, der im 15. Jahrhundert bereits bis zum Kongo kam. Auf dieselbe Zeit geht die Kathedrale der Stadt, die Igreja do Convento de S. Domingos, zurück. Aus dem 12./13. Jahrhundert stammen u. a. die Kirche São Dinis und der Torre de Quintela. Das Santuário de Panóias in der Umgebung ist das älteste römische Felsheiligtum der Iberischen Halbinsel. Die drei Granitblöcke wurden für Tieropfer genutzt. An den Terrassenhängen der steilen Flussufer südlich von Vila Real reifen Portweintrauben.

4 Sabrosa

Berühmtester Sohn des Ortes, dessen historischer Kern komplett unter Denkmalschutz steht, ist der Seefahrer Ferdinand Magellan. Umgeben von Weinhügeln und Felsen (einige mit frühchristlichen Gräbern), besitzt Sabrosa auch ein von Pritzker-Preisträger Eduardo Souto de Moura geplantes modernes Kulturzentrum.

5 Alijó

Ausgrabungen und Funde belegen eine lange vorgeschichtliche Besiedlung des Kreisgebietes (portug.: »Concelho«). Im 8. Jahrhundert war Alijó bereits als eigenständige Gemeinde dokumentiert. König Sancho II. ließ den Ort 1225 neu besiedeln und gab ihm erste Stadtrechte. Sein historischer Kern steht heute komplett unter Denkmalschutz. Das einstige Herrenhaus Barão de Forrester wurde in eine Pousada umgewandelt. Vier bekannte Männer stammen aus Alijó, darunter die Autoren Manuel da Nobrega (16. Jh.) und António Cabral (19. Jh.) sowie der ehemalige portugiesische Regierungschef José Sócrates. Im einst befestigten Dorf Favaios 2,5 Kilometer südlich steht ein kleines Wein- und Brotmuseum.

DONA ANTÓNIA UND DIE QUINTAS

Mehltau und Reblaus zerstörten im Jahr 1890 das Gros der Rebflächen am Douro; viele Winzer mussten ihre Güter verkaufen. Dona Antónia Ferreira erwarb gleich mehrere dieser Quintas; ihren Erben hinterließ sie 30! Auch bei den meist britischen Shippers – Handelshäusern mit Sitz in Porto – war es im 19. Jahrhundert Mode, eine Douro-Quinta zu besitzen.

6 Carrazeda de Ansiães

Felszeichnungen belegen eine frühe Besiedlung der Umgebung; zu Zeit der Römer hieß der auf dem Carrazeda-Plateau gelegene Ort Aquas Quintianas. Im Zuge der Reconquista von den Mauren wiedererobert, erhielt er erste Stadtrechte durch Ferdinand I. Eine Vielzahl von Bürgern aus Ansiães begleitete König Sebastian im 16. Jahrhundert auf dessen Feldzug nach Nordafrika. Erhalten aus dem Mittelalter ist das Castelo. Um Carrazeda werden hauptsächlich Getreide, Mais und Kartoffeln angebaut und Äpfel und Kastanien kultiviert. Kleinere Rebflächen liegen an den Hängen in Richtung Douro und seines Zuflusses Tua.

7 Vila Nova de Foz Côa

Vor allem die archäologischen Funde und prähistorischen Felszeichnungen vor seinen Toren haben die »Neue Stadt am Côa« bekannt gemacht. Der Parque Arqueológico do Vale do Côa gehört inzwischen zum Welterbe der UNESCO und birgt ein eigenes Museum (MAAVC – Museo de Arte e Arqueologia do Vale do Côa). Durch König Dinis erhielt das im strategisch bedeutenden Grenzland liegende Vila Nova de Foz Côa 1299 erste Stadtrechte; während der Revolution von 1383 stand der Alto-Douro-Ort auf Seiten Kastiliens und verlor in der Folge zunehmend an Privilegien und Aufmerksamkeit. Im Verlauf der »liberalen Revolution« von 1822 und dem folgenden Bürgerkrieg war er Schauplatz häufiger Unruhen. Der historische Kern der heute 3200 Einwohner zählenden Gemeinde ist komplett denkmalgeschützt; die barocke Pfarrkirche Nossa Senhora do Pranto mit verzierten Holzdecken und Altarretabeln aus vergoldetem Holz (»talha dourada«) geht zurück auf das 13. Jahrhundert. Zahlreiche weitere Sakralbauten, Herrenhäuser sowie Brunnenanlagen sind in und bei Vila Nova ebenso zu entdecken wie mittelalterliche Burgen, z. B. die von Castelo Melhor und Numão.

Oben: Gesteinsformationen nahe dem Fluss Côa.

WEINGÜTER

Quinta Vale Dona Maria
Cristiano van Zeller ist einer der wichtigsten Botschafter des Douro-Weines; er pflanzte zahlreiche alte Sorten in steilster Lage.
Sarzedinho, 5130-113
S. João da Pesqueira
Tel. +351223744320
www.quintavaledonamaria.com

Quinta do Crasto
Bereits im Jahr 1615 wurde dieses Weingut erwähnt und wird heute von zwei Brüdern geführt. Das Gut ist vor allem berühmt für die Rotweine Vinha da Ponte und Vinha Marie-Teresa.
Gouvinhas
5060-063 Sabrosa
Tel. +351254920020
www.quintadocrasto.pt

Quinta do Vallado
Die beiden Cousins Francisco Ferreira und João Alvares Ribeiro sind die Nachfahren der legendären Dona Antónia Ferreira und haben ihr einen ihrer besten Weine gewidmet.
Vilarinho dos Freires
5050 - 364 Peso da Régua
Tel. +351254323147
www.quintadovallado.com

Quinta do Pessegueiro
Seit einem Vierteljahrhundert bewirtschaftet Roger Zannier diese Quinta mit ihrem markant-modernen Kellereigebäude inmitten des alten Rebhangs.
5130-114 Ervedosa do Douro
Tel : +351254 422081
www.quintadopessegueiro.com

8 São João de Pesqueira

Dolmen, Wallburgen und Felsmalereien in der Umgebung zeugen von der Frühzeit dieses Ortes im Herzen der Douro-Region. König Alfons III. von Asturien ließ ihn im 9. Jahrhundert neu besiedeln; die ersten portugiesischen Stadtrechte erhielt er im Jahr 1198. Heute steht der historische Kern von São João de Pesqueira mit seinem Hospital und dessen Kirche aus dem 16. Jahrhundert komplett unter Denkmalschutz. Im Kreisgebiet liegen mehr als siebzig historische Weinquintas; damit entfällt auf São João de Pesqueira der höchste Flächenanteil des UNESCO-Welterbe-Areals Alto Douro. Es gibt im Ort auch ein modernes kleines Weinmuseum.

9 Pinhão

Bekannt ist der im Jahr 1134 erstmals erwähnte Ort im Zentrum der Cima Corgo-Region u. a. für seinen mit zahlreichen Azulejos-Bildern (blaue, schön bemalte glasierte Keramikfliesen) ausgekleideten Bahnhof der Linha-do-Douro-Eisenbahnstrecke. Viele der schönsten Quintas des Douro liegen in seiner Umgebung. Die Trauben, die in dieser

Terrassierte Weinhänge und Olivenhaine wachsen entlang des Douro (unten).

WEINFESTE

MAI/JUNI
»Festival do Vinho do Douro Superior« in Vila Nova de Foz Côa

JULI
»Festival de Vinho« in Porto, »Vila Nova de Gaia«

SEPTEMBER
»Vindouro« in S. João da Pesqueira,
»Festa das Vendemias« in Peso da Régua

Zone im Zentrum des Portwein-Anbaugebietes wachsen, sind von hoher Qualität und werden für die Produktion von Vintage und Late Bottled Vintage Ports verwendet.

10 Tabuaço

Klöster wie jenes des São Pedro das Águias etwa 8 Kilometer südlich des komplett unter Denkmalschutz stehenden Ortes erinnern an die Zeit der Zisterziensermönche, die auch die ersten Weinberge um Tabuaço anlegten. Das Museu do Imaginário Duriense (MIDU) im historischen Zentrum ist das erste einer ganzen Reihe von geplanten Museen rund um die Geschichte, Traditionen und Mythen der Region des Douro.

11 Armamar

Obwohl Weinbau und Olivenöl eine wichtige Rolle spielen, gilt der auf einem Castro aus vorrömischer Zeit entstandene mittelalterliche Ort als Portugals Hauptstadt des Bergapfels (»Capital da Maçã de Montanha«). Sein denkmalgeschützter historischer Kern birgt u. a. die dreischiffige romanisch-gotische Hauptkirche Igreja de São Miguel (12. Jh.).

12 Lamego

Im Jahr 570 erstmals als Bischofsitz erwähnt, wurde der Ort auf den südlichen Douro-Hängen wohl schon von den Kelten besiedelt und existierte auch zur Römerzeit. Zu seinem breitgefächerten architektonischen Erbe zählt u. a. die nahe einer maurischen Nekropole erbaute Kirche Santa Maria Almacave, in der 1143 die Ständeversammlung feierlich Afonso Henriques als den ersten König von Portugal bestätigte. Im 15. Jahrhundert profitierte Lamego besonders von seiner Lage an den wichtigsten Handelswegen des Landes; im 16. Jahrhundert begann unter Bischof Manuel de Noronha eine rege Bautätigkeit. Aus dieser Zeit stammen die ersten Umbauten der ursprünglich gotischen Kathedrale, vor allem aber das jedes Jahr im September als Pilgerziel vielbesuchte Santuário de Nossa Senhora dos Remédios. Eine mehr als 600-stufige Doppeltreppe führt von der Hauptstraße zu der Wallfahrtsstätte hinauf. Von der Burg über der Stadt ist noch der Bergfried (13. Jh.) erhalten; der einstige Bischofspalast birgt ein Museum. Im 17./18. Jahrhundert errichteten im aufstrebenden Weinbau tätige Familien noble Herrenhäuser in und um Lamego; in dieser Zeit entstand auch das Hospital da Misericórdia, dessen Originalfassade inzwischen das 1929 eröffnete Theater ziert. Lamego ist zudem Teil einer Vereinigung von Orten mit einer historisch bedeutenden jüdischen Gemeinde; es zeigt heute auf den ersten Blick ein modernes Bild mit breiten Straßen.

Linke Seite: Das Sanktuarium Nossa Senhora dos Remedios in Lamego. Oben: der Bahnhof von Pinhao.

WEINROUTE 31

Zwischen den alten portugiesischen Kulturstädten Beja und Évora und fast bis an die Ufer des Guadiana mäandert über sanfte Hügel und durch weite Ebenen die Rota dos Vinhos de Alentejo. In der lange Zeit nur von Weizenfeldern und Olivenhainen geprägten Landschaft erlebte der hier bereits von den Römern betriebene Weinbau nach vielen Krisen ab dem 19. Jahrhundert eine Renaissance – und seine jüngste erst vor einigen Jahren; inklusive der antiken Amphoren-Technik und der Neupflanzung von Korkeichen. Die Bäume bedecken ein Gebiet von 750 000 Hektar – das Gros davon im Alentejo. In Sachen Rebflächen entfällt ungefähr ein Drittel auf die Region. Ihre Weinerzeuger verteilen sich über acht Gebiete mit geschützter Ursprungsbezeichnung (DOC): Portalegre, Borba, Redondo, Reguengos, Vidigueira, Évora, Granja/Amareleja und Moura. Den Vinho Regional Alentejano gibt es im ganzen Gebiet. Produziert wird in dem trocken-heißen Klima in der Regel Rotwein, vor allem auf der Basis der Aragonez-Traube. Einige Winzer erzeugen auch Rosé. Weißwein spielt inzwischen ebenfalls eine Rolle. Noch vor der Nelkenrevolution waren mit staatlicher Unterstützung Genossenschaftskellereien gebaut worden, die aber nur für den lokalen Markt produzierten. Durch EU-Hilfen änderte sich dies allmählich; auch Einzelgüter treten mit neuen Weinen hervor. Mehr als 60 Winzer und Adegas laden an der Rota do Vinho Alentejo zu Besichtigungen und Weinproben.

Routenlänge: ca. 400 km
Zeitbedarf: 3–5 Tage
Start: Beja
Ziel: Évora
Routenverlauf: Da die Route nicht geradlinig verläuft, bietet es sich an, mehrere Abstecher einzuplanen, vor allem rund um Évora.

Auskünfte:
Rota dos Vinhos
Praça Joaquim António de Aguiar, nº 20–21,
Apt. 2146, 7001-901 Évora
Tel. +351/266746498
www.vinhosdoalentejo.pt

Im Alentejo

Weidelandschaft im Norden, unermessliche Ebenen und Kornfelder im Landesinneren, unberührte Strände an der Küste – das ist der Alentejo.

1 Beja

»Königin der Ebene« nennt sich stolz die aus vier Gemeinden bestehende Stadt im Baixo Alentejo. Zu ihrem reichen Kulturerbe zählt vor allem die Burg mit ihrem hohen Marmorturm Torre de Menagem, die Kathedrale sowie die Igreja de Santiago und die Kirche Santo Amaro (Teil des Regionalmuseums). Das Herz der Stadt bildet die Praça da República. Das Gros ihrer Gebäude stammt aus dem 16. Jahrhundert. Das heutige urbane Bild Bejas beruht auf der Linienführung der alten römischen Stadt und die Tore Évora und Mértola waren die Eingänge der alten Stadtmauern. Im 1. Jahrhundert v. Chr. unterzeichnete Julius Cäsar hier einen Friedensvertrag mit lusitanischen Stämmen und in der Folge wurde der Ort unter dem Namen Pax Julia Verwaltungshauptstadt. Im 6. Jahrhundert besetzten die Westgoten das Territorium; Anfang des 8. Jahrhunderts wurde Beja dann muslimisch und blieb dies – mit einer Unterbrechung – bis ins 13. Jahrhundert. Zu neuer Blüte gelangte die Stadt, nachdem König Alfons V. im 15. Jahrhundert das Herzogtum Beja gründete, welches von da an stets in der Hand des zweitgeborenen Sohnes der Könige blieb. Das herrschaftliche Mäzenatentum dieser Zeiten spiegeln u. a. der Konvent Nossa Senhora da Conceição, die Kirche der Misericórdia, das heute in eine Pousada umgewandelte Kloster São Francisco sowie die Kirchen Santiago und Pé da Cruz. Eine zeitgenössische Stiftung ist Bejas Museu Jorge Vieira. Es zeigt einen Großteil des Werks dieses 1922 geborenen Bildhauers, der vor allem durch seine Terrakotta-Figuren Bekanntheit erlangte. Weit über die Stadtgrenzen hinaus reicht auch die Bedeutung der »Ovibeja«, einer Messe zur regionalen landwirtschaftlichen Produktion, Kultur, Ethnografie und Ökonomie der Region. Ein gutes halbes Dutzend Betriebe widmen sich im Gebiet von Beja dem Weinbau, darunter die junge Herdade da Malhadinha Nova, zu der auch ein Hotel gehört.

2 Vidigueira

Berühmt für ihren Wein war die Region um Vidigueira bereits im 15. Jahrhundert, kaum 200 Jahre nach der erstmaligen Erwähnung des Ortes, der heute ca. 3000 Einwohner zählt. Megalithgräber und die römischen Villen von São Cucufate und Monte da

Oben: Kreuzgang im Kloster Nossa Senhora da Conceicao in Beja. Unten: Weinkeller des Gutes Santa Vitoria. Kleines Bild links: Dolmen bei Vidigueira.

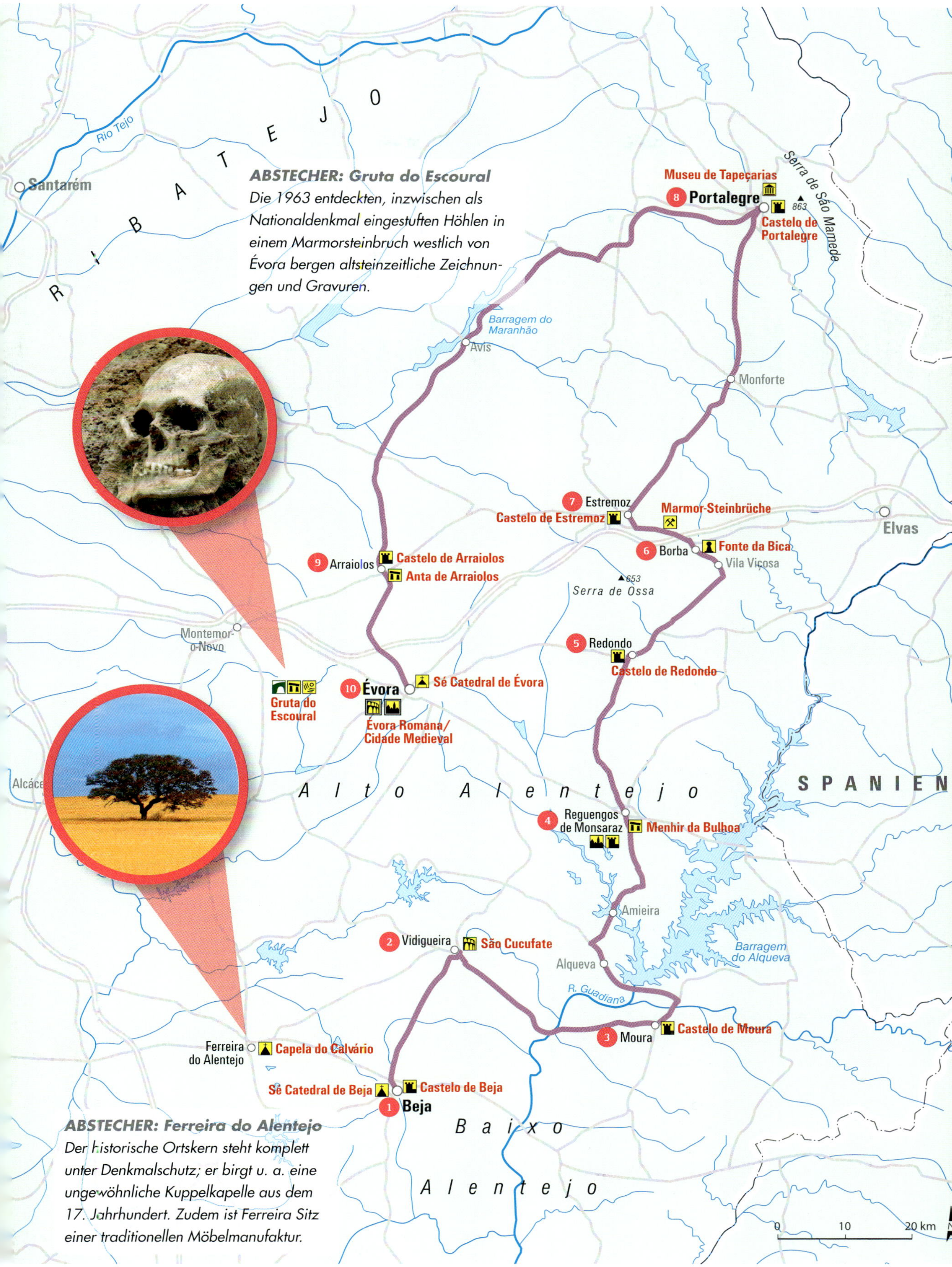

ABSTECHER: Gruta do Escoural

Die 1963 entdeckten, inzwischen als Nationaldenkmal eingestuften Höhlen in einem Marmorsteinbruch westlich von Évora bergen altsteinzeitliche Zeichnungen und Gravuren.

ABSTECHER: Ferreira do Alentejo

Der historische Ortskern steht komplett unter Denkmalschutz; er birgt u. a. eine ungewöhnliche Kuppelkapelle aus dem 17. Jahrhundert. Zudem ist Ferreira Sitz einer traditionellen Möbelmanufaktur.

Cegonha weisen jedoch auf eine frühe Entstehung hin. 1519 ernannte König Manuel I. den Seefahrer Vasco da Gama zum Grafen von Vidigueira, der daraufhin die bis ins 20. Jahrhundert im Besitz der Familie verbliebene Casa da Vidigueira erbauen ließ. Und noch heute schlägt die mit dem Wappen der da Gamas verzierte Glocke im Ort die Stunden. Die Kirche des Klosters Nossa Senhora das Relíquias barg mehr als 350 Jahre die sterblichen Überreste des Indien-Entdeckers, bevor man sie ins Hieronymuskloster von Lissabon überführte. Strategisch kaum bedeutsam entwickelte sich Vidigueira hauptsächlich in landwirtschaftlicher Hinsicht; neben Wein (z. B. Navegantes aus der Genossenschafts-Adega) wird auch Olivenöl hergestellt. Im nahen Vila de Frades arbeitet eine Weinkooperative ausschließlich wie schon die Römer mit Tonamphoren. Für den Gärprozess wird die Maische über einen Schlauch in diese 500–1000 Liter fassenden »talhas« geleitet; der sich am Boden sammelnde Trester dient als Filter.

3 Moura

»Die Maurin« bedeutet der Name dieses Städtchens, nach einer historischen Legende über eine arabische Jungfrau namens Salúquia, die bis heute im Wappen präsent ist. Tatsächlich war Moura einst Zentrum der maurischen Provinz Al'Manijah. Aus dieser Zeit stammen auch der Torre da Tappia und die Anfänge des Castelo, welches im Zuge der Rekonstruktion der Befestigungsanlagen nach der Reconquista ab 1296 als mittelalterliche Burg ausgebaut wurde. Die Mouraria (das »Maurenviertel«) der Stadt ist eine der größten und besterhaltenen des ganzen Landes; deutlich lässt sich die Charakteristik typisch arabischer Stadtplanung erkennen. Weiteres zur maurischen Geschichte erfährt man im Arabischen Museum, das um einen historischen Brunnen herum konstruiert wurde. Moura lebt mit langen Sommern und kalten Wintern. Die Böden der Gegend sind recht karg, Kalkstein wechselt mit Lehm. Am besten passt sich die Castelão-Rebe (Perrequita) diesen Gegebenheiten an. Einer des ältesten Privatweingüter der Gegend ist die Herdade dos Machados von José Maria dos Santos; die Reben stammen teils noch aus dem 19. Jahrhundert.

4 Reguengos de Monsaraz

Im Jahr 2015 konnte sich die historische Doppelgemeinde mit dem Titel »Europäische Weinstadt« schmücken – nachdem sie ein Jahrzehnt zuvor erst die Stadtrechte erhalten hatte (für Monsaraz gab es diese bereits erstmals 1276). Ihre Anfänge reichen hingegen zurück bis in die Bronzezeit, wie Menhire und Megalithanlagen in der Nähe beweisen (Olival da Pega, Poço da Gateira, Fels der Liebenden). Auch zu Zeiten der Römer und später unter den Mauren gab es Siedlungen auf dem Hügelareal, das bis Fertigstellung des Stausees Alqueva oberhalb des Flusses Guardiana an der spanischen Grenze lag. Von den Türmen des Kastells schaut man heute hinunter auf die »barragem«, die mit 250 Quadratkilometern Wasserfläche Europas größter künstlicher See ist. Um die Burg läuft eine geschlossene Stadtmauer und viele historische Gebäude sind erhalten. Wie gut sich die Granit- und Schieferböden der Umgebung für den Weinbau eignen, zeigen sowohl die Erzeugnisse der Kooperative CARMIM als auch jene der beiden bekannten Einzelgüter Herdade do Esporão und José da Sousa.

5 Redondo

Mit Höhen von bis zu 600 Metern ist die Serra D'Ossa eine der höchsten Hügelketten des Alentejo. Das zu ihren Füßen liegende Redondo mit heute rund 6000 Einwohnern geht zurück auf die Jungsteinzeit und war bis zur römischen Antike durchgehend besiedelt. Möglicherweise wurde es im Zuge der Besiedlungspolitik nach der Reconquista neu gegründet. Die Stadtrechtsurkunde trägt jedenfalls das Jahr 1250. Die Burg ist – wie jene von Estremoz und Monsaraz – Teil der von König Dinis I. angelegten nordalentejanischen Verteidigungslinie. Von der Spitze ihres Torre de Menagem kann man bis zum Castelo von Évoramente schauen. Da die Serra da Ossa das Gebiet von Redondo bestens abschirmt gegen Nord- und Ostwinde, gedeihen auf den Schiefer- und Granitbergen seit Langem schon Reben. Außer für seinen Wein – dem der Ort sogar ein Museum gewidmet hat – ist Redondo auch berühmt für seine Töpferwaren. Man kann sie hohen Temperaturschwankungen aussetzen. Die Töpfer des Ortes fertigen sowohl Dekorations- als auch Gebrauchskeramik; der eine oder andere stellt auch die begehrten Amphoren zur Vinifizierung her. Die Adega Cooperativa de Redondo (ACR) trug vor allem mit ihrem Porta Ravessa maßgeblich zur Popularität der Alentejo-Weine bei. Außer ihr produzieren noch zwei Einzelgüter in der Region.

6 Borba

Borba liegt in der Gegend der Marmorsteinbrüche. So nimmt es nicht Wunder, dass der kostbare weiße Stein das Bild des 7500-Seelen-Städtchens prägt: Tür- und Fenstereinfassungen, Schornsteine, Straßentafeln und Denkmäler sind sämtlich aus Marmor. Auch die Kirchen Nossa Senhora das Neves, St. Bartolomeu sowie jene der Abtei Kirche Servas de Deu oder der Brunnen Fonte das Bicas zeigen den kunstvollen Gebrauch des Marmors bereits ab dem 15. Jahrhundert. Die Gründung Borbas geht auf die Zeiten zurück, als gallische und keltische Stämme die Iberische Halbinsel besiedelten. Doch Aufschwung und Bedeutung des Ortes sind unmittelbar verknüpft mit der Rückeroberung des Gebietes durch die Christen und seiner späteren Verteidigung. Neben dem Marmor tragen auch Olivenöl und Wein kräftig zur Wirtschaft des Ortes bei. Die Adega de Borba war 1955

WEINFESTE

MAI/JUNI
»Tonwaren-Fest« in Reguengos-Monsaraz; »Teppichfest« in Arraiolos

NOVEMBER
»Weinfest« in Borba

DEZEMBER
»Fest des Amphorenweins« in Vila Frades

Linke Seite: Blick über das mittelalterliche Monsaraz. Weitere historische Städte sind Moura (unten) und Redondo (kleines Bild links oben).

CANTE ALENTEJANO

Der typische A-Capella-Gesang der Region zählt seit 2014 zum UNESCO-Kulturerbe der Menschheit. Meist von Amateurgruppen (Frauen und Männern) praktiziert, hält er lokale Dialekte und eine traditionelle Art der Vermittlung lebendig. Drei Grundstimmen prägen die langsamen Melodien, deren Texte um Liebe, die (Feld-)Arbeit und um politische Fragen ranken.

die erste der im Alentejo mit staatlicher Hilfe gegründeten Genossenschaftskellereien. Heute gehören ihr 300 Winzer an, die knapp 2000 Hektar Rebfläche bearbeiten – zwei Drittel davon bestockt mit roten Sorten. Darüber hinaus produzieren um Borba nur zwei, drei Privatgüter, darunter die Quinta do Zambujeiro. Auch ihre Weine passen gut zu traditionellen lokalen Wurstwaren Enchidos de Borba und den örtlichen Käsespezialitäten.

7 Estremoz

Um die im 13. Jahrhundert für Königin Santa Isabel erbaute Burg, die heute ein Luxushotel birgt, erstreckt sich der historische Kern dieser vornehmen, von Barockelementen geprägten Stadt; ihr moderner Teil liegt außerhalb der mittelalterlichen Mauer. Bekannt ist das rund 10 000 Einwohner zählende Estremoz wie Borba vor allem durch den hochwertigen weißen Marmor, der hier abgebaut und verarbeitet wird. Die Steinbrüche in der Umgebung liefern neunzig Prozent des gesamten Marmoraufkommens von Portugal. Man findet den weißen Stein in dieser Gegend nicht nur in Palästen, Kirchen und Herrenhäusern, sondern auch in einfachen Bauten und sogar auf Straßen. Charakteristisch für die Gegend ist zudem eine rote Tonerde. Aus ihr geformte Figuren findet man in allen Kunsthandwerks-Läden der Stadt oder auf ihrem lebhaften Wochenmarkt. Auch auf der »Herdade dos Outeiros Altos« kommt der lokale Ton zum Einsatz – bei der Produktion ihrer Variante des Vinho de Talha.

8 Portalegre

Aufgrund seiner Lage am Ausläufer des São-Mamede-Gebirges, unweit der Grenze zu Spanien, besaß Portalegre während des Mittelalters eine entscheidende strategische Bedeutung. Noch während dieser Zeit siedelten sich die Franziskaner an; im 16. Jahrhundert wurde das Zisterzienserkloster São Bernardo errichtet. König João III. verlieh Portalegre 1550 als Bischofssitz erneute Stadtrechte (die ersten erhielt es bereits 300 Jahre zuvor) und ließ die Kathedrale bauen. Das Diözesanseminar birgt heute das Stadtmuseum. Ein weiteres Museum erinnert an den lokalen Dichter José Régio; berühmt ist jedoch vor allem das Tapisserie-Museum im barocken Palácio Castelo Branco. Auch weitere prächtige Adelshäuser wie der Palácio Amarelo oder der Palácio dos Falcões sowie die Igreja de São Lourenço zeugen in der heute knapp 15 000 Einwohner zählenden Stadt vom üppigen Baustil des 17./18. Jahrhunderts. Der in der zweiten Hälfte des letzten Jahrhunderts gegründeten Adega Cooperativa de Portalegre gehören heute rund 260 Weinbauern an, die insgesamt 500 Hektar bewirtschaften. Sowohl rote als auch weiße Trauben werden ausgebaut. Außer der Genossenschaft produzieren knapp ein Dutzend eigenständige Weingüter in und um Portalegre. Neben dem Wein sind Würste eine Spezialität der Gegend.

Alentejo ist berühmt für seinen Weinanbau (links oben). Das Dorf Marvao mit seiner Igreja de Nossa Senhora da Estrela gilt als eines der schönsten der Gegend (links). Zudem ist Alentejo für sein Töpferhandwerk bekannt (oben).

9 Arraiolos

Dokumente des 16. Jahrhunderts erwähnen bereits die handgestickten Wollteppiche von Arraiolos. Ihre Tradition begründeten aus Lissabon vertriebene Mauren. Gut 800 Jahre zuvor kamen ihre Vorfahren in weniger friedlicher Absicht; sie nahmen Arrailos (wie viele andere Orte in der Region) ein zur Errichtung ihres Herrschaftsbereichs Al Andalu. Gegründet wurde der Ort bereits im 2. Jahrhundert v. Chr; im späten 13. Jahrhundert ließ König Dinis eine Burg errichten. Zu den sehenswerten Baudenkmälern von Arraiolos gehört u. a. die Erlöser-Kirche aus dem 16. Jahrhundert mit ihren Malereien. Zur Jahrtausendwende startete das Projekt der Adega das Mouras von Arraiolos, die heute in einem wahren Meer aus Reben liegt (220 Hektar), fast zur Hälfte bestehend aus Trincadeira.

10 Évora

Auf einem sanften Hügel hebt sich die UNESCO-Welterbe-Stadt Évora mit der größten mittelalterlichen Kathedrale Portugals vom weiten Horizont der Alentejo-Ebene ab. In der von einem breiten Mauerring umgebenen Stadt unterhalb der festungsartigen frühgotischen Sé kontrastieren enge maurische Gassen mit lichtüberfluteten Plätzen wie die von Arkaden gesäumten Praça do Giraldo und herrlichen Palästen wie jenem der Herzöge von Cadaval. Von den Kelten begründet, 59 v. Chr. von den Römern eingenommen, erlangte die Siedlung unter dem Namen Liberalitas Julia große Bedeutung, wie bis heute u. a. die Ruine des sogenannten Dianatempels mit den flankierenden Säulen (1./2. Jh. n. Chr), Teile der Stadtmauer sowie die Relikte römischer Bäder zeigen. Nach dem Ende der maurischen Herrschaft wählten mehrere portugiesische Könige Évora als Sitz ihres Hofes. Besonders prächtige Bauten stammen aus der Zeit von João II. und Manuel (15./16. Jh.), darunter die Klöster Kalvarienberg und Convento de Santa Clara (mit Azulejo-Bildern und reichem Goldschmuck)

Oben: Chor mit Azulejos in der Pousada Nossa Senhora da Assuncao in Arraiolos. Unten: Giraldo-Platz in Évora.

WEINGÜTER

Quinta da Plansel
Auf der Basis heimischer Rebsorten wie Touriga Nacional erzeugt Dorina Lindemann unter dem Namen Marqués de Montemor rassige Rotweine, keltert aber auch einen kraftvoller Weißen.
Montemor-o-Novo
Tel. +351266898920
www.plansel.com

Herdade dos Outeiros Altos
Jorge Cardoso und Fernanda Rodríguez keltern auf ihrem nur sechs Hektor großen Weingut-Gelände unter organischen Bedingungen derzeit vier kräftige Rote D.O.C., einen Rosé sowie einen Weißwein aus roten Trauben – beide ebenfalls in bester Bio-Qualität.
Estremoz
Tel. +351966250063 oder
fr@herdadedosouteirosaltos.pt
www.herdadedosouteirosaltos.pt

Herdade do Carvalhal
Nur mit roten Rebsorten haben die Familien Barbosa und Silva Soares ihre rund 50 Hektar ab 1999 bestückt; vor allem Trincadeira und Aragonez.
Portalegre, Urra
Tel. +351245382657
www.herdadedocarvalhal.com

Quinta do Zambujeiro
Schon der erste Wein des 1998 von dem Schweizer Unternehmer Emil Stricker gegründeten Gutes wurde mit Begeisterung aufgenommen.
Borba, Rio de Moinhos
Tel. +351268801431
www.quintadozambujeiro.com

sowie das Aqueduto Água de Prata (»Aquädukt des Silberwassers«), eines der längsten seiner Art in Portugal (18 Kilometer). Ebenfalls auf das 16. Jahrhundert geht das berühmte Beinhaus (Capela dos Ossos) in der Igreja Real de São Francisco zurück. Zudem wurde 1559 Évoras Universität gegründet – sie ist damit die zweitälteste des Landes nach Coimbra. Ihre 6000 Studenten machen knapp zehn Prozent der Gesamtbevölkerung aus und prägen entsprechend die Atmosphäre der Stadt. Früh konnte sich Évora auch seiner Weine rühmen; bis zum 19. Jahrhundert zählten sie zu den begehrtesten des Landes. Durch die Reblaus-Plage und die Weizenpolitik der Salazar-Diktatur gerieten sie jedoch in Vergessenheit. Erst in den 1980er-Jahren erlebten die Stadt und ihre Umgebung eine Renaissance auch in Sachen Rebkultur. Heute werden hier von einem guten Dutzend Weingüter vor allem cremige, körperreiche Rote produziert.

Links: Beinhaus im Kloster São Francisco. Oben: Dianatempel in Évora.

Ungarn

Die meist sehr kleinen Weindörfer in Ungarn sind touristisch noch kaum erschlossen, aber gerade das macht ihren Charme aus – und natürlich auch die edlen Tropfen, die es hier zu verköstigen gilt.

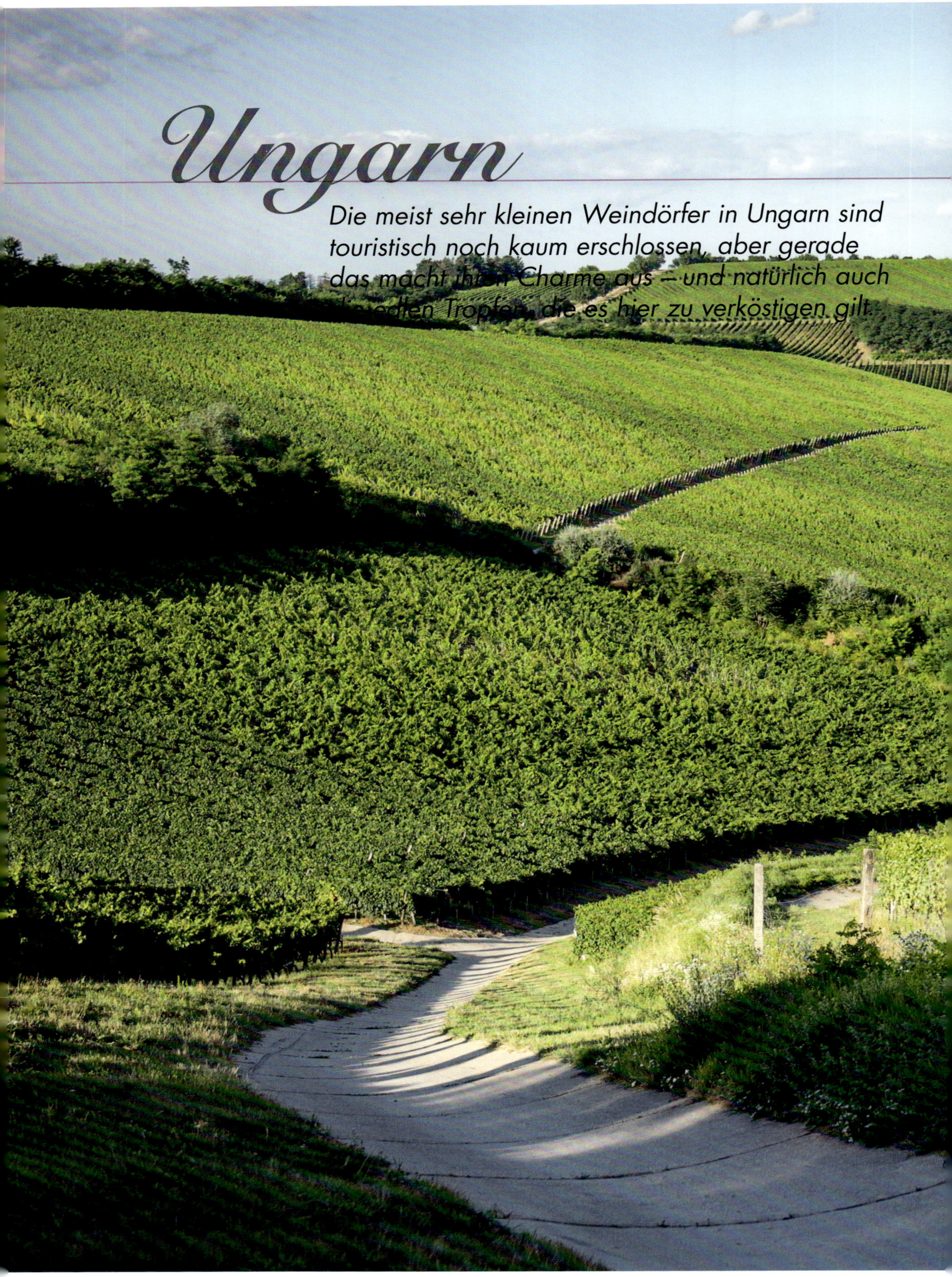

Weinregionen ➤ Ungarn

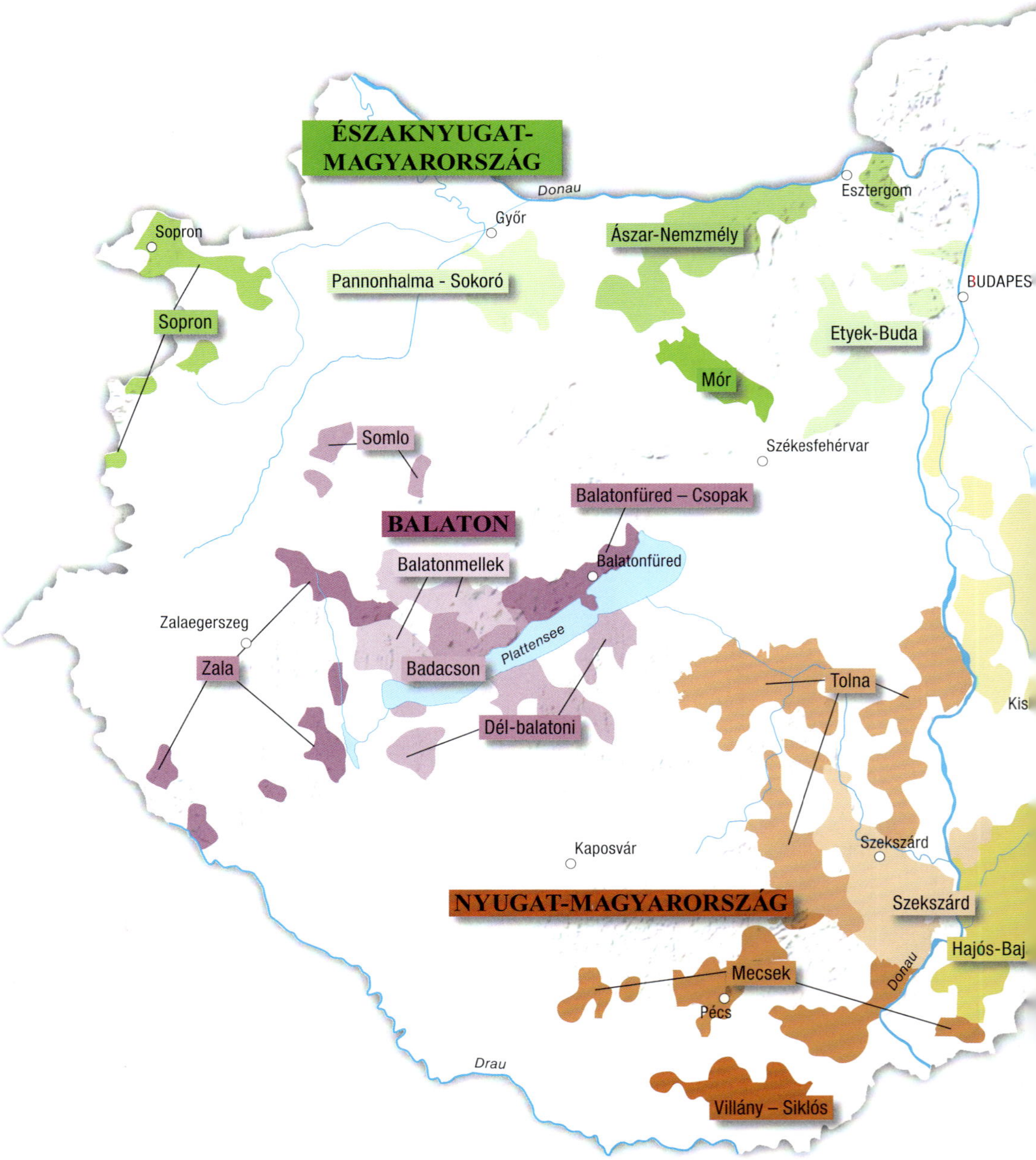

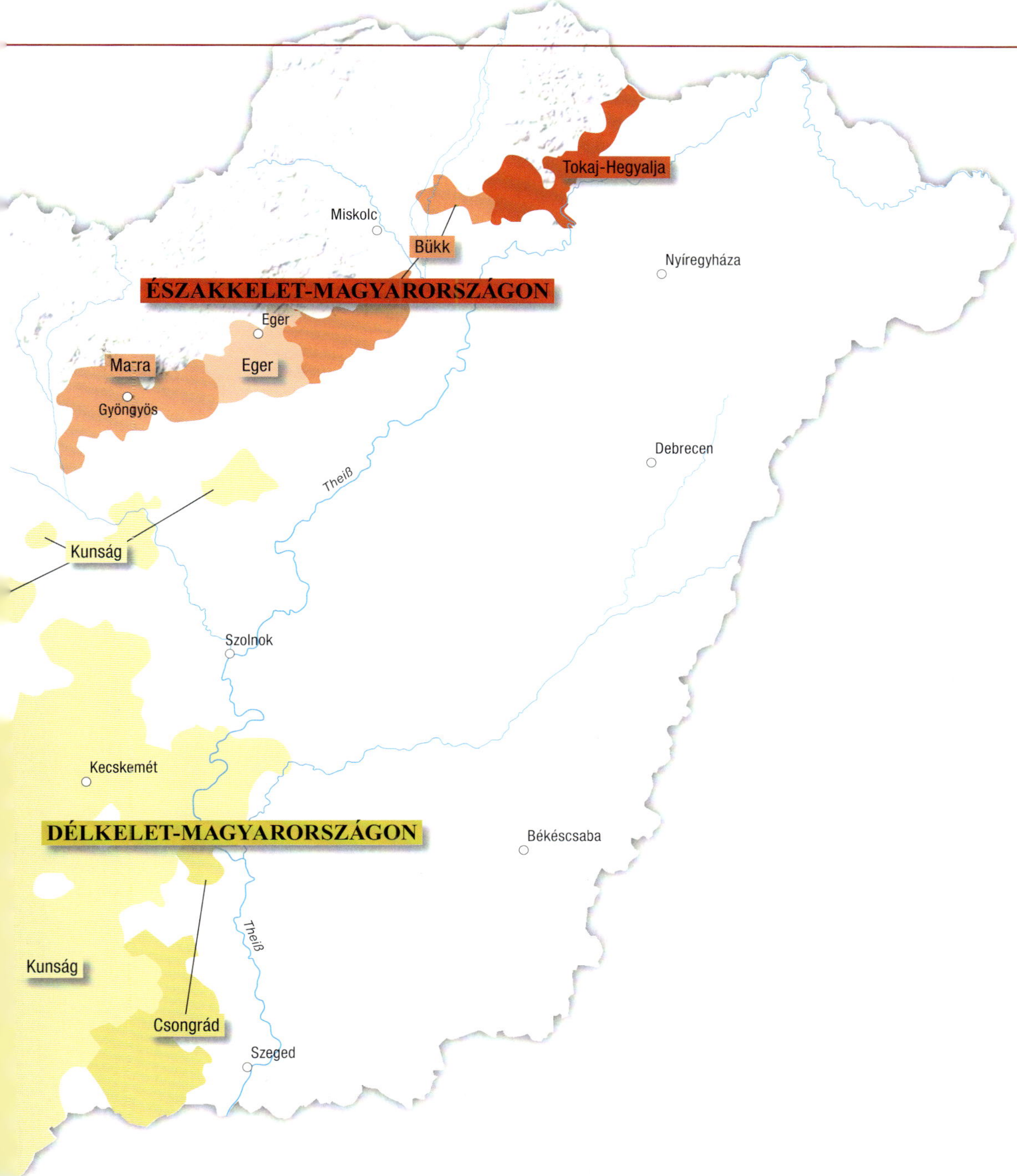
Tokaj-Hegyalja
Miskolc
Bükk
Nyíregyháza
ÉSZAKKELET-MAGYARORSZÁGON
Eger
Eger
Gyöngyös
Debrecen
Theiß
Kunság
Szolnok
Kecskemét
DÉLKELET-MAGYARORSZÁGON
Békéscsaba
Theiß
Kunság
Csongrád
Szeged

Ungarische Wein-

WEISSWEIN

➳ BLAUSTENGLER (KÉKNYELÜ)

Anbau: Eine autochthone Rebsorte, die nur in wenigen Gebieten angebaut wird. Wenig ertragreich, aber sehr aromareich. Die Rebe ist ausschließlich weiblich, sodass doppelgeschlechtliche Reben für die Bestäubung zwischengepflanzt werden müssen.
Genuss: Professionell ausgebaut, sind Top-Weine möglich, die feurig und belebend sind.

➳ CHARDONNAY

Anbau: Stammt ursprünglich aus Frankreich, hat mittlerweile die gesamte Welt erobert und das Potenzial zu großen Weinen. Kommt oft im Barrique zum Einsatz, um dem Wein mehr Stabilität und Fülle zu geben. Die Rebsorte ist recht einfach anzubauen und zu verarbeiten.
Genuss: Im Geschmack oft zarte Melonen, Bananen und Heuaroma oder Vanille. Manchmal auch etwas Lindenblüte.

➳ FURMINT

Anbau: Top-Rebe mit viel Charakter, von harmonisch frisch bis feurig süß reicht das Potenzial. Furmint ist auch die Haupttraube im Tokajer. Zudem wird sie gerne in Tafelweinen verwendet, die etwas kräftiger sein dürfen.
Genuss: Das Aroma erinnert oft an Zitrusfrüchte, manchmal an Lindenblüte.

➳ HÁRSLEVELÜ

Anbau: Auch Lindenblättrige genannt. Neben Furmint der Hauptbestandteil des Tokajers, wird aber auch als sortenreiner Wein getrunken. Die Qualität muss jedoch stimmen. Das gelingt den Madyaren bisweilen nur selten.
Genuss: Erinnert geschmacklich an Pfirsich, ist oft würzig und mittel- bis körperreich mit leichter Säure.

➳ GRÜNER VELTLINER (ZÖLDVELTELINI)

Genuss: Erfreut sich auch in Ungarn immer größerer Beliebtheit. Das Spektrum reicht vom leichten, knackigen, etwas pfeffrigen Trinkwein über harmonisch und sehr extraktreich als Speisenbegleiter bis hin zum Wein mit unheimlicher Fülle.

➳ WELSCHRIESLING (OLASZRIZLING)

Anbau: Hat eine recht große Bedeutung in einigen Regionen Ungarns, aber nichts mit dem klassischen Riesling gemein. Konventionell angebaut.
Genuss: Die Winzer schauen freudig auf die Balance von Säure-Zucker. Frisch und fruchtig, wenn jung getrunken. Andererseits je nach Lese auch sehr kraftvoll und voluminös bei später Lese. Qualitativ aber nicht mit deutschem Riesling vergleichbar.

ROTWEIN

BLAUFRÄNKISCH (KEKFRANKOS)
Anbau: Als junger Wein sehr fruchtig und ausgewogen, teils aber auch richtig wild. Mit der Zeit runder und geschmeidiger. Blaufränkisch eignet sich sehr gut für den Barriqueausbau und als Cuvéetraube. Dann sind die Weine zumeist mittelschwer mit leichter Säure.
Genuss: Das Aroma kann an Pfeffer und Beeren erinnern, manchmal auch an Eukalyptus.

BLAUER PORTUGIESER (KÉKOPORTO)
Anbau: Eher leicht und fruchtig. Wird vor allem jung getrunken. Die säurearmen Tropfen haben oft einen süffigen Erdbeer- oder Beerengeschmack.

ZWEIGELT
Anbau: Die Kreuzung von Blaufränkisch und St. Laurent ist jung getrunken vor allem recht fruchtig, wird mit der Reife aber deutlich runder und feiner. Zudem eignet sich der Zweigelt bestens für Cuvées.

CABERNET FRANC
Anbau: Ungarn ist der drittwichtigste Cabernet-Franc-Hersteller Europas, vor allem in Villány.
Genuss: Geschmacklich erinnert die Rebsorte an dunkle Süßkirschen und schwarze Johannisbeeren beziehungsweise Cassis und schwarzen Pfeffer. Im Abgang oft rauchige Noten und Röstaromen.

CABERNET SAUVIGNON
Anbau: Natürliche Kreuzung aus Cabernet Franc und Sauvignon Blanc. Besticht durch Finesse, schmeckt manchmal nach Kräutern und würzig. Nur vollreife Trauben bringen die feinen schwarzen Johannisbeeraromen zum Vorschein, ohne dabei zu viel Tannin aufzuweisen. Zu jung, zu großer Ertrag oder nicht reif genug führt zu unreifen grünen Paprikanoten am Gaumen.

MERLOT
Anbau: Ebenso eine Traube aus Frankreich, die erst später nach Ungarn kam. Der Geschmack ist weich und üppig mit feinen Pflaumen und Blaubeertönen, hat meist ein filigranes Säurespiel. Die Rebsorte benötigt viel Sonne, nur bei voller Reife gute Qualität.

PINOT NOIR
Anbau: Eignet sich gut zum Ausbau im Barrique und hat großes Reifepotenzial. Im Geschmack sehr vielschichtig. Von feinen Kirscharomen über zarte Himbeere und Veilchennoten bis hin zu Dörrobst und Waldboden. Als Speisenbegleiter ideal.

Weinstraße Villány-Siklós

Sonnenreich und bergig – die Weinstraße von Villány-Siklós ist wohl das bedeutendste Rotweingebiet Ungarns.

WEINROUTE 32

Mehr als 2000 Sonnenstunden im Jahr, damit ist die Region Villány-Sikló das sonnenreichste Weinbaugebiet Ungarns. Entsprechend schwer kann deshalb der Charakter der Tropfen in den Flaschen sein. Weine der Region, und damit auf der ersten offiziellen Weinstraße Ungarns überhaupt, sind von ihrer Herkunftsbezeichnung geschützt. Ähnlich den AOC-Gütern im Bordeaux heißen sie in Ungarn »Districtus Hungaricus Controllatus« (DHC). Die Anbaufläche beträgt rund um Villány etwa 2500 Hektar. Dabei dominieren dunkle Trauben. Angebaut werden hier vor allem Cabernet Sauvignon, Portugieser sowie Cabernet Franc. Das Gebiet liegt südlich der Stadt Pècs, kurz vor der kroatischen Grenze. Bereits früh haben die Ungarn mit dem Weinbau begonnen, was dazu führte, dass zahlreiche Ortschaften im 14. Jahrhundert zu den vermögendsten der Region zählten. Das teils heiße Klima und die hohen Temperaturen im Sommer lassen üppige Trauben gedeihen. Mittlerweile hat sich die Region zum bedeutendsten Rotweingebiet Ungarns entwickelt. Entlang der Weinstraße warten aber nicht nur Kellereien und Weinstuben, sondern auch sportliche Herausforderungen. Die teils schroffen und steilen Berge links und rechts der Wege laden ein zum Wandern, Klettern und Canyoning. Der Weg punktet zudem mit Kulinarischem: Wer sich verwöhnen lassen möchte, macht an einer Käserei oder Ölmühle halt und probiert eine der zahlreichen Köstlichkeiten.

Routenlänge: als Rundtour 80 km
Zeitbedarf: ca. 2–4 Tage
Start: Villány
Ziel: Villány
Routenverlauf: Die Strecke eignet sich sehr gut als Rundtour. Wer weniger Zeit hat, kann die Tour beliebig verkürzen.

Besondere Hinweise: Ungarn ist zwar EU-Mitglied, der Hotelstandard ist aber nicht mit dem in Deutschland zu vergleichen. Es gibt sehr preisgünstige Unterkünfte. Auch private Vermieter sehen Gäste gerne.

Auskünfte:
Ungarisches Tourismusamt, Wilhelmstr. 61, 10117 Berlin, Tel. 030/2431460, www.de.gotohungary.com/

1 Villány

Die Stadt ist die Namensgeberin des Weinbaugebietes und blickt auf eine lange Tradition zurück. Einst wurde sie von Türken bewohnt, dann durch Serben besiedelt, ab 1770 kamen die Donauschwaben nach Villány, die unter anderem den Blauen Portugieser mitbrachten. Dem aus Villány stammenden Züchter Zsigmond Teleki ist die Veredelung von widerstandsfähigen Rebsorten zu verdanken, die sich inzwischen europaweit verbreitet haben.

Das »Villányer Rotweinfestival« im Oktober gilt als das beliebteste Weinfest der Region. In der historischen Kellergasse auf der Hauptstraße werden Spezialitäten mehrerer Weinkellereien angeboten. Lohnenswert ist der Besuch des Weinmuseums mit traditionellen Werkzeugen und hundertjährigen Weinflaschen.

Darüber hinaus bietet der ehemalige Steinbruch des Kirchbergs bei Villány einzigartige Ammoniten aus der Jurazeit und Wirbeltiere aus dem Pliozän.

2 Nagyharsány

Das Gebiet am Südhang des Szársomlyó-Berges (es werden Führungen auf den Berg hinauf angeboten) beherbergt einen einzigartigen botanischen Schatz, zu dem auch die »Ungarische Zeitlose« zählt.

3 Skulpturenpark

Ein alter Steinbruch ist seit den 1960er-Jahren im stetigen Umbruch. Mehr als 200 Künstler und Bildhauer haben hier gearbeitet, und so wird das Gelände heute von mehr als 130 Skulpturen geschmückt. Am Szársomlyó-Berg ist auf diese Weise ein ganz außergewöhnlicher Kunstpark entstanden, der wohl einmalig im ganzen Land ist.

4 Kisharsány

Ein Besuch lohnt vor allem die im klassizistischen Stil zwischen 1840 und 1842 erbaute und unter Denkmalschutz stehende reformierte Kirche. Außerdem kann man bei einem Spaziergang zahlreiche alte, liebevoll sanierte Häuser entdecken. Die säulenverzierten Bauern- und Weinbauten haben einen ganz besonderen Charme.

5 Nagytótfalu

Am südlichen Ende des Gombás-Berges gelegen, gibt es in Nagytótfalu

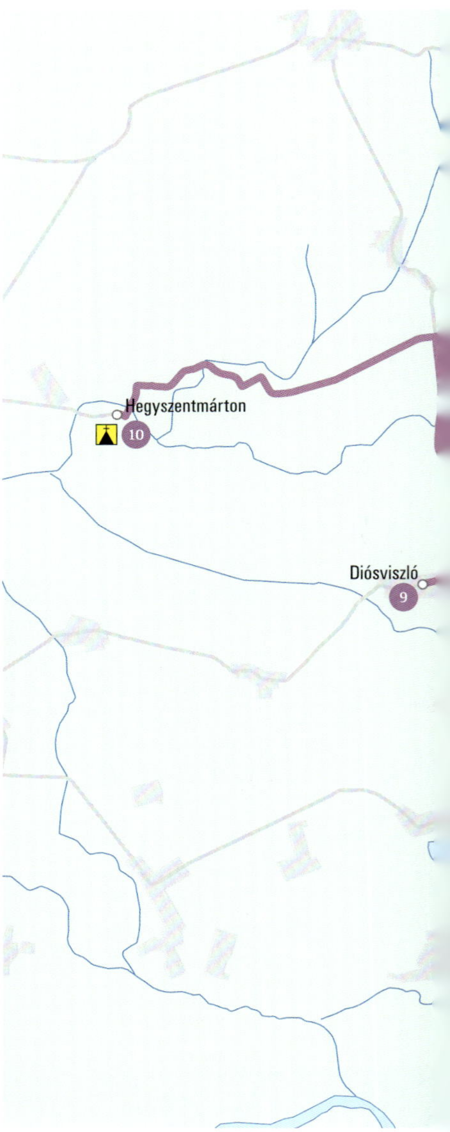

Oben: Hügel und grüne Weinreben dominieren die Landschaft in der Region Villány. Reifende Trauben (unten).

ABSTECHER: Magyarbóly *Das Dörfchen Magyarbóly ist eine gute Basis, um sowohl den Rundweg auf dem Skulpturenweg zu gehen als auch Ausflüge ins Umland zu planen. Von hier aus bietet sich ein Abstecher ins nahe Kroatien an. Sehenswert ist auch die evangelische Kirche aus dem 19. Jahrhundert.*

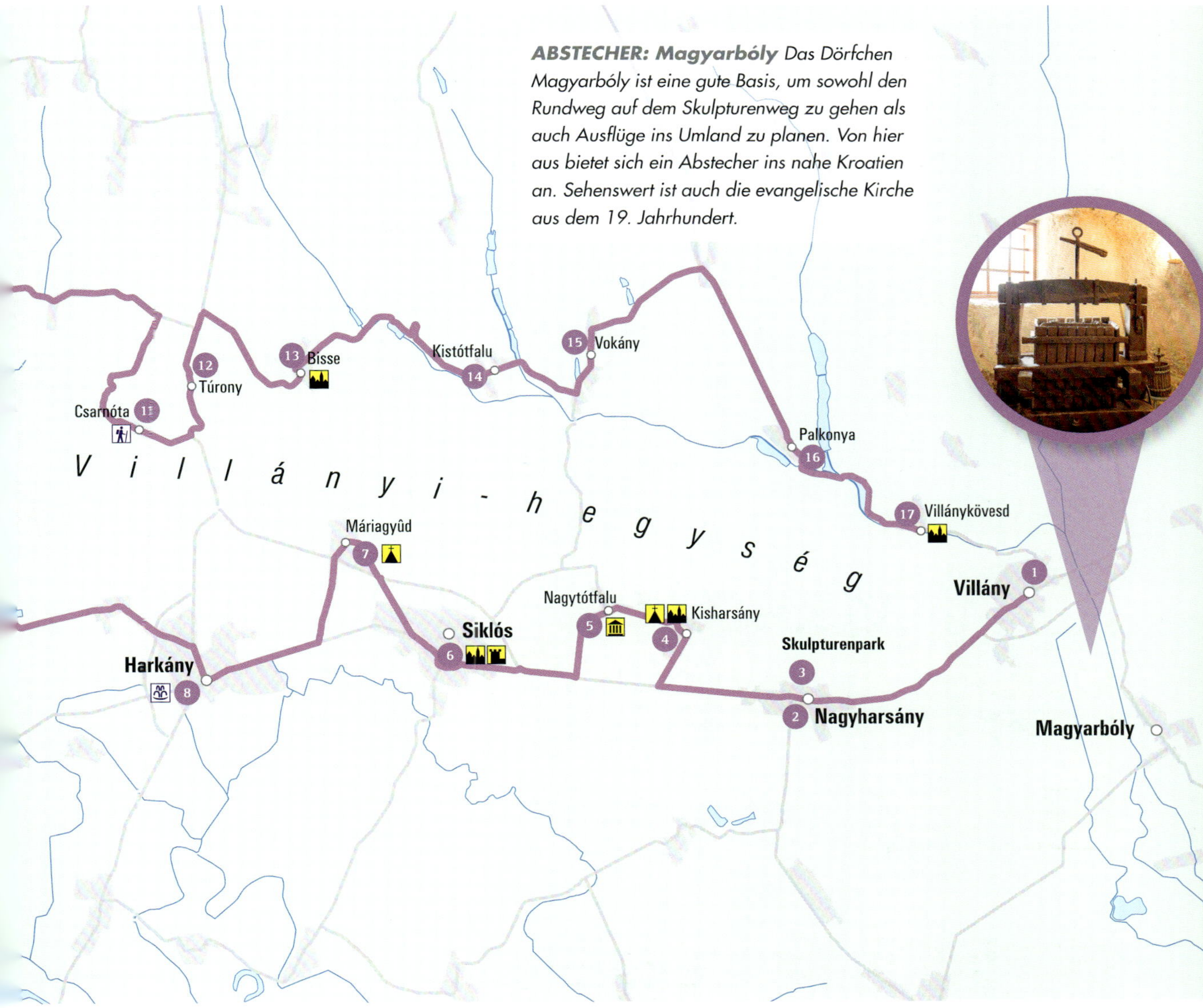

ein Heimatsmuseum mit einer wertvollen Volkskunstsammlung und einem Schulmuseum. Wer ein wenig Muße hat, sollte sich die Zeit für einen Besuch nehmen.

6 Siklós

Die südlichste Stadt Ungarns bildet zugleich das Zentrum des wirtschaftlichen und kulturellen Lebens in der Region. Die erste offizielle Urkunde von Siklós stammt aus dem Jahr 1190. Wahrzeichen ist die Burg, die eine der modernsten Militäranlagen und gleichzeitig bis heute eine der bedeutendsten Bauten der ungarischen Renaissance ist. Im Jahr 2011 wurde die Burg komplett renoviert, und jetzt erstrahlt sie mehr denn je in ihrem Glanz. Ein Besuch in dem Ort lohnt sich unter anderem wegen der zahlreichen Gebäude aus der Zeit der Türken. Wer sich unterwegs eine kleine Auszeit gönnen möchte, besucht das 2010 eröffnete neue Thermal-Erlebnisbad. Nicht nur der gesundheitsfördernde Aspekt steht dort im Vordergrund – auch architektonisch ist das Bad ein echter Hingucker. 5000 Quadratmeter groß ist die gesamte Anlage, in die 8,5 Millionen Euro investiert wurden. Farbige Basteien umgeben die einzelnen Becken und sollen die sicheren Mauern der Burg symbolisieren. Von Anfang Mai bis Ende Oktober können Gäste nach Voranmeldung das Keramik-Haus im denkmalgeschützten Gebäude des ehemaligen Franziskanerklosters besichtigen, wo in den früheren Kammern heute Ton und Porzellan gebrannt sowie Skulpturen geformt werden. Auch andere Bereiche des Klosters sind öffentlich zugänglich.

7 Máriagyűd

Einer der landesweit bekanntesten Wallfahrtsorte mit geschätzten 500 000 Pilgern jährlich ist Máriagyűd, dessen Geschichte bis ins 12. Jahrhundert zurückreicht. Die Ma-

Beide Abbildungen: Die Mauern, Tore und Brücken der Burg Siklós sind beeindruckende Zeugen des Mittelalters.

rienstatue der zweitürmigen Wallfahrtskirche stammt aus dem Jahr 1712. 2008 vergab Papst Benedikt XVI. der Kirche den Ehrentitel »Basilica Minor«.

8 Harkány

Funde aus der Hunnen- und Awarenzeit zeugen davon, dass Harkány bereits 1000 Jahre vor dem Mittelalter bewohnt war. Doch erst im Jahre 1332 wurde es urkundlich erwähnt. Seit 1999 mit dem Stadtrecht bedacht, zählt Harkány heute zu den wichtigsten Kurorten in Ungarn, und ist bekannt für die heilende Wirkung des Wassers bei Bewegungskrankheiten und Hautproblemen. Das Heilbad ist übrigens auch einen Besuch wert, wenn man nicht nur kuren möchte. Beliebt sind in der Stadt die zahlreichen Veranstaltungen, die vom Musikfestival an Pfingsten über das Badefestival im Juli bis hin zum Weinlesefest im September reichen. Im Kurpark erwartet Spaziergänger zeitgenössische Kunst.

9 Diósviszló

Bereits im 14. Jahrhundert wurde hier Weinbau betrieben. Der Ort zählte einst nach Siklós, mit Blick auf die Steuerabgaben, als reichster der Region. Sein Bild war einst geprägt von zahlreichen Wassermühlen, wie sich aus der

Alle Abbildungen: Die Innenräume der gothischen Kirche der Burg Siklós.

WEINFESTE

OKTOBER
»Villányer Rotweinfestival«
(www.villanyiborvidek.hu)

SEPTEMBER
»Weinlesefest in Harkány«
(www.harkanyfurdo.hu/de)

SEPTEMBER
»Spielort des Weinliedfestivals Villánykövesd«
(www.villanyiborvidek.hu)

Sammlung zur Dorfgeschichte im Gemeinschaftshaus entnehmen lässt. Sehenswert ist vor allem das Ormánság-Tor (ein Werk von Győző Szatyor, Grafiker und Bildhauer aus Pécs). Zahlreiche Grundstücke sind wie einst mit Zäunen und Toren aus der Zeit des beginnenden 20. Jahrhunderts geschmückt.

10 Hegyszentmárton

Ganz im Westen des Weinbaugebietes, ein wenig abseits, liegt Hegyszentmárton, das übersetzt werden kann mit Berg des Heiligen Martin. Die Kapelle ist eine Station der internationalen Hl.-Martini-Wanderstrecke.

11 Csarnóta

Seine üppige Pflanzenwelt macht diesen Ort in dem Naturschutzgebiet bekannt. Deshalb ist Csarnóta auch bei Wanderern sehr beliebt, zumal der Landeswanderweg durch das Dorf führt. Wichtigstes Baudenkmal ist die 1858 entstandene Reformationskirche.

12 Túrony

Archäologische Funde weisen darauf hin, dass die Ortschaft schon in der Steinzeit bewohnt war. Die Ausgrabungen stammen aus der Bronzezeit. Aber auch für die Römer war Túrony ein wichtiger Ort, durch den eine der römischen Militärstraßen führte.

13 Bisse

Das Dorf liegt am nördlichen Fuße des Tenkesberges. Keine 300 Menschen leben in diesem kleinen Weiler mit seinen drei Straßen. Dank zweier Fischteiche ist Bisse dennoch ein beliebter Ausflugsort. Alljährlich findet am 20. August im Rahmen des Nationalfeiertages das Dorffest statt.

14 Kistótfalu

Der Landeswanderweg mit blauer Markierung durchläuft dieses kleine Sackgassendorf. Zu entdecken gibt es eine abwechslungsreiche Flora mit geschützten Pflanzenarten wie Flaumeichen. Zudem bewegt man sich auf historischen Pfaden, denn auch die XXII. Legion des Marcus Aurelius durchquerte einst die Region.

15 Vokány

An der Stelle der Siedlung stand schon in der Arpadenzeit (erste Herrscherfamilie Ungarns, deren Angehörige das Land von 1001 bis 1301 als Könige regierten) die Benediktinerabtei namens Trinitás. In der 1777 erbauten Dreifaltigkeitskirche sollte man einen Blick auf den Nebenaltar werfen, der an frühere Rokokozeiten erinnert. Das Dorf befindet sich übrigens am nördlichen Fuße des Gombás-Berges.

16 Palkonya

Eine einzige Straße durchquert das Dorf. Die aus 53 Presshäusern bestehende Kellergasse steht zur Hälfte unter örtlichem Denkmalschutz. Zu Pfingsten wird das traditionelle Fest »Offene Keller in Palkonya« gefeiert – mit Wein-

WEINGÜTER

József Bock
Die Familie beschäftigt sich bereits seit dem Jahre 1850 mit dem Weinbau und gehört zu den führenden Gütern in Villány. Mittlerweile bewirtschaftet die neunte Generation eigene und integrierte Rebflächen. Bei einer Führung geht es auch durch den berühmten 100 Meter langen Gewölbekeller, durch den man in die »Weinkapelle« mit einer einzigartigen Akustik gelangt.
Bock Ermitage Hotel und Restaurant Óbor
H-7773 Villány, Batthyány utca 15
bock.hu/de/

Attila Gere Villány
Was Antinori für Italien, könnte die Familie Gere für Ungarn sein. Der Betrieb erzeugt eindrucksvolle Tropfen. Als Flagship-Wein gilt der Kopar Cuvée. Die Kellereien Csillagvölgy und Weiniger-Gere sowie ein Vier-Sterne-Hotel und ein Gourmetrestaurant gehören dazu.
H-7773, Villány, Erkel Ferenc str. 2/a.
Tel. +3672492/839
www.pinceszet.gere.hu/de/

Csányi
Dieses ist die größte Kellerei in ganz Villany und allein dadruch und wegen seiner Weine einen Besuch wert.
Csányi Pincészet Zrt.
H-7773 Villány, Ady fasor 2.
Tel. +3672492/141
www.csanyipinceszet.hu/en

verkostung, kulturellen Angeboten, Kinderprogrammen und Kutschenfahrten.

17 Villánykövesd

Das Dorf liegt am östlichen Fuße des Schwarzberges und ist vor allem wegen der Kellergassen bei Touristen und Fotografen beliebt. Die Gassen stehen nicht nur unter Denkmalschutz und sind landesweit bekannt, sondern eignen sich auch als Motivbild. Und wer fragt, hat durchaus die Chance, für eine kleine private Führung in den einen oder anderen Keller gelassen zu werden. In dem 1754 von Kirchbaumeistern geschaffenen Batthyány-Keller findet jeweils Ende September das Eröffnungskonzert des Europäischen Weinliedfestivals statt. In der mächtigen, Weinkathedrale werden Konzerte dank der einzigartigen Akustik zu einem Hörerlebnis der besonderen Art.

Links: Weinreben der Region. Rechts: Palkonya (oben); Villánykövesd (unten).

Zalaer Weinweg

Lang und schmal breitet sich der Plattensee in Ungarn aus. Er ist nicht nur beliebte Attraktion für Badeurlauber oder Wassersportler, sondern auch Weinkenner genießen den Aufenthalt.

WEINROUTE 33

Der Plattensee – neben Budapest die beliebteste Touristenattraktion in Ungarn. Der mit 595 Quadratkilometern größte See des Landes (ungar. Balaton) ist etwa 78 Kilometer lang und im Schnitt 7,7 Kilometer breit. Vor allem der Süden ist bei Urlaubern beliebt, da der Plattensee dort selbst 500 Meter vom Ufer entfernt nicht mal einen Meter tief ist. Bei Tihany werden es dann zwölf Meter. Neben dem Wasser bieten die angrenzenden Gebiete ein Dorado für Weinliebhaber. Bekannt ist unter anderem die Region Zala, die man bereits zu Zeiten der Römer für ihre Tropfen schätzte und die 1874 auf der Londoner Weinmesse Preise gewann. Danach ging es mit der Qualität auf und ab. Immer wieder wurde das Gebiet umbenannt – zuletzt hieß es bis 2012 Balatonmellék, erst danach erneut Zala. Mit 700 bis 800 mm Niederschlag im Jahr ist Zala die feuchteste Weinbauregion Ungarns. Die Lößböden bestehen vor allem aus sandigen und lehmigen Unterschichten sowie Braunerden (teils durchzogen von braunen Waldböden). Das Gebiet ist in mehrere Bereiche gegliedert. Eines erstreckt sich entlang des Flusses Zala, an den Hängen und auf den Hochebenen des Hügellandes sowie des Keszthelyer-Gebirges. Renommierte Winzer findet man vor allem in der Region Murtal an den Grenzen zu Slowenien und Kroatien. So ist Zala heute kein zusammenhängendes Weingebiet, sondern ein Komitat.

Routenlänge: je nach gewähltem Tourenverlauf 150–200 km
Zeitbedarf: 3–7 Tage
Start: Hévíz
Ziel: Hévíz
Routenverlauf: Hévíz, Zalaszántó, Zalaegerszeg, Bak, Söjtör, Lenti, Lendava, Letenye, Nagykanizsa, Zalaszabar, Sármellék, Keszthely

Besondere Hinweise: In einigen Orten reicht ein kurzer Stopp, in anderen lohnt sich ein längerer Aufenthalt (z. B. Hévíz)

Auskünfte:
Ungarisches Tourismusamt, Wilhelmstr. 61, 10117 Berlin, Tel. 030/2431460
www.de.gotohungary.com

1 Hévíz

Wellness in Ungarn hat einen Namen: Hévíz (dt. fließende warme Quelle). In der westungarischen Stadt leben gerade einmal etwas mehr als 4600 Menschen, doch jährlich besuchen inzwischen fast eine Million Gäste den Kurort. Mit einer Fläche von rund 4,4 Hektar hat Hévíz den größten natürlichen und biologisch aktiven Thermalsee der Welt, in dem man ganzjährig baden kann (im Sommer ist das Wasser zwischen 33 und 36 Grad, im Winter 23 bis 25 Grad). Das Wasser enthält u. a. Sulfat, Kalzium, Magnesium und Hydrogenkarbonat, kommt aus einer Tiefe von 38 Metern.

An seiner heutigen Stelle trat das Wasser erstmals vor ca. 20 000 Jahren hervor. Funde römischer Münzen weisen darauf hin, dass Hévíz bereits vor rund 2000 Jahren besiedelt war. Zu echter Blüte gelangte der Ort jedoch erst in den vergangenen 200 Jahren, nachdem bereits im 18. Jahrhundert eine Badeanlage gebaut worden war. Nach Budapest ist der Kurort die Stadt mit den größten jährlichen Besucherzahlen.

2 Zalaszántó

Der bekannteste Stupa Ungarns, vielleicht sogar ganz Europas befindet sich in Zalaszántó. Mitten in den Weinbergen auf dem Berg Konvácsi-Hegy in 316 Metern Höhe steht dieses 30 Meter hohe und 24 Meter breite buddhistische Mahnmal. 1992 fertiggestellt, war es seinerzeit Europas größter Stupa. Der Friedens-Stupa wurde 1993 vom 14. Dalai Lama eingeweiht. Er besteht aus drei Ebenen, einer Kuppel und einer goldenen Spitze. Im Inneren befinden sich buddhistische Texte, Reliquien und ein 24 Meter hoher Lebensbaum. Auf einem weiteren Berg in der Nähe des Ortes befinden sich die Ruinen der Burg Tatika.

3 Zalaegerszeg

Zalaegerszeg (dt. Egersee) ist Komitatssitz in Zala und dank der idyllischen Stadtstruktur bei Touristen beliebt. Archäologische Funde beweisen,

Unten: Die Alte Synagoge in Zalaegerszeg. Oben: DUm Zalaegerszeg.

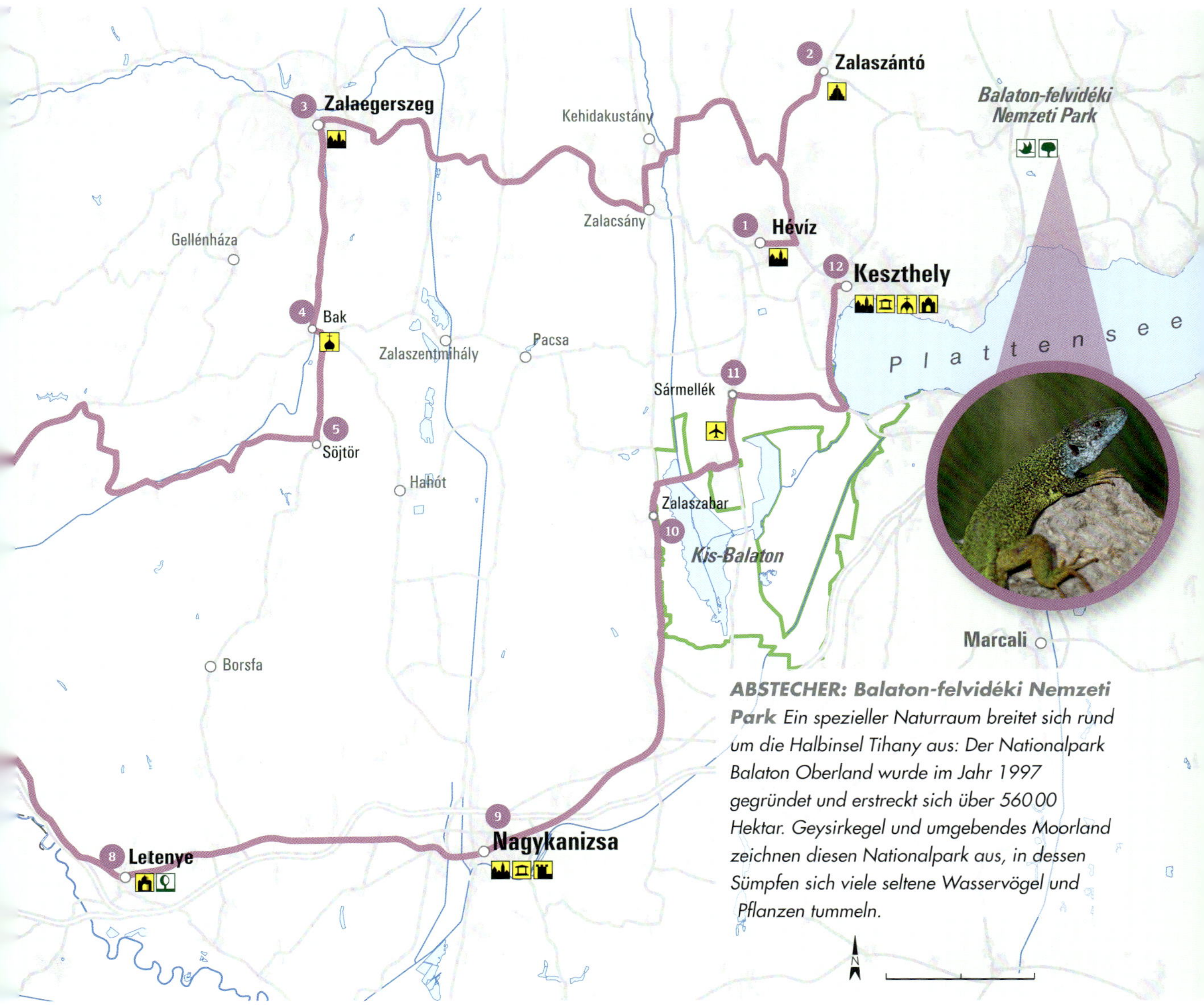

ABSTECHER: Balaton-felvidéki Nemzeti Park *Ein spezieller Naturraum breitet sich rund um die Halbinsel Tihany aus: Der Nationalpark Balaton Oberland wurde im Jahr 1997 gegründet und erstreckt sich über 56000 Hektar. Geysirkegel und umgebendes Moorland zeichnen diesen Nationalpark aus, in dessen Sümpfen sich viele seltene Wasservögel und Pflanzen tummeln.*

dass Zalaegerszeg bereits in der Altsteinzeit besiedelt war. Die eigentliche Stadt wurde jedoch im 13. Jahrhundert erstmals schriftlich erwähnt. Durch einen Zufall gelangte sie in kirchlichen Besitz, florierte von da ab und wuchs zur regionalen Hauptstadt an.
Der älteste Platz der Innenstadt ist der Déak Platz. Während sich auf einer Seite das Komitatshaus erhebt, befindet sich in der Mitte des Platzes die Statue von Ferenc Déak.
Das Göcsej-Museum zeigt unter anderem Werke von Zsigmond Kisfaludi Strobl.

4 Bak
Die Gemeinde befindet sich mit ihren gerademal 1750 Einwohnern im Zentrum des Komitates Zala und ist einer der wichtigsten Verkehrsknotenpunkte. Zu den Sehenswürdigkeiten des Ortes gehören die im späten Barock erbaute Kirche sowie das von Imre Makovecz geplante Dorfhaus.

5 Söjtör
Hier steht das 1785 im Barockstil erbaute Geburtshaus des Reformers Ferenc Deák. Beliebt war Ferenc Deák vor allem wegen seines Engagements für die Rechte der Bauern und für die Meinungs- und Religionsfreiheit. Außerdem kämpfte er für die Abschaffung der Todesstrafe. Deák schweißte die liberale Opposition zu einer Partei zusammen und wurde ihr führender Redner. 1848 wurde er in der ersten ungarischen Regierung Justizminister. Die irische Verfassung von 1937 beispielsweise beruht auf dem Gesetzestext aus dem Jahre 1867 von Ferenc Deák.

6 Lenti
1237 erstmalig erwähnt, ist Lenti – 80 Kilometer vom Plattensee entfernt – heute vor allem für sein Heilwasser bekannt. Gäste aus den benachbarten Österreich, Kroatien und Slowenien verbringen ihre Tage in dem Thermalbad. Zudem besaß Lenti viele Jahre eine historische Burg, deren Geburtsstunde in Zeiten der osmanischen Besatzung liegt. Entlang der Kerka sind noch einzelne Überreste der historischen Burg zu finden. Im Stadtzentrum ist die Kirche für ihre Fresken und die Skulptur des Heiligen Stefan bekannt.

7 Abstecher: Lendava
Die kleine Grenzstadt, die heute auf slowenischem Terrain liegt, hat sich in

Oben: Ganz idyllisch im Grünen und umgeben von unzähligen Weinreben liegt Lendava. Kleines Bild: Der Plattensee.

WEINFESTE

JULI
»Schnaps- und Weinfest on Balatonalmádi«
(www.balatonalmadi.hu)

AUGUST
»Weintage in Ábrahamhegy«
(www.abrahamhegy.hu)

AUGUST
»Weinwochen in Balatonfüred«
(www.balatonfured.hu)

den vergangenen Jahren wie viele andere ungarische Gemeinden ebenfalls zu einem beliebten Kurort entwickelt. Das Thermomineralwasser gilt als besonders hochwertig. Am Fuße der Weinberge gelegen, besitzt Lendava ein Schloss, dessen unverwechselbare L-Form sich auf Leopold, dem ehemaligen österreichischen Kaiser, bezieht. Nur wenige hundert Meter hinter der Grenze steht der Aussichtsturm Vinarium Lendava – 53,5 Meter hoch. Vom Turm aus sind gleich vier Länder zu sehen: Slowenien, Ungarn, Kroatien und Österreich.

8 Letenye

Der Ort ist ursprünglich eine Siedlung slawischen Ursprungs. Die ältesten Funde sind etwa 5000 Jahre alt. Besonders sehenswert sind die rund 250 Jahre alte Platane im Park des Szapáry-Andrássy-Schlosses sowie das Schloss selbst.

Das Innere der Magdalenenkirche in Zalaszántó ist im Stil des Barock mit üppiger Verzierung gestaltet.

9 Nagykanizsa

40 Kilometer sind es von Nagykanizsa (dt. Großkirchen) bis zum Balaton. Die Altstadt wird von barocken Gebäuden geschmückt. Die offizielle Geschichte der Stadt beginnt mit der ersten urkundlichen Erwähnung bereits 1245. Während der osmanischen Besatzungszeit fiel auch Nagykanizsa in die Hand der Türken. Erst im 17. Jahrhundert änderte sich das, und Nagykanizsa wurde wieder multikulturell. Die bekannteste Sehenswürdigkeit ist das Vasember-Haus aus dem 18. Jahrhundert. Bei einem Rundgang dürfte auch die bis zu acht Meter hohe Bastei nicht unentdeckt bleiben. Sie befindet sich an der ehemaligen Stelle des Eingangstores der Burg von Nagykanizsa.

10 Zalaszabar

Keine 681 Menschen leben in der Gemeinde am nordwestlichen Ufer des Kleinen Balaton (Kis Balaton), der

KIS BALATON

Der »Kleine Balaton« (Infos unter: www.bfnp.hu/de) ist ein Naturschutzgebiet mit Sumpfflächen und Wasserstellen im Südwesten, welche als biologische Filter für den großen Bruder dienen. Einen Besuch lohnt vor allem das Büffelreservat in Balatonmagyaród, in dem Ungarns größte Büffelherde ihre Heimat hat. Zudem gibt es eine kleine Ausstellung zum Naturschutzgebiet, das teils aber nur mit einer speziellen Genehmigung (oder bei geführten Touren) betreten und erkundet werden darf.

vor allem für seine seltene Flora und Fauna im ganzen Land bekannt ist. In der Nähe befinden sich Ruinen der Basilika, die der slawische Fürst Pribina in der Zeit der ungarischen Landnahme bauen ließ.

11 Sármellék

Sármellék wird fast ausschließlich in einem Atemzug mit dem gleichnamigen Flughafen genannt. Mittlerweile heißt er offiziell Hévíz-International, auf dieser Route dient er lediglich als Durchgangsstation.

12 Keszthely

Die 21000-Einwohner-Stadt ist ein Hort kultureller Schätze am Plattensee. Das Schloss Feštetićs gehört zu den beeindruckendsten in ganz Ungarn, mit seinen mehr als 100 Zimmern und der berühmten Helikon-Bibliothek mit über 50000 Folianten.

Bei einem Spaziergang durch die Innenstadt stößt man unweigerlich auf das Rathaus und die gotische Kirche. Im Süden der Stadt liegt das Balaton-Museum mit einer geologischen und archäologischen Sammlung. Es präsentiert Zeugnisse awarischer und keltischer Kultur. Ebenfalls interessant: Marzipanmuseum, Puppenmuseum, Panoptikum und Foltermuseum. Auch der Bauernmarkt ist einen Besuch wert.

Unten: Nicht nur das Schloss Feštetićs in Keszthely selbst ist prachvoll, sondern auch sein Schlosgarten. Rechts: Der Marktplatz in Keszthely.

WEINGÜTER

Weingut Arnoldi
Cezar Winery Kft.:
Die Kellerei gibt Einblick in die Produktion, die Maschinen und erklärt nebenbei jede Menge Wissenswertes zum Thema Wein. Wer möchte, kann auch eine kleine Tour in die Weinberge unternehmen oder den Barrique-Keller erkunden. Danach geht es zur Weinprobe.
H-8746 Nagyrada
Szelemi hegy 020/10 hrsz.
Tel. +3693589/022
Mail: katalin@cezarwinery.com

Bussay
Zu den renommiertesten Winzern Zalas mit 5,5 Hektar Anbaufläche gehört die Familie Bussay nahe der ungarisch-kroatisch-slowenischen Grenze. Die Gärung erfolgt in 1000-Liter-Holzfässern, bevor der Wein auf die Flaschen gezogen wird. Bis zu 15 Personen können im Keller an einer Weinprobe teilnehmen.

Bussay Pince
8873 Csörnyeföld, Hegy út 2
Tel. +36703869/168
E-Mail: bussaykft@gmail.com
www.bussaypince.hu
Eine Übersicht weiterer Kellereien gibt es im Internet unter www.zalaiborut.hu/Turizmus (in deutscher Sprache)

Weinstraße in Tokaj-Hegyalja

Im nordöstlichen Zipfel Ungarns liegt das bekannteste Weinbaugebiet des Landes: Tokaj. Die Weinorte reihen sich rund um das Zempléner Gebirge sowie den Fluss Bodrog.

WEINROUTE 34

Schon Sonnenkönig Ludwig oder Papst Pius schätzten den Tokajer sehr. Der englische Weinkritiker Michael Broadbent soll sogar über den Tokajer gesagt haben »Sein Duft und Geschmack waren nicht von dieser Welt«. Historiker vermuten, dass schon in der Frühzeit die Menschen hier Reben angebaut haben. So veredelten Generationen von Winzern ihre Künste, bis dann die Politik diesem virtuosen Können ein Ende bereitete: Mit dem kommunistischen Ungarn wurden vom Jahr 1949 an auch die Weinbaugebiete zu kollektiven Sammelflächen. Ausgesuchte Lagen verloren ihre Identität und die Stöcke wurden dichter gepflanzt um Masse zu bringen. Dafür verloren die Weine ihren Charakter und wurden austauschbar. Nun finden die Winzer wieder zurück zu ihren Traditionen und sorgen dafür, dass der Tokajer zu Recht seinen guten Namen trägt. 70 Prozent ihrer Sorten macht hier der Furmint aus. Der Tokaji Aszú (ungarisch) leitet sich von der Bezeichnung für gedörrt/getrocknet (aszalt) ab. Er bezieht sich auf die Beeren, die mit dem Edelschimmel Graufäule gereift sind und per Hand einzeln verlesen werden. Die Region gilt als erste, die mit dieser Technik gearbeitet hat. Das Tokaj-Hegyalja Weingebiet ist seit dem Jahr 2002 auch Weltkulturerbe. In vielen Städten können Touristen Weinpfade besuchen oder mit dem Weinbus fahren. Der Fluss Bodrog sowie das Gebirge und die Schlösser der Rákóczi-Familie sind touristische Highlights.

Routenlänge: ca. 70 km
Zeitbedarf: ca. 2–3 Tage
Start: Sátoraljaújhely
Ziel: Tállya
Routenverlauf: von Sátoraljaújhely über Sárospatak, Bodrogolaszi und Sárazsadány bis nach Tállya

Besondere Hinweise: Die Gegend ist teilweise touristisch nahezu unerschlossen und bietet deswegen einfache Verpflegungs- und Übernachtungsmöglichkeiten.

Auskünfte:
Ungarisches Tourismusamt, Wilhelmstr. 61, 10117 Berlin, Tel. 030/2431460
www.de.gotohungary.com.

1 Sátoraljaújhely

Am nördlichsten Zipfel Ungarns beginnt auch die Region Tokaj. Die Stadt Sátoraljaújhely am Fuße des Zempléner-Gebirges war bereits im Mittelalter ein bedeutsamer Handelsknotenpunkt.

Heute hat sich hier ein großes Vergnügungszentrum gebildet, die Stadt liegt ideal, etwa für eine mehr als 1000 Meter lange Zipline, an der die Menschen über die Baumwipfel hinwegsausen können. Auch Bobbahn, Seilbahn und Skigebiete sorgen für Action und Spaß. Die fünftürmige Kirche ist wohl das einzige Gotteshaus Ungarns, das einen eigenen Weinkeller hat. So liegen hier nicht etwa Gebeine in einer Krypta, sondern edle Tropfen, wohlverwahrt in alten Flaschen.

2 Sárospatak

Weltoffen ging es einst her in dieser Siedlung: Im 13. Jahrhundert boten französische Händler Stoffe feil, Italiener ihre Wolle und Wallonen feinste Schokoladen und Tücher. Patak, wie die Siedlung noch im 13. Jahrhundert hieß, war eine königlich-freie Stadt mit einem blühenden Handel. Im Kastell wurde, so erzählt man hier, die Königstochter Elisabeth von Ungarn geboren. Später errichtete die Familie Rákóczi an der Stelle eine Burg, die zu den bedeutendsten des Landes zählt. Heute liegt sie abgeschieden im östlichen Zipfel Ungarns, nahe der Slowakei und der Ukraine. Doch die Burg bleibt dennoch symbolreich für die Magyaren, sie steht für den Kampf mit den Habsburgern. Zentrum der Burg ist der Bergfried aus dem 16. Jahrhundert. Nach und nach wurden Schloss und Verbindungsbauten errichtet und schließlich erhielt das Gebäude sein Gesicht, als es im 17. Jahrhundert dem Grafen Rákóczi gehörte. Der Park, die Räume und die Bibliothek zählen zu den Besuchermagneten. Zu den wichtigsten Sehenswürdigkeiten der Burg gehört auch die Elisabethkirche, eine der größten Hallenkirchen des Landes. Weinfreunde machen auf jeden Fall einen Abstecher in den Keller, denn es ist der größte der Gegend und hat auch ein kleines, angeschlossenes Museum. Thermalbäder sorgen für Entspannung. Wer gerne Süßes isst, wird diese Stadt lieben, denn sie ist bekannt für ihre gute Eiscremé.

3 Bodrogolaszi

Die Siedlung wurde erstmals im Jahr 1244 unter König Béla IV. erwähnt.

Oben: Die Tokaj-Region.
Unten: Die kleine Siedliung Sárospatak.

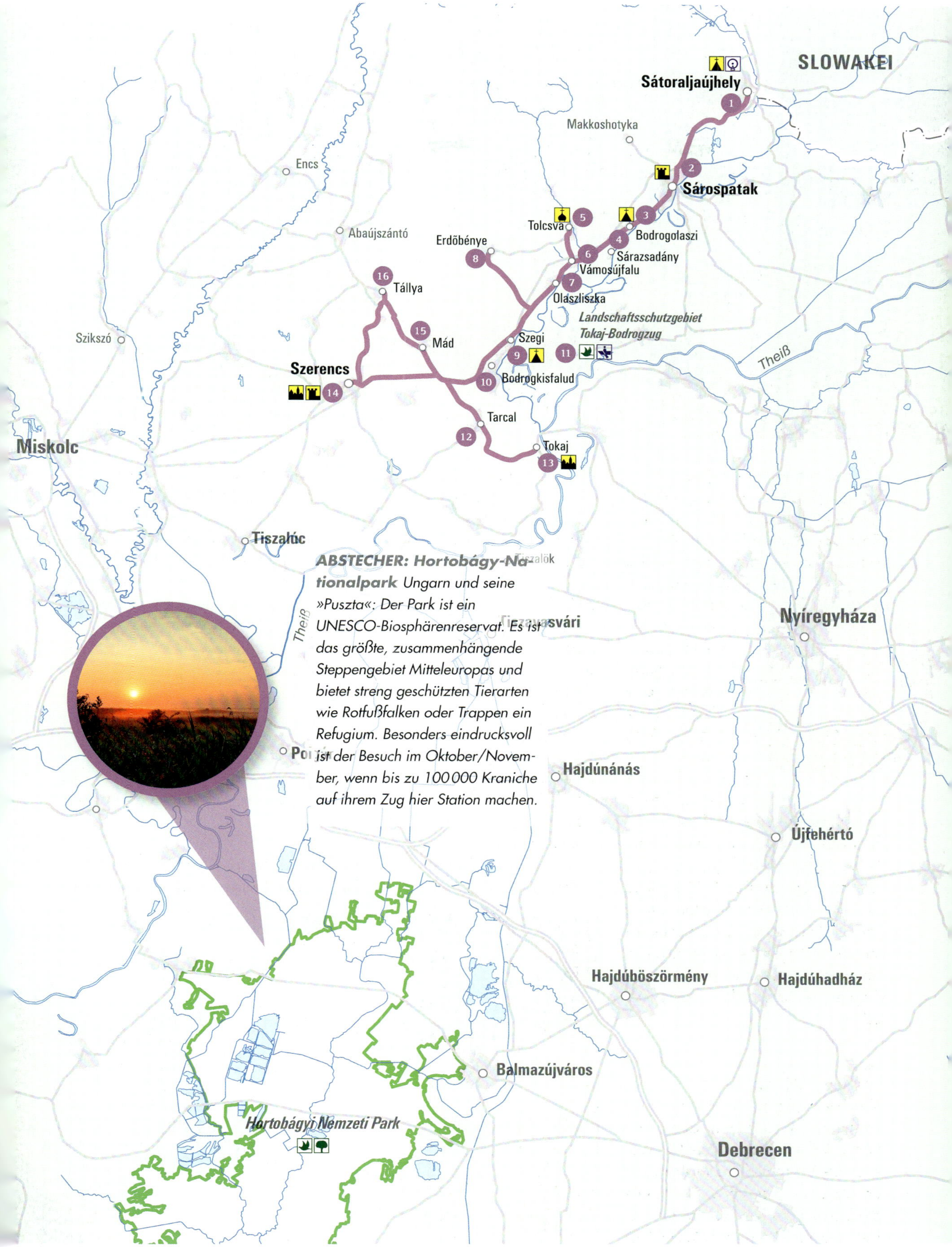

ABSTECHER: Hortobágy-Nationalpark *Ungarn und seine »Puszta«: Der Park ist ein UNESCO-Biosphärenreservat. Es ist das größte, zusammenhängende Steppengebiet Mitteleuropas und bietet streng geschützten Tierarten wie Rotfußfalken oder Trappen ein Refugium. Besonders eindrucksvoll ist der Besuch im Oktober/November, wenn bis zu 100 000 Kraniche auf ihrem Zug hier Station machen.*

Ihre Blüte endete abrupt, als die Türken sie komplett zerstörten (1567). Sehenswert ist die kleine Kirche. Naturfreunde zieht es eher zum Ufer des Bodrog, der sich hier in engen Schlaufen durch die Landschaft windet.

4 Sárazsadány

Möglicherweise hat dieser Ort schon im 9. Jahrhundert seine Wurzeln, denn Forscher nehmen an, dass einst die Sklaven, die aus Thessaloniki kamen, hier Siedlungen errichtet haben. Die wirklich nachweisbaren Funde aber stammen aus dem 13. Jahrhundert, im 14. Jahrhundert wurde die Gemeinde erstmals urkundlich erwähnt. Ihre reformierte Kirche stammt aus dem 18. Jahrhundert. Das Anbaugebiet soll zu den besten Rebflächen der Tokaj-Region gehören. Es vergrößert sich stetig, waren es im Jahre 1873 nur 51 Hektar, werden heute auf mehr als 154 Hektar Reben angebaut. Die Erde ist schwer und tonhaltig. Das bringt nicht nur gute Weinsorten hervor, sondern auch Töpferhandwerk.

5 Tolcsva

Der zwiebelförmige Kirchturm fällt in der Gegend auf – er ist nicht die einzige Besonderheit, die Tolcsva zu bieten hat. Er gehört zu der katholischen Kirche, die aus dem 14. Jahrhundert stammt und später barockisiert wurde. Sehenswert sind auch die vielen Herrenhäuser rund um Tolcsva, die an den Reichtum, den der Wein gebracht hat, erinnern. Bekannte Kellereien sind zum Beispiel Waldbott oder Babits. Eines der Gutshäuser der Weinfamilien wurde zu einem Kräuterzentrum umgebaut, das Besuchern die verschiedenen Pflanzen und ihre Wirkungsweise näher bringt.

6 Vámosújfalu

Die Anfänge dieses Dorfes Vámosújfalu liegen in der Zeit, als es noch eine Zollstation war. Eine alte, sechsbögige Brücke weist auf die frühe Besiedlung hin.

7 Olaszliszka

Der Tokajer war vor allem in Polen beliebt. Und so führte eine Handelsroute auch durch diese Stadt. Es war ein jüdischer Rabbi, der im 18. Jahrhundert aus Olaszliszka eine große jüdische Gemeinde formte, die auch den Weinhandel voranbrachte. Geblieben ist von diesem Reichtum wenig, zu besichtigen sind heute die Kirche mit ihrem an einen Bergfried erinnernden Wehrturm. Touristen buchen gerne Kutschfahrten in die Weinberge.

8 Erdőbénye

Guter Wein braucht gute Fässer – und so hat sich die Tradition des Fassmachers noch in dieser Region erhalten. Die Fässer werden noch immer aus Eichenholz gefertigt

Oben: Die Weinreben regieren das Bild der Tokaj-Region. Rechts: Das Weingut Oremus in Tolcsva.

und Theiss finden Graureiher und Bienenfresser ein ideales Zuhause: Hier ist die Gegend fischreich und dünnbesiedelt. Naturfreunde leihen sich ein Kanu und schippern gemächlich dem langsamen Lauf der Flüsse nach. Das Schutzgebiet umfasst knapp 5300 Hektar und umschließt auch den 513 Meter hohen Nagy-Kopasz Berg. Neben Störchen und Rehen streifen Wildschweine durch die Gegend. Weiter unten dominiert das Schilf und bietet ein ideales Versteck für Rohrsänger oder Silberreiher.

möglichst aus dem Zempléner-Gebirge. Die Fassmacher dieser Gegend haben nicht nur ihren ganz eigenen Stil, sondern sind auch eine der wenigen Fassmacher der Welt, die einen speziellen Tanz haben. Der Tanz der Böttcher wird von Vater zu Sohn weitergegeben. Einmal im Jahr präsentieren Männer ihre Künste auf einem Fest. Über die Kunst der Fassmacherei informiert ein Museum. Zu den beliebten Weingütern des Weilers gehört Homonna, das sich auf Furmint spezialisiert hat.

9 Szegi

Zusammen mit Szegilong ein winziges Dorf mit einer sehenswerten kleinen, katholischen Kirche.

10 Bodrogkisfalud

Der kleine Weiler liegt idyllisch am Ufer des Bodrug. Ein Steg lädt im Sommer zum Flussbaden ein, Apfel- und Kirschbäume sorgen für Schatten. Doch das Leben ist eigentlich geprägt vom Wein. Nicht zuletzt, weil Ungarns Weinkellerei des Jahres 2016 aus dem Ort stammt – Patricius aus Bodrogkisfalud. Die Kellerei wird schon seit dem 17. Jahrhundert betrieben. Neben dem Wein spielen Pferde und Reitkunst eine große Rolle in dem 860-Einwohner-Ort.

11 Landschaftsschutzgebiet Tokaj-Bodrogzug

Zwischen den Flussläufen von Bodrog

12 Tarcal

Tarcal gilt als die Touristenstadt der Region. Hier lassen sich gute Hotels finden, die im Gegensatz zu den eher verschlafenen Dörfern der Strecke über eigene Restaurants verfügen. Dennoch bleibt der kulturelle Genuss nicht aus, auch jenseits des Weines, der hier allgegenwärtig ist. So bietet sich eine Wanderung zur Terézia-Kapelle an, sie stammt aus dem Jahr 1749 und schmiegt sich in die Weinberge. Eine 8,5 Meter hohe Jesus-Statue hoch über dem Ort scheint über das Geschehen im Tal zu wachen. Auch das Andrássy-Gut zählt zu den Sehenswürdigkeiten der 3200-Einwohner-Gemeinde, es ist ein Fünf-Sterne-Hotel mit eigenem Spa.

WEINGÜTER

Rákóczi-Keller
Der wohl berühmteste und traditionsreichste Weinkeller ist der Rákóczi-Keller, er ist zugleich der größte in der Region.
Bajcsy-Zs. út 19-21, Tokaj, Tel. +3647/352009, www.tokajhetszolo.com

István Szepsy
Zu den Top-Winzern der Region gehört István Szepsy, seine Familie baut schon seit dem 16. Jahrhundert Reben an, er war 2001 Winzer des Jahres.
Batthyány út 59, Mád, Tel. +3647/348349, www.szepsy.hu

János Árvay
Mehrfach ausgezeichnet ist ebenfalls der Winzer János Árvay. Er hat sich vor allem auf Furmint spezialisiert.
Széchenyi tér 13, Magyarország, Tel. +3647/374025, www.arvay.eu

★★★

WILLIAM FOX

Was zunächst klingt, wie ein normaler amerikanischer Name, ist ein Mensch, der wohl die Kino-Welt geprägt hat, wie kaum andere: Der ungarische Filmproduzent ist Gründer der nach ihm benannten 20th Century Fox-Filmgesellschaft. Er wurde in Tolcsva geboren und wuchs dort mit seinen zwölf Geschwistern auf, bevor die Familie nach New York auswanderte. Dort kaufte sich Wilhelm

Fuchs, der sich nun in Fox umbenannte, sein erstes Lichtspielhaus – der Start eines wahren Kino-Imperiums begann.

13 Tokaj

Umgeben von drei Flüssen herrscht in dieser Stadt ein besonderes Klima: Hernád, Bodrog und Tisza umarmen Tokaj und gleichen mit der Verdunstung zu trockene Sommertage einfach aus. Heiße, ungarische Sommer, lange, sonnige Herbsttage und immer etwas mehr Luftfeuchtigkeit als an anderen Orten sind klimatische Pluspunkte, die in Tokaj ideale Anbaubedingungen für den berühmten Süßwein bringen. Die Stadt ist namensgebend für den Wein und stellt noch immer eine kulturelle Größe des Landes dar, obwohl sie nur noch knapp 5000 Einwohner zählt. Immerhin ist Tokaj eine der ersten Siedlungen der Magyaren und schon König Stefan I. hat sich hier eine Festung errichten lassen. Davon ist nichts mehr übriggeblieben. Urkundlich erwähnt wurde Tokaj zum ersten Mal im Jahre 1353. Später wurde es als »Hymesudoar« in den Aufzeichnungen unter König Béla III. notiert. Das heutige Aussehen hat die Stadt den Griechen zu verdanken, als im 19. Jahrhundert Kaufleute hier ihre Häuser errichteten. Das verzweigte System der Keller, die unter der Stadt liegen, stammt allerdings aus dem 15. Jahrhundert. Sehenswert ist hier besonders der Rákóczi-Keller, der zu den traditionsreichsten der Stadt gehört. An den einstigen Glanz des Weinortes erinnert heute das Tokaj-Museum sowie das Rathaus. Religiös zeigt sich das Land hier vielfältig, sehenswert ist nicht nur die barocke Kirche, sondern auch die griechisch-orthodoxe Kirche sowie eine Synagoge. Ganz in der Nähe liegt das Rákóczi-Schloss, das heute als Schule und Gericht genutzt wird. Wer die Gegend erkunden will, leiht sich ein Rad oder nimmt den Weinbus, der die Gäste zu den verschiedenen Kellern führt. Zu Fuß lässt sich die Region auf dem Weinpfad erkunden.

14 Szerencs

»Gebe Gott heute diesem Gebiet Glück«, soll ein Großfürst im 13. Jahrhundert ausgerufen haben, als er durch diese Gegend zog. Aus dem ungarischen Spruch »Ma ád Isten szerencsét e tájnak« sind so die Ortsnamen Mád, Szerencs und Tállya entstanden. Szerencs spielte eine große Rolle beim Freiheitskampf der Ungarn gegen die Habsburger. An diese Zeiten erinnert die Burg Rákóczi, die im 16. Jahrhundert auf dem Fundament eines Benediktiner-Klosters errichtet wurde. Mit dem kleinen See vor der Anlage fügt sie sich malerisch ins Ortsbild ein. In der reformierten Wehrkirche befindet sich übrigens ein Grabmal des Fürsten Zsigmond Rákóczi und seiner Gemahlin. Neben der katholi-

schen Liebfrauenkirche fällt aber vor allem der Bau der St. Josephskirche ins Auge, stammt er doch aus dem Jahr 2002, entworfen vom Budapester Architekten Vincze László. Die Stadt ist als Tor zur Tokajer-Weingegend bekannt, zwe 18 Meter hohe Kunstwerke am Ortseingang erinnern an diese Assoziation. Wer genug gesehen hat, entspannt sich im Jugendstil-Thermalbad.

WEINFESTE

AUGUST
»Tolcsva Wein-Festival«
»Sárospataki Wein-Terrasse«

SEPTEMBER
»Furmint-Festival in Mad«

OKTOBER
»Weinlesefest in Tokaj«

15 Mád

Die erste überlieferte Weinbauordnung stammt aus dem Jahre 1641, als in der Gemeinde Mád eine aus 48 Punkten bestehende Verordnung existierte. Unter Fürst Ferenc Rákóczi II. (1676-1735) wurde später im Jahre 1700 eine ausführliche Weinbauordnung herausgegeben. So bleibt es vielleicht kein Zufall, dass auch der renommierte Weinkenner Hugh Johnson in Mád die Kellerei Royal Tokaji Borászati mitgegründet hat, um den Tokajer zu fördern. Sie ist auf jeden Fall einen Stopp wert. Ebenfalls lohnenswert ist der Besuch in dem Weingut Monyók mit seinem 500 Meter langen, unterirdischen Keller.

16 Tállya

Nachweislich geht die Besiedelung auf das 13. Jahrhundert zurück, als Tállya erstmals urkundlich erwähnt wurde. Nach der Invasion der Mongolen siedelten sich hier Italiener an und errichteten auch eine Burg, von der man nur Ruinen findet, wenn man ganz genau hinsieht. Der Legende nach aber soll der Wein, den Genussweltmeister und Sonnenkönig Ludwig XIV. als »Wein der Könige und König der Weine« bezeichnete, aus Tállya stammen.

Auch der Wein, der Papst Puis IV. derart beeindruckt haben soll, soll aus der Stadt gekommen sein. Archäologen schätzen, dass schon 300 v. Chr. in dieser Gegend Reben angebaut wurden. Zu den Sehenswürdigkeiten zählen die barock ausgestattete katholische Kirche sowie das einstige Wohnhaus des Musikers János Lavotta, das inzwischen Museum geworden ist. Außerdem ist das Schloss Mailloth Besucherattraktion.

Links: Tokaj mit der historischen Altstadt zählt zum UNESCO-Weltkulturerbe.
Oben: Ein Weinkeller in Tokaj.

Kroatien

Die folgenden kroatischen Weinstraßen verbinden die besten Weinhersteller und führen durch wunderschöne Landstriche.

Weinregionen
Kroatien

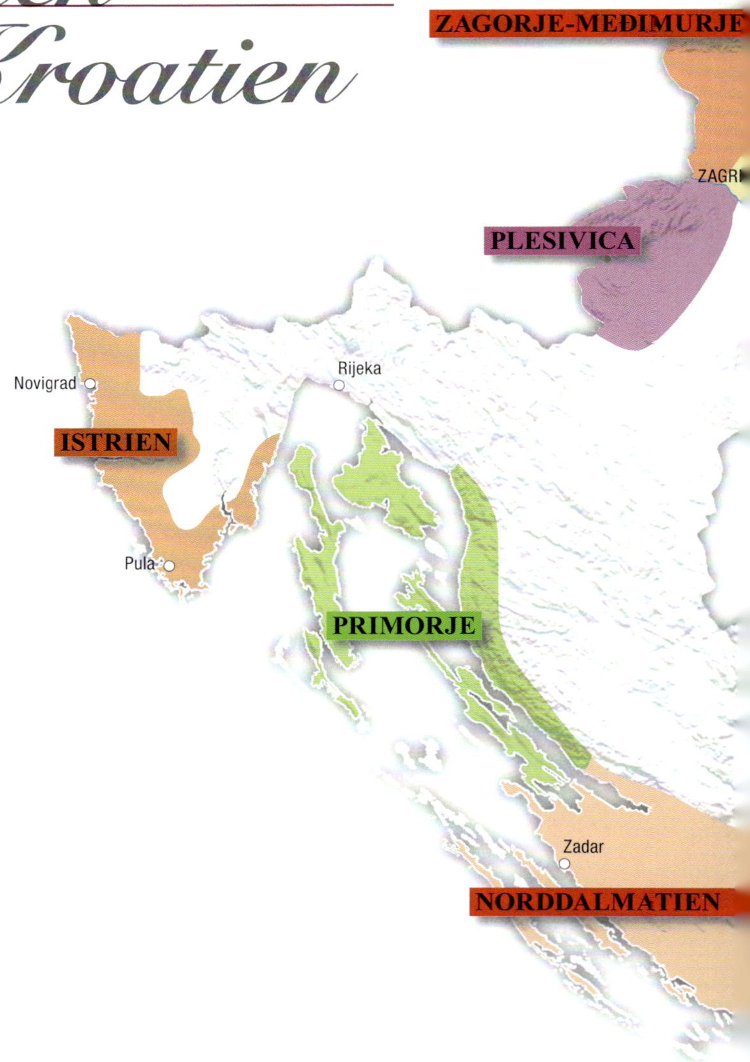

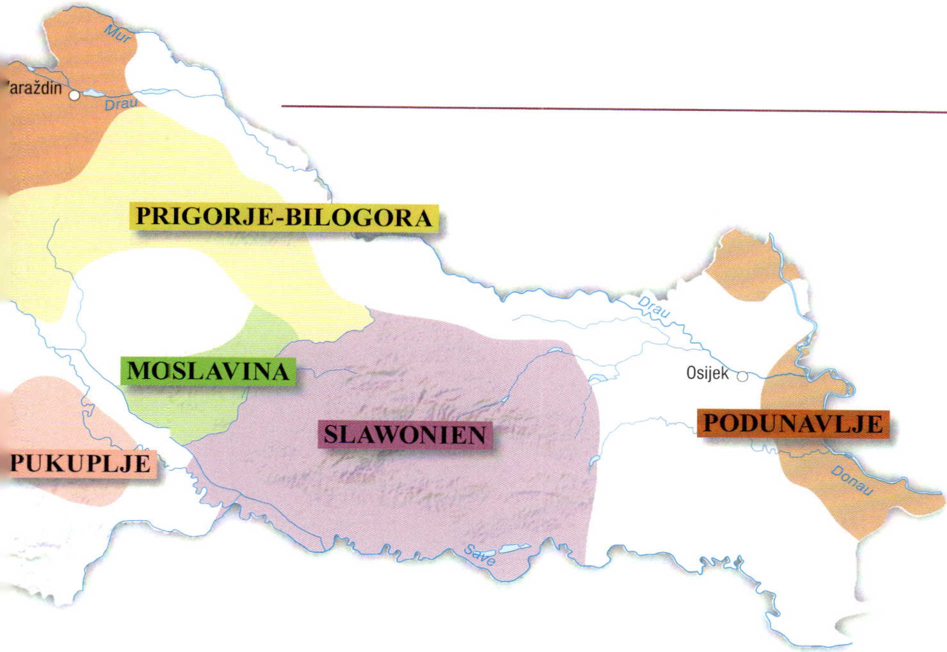
Mur
araždin
Drau
PRIGORJE-BILOGORA
MOSLAVINA
SLAWONIEN
PUKUPLJE
Drau
Osijek
PODUNAVLJE
Donau
Save

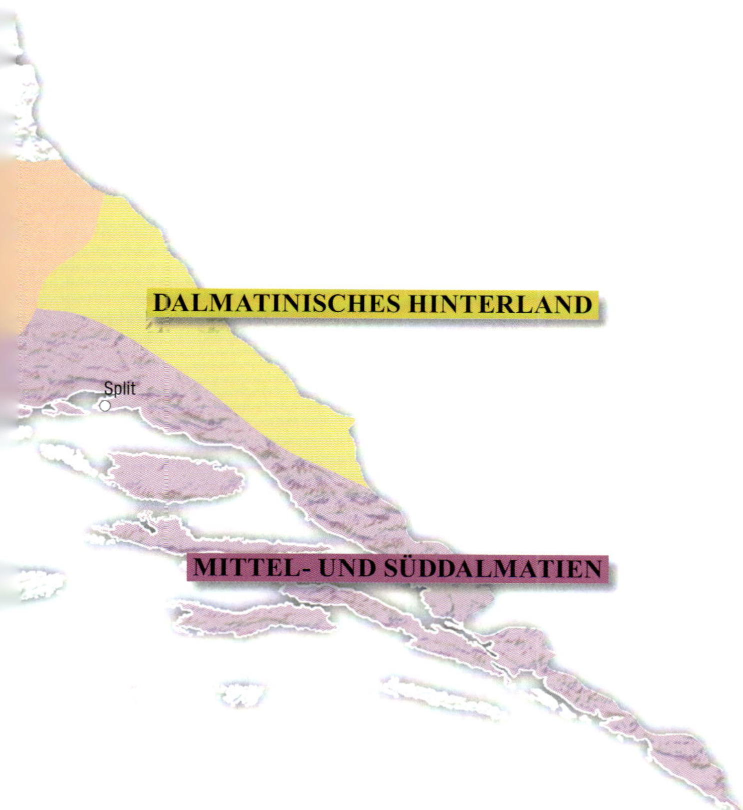
DALMATINISCHES HINTERLAND
Split
MITTEL- UND SÜDDALMATIEN

Kroatische Wein-

WEISSWEIN

GRAŠEVINA

Anbau: Diese Rebsorte – zu deutsch »Welschriesling« – gibt es vor allem im Binnenland Kroatiens: Sie fühlt sich wegen der geringen Niederschlagsmengen im südosteuropäischen Kontinentalklima besonders wohl.

Genuss: Trockene Graševina-Weine neigen zu einem blumig-fruchtigen Duft mit vorherrschender Geschmacksnote grüner Apfel. Junge Weine haben eine helle grüngelbe Farbigkeit. Bei den süß ausgebauten Beeren- und Trockenbeerenauslesen wird diese zu einem Goldgelb, das Aroma erhält eine feine Honignote. Der Wein passt gut zu Fleisch- oder Fischgerichten.

ISTRISCHER MALVAZIJA

Anbau: Diese heimische Rebsorte kommt fast ausschließlich auf der Halbinsel Istrien vor, sie unterscheidet sich von allen anderen Malvasier-Reben.

Genuss: Mit seiner heugelben Farbe und seinem frischen, leichten Geschmack passt dieser Wein sehr gut zu Meeresfrüchten und zu allen Gerichten, die viel Olivenöl enthalten.

Geschichte: Den Malvazija gibt es in Istrien schon viele Jahrhunderte lang, vermutlich haben Kaufleute aus Venedig die Malvasier-Traube mitgebracht, woraus sich eine istrische Varietät entwickelte.

MOMJAN MUSKAT

Anbau: Der Muskat oder Muskateller von Momjan gedeiht nur in einem kleinen Gebiet in Istrien rund um den Ort Momjan. Vielen gilt er als der beste Tropfen in dieser Weinregion.

Genuss: Der Muskat von Momjan hat eine goldene Farbigkeit. Er duftet nach Rose und Pfirsich und besticht durch sein ungewöhnliches, trocken-süßes Aroma nach Weinbergpfirsich und Orange. Am besten passt er zu Süßspeisen und wird daher gern zum Nachtisch gereicht, beliebt ist er aber auch als Aperitif.

PUŠIPEL

Anbau: Diese autochthone Rebsorte ist ganz typisch für den äußersten Norden von Kroatien, in Ungarn ist sie auch unter dem Namen »Furmint« bekannt.

Genuss: Mit seiner goldgelben Farbe, dem hohen Alkohol- und Säuregehalt und dem honigartigen Aroma dient der Wein als idealer Speisenbegleiter für die rustikale Küche des Međimurje im Norden Kroatiens.

Geschichte: Wahrscheinlich ist diese Rebsorte ein Abkömmling der Heunisch-Rebe, die – ähnlich wie Pušipel – durch hohe Erträge, aber große Frostempfindlichkeit gekennzeichnet ist.

und Rebsorten

ROTWEIN

CRLJENAK KAŠTELANSKI

Anbau: Fast in Vergessenheit geraten, bauen heute vor allem Winzer in Dalmatien diese einheimische Rebsorte wieder an. Sie stammt jedoch aus dem Međimurje.

Genuss: Dieser volle dunkelrote Wein wird vor allem von süßen Fruchtaromen nach Brombeere, Kirsche und Waldbeere beherrscht und passt daher hervorragend zu Steak und Roastbeef.

Geschichte: Die Traube erlebt gerade eine Renaissance – seit Wissenschaftler beim »Zinquest« herausgefunden haben, dass sie der viel gesuchte genetische Urvater der kalifornischen Zinfandel ist.

TERAN

Anbau: Die einheimische Rebsorte wird – genau wie der genetisch ähnliche Refosco – vor allem auf den roten Böden (Terra Rossa) Istriens angebaut.

Genuss: Der dunkle rubinrote Wein mit dem trockenen und tanninreichen Geschmack passt am besten zu heimischem Schinken, dem Pršut, und Wildgerichten.

Geschichte: Der Teran ist eine sehr alte Rebsorte. Schon der Geschichtsschreiber Plinius der Ältere schwärmte von der medizinischen Wirkung des Weines aus Istrien.

PLAVAC MALI

Anbau: Vor allem im Süden von Kroatien gedeiht diese bekannte Rotweinrebe. Berühmt ist der Wein aus Spätlese-Trauben, der Dingač, der rund um den gleichnamigen Ort auf der Halbinsel Pelješac an der dalmatinischen Adriaküste angebaut wird.

Genuss: Der Wein ist sehr dunkel, changiert fast ins Schwarze, seine Aromen erinnern an Beerenobst und Kirschen.

Geschichte: Der Dingač war der erste Wein, der schon zu jugoslawischen Zeiten (um 1961) eine geschützte Herkunftsbezeichnung und das Prädikat Qualitätswein erhielt.

PLAVINA CRNA

Anbau: Der Plavina wird – außer in Istrien – überall in Kroatien angebaut, vor allem aber in Dalmatien.

Genuss: Dieser Rotwein ist von hellroter Farbigkeit und mit eher sanften Tanninen ausgestattet – daher eignet er sich weniger für die lange Lagerung, sondern dient eher dem schnellen Genuss.

Geschichte: Entstanden ist diese Rotwein-Rebsorte aus einer natürlichen Kreuzung des Verdeco aus Apulien mit dem kroatischen Crljenak Kaštelanski.

Weinstraße in Međimurje

Nahezu 30 Weinkeller liegen auf dieser malerischen Strecke zwischen Banfi und Štrigova.

WEINROUTE 35

Nomen est omen in Međimurje, was so viel heißt wie »Zwischenstromland«. Grüne Hügel beherrschen die Landschaft zwischen den Flüssen Mur und Drau. Auf mehr als 1000 Hektar wachsen hier die Trauben für rund 200 Weinsorten. Die Sommer sind für kroatische Verhältnisse nur mäßig warm und die Winter kalt – ein Grund dafür, weshalb sich die hiesigen Winzer vorwiegend auf Weißwein konzentrieren. Vom Welschriesling über Sauvignon, Chardonnay, Silvaner, Weiß- und Grauburgunder, Gewürztraminer, Rheinriesling bis hin zum lieblichen Dessertwein Muskat reicht die Spannbreite. Seltener sind Rotweine wie Cabernet Sauvignon und Spätburgunder. Die ungewöhnlichste Weinsorte ist der autochthone Weißwein Pušipel. Ihm ist auch ein gleichnamiges Weinevent während des bekanntes Festivals, des Urbanovo, gewidmet. An drei Wochenenden im Mai gibt es dann nicht nur Weinproben bei allen Produzenten, sondern auch Workshops, kulinarische Gaumenkitzler und Konzerte, alles organisiert von den Winzerfamilien. Diese bieten auch außerhalb der Festivals Verkostungen und Weinproben an, mit traditioneller hausgemachter Wurst, Käse oder zünftigem Pršut, dem luftgetrockneten, kroatischen Rohschinken. Seit 2007 darf sich die kleine Weinstraße rund um den Ort Štrigova mit dem Titel »Bestes Tourismusprodukt in Kontinentalkroatien« schmücken. Eine Besonderheit der Region sind die kleinen Winzerbetriebe – fast alle arbeiten als Familienunternehmer.

Routenlänge: ca. 30 Kilometer
Zeitbedarf: 1 Tag
Start: Banfi
Ziel: Štrigova
Routenverlauf: Die Weinstraße schlängelt sich durch die Siedlungen rund um Štrigova – von Banfi über Jurovčak, Grkaveščak, Kapelšćak, Sveti Juraj na Bregu, Sveti Urban, Železna Gora bis Štrigova.

Auskünfte:
Kroatische Zentrale für Tourismus
Stephanstraße 13
60313 Frankfurt/Main
Tel. +4969/2385350 oder
info@visitkroatien.de,
www.de.croatia.hr

1 Banfi

Die kleine Siedlung liegt dicht an der Grenzlinie zu Slowenien. So dicht, dass ein dortiges Weingut mit einer skurrilen Eigenart aufwarten kann: Die Grenze zu Slowenien verläuft nicht nur mitten durch das Weingut der Familie Kunčić,sondern auch durch das Wohnhaus, ja sogar durch das Bett der Eheleute! Sie sind daher wahrscheinlich die einzigen Europäer, die allnächtlich vor der Wahl stehen, ob sie lieber in Kroatien oder in Slowenien schlafen möchten. Sehenswert ist in Banfi auch das liebevoll renovierte Herrenhaus der Winzerfamilie Žižek, das die alte Grafenfamilie von Banfi schon im 14. Jahrhundert erbaute.

2 Štrigova

Dieser Ort ist das kulturelle Zentrum der Weinstraße von Međimurje. Insgesamt zehn Siedlungen gehören zur Gemeinde: diese sind Banfi, Grabrovnik, Jalšovec, Leskovec, Prekopa, Robadje, Stanetinec, Sveti Urban, Železna Gora und die Kleinstadt Štrigova selbst. Besonders stolz ist man hier auf die Kirchen, zum einen die der heiligen Maria Magdalena aus dem 17. Jahrhundert, von der die Einwohner behaupten, dass sie das hübscheste Gotteshaus Kroatiens sei. Und die Kirche des heiligen Hieronymus, deren wunderschöne Fresken von dem Maler Ivan Ranger angefertigt wurden. Anlässlich des Festivals der »Štrigova-Nächte« im Juli kommen Weinliebhaber bei der Veranstaltung »Winzer unter den Sternen« auf ihre Kosten. Ein wichtiges Wahrzeichen ist das Schloss Tkalec westlich von Štrigova, das Mitte des 18. Jahrhunderts erbaut wurde. Im geräumigen Keller hat sich noch eine riesige Weinpresse aus Holz aus dem Jahr 1858 erhalten. Weil sich das Schloss auf einem der höchsten Hügel der Region befindet, bietet es einen herrlichen Blick auf das Umland.

3 Sveti Urban

Eigentlich sollte in einem kleinen Dorf die Kirche das prägnanteste Gebäudex sein. In Sveti Urban macht ihr jedoch definitiv der Wasserturm Konkurrenz: Wie ein riesenhafter Lolli ragt er aus der Landschaft und seine silberglänzende runde Kuppel wirkt, als sei der Lutscher in Staniolpapier eingewickelt worden und warte nur darauf, ausgepackt zu werden. Sveti Urban, der heilige Urban, ist nicht nur Namensgeber des Dorfes, sondern gilt auch als Patron der Weinberge. Dies beruht darauf, dass der ehemalige römische Papst Urban einst durch ein Wunder die Weingärten vor Hagel bewahrt haben soll. Jedes Jahr Ende Mai ist dem Schutzheiligen ein Feiertag gewidmet namens »Urbanovo«. Anlässlich dieses Feiertags findet hier alljährlich das größte Weinfest der Region statt.

4 Železna Gora

Es hat schon einen ganz eigenen Charme, das Schloss Zichy-Terbócz am Rande dieses Dorfes. An den Schlossmauern nagt überall der Verfall und trotzdem – oder vielleicht gerade deswegen – fügt es sich nahtlos ein in die lieblichen Obstgärten und Weinberge, die sich über die wellenförmigen Hänge ergießen. Das Schloss stammt aus dem 19. Jahrhundert und wurde als Gutshof erbaut. Die letztere Besitzerin aus der Familie Terbócz verstarb in den 1950er-Jahren. Heute gehört das Gut der ortsansässigen Winzerfamilie Jakopič, die zudem gleich neben dem Schloss das erfolgreiche Restaurant Terbotz erbaut hat. Von der Terrasse zeigt sich eine der schönsten Aussichten der Region auf die Weinberge.

5 Jurovčak

Das ungewöhnlichste an Jurovčak sind die Weinhöhlen um den kleinen Ort, ungewöhnlich deshalb, weil sie auf Sand, oder besser im Sand, gebaut wurden: Diese Weinkeller haben die Menschen einst ohne zusätzliche Stützstrukturen in den Boden gegraben – ein Phänomen im östlichen Kroatien. Die Winzer bieten Führungen durch

Ausblicke wie diese (oben) genießt man zum Beispiel vom Schloss des Winzerortes Štrigova aus.

ABSTECHER: Zrinski-Burg

Dieses mächtige Bauwerk in Čakovec beheimatet das offizielle Međimurje-Museum, auch der Zrinski-Park ist sehenswert. Die Wasserburg (13. Jh.) ist die größte der Region.

WEINFESTE

JANUAR
Rundgang von St. Vinzenz

MAI
»Urbanovo« (Tag des Weines) in St. Urban

JULI
Štrigova-Nächte

AUGUST
»Rokovo« (Tag des heiligen Rochus)

NOVEMBER
»Martinje« (Weinmosttaufe am St.-Martins-Tag)

die Höhlen an. Wer Tiere wie Hirsche, Wildschweine und Damwild aus allernächster Nähe betrachten will, besucht die örtliche Hirschfarm. Das Holzhaus auf dem Hügel über der Farm mit seinen bodenlangen Fenstern und einer geräumigen Terrasse bietet eine weite Aussicht auf Landschaft und Tiere.

6 Grkaveščak

Es war im Jahr 1911, als die britisch-ungarische Firma »London-Budapest« zu einer Mission aufbrach: In der Nähe von Grkaveščak wähnte das Unternehmen ergiebige Ölquellen und begann zu bohren. Statt Öl sprudelte jedoch heißes Thermalwasser hervor. Heute befindet sich hier die größte Therme Kroatiens. »Toplice Sveti Martin« besteht aus einem Komplex von Hallenbädern, einem Sommer-Aquapark im Außenbereich und verschiedenen Restaurants. Zum angeschlossenen Luxusresort Sveti Martin gehört neben einem Thermalquellen-Wellnesscenter auch ein großer Golfplatz. Viele Besucher der Weinstraße und der Festivals der Region nächtigen hier.

★★★ DER AMAZONAS EUROPAS

Hinter dem Zwischenstromland Međimurje vereinen sich die Flüsse Mur und Drau, um sich wiederum weiter östlich in die Donau zu ergießen. Diese Drei-Flüsse-Landschaft hat ein einmaliges Biotop erschaffen, in dessen Auwäldern sich seltene Tier- und Pflanzenarten tummeln. Hier gibt es inzwischen die höchste Dichte an Brutpaaren des Seeadlers in ganz Europa.

7 Kapelščak

Diese kleine Ortschaft mit nur knapp 300 Einwohnern liegt malerisch auf einem von Weinreben bewachsenen Hügel. Herausragendes Merkmal des Dorfes ist die kleine Kapelle, die der heiligen Margarete gewidmet ist. Der Backsteinbau stammt aus dem Jahr 1775 und ersetzte die Vorgängerkir-

Fährt man auf der Weinstraße von Međimurje, kommt man an zahlreichen Obst- und Weingärten wie diesem (oben) vorbei.

WEINGÜTER

Cmrečnjak
Die Winzerfamilie Cmrečnjak baut hier seit 1884 Wein an. Unter den zehn Haus-Sorten sind neun Weißweine, darunter auch Pušipel.
Sveti Urban 273
40312 Štrigova
Tel. +38540/830103 oder
cmrecnjak1@net.hr
www.cmrecnjak.hr

Vino Lovrec
Schon seit sechs Generationen baut Familie Lovrec Trauben an und beherbergt in ihrem Keller eine der ältesten Weinpressen der Region. Der Familienbetrieb hat sich vor allem auf Weißweine spezialisiert.
Sveti Urban 133
40312 Štrigova
Tel. +38540/830171 oder
j.lovrec@gmail.com
www.vino-lovrec.hr

Vinarija Štampar
Auf rund sieben Hektar Rebfläche wachsen auf dem Gut der Familie Štampar rund ein Dutzend Sorten der Weinberge des Međimurje. Das Sortiment des Weinguts reicht von Pušipel bis Chardonnay.
Sveti Urban 2
40312 Štrigova
Tel. +38540/830184 oder
stampar@vinarija-stampar.hr
www.vinarija-stampar.hr

OPG Dvanajščak Rajka
Das Weingut der Familie Dvanajščak-Kozol gibt es zwar erst seit dem Jahr 1996. Seitdem hat sie es aber geschafft, dass insgesamt 13 Weinsorten auf ihrem Gut gedeihen. Tochter Tea gehört noch dazu zu den jüngsten Sommeliers Kroatiens.
Dragoslavec 81
40311 Lopatinec
Tel. +38598/1809431 oder
vinska.kuca.dvanajscak.kozol@gmail.com
www.vina-dvanajscak.hr

che aus Holz. Den Turm erbauten die Dörfler erst vier Jahre später. Die Kapelle hat drei Altäre, wobei den Hauptaltar ein spätbarockes Gemälde der heiligen Margarete schmückt. Die beiden Nebenaltäre sind dem heiligen Florian und dem heiligen Nikolaus geweiht. Letzteren flankieren zwei Marmorstatuen des Heiligen.

8 Sveti Juraj na Bregu

Übersetzt heißt dieser Name so viel wie »St.-Georg-auf-dem-Hügel«. Der heilige Georg ziert auch das Wappen der Gemeinde, deren offizieller Sitz sich im Dorf Lopatinec befindet. Dazu gehören auch typische Winzersiedlungen wie zum Beispiel die Dörfer Vučetinec, Pleškovec und Dragoslavec.

Im Gemeindegebiet befindet sich auch die höchste Erhebung des Međimurje, der 344 Meter hohe Berg, oder besser Hügel, Mohokos – ein beliebtes Ausflugsziel der Region.

In den Weinkellern, die auf der Route liegen, werden Weinproben angeboten.

Weinstraßen Istriens

Die Kombination aus Sonne und Meer, Weinbergen und mittelalterlichen Städten macht diese Weinstraßen so beliebt.

WEINROUTE 36

Istrien fühlt sich ein bisschen an wie die »Kroatische Toskana« – vielleicht auch weil die Halbinsel lange unter italienischer Herrschaft stand. Gleich fünf Weinstraßen gibt es hier, denen sich mehr als 80 Kellereien angeschlossen haben. Im Nordwesten liegt die längste von ihnen, die »Weinstraße von Buje«. Die anderen vier sind kürzer, alle lassen sich je nach Zeitbudget problemlos miteinander kombinieren. Zweisprachig sind die Wege zu den Weingütern mit »Vinska Cesta« (Kroatisch) bzw. »La Strada del Vino« (Italienisch) ausgeschildert. Die Tradition des Weinanbaus auf der Halbinsel ist alt – schon der Geschichtsschreiber Plinius der Ältere lobte mehrfach den »Vinum Pucinatum« aus Istrien. Man vermutet, dass es sich bei diesem Rotwein um einen Vorläufer des autochthonen Teran bzw. dessen Untersorte Refosco handelt. Der berühmte istrische Weißwein Malvazija ist wahrscheinlich Abkömmling einer Traube, die unter venezianischer Herrschaft eingeführt wurde. Mehr als zwei Drittel der hiesigen Weinanbaugebiete werden für weiße Traubensorten verwendet, allen voran der Malvazija, gefolgt von Chardonnay, Weißburgunder und Grauburgunder. Auf den restlichen Anbauflächen wachsen rote Rebsorten – vom Teran über Merlot, Cabernet Sauvignon bis zum Blauburgunder.

Routenlänge: etwa 250 km
Zeitbedarf: ca. 5–6 Tage
Routenverlauf: Die längste und bedeutendste Weinstraße (90 Kilometer) befindet sich im Nordwesten rund um Buje. Die Weinstraße von Buzet liegt östlich davon und ist etwa 50 Kilometer lang. Die kürzeste Weinstraße (20 Kilometer) erkundet das kleine Weinanbaugebiet an der Ostküste bei Labin. Und die beiden Weinstraßen an der südlichen Westküste führen in das Hinterland von Poreč (50 Kilometer) und Rovinj (35 Kilometer).

Auskünfte:
Kroatische Zentrale für Tourismus
Stephanstraße 13, 60313 Frankfurt/Main
Tel. +4969/2385350
oder info@visitkroatien.de,
www.de.croatia.hr

Die Weinstraße um Buje

1 Savudrija

Im äußersten Nordwesten Istriens, gleich hinter der Grenze zu Slowenien liegt die kleine Siedlung Savudrija. Schon die Römer nutzten einst die herausragende Stellung am Ende der Halbinsel Sipar. Davon zeugen noch heute ein Kastell und zahlreiche Ausgrabungsreste. Das Wahrzeichen von Savudrija ist der Leuchtturm – nicht nur der nördlichste, sondern auch der älteste noch funktionierende des Landes. Erbaut wurde er im Jahr 1818. Wer die Wendeltreppen erklimmt, hat eine weite Sicht auf die Adria und kann bei klarem Wetter sogar die schneebedeckten Berge der Alpen am Horizont erspähen.

2 Umag

Auch die Ursprünge des Hafens von Umag lassen sich bis zur Römerzeit zurückverfolgen. Sehenswert ist die auf einer Halbinsel gelegene Altstadt mit der Kirche von Mariä Himmelfahrt und dem Kirchturm daneben, die den Hauptplatz der Stadt beherrschen. Von der alten Stadtmauer gibt es noch ein teilweise erhaltenes Tor mit einer Ziehbrücke aus dem 10. Jahrhundert. Die Weine aus der Umgebung genießen einen sehr guten Ruf: Zu den bekanntesten Produzenten gehören die Winzer Coronica, Cuj und Degrassi. Aber auch in den schönen Altstadtgassen lässt sich regionaler Wein in stimmungsvollen »Konobas« (Tavernen) besonders gut genießen.

3 Novigrad

Abends füllen sich die Hafenpromenade und die Gassen rund um die Basilika des heiligen Pelagius mit Menschen. Dort genießen sie nicht nur die Spitzenweine der Region, der Ort hat sich mit seinen kreativen Restaurants auch zur Feinschmeckerdestination der Region gemausert. Geschützt auf einer Halbinsel gelegen, hat diese Hafenstadt eine lange Vorgeschichte. Griechische Seefahrer nutzten sie in der Antike als Stützpunkt, »Civitas Novum« hieß die Siedlung während der Römerzeit. Zwar sind die Seefahrer verschwunden, doch durch die mittelalterlichen Gassen der Altstadt weht noch das Flair längst vergangener Zeiten. Und im Museum »Lapidarium« eröffnet sich ein tiefer Blick in die reiche Geschichte des Ortes.

Wunderschön an der Küste gelegen: der Strand bei Savudrija (unten) und das Stadtpanorama von Umag (oben). Kleines Bild: Fischerboot im Hafen vor Novigrad.

ABSTECHER: Naturpark Učka
Die Gebirgskette im Osten der Halbinsel bietet schöne Wanderwege und weite Sicht: Hier erhebt sich auch der Vojak, mit 1394 Metern der höchste Gipfel Istriens.

ABSTECHER: Brijuni-Inseln
Von Fažana setzen regelmäßig Boot auf den Archipel über. Die 14 Inseln mit ihrer einzigartigen Tier- und Pflanzenwelt stehen unter Naturschutz.

4 Brtonigla

Die Häuser der beschaulichen Ortschaft drängen sich um den Hügel, nur überragt von der Kirche des heiligen Zeno aus dem Jahr 1862. Am bekanntesten ist Brtonigla allerdings für seine gastronomischen Versuchungen: Viele preisgekrönte Restaurants und renommierte Weingüter gibt es rund um den Ort und machen ihn zu einem beliebten Ziel für Gourmets. Sehenswert in der Umgebung ist die Karsthöhle Mramornica. Ein Ausflug lohnt sich auch in den nur zwei Kilometer entfernten Naturpark rund um die Schlucht des Baches Škarline.

5 Buje

Die Stadt im Hinterland thront mitten auf einem Hügel und ist das Verwaltungszentrum von Nordwestistrien. Durch enge Gassen, über ausgetretene Pflaster und Treppen geht es hinauf ins beschauliche Zentrum, das geprägt ist von alten Patrizierhäusern, darunter auch ein herrlicher gotischer Stadtpalast aus dem 15. Jahrhundert. Die Pfarrkirche auf der Kuppe des Hügels ist dem heiligen Servulus, dem Stadtpatron von Buje, geweiht und gilt als eines der wichtigsten Beispiele des Spätbarocks in Istrien. Im Inneren beeindrucken vor allem die Marmorstatuen des venezianischen Meisters Giovanni Marchiori aus dem Jahr 1737. Wer einen Blick auf die Hügellandschaft werfen will, besteigt den 63 Meter hohen Kirchturm. Bei klarer Sicht kann man von hier Slowenien, Italien, Österreich und Kroatien sehen.

6 Momjan

Hier wachsen die Trauben für einen einzigartigen Wein – den Muskat von Momjan (»Momjanski Muškat«), den schon Kaiser Franz Josef I. in Wien und König Emanuel III. in Rom schätzten. Der süße Dessertwein entsteht nur in diesem begrenzten Gebiet. Auch die kleine Siedlung im Hinterland von Buje gab es schon zur Römerzeit, die zugehörige Festung hieß damals »Castrum Mammilianum«. Noch immer prägt hier eine Festung das Landschaftsbild, das Kastell Momjan aus dem 12. Jahrhundert schmiegt sich auf einen Felsen und unter ihm schlängeln sich wie Perlenschnüre die Weinpflanzungen über die sanft gewellte Landschaft.

7 Grožnjan

Mit seinen nur 300 Einwohnern klingt Grožnjan nicht nach einem kreativen Zentrum der Region. Tatsächlich war das Dorf nach dem zweiten Weltkrieg sogar fast menschenleer, weil die einst italienische Mehrheit in Scharen das Land verließ. Das änderte sich dank des Bildhauers Aleksandar Rukavina wieder: Dieser konnte erreichen, dass sich in den 1960er-Jahren Künstler in den verlassenen Häusern niederlassen durften. Inzwischen gibt es rund zwei Dutzend Galerien und zahlreiche Maler und Kunsthandwerker leben und arbeiten hier. Die steinernen Mauern der einstigen Festungsanlage der Venezianer aus dem 14. Jahrhundert werden durchbrochen von bunt bemalten Türen mit

liebevoll kreierten Ladenschildern. Eine einzigartige Atmosphäre von Kreativität und Kunst durchweht immer noch spürbar die Gassen von Grožnjan heute.

8 Motovun/Livade

Hier dreht sich alles um Genuss, vor allem um den König aller Pilze: Es geschah in einem nahe gelegenen Waldstück im Jahr 1999, als Giancarlo Zigante mit seinem Hund den größten Trüffel der Welt entdeckte; ganze 1,3 Kilogramm war er schwer. Seitdem hat der geschäftstüchtige Trüffelsucher ein Feinschmeckerimperium aufgebaut. Auch unter die Winzer ist er gegangen – und das äußerst erfolgreich mit seinem Weingut in Livade. Oberhalb des kleinen Dorfes liegt auf einem Hügel die sehenswerte mittelalterliche Stadt Motovun. Hier beeindruckt die imposante, bis zu 15 Meter hohe begehbare Stadtmauer. Von hier aus hat man herrlichen Aussichten direkt ins Mirnatal. Auch in die Hinterhöfe mit ihren bellenden Trüffelhunden kann man von hier oben einen Blick erhaschen.

Die Weinstraße um Buzet

1 Vrh

Es gibt wohl nur wenige Orte in Istrien, in denen man wie hier rund einhundert Glockentürme der benachbarten Siedlungen sehen kann – und natürlich die grünen Weinberge. Deren Südhänge sind es, an denen die Trauben für den Schaumwein Pjenušac gedeihen. Dass ausgerechnet hier die älteste Schaumweintradition Kroatiens zu Hause ist, erklärt eine Wein-Legende: Angeblich war ein französischer Straßenbauingenieur, der hier zur Zeit Napoleons arbeitete, schwer erkrankt. Ein schönes Mädchen aus Vrh pflegte ihn gesund – und zum Dank verriet der junge Franzose ihr das Geheimnis der Champagnerherstellung. Die meisten Familien produzieren das perlende Getränk nur für den Hausgebrauch. Die Winzerfamilie Grbac hält diese Tradition in größerem Stil aufrecht und bietet ihre Schaumweine zum Verkauf an.

2 Sovinjak

Sovinjak wäre nur eine mittelalterliche Stadt auf einem Hügel wie es sie in Istrien so viele gibt, wäre da nicht der sagenumwobene Wein: Laut dem Geschichtsschreiber Plinius dem Älteren schwärmte die Frau des römischen Kaisers Augustus, Julia Augusta, von einem istrischen Wein namens »Vinum Pucinum«. Sie trank nur diesen und war davon überzeugt, dass sie ihm ihre hervorragende Gesundheit verdankte. Immerhin erreichte die Kaiserin das für jene Zeit stattliche Alter von 86 Jahren. Da sich auf dem Gebiet von Sovinjak eine Festung namens Pucinum befand, glaubt man heute, dass hier der antike Wunderwein der römischen Kaiserin seine Heimat hat.

3 Buzet

Buzet thront auf einem Berg über der Mirna, nahe der Quelle des berühmtesten Flusses Istriens. Sehenswert ist neben den alten Stadttoren und Verteidigungsanlagen auch der Hauptplatz mit seiner Zisterne im Rokokostil. Dass viele Jahrhunderte lang Venezianer über diese Stadt herrschten, sieht man an der großen Zahl der Patrizierhäuser, darunter ist auch der Bigatto-Palast, der heute das Heimatmuseum beherbergt. Hinter Buzet beginnt das Ćićarija-Gebirge, das vor allem die Wanderer unter den Besuchern gern für einen Ausflug nutzen. Ein weiteres lohnendes Ziel ist das Kastell Petrapilosa, das westlich von Buzet auf einem hohen Felsen über der Mirna errichtet wurde. Heute ist die einst mächtige Festung nur noch eine Ruine, lässt jedoch noch ihre frühere Größe erahnen.

WEINFESTE

FEBRUAR
»Schoko- und Weinfest« in Brtonigla

MAI
»Istria Wine and Walk«

JUNI
»Festival des istrischen Malvazija«

JULI
»Folk- und Weinfestival«

OKTOBER
»Schnapsfestival von Hum«

NOVEMBER
»Tage des Muskats und der Trüffel«

4 Roč

Auch Roč ist nur ein kleiner Ort mit seinen 180 Einwohnern. Trotzdem lohnt sich der Abstecher: Mit seiner dicken Stadtmauer, den trutzigen Wehrtürmen und Stadttoren hat der mittelalterliche Ort fast musealen Charakter. Ein Spaziergang in den engen, mittelalterlichen Gassen wirkt wie eine Zeitreise. Hier entstand das erste gedruckte Buch in

Knapp 230 Meter thront das Städtchen Motuvn über dem Meer (oben) und überblickt so die zahlreichen Weinreben. Kleines Bild: Winzer bei der Arbeit.

★★★

»ISTARSKA SUPA« – ISTRISCHE ROTWEINSUPPE

Wer eine typische Spezialität während der Weinstraßentour genießen will, dem sei die »Istarska Supa« ans Herz gelegt. Dazu erhitzen die Istrier ihren Rotwein, den Teran, und fügen Olivenöl, Zucker und Pfeffer sowie geröstetes Brot hinzu. Das Brot wird zunächst herausgelöffelt und der heiße Wein anschließend getrunken – ein wohltuender und wärmender Genuss.

kroatischer Sprache (siehe nachfolgende Seite: »Glagolitische Schrift«). Sehenswert ist zudem die Kirche des heiligen Rochus, deren Wände schöne Fresken eines italienischen Meisters aus dem 14. Jahrhundert schmücken.

5 Hum

100 Meter lang, 30 Meter breit und nur knapp 20 Einwohner: Das ist Hum, die »kleinste Stadt der Welt«. Gleichzeitig ist sie aber auch der Ort, aus dem das Rezept für den berühmten »Biska« stammt, den istrischen Mistelgrappa. Keltische Druiden sollen das Geheimrezept vor 2000 Jahren in dieses Gebiet mitgebracht haben. Jedes Jahr im Oktober findet hier ein Schnapsfestival statt, auf dem Hersteller aus ganz Istrien ihre Tresterbrände präsentieren.

Die Weinstraße um Labin

1 Pićan

Als der österreichische Erzherzog Ferdinand damals auf der Durchreise im Ort Pićan nächtigte, lobte er den hiesigen Wein und die herrliche Aussicht vom Platz vor der Pfarrkirche. Er wollte wiederkommen, um diesen Ort seiner Frau Sophie zu zeigen, einer begeisterten Hobbymalerin. Damals konnte noch niemand ahnen, dass die beiden kurz darauf Opfer des berühmten Attentats von Sarajevo wurden. Doch die fruchtbaren Böden rund um Pićan gibt es noch immer: Auf ihnen gedeihen heute nicht nur beste Weinreben, sondern auch viele Kürbisse, Tomaten und anderes regionales Gemüse.

2 Kršan

Auf einer Anhöhe, zwischen Feldern und Weinbergen, erhob sich einst ein mittelalterliches Kastell namens »Castrum Carsach«. Heute sind davon nur noch der viereckige Turm und das gotische Portal aus dem 15. Jahrhundert übrig geblieben, um die sich der Ort mit seinen Wohnhäusern und der Kirche schart. Bekannt ist er auch, weil hier ein Schriftstück aus dem 13. Jahrhundert gefunden wurde, das als das älteste Rechtsdokument in glagolitischer Schrift gilt.

3 Labin

Die Burgstadt ist von ihren steilen Gassen und venezianischen Stadtpalais geprägt. Im prächtigen Barockpalast der Familie Battiala-Lazzarini befindet sich heute das Volkskundemuseum. Die Stadt hat sich zudem zur Künstlermetropole im Osten Istriens gemausert. Es Galerien, eine Keramikmanufaktur und vor den Toren der Stadt lässt es sich im Skulpturenpark Dubrova lustwandeln. 94 Arbeiten von kroatischen und ausländischen Künstler warten dort auf die Besucher, außerdem die sogenannte »Weiße Straße«, ein Projekt, an dem

Vor der Ostküste der istrischen Halbinsel liegt die Weinstraße um Labin (links oben: Labin; darunter: Labins Umgebung). Kleines Bild oben: Pfarrkirche Mariä Geburt mit venezianischem Löwen.

alljährlich während eines Bildhauer-Symposions weitergebaut wird.

4 Rabac

Eigentlich werden die beiden Orte Rabac und Labin immer in einem Atemzug genannt, weil sie so dicht beieinanderliegen. Dabei könnten sie kaum unterschiedlicher sein: Während Labin 300 Meter über dem Meeresspiegel auf dem Berg thront, zieht sich der Badeort Rabac am Fuße des Berges an der Küste entlang. Er ist geprägt von großen Hotels und dem Rummel, den der Tourismus an der Ostküste Istriens mit sich bringt. Wer auf seiner Reise an der Weinroute jedoch einen Strandtag einlegen oder einfach nur Meeresluft schnuppern möchte, für den empfiehlt sich der Abstecher nach Rabac.

GLAGOLITISCHE SCHRIFT

Der Mönch Kyrillos ersann bereits im 9. Jahrhundert diese Schrift, weil ihm die Buchstaben des griechischen Alphabets für die slawische Sprache nicht als ausreichend erschienen. Diese auch »Glagoliza« genannten Buchstaben gelten heute als die älteste aller slawischen Schriften. Auf der sechs Kilometer langen »Glagolitischen Allee« zwischen Roč und Hum widmen sich elf Denkmäler ihrer Geschichte.

Die Weinstraße um Poreč

1 Poreč

Poreč gilt nicht umsonst als Perle an der kroatischen Adriaküste. Seine Altstadtbauten zeugen noch immer von der wechselvollen Geschichte der Stadt: Da gibt es Überreste von antiken Tempeln, Häusern im romanischen Stil, gotischen Villen und barocken Palästen. Die »Colonia Julia Parentiu«, wie die Gegend um Poreč einst hieß, war schon zur Römerzeit bekannt für gute Weine und Olivenöl. Sogar im Atrium der Euphrasius-Basilika (Weltkulturerbe aus der Zeit der Frühchristen) erzählt noch ein mit Reben und Trauben dekorierter Futtertrog aus Stein von dieser Tradition. Den Weinanbau in der Gegend förderte später die Gründung einer Landwirtschaftlichen Fachschule zur Zeit der österreichisch-ungarischen Monarchie. Vier Weinkeller wurden seitdem in der Stadt gebaut, davon einer im Keller des heutigen Landwirtschaftlichen Instituts.

Poreč (unten) blickt auf eine lange Geschichte zurück; die Euphrasius-Basilika (kleines Bild rechts) zählt zum UNESCO-Welterbe.

WEINGÜTER

Degrassi Moreno
Das Weingut im äußersten Nordwesten der Halbinsel bietet Istriens größtes Rotweinsortiment.
Podrumarska 3, Savudrija
Tel. +38552/759250
oder info@degrassi.hr

Kozlović Vinarija
Gianfranco Kozlović hat seit der Wende in den 1990er-Jahren einen der größten und renommiertesten Weinkeller Istriens aufgebaut.
Valle 78, Momjan
Tel. +38552/779177
oder info@kabola.hr

Kabola Vina
Der kreative Winzer und Gastronom Marino Markežić feiert große Erfolge mit seinem ungewöhnlichen Amphorenwein.
Kanedolo 90, Momjan
Tel. +38552/779208
oder info@kabola.hr

Matošević Vina
Ivica Matošević bietet nicht nur Qualitätsweine, sondern ist auch Begründer des istrischen Winzerverbandes »Vinistra«.
Krunčići 2, Sveti Lovreč
Tel. +38552/448558
oder vina@matosevic.hr

Meneghetti Vina
Das Weingut in der Nähe von Bale legt seinen Schwerpunkt vor allem auf Weißweine; dem Gut angeschlossen sind ein Gourmet-Restaurant und ein Weinhotel.
St. Meneghetti bb, Bale
Tel. +38552/528/116
oder tasting@meneghetti.hr

2 Nova Vas

Rund um diesen Ort nordöstlich von Poreč gibt es nicht nur malerische Weinberge, sondern dank des Karstgesteins im Untergrund noch eine weitere Naturschönheit, die Baredine-Grotte. Diese Tropfsteinhöhle mit ihren fünf Hallen führt tief hinein ins Gestein, auch eine seltene Amphibie, der Grottenolm, ist hier zu Hause. Zum Angebot gehören Führungen und Höhlenklettern. Gleich daneben zeigt die Ausstellung »Tractor Story« etwa 50 historische Traktoren und Maschinen aus der Getreide-, Olivenöl- und Weinproduktion.

3 Kaštelir-Labinci

Labinci und Kaštelir waren ursprünglich einmal zwei unterschiedliche Siedlungen, die im Laufe der Jahrhunderte zu einem Ort zusammengewachsen sind. In der Umgebung gibt es viele Wälder, in denen Pilze und wilder Grünspargel wachsen. Ebenso wie Wildbret bereichern sie die Speisekarte der Restaurants. Mehrere Ruinen im Umfeld zeugen von der wechselvollen Vergangenheit, zum einen die Überreste der Festung Gradina über dem Mirnatal nördlich von Kaštelir, zum anderen die verfallenen Mauern einer alten Benediktinerabtei aus dem 9. Jahrhundert südlich von Labinac. Das verlassene Dorf Sabadin ist beliebt bei Paraglidern, weil auf dessen Anhöhe meist günstige West- bzw. Nordwestwinde dominieren.

4 Vižinada

An der Südseite des Flusses Mirna liegen die Hügel des Weinanbaugebiets von Vižinada. Alljährlich an Himmelfahrt präsentieren während eines großen Festes die örtlichen Winzer und Olivenölhersteller ihre Produkte. Insgesamt 27 Siedlungen gehören zur Gemeinde, darunter die Kleinstadt Vižinada selbst mit ihrem Mix von Baustilen aus unterschiedlichen Epochen: Da ist die Kirche des heiligen Barnabas, die nach dem Schutzpatron der Stadt benannt ist. Das Gebäude im romanischen Stil stammt aus dem 13. Jahrhundert und beherbergt wertvolle Fresken. Die Kirche des heiligen Hieronymus beherrscht den Hauptplatz und ist ein neoklassizistischer Bau aus dem Jahr 1837, ihr frei stehender Glockenturm im Renaissancestil wiederum stammt noch vom Vorgängerbau aus dem 16. Jahrhundert.

5 Višnjan

Der Name ist wahrscheinlich abgeleitet vom lateinischen Wort »vicinianus« und bedeutet »in der Nachbarschaft«, weil das 17 Kilometer entfernte Višnjan einst der nächstgelegene Ort zur Stadt Poreč war. Heute gibt es zwischen ihnen mehrere Dörfer, denn Istrien ist nun dichter besiedelt. Typisch

für die kleine Stadt sind die großen Anbaugebiete mit Roterde (siehe Special »Istriens Böden«). Herrlich anzuschauen ist der mittelalterliche Hauptplatz, um den sich die Stadttore, der Kapitänspalast mit Loggia und die Kirche mit ihrem venezianischen Glockenturm anordnen. Eine weitere Sehenswürdigkeit ist das Observatorium, das Besucher auf Wunsch auch besichtigen können. Mehr als 1500 neue Asteroiden sowie zwei Kometen haben die Mitarbeiter dieser produktiven Sternwarte bereits entdecken können

6 Sveti Lovreč

Durch ein Tor in Spitzbogenform passieren Besucher die Stadtmauer und gelangen in die Altstadt. Sveti Lovreč kann mit einer der besterhaltenen mittelalterlichen Stadtbefestigungen von Istrien aufwarten. Seinen Namen ver-

Geschichtsträchtige Städte: Kirchturm und Altstadt von Rovinj (links oben) und Bale (links).

dankt der Ort dem Schutzheiligen Sankt Laurentius. Südlich der Stadt, auf halbem Weg in Richtung Lim Fjord, befinden sich die Weinberge von Ivica Matošević, der zu den renommiertesten Winzern Istriens gehört.

ISTRIENS BÖDEN – EINE KLEINE FARBENLEHRE

Zwei Bodenarten sind für den Weinanbau auf der kroatischen Halbinsel entscheidend – die rote Erde (»Terra Rossa«) und die weiße Erde (ein kalkhaltiger Mergelboden). Laut Faustregel eignet sich die Terra Rossa im Westen Istriens besser für rote Sorten und der kalkhaltige Mergel in Zentralistrien besser für die weißen. Allerdings haben preisgekrönte Weine längst die Ausnahme von der Regel bewiesen.

Die Weinstraße um Rovinj

1 Rovinj

Steile Gassen mit glänzendem Pflaster, das Generationen von Einwohnern im Lauf der Jahrhunderte mit ihren Schuhen blank poliert haben, führen steil hinauf zur Kirche der heiligen Euphemia. Von hier aus gibt es einen herrlichen Blick auf die Adriaküste mit ihren vorgelagerten Inseln. Es sind 22 Eilande, die sich bei einem Bootsausflug erkunden lassen. Dass der Glockenturm die typische Form eines italienischen Campanile hat und die Altstadt sich auf einer einstigen Insel direkt aus dem Wasser zu erheben scheint, hat ihr den Beinamen »Venedig von Istrien« eingebracht. Rovinj ist zudem die Künstlermetropole an der Westküste Istriens: Galerien, Ateliers und Kunsthandwerkerläden dominieren das Bild der Altstadt.

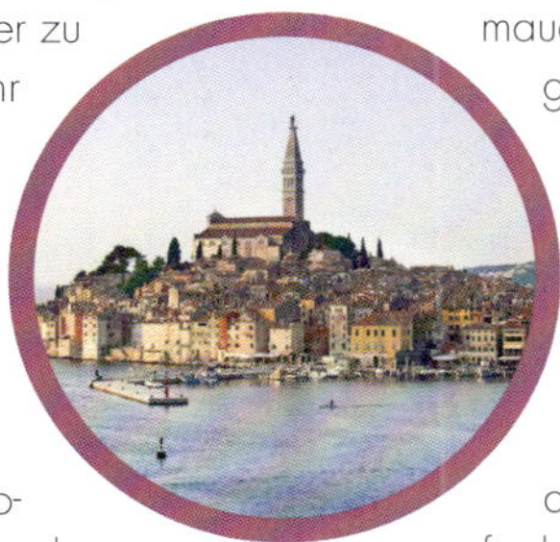

2 Bale

Wer Bale besucht, dem bleibt sicher der beeindruckende Palast Soardo-Bembo in Erinnerung. Er ist das größte Gebäude der Stadt und zieht mit seiner frisch renovierten Fassade im Übergangsstil zwischen Gotik und Renaissance sofort die Blicke am Hauptplatz auf sich. Der gesamte Stadtkern mit seinen Steinhäusern und engen Gassen steht unter Denkmalschutz. Weinreben ranken sich an Fassaden empor, schaffen schattige Veranden und Hauseingänge, davor laden oft steinerne Bänke zum Verweilen ein. Südwestlich von Bale befindet sich mit Meneghetti auch eines der bekanntesten Weingüter Istriens.

3 Vodnjan

Das Bild der Gassen und steinernen Häuser von Vodnjan ist vor allem in der gotisch-venezianischen Epoche geprägt worden. Die charakteristischen Steinhäuser, »Kažuni« genannt, sind in Trockenmauertechnik erbaut. Grundlage des Reichtums der Stadt war seit jeher der Oliven- und Weinanbau in der Umgebung. Eine skurrile Besonderheit beherbergt die Kirche des heiligen Blasius, denn in dieser Wallfahrtskirche befindet sich die zweitgrößte Reliquiensammlung Europas, mit Objekten aus 15 Jahrhunderten. Unter diesen sind auch die rätselhaften Mumien von Vodnjan. Die Körper dieser Heiligen haben sich ohne Einbalsamierung mumifiziert, ein Phänomen, das sonst nur aus Wüstengegenden oder dem ewigen Eis bekannt ist.

4 Fažana

Heute ist das einstige Fischerdorf ein beliebter Badeort an der Westküste Istriens. Dass sich während der Römerzeit hier eine Amphorenfabrik befand, zeigt schon, dass Wein und Olivenöl aus Istrien immer eine große Bedeutung hatten. In der Umgebung von Fažana ist der Malvazija die am weitesten verbreitete Rebsorte. Da hier kaum Schatten und hohe Sonneneinstrahlung herrscht und die Trauben vor allem auf roter Erde wachsen, haben die hiesigen Malvazija-Trauben einen hohen Zuckergehalt und der erzeugte Wein ist relativ stark.

Eine lange Zeitspanne trennt die Steinhütten von Vodnjan (unten) und die Häuser von Rovinj (kleines Bild oben).

Griechenland

Die »Wiege der europäischen Weinkultur« ist geprägt von Wein und Kultur.

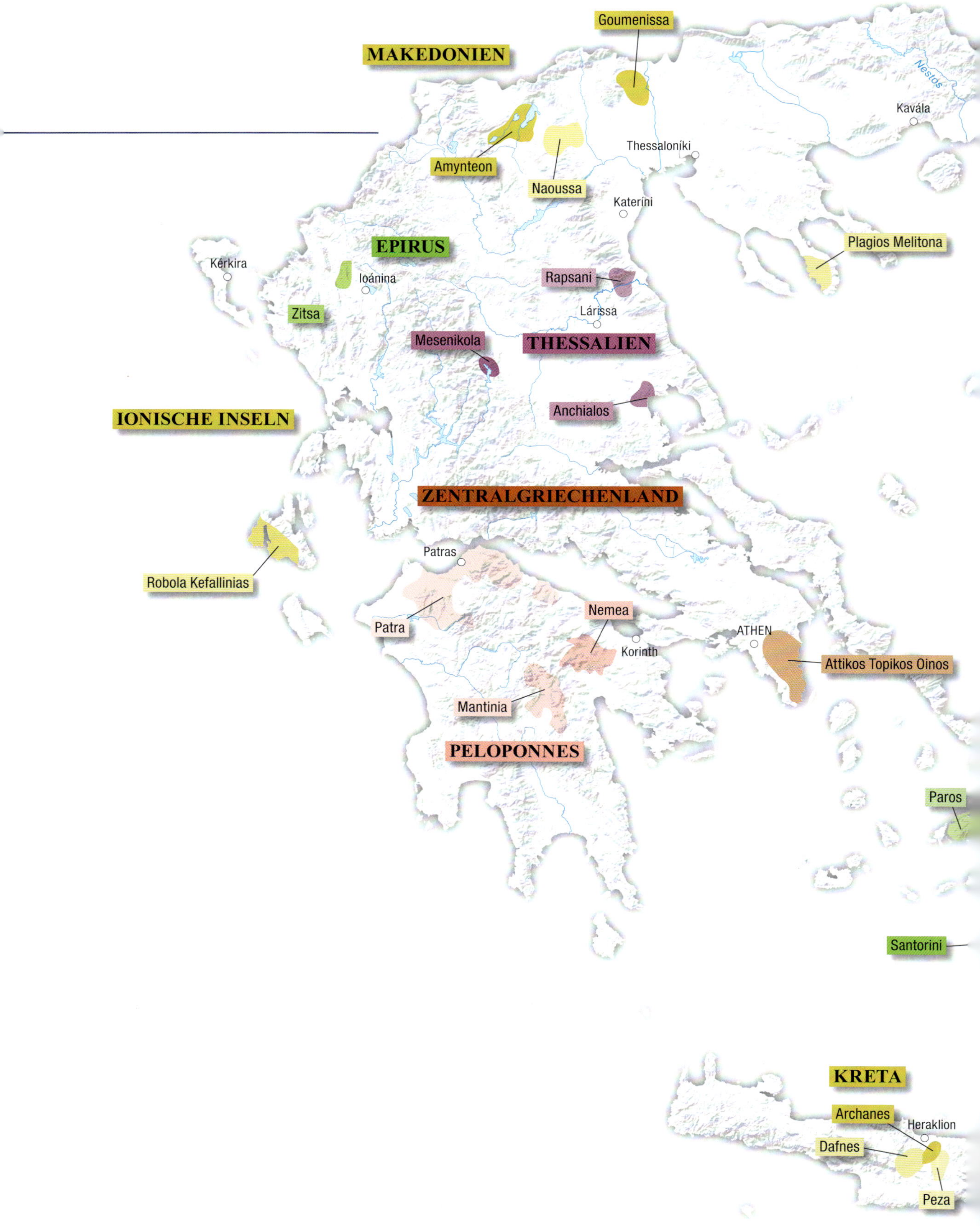

Goumenissa
MAKEDONIEN
Nestos
Kavála
Amynteon
Naoussa
Thessaloníki
Kateríni
Plagios Melitona
EPIRUS
Kérkira
Ioánina
Rapsani
Zitsa
Lárissa
Mesenikola
THESSALIEN
Anchialos
IONISCHE INSELN
ZENTRALGRIECHENLAND
Patras
Robola Kefallinias
Nemea
Patra
ATHEN
Korinth
Attikos Topikos Oinos
Mantinia
PELOPONNES
Paros
Santorini
KRETA
Archanes
Heraklion
Dafnes
Peza

Weinregionen
Griechenland

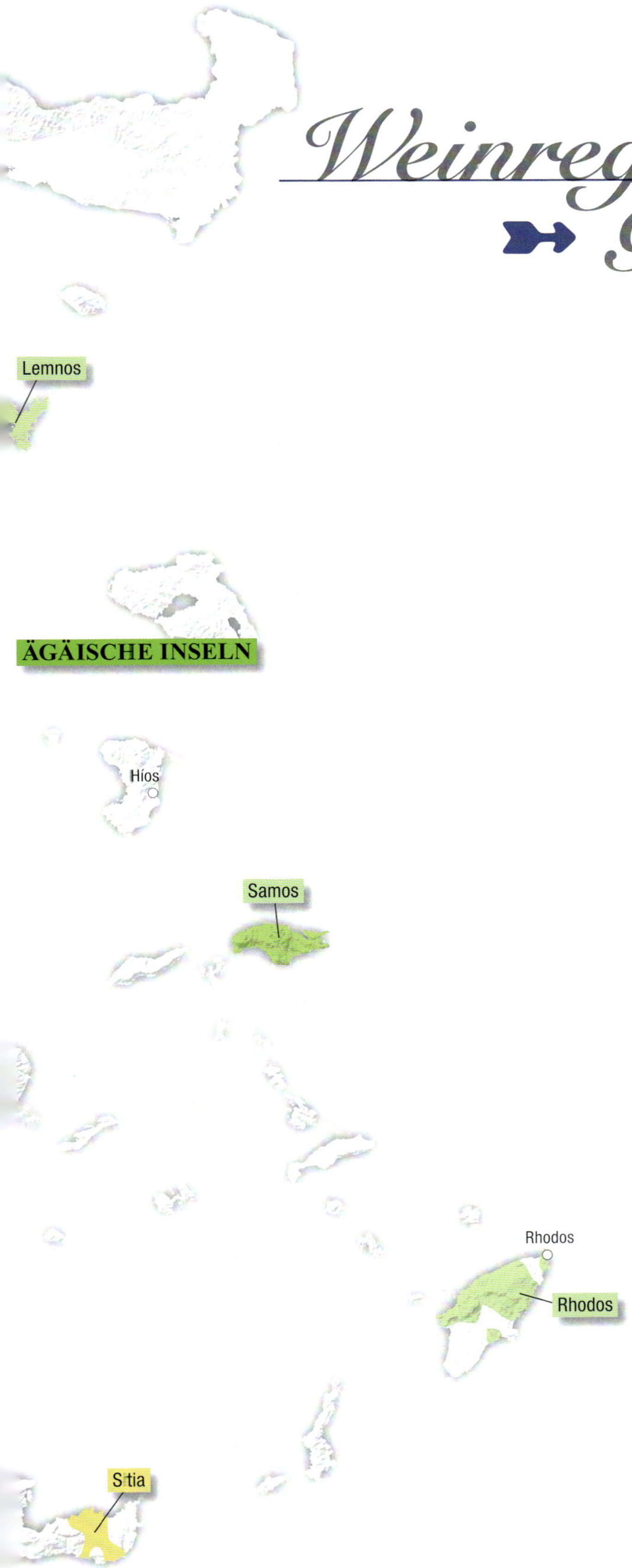

Griechische Wein-

WEISSWEIN

ASSYRTIKO

Anbau: Neben Moschofilero, Agiorgitiko und Xinomavro gehört die Assyrtiko-Traube zu den Flaggschiffen unter den griechischen Rebsorten. Sie wird vor allem auf den Ägäischen Inseln kultiviert. Allein auf Santorin beträgt ihr Anteil 70 Prozent.

Genuss: Die frischen, langlebigen, wenig fruchtbetonten Weißweine passen gut zu Fisch und Meeresfrüchten. Auf Santorins vulkanischem Boden gewachsen, haben die Trauben deutliche Anklänge an Zitrusfrüchte. Gemischt mit Aidana Aspro und Athiri entsteht aus teilrosinierten Beeren der Dessertwein Vinsanto, der »Wein aus Santorin« – nicht zu verwechseln mit dem italienischen Vin Santo, dem »heiligen Wein«.

Geschichte: Die Weingärten sind bis zu 3500 Jahre alt und gehören damit zu den ältesten der Welt.

MOSCHOFILERO

Anbau: Wie beim Grauburgunder bewegt sich die Farbigkeit des exotischen Moschofilero zwischen Weiß und Rot. Hauptanbaugebiet dieser Rebsorte, die Anfang der 1990er-Jahre einen regelrechten Boom auslöste, ist der Peloponnes.

Genuss: Aus den Trauben entsteht der gleichzeitig duftige, frische und würzige OPAP-Weißwein Mantinia. Schaumweine nach der Charmat-Methode und Roséweine enthalten die aromatische Rebsorte ebenfalls. Sie bezaubert mit ihrer intensiven Note von wilden Blumen. Auch ihr Name Moscho, »Geruch«, weist auf die starken Aromen der Pflanze hin, die Insekten anlocken.

Geschichte: Seit Jahrhunderten baut man diese Traube an, ihre Heimat hat sie auf der auf dem Paleponnes gelegenen Hochebene von Mantinia.

RODITIS

Anbau: Roditis ist eine weit verbreitete Sorte in Griechenland, vor allem auf dem Peloponnes. Die Trauben sind zart rötlich. Aus Nordgriechenland stammt der weltbekannte Retsina Malamatika, der neben Salvatiano auch Roditis enthält.

Genuss: Die trockenen Weißweine zeichnen sich durch ihr fruchtiges Aroma und ein frisches Bouquet aus.

SAVATIANO

Anbau: Savatiano wird vor allem in Mittelgriechenland und Attika angebaut, die Rebsorte ist wichtiger Bestandteil des Retsina.

Genuss: Bei gutem Ausbau erbringt der gelb-grüne Wein Früchtearomen von Zitrone, Erdbeere und Pfirsich.

Geschichte: Der Anbau von Savatiano hat in Griechenland eine mehr als 2500 Jahre alte Tradition.

und Rebsorten

ROTWEIN

AGIORGITIKO

Anbau: Eine der edelsten Rebsorten Griechenlands und ältesten weltweit ist Agiorgitiko, auch Mavro Nemea genannt. Die Traube wird vor allem auf dem Peloponnes im Weinbaugebiet Nemea angebaut.
Genuss: Die aromatische, farbintensive Traube wird oft sortenrein verwendet und ist Bestandteil der meisten Rotweine der Region. Kenner vergleichen die wegen ihrer kräftigen Farbe auch »Herkulesblut« genannten Weine manchmal mit dem Merlot.
Geschichte: Ihren Namen hat die Agiorgitiko-Traube von Agios Georgis, dem früheren Namen des Weinbaugebietes Nemea.

LIMNIO

Anbau: Auf etwa 122 Hektar wird die Rebe in Makedonien, Thrakien und auf Limnos kultiviert.
Geschichte: Diese Rebsorte zählt zu den ältesten Griechenlands; bereits Hesiod (ca. 700 v. Chr.) und Aristoteles (384 bis 322 v. Chr.) sollen sie gekannt haben.

MANDILARIA

Anbau: Kreta gilt als das Hauptanbaugebiet der Sorte Mandilaria. Sie ist dort wichtiger Bestandteil mehrerer g.U.-Weine.
Genuss: Wind und extreme Hitze bringen in den tiefdunklen Trauben kräftige Tannine und Aromen von überreifen Früchten und Leder hervor.
Geschichte: Bereits im 2. Jahrhundert war Mandilaria an der Produktion des berühmten Weins Ariousios von Chios beteiligt.

MAVRODAPHNE

Anbau: Mavrodaphne oder Mawrud ist im gesamten Balkan verbreitet und gehört zur Familie der Muskateller.
Genuss: Vanille-, Kirsch- und Schokoladenaromen geben dem Wein seinen besonderen Charakter.
Geschichte: Seit jeher wird die Traube vor allem in der Gegend um Patras angebaut. Berühmt ist der leicht gespritete Dessertwein Mavrodaphne von Patras.

XINOMAVRO

Anbau: Die Sorte ist sehr empfindlich, Trockenstress und Pilzkrankheiten gefährden die Erträge. Ihr Anbaugebiet liegt vor allem im feuchteren, kühleren Norden Griechenlands.
Genuss: Die Xinomavro-Traube ist wichtiger Bestandteil der OPAP-Weine Amyndeo, Naoussa und Goumenissa. Ihre Aromen sind vielfältig und die Intensität der roten Farbe schwankt von leuchtend hell- bis tiefrot, abhängig vom Reifegrad der Trauben.

Weinstraße der Götter des Olymp und der Seen

Zwei Weinstraßen gehören zu den attraktivsten Strecken in ganz Griechenland.

WEINROUTE 37

Auf den nordgriechischen Weinstraßen der Seen und der Götter des Olymp in Makedonien und Thessalien treffen frisches Klima und klare Bergluft auf warme Sonnentage an der Ägäis. Die meisten der modernen Weingüter fußen auf alter Weinbautradition und bieten eine große önologische Vielfalt. »Weinstraßen von Nordgriechenland« ist die älteste Winzervereinigung des Landes. Im Anbaugebiet Rapsani im Tempi-Tal wächst einer der bekanntesten OPAP-Weine der Region. Durch die Lage der Weinberge am Fuße des Olymp, dem fast 3000 Meter hohen Sitz der Götter in der griechischen Mythologie, werden die edlen Tropfen auch gern mit Nektar, dem Trank der Götter, verglichen. Zum Wein isst man Ziegen- und Lammfleisch, gefüllten Käse-Blätterteig und »Platsaro«, mit Blattgemüse gefüllte Taschen. Die »Weinstraße der Seen«, nordwestlich des Olympgebirges in der griechischen Region Makedonien und nahe der Grenze zu Mazedonien gelegen, führt kurvenreich durch eine bergige Landschaft und zieht Genießer wie Naturfreunde gleichermaßen an. Die Seen von Polofitos, Vegoritis, Petres und Kastoria prägen das Leben und die Menschen dort. Pelzhandel und Safrangewinnung sind wichtige wirtschaftliche Standbeine. In Städten wie Kastoria oder Florina sind zahlreiche Monumente aus byzantinischer Zeit erhalten, im Umland finden sich Zeugnisse prähistorischer Besiedlung.

Routenlänge: ca. 500 km
Zeitbedarf: mind. 1 Woche
Start: Grevena
Ziel: Tempi-Tal
Routenverlauf: Über die Weinstraße der Seen und die Weinstraße der Götter des Olymp.

Besondere Hinweise: Beide Weinstraßen führen durch bergiges Terrain, dennoch ist Wasser nie fern – Bergschuhe gehören also genauso wie Badesachen ins Gepäck.

Auskünfte:
Griechische Zentrale für Fremdenverkehr
Holzgraben 31, 60313 Frankfurt
Tel. +4969/2578270 oder
info@visitgreece.com,
www.visitgreece.com

1 Grevena

Umgeben von dichten grünen Wäldern, inmitten von Hügeln und Bergen mit mehr als 2000 Meter Höhe, liegt Grevena. Die Stadt mit ihren gut 13 000 Bewohnern ist der Bischofssitz der griechisch-orthodoxen Kirche. Heute eher ruhig und abgeschieden, war Grevena einst quirliges Zentrum auf der alten römischen Handelsstraße Via Egnatia durch Makedonien. Hirten und Händler auf der Durchreise trafen sich in der Stadt. In der Umgebung liegen mehrere alte Walachendörfer wie Samarina, deren Bewohner Latein statt Griechisch sprachen und ihre Traditionen bis heute aufrechterhalten haben.

2 Siatista

In einem Tal, aber dennoch bis zu 920 Meter hoch, erstreckt sich die Kleinstadt Siatista am Fuße des Berges Velia. Begünstigt durch diese Tallage sind die Winter mild und relativ kurz, die Sommer hingegen lang und warm. Das gut erhaltene mittelalterliche Stadt-

Oben: Die Stadt Kastoria liegt teilweise bis zu 250 Meter über dem Meeresspiegel. Unten: Der Fluss Aliakmonas bei Grevena bildet hier einen See.

ABSTECHER: Walachendörfer *Als Nachkommen der römischen Legionäre, die auf dem Balkan stationiert waren, sprachen die Walachen Latein statt Griechisch. Die nomadisch lebenden Hirten ließen sich hier in Siedlungen nieder.*

bild des Ortes mit seinen rund 6000 Einwohnern und eine Zahl neu restaurierter Herrenhäuser, die zum Teil auch für eine Besichtigung offen stehen, machen Siatista zu einem lohnenden Ziel für einen Ausflug. Eine prähistorische Bronzenadel und Reste einer antiken Siedlung belegen, dass im Tal schon lange Menschen wohnen.

3 Kastoria

Wie eine Acht ragt die Halbinsel in den Kastoria- oder Orestias-See – einer der prägenden Gewässer auf der »Weinroute der Seen« –, auf ihr erstreckt sich die Stadt Kastoria. Bis zu 250 Meter ist die Insel hoch, sodass die Altstadt von Kastoria zum Teil ein großes Gefälle aufweist. Besiedelt ist die Region schon seit der Jungsteinzeit, das belegen Reste einer Siedlung am See und eine Schrifttafel aus dem Jahr 5260 v. Chr. 35 000 Einwohner zählt die Stadt heute. Seit der osmanischen Herrschaft ist Kastoria ein Zentrum der Pelznäher und -händler, allenthalben werden Pelzjacken, -mützen und -handschuhe angeboten. Alte Bürgerhäuser dokumentieren eindrucks-voll den frühen Wohlstand der Berufsgruppe. Sehenswert sind außerdem das Byzantinische Museum und das Ikonenmuseum; darüber hinaus stehen 72 kleine byzantinische Kirchen in der Stadt. An die osmanische Epoche erinnern eine Moschee und der heute wie damals immerzu trubelige Basar.

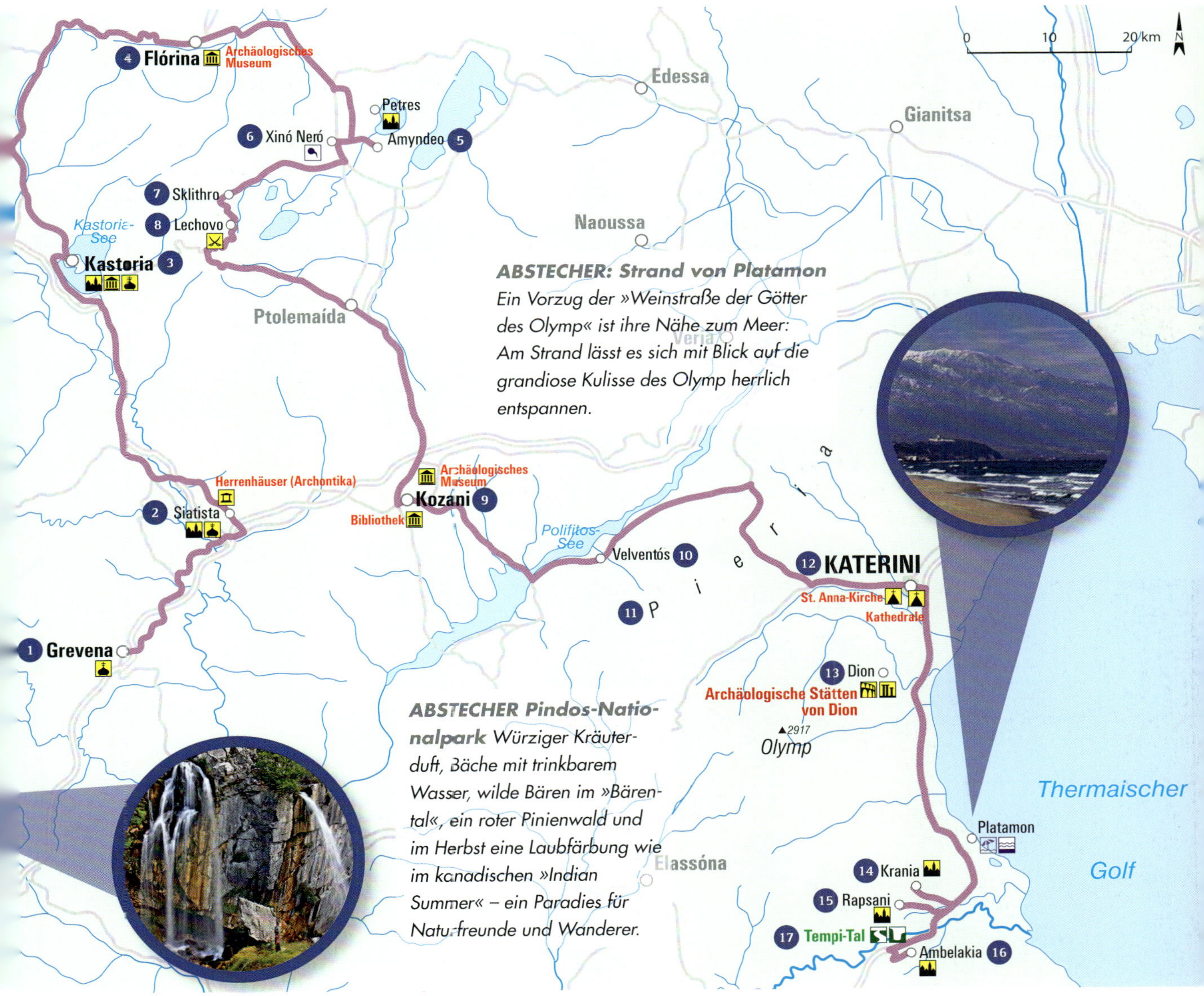

ABSTECHER: Strand von Platamon
Ein Vorzug der »Weinstraße der Götter des Olymp« ist ihre Nähe zum Meer: Am Strand lässt es sich mit Blick auf die grandiose Kulisse des Olymp herrlich entspannen.

ABSTECHER Pindos-Nationalpark *Würziger Kräuterduft, Bäche mit trinkbarem Wasser, wilde Bären im »Bärental«, ein roter Pinienwald und im Herbst eine Laubfärbung wie im kanadischen »Indian Summer« – ein Paradies für Naturfreunde und Wanderer.*

4 Florina

Florina mit seinen heute gut 30000 Bewohnern blickt wie die gesamte Region auf eine bewegte Geschichte zurück. Das antike Lynkestis wurde unter anderen vom Römischen Reich, Bulgarien und vom Ende des 14. Jahrhunderts an vom Osmanischen Reich regiert. Damals lebten Griechen, Mazedonier, Bulgaren, Türken und Albaner in Florina, zur gleichen Zeit blühte der Weinbau in der Region. Heute hat er gegenüber dem Obstanbau eine nachgeordnete Stellung. Klimatisch liegt die Stadt in einem Kontinentalklima mit kurzen, oft heißen und trockenen Sommern und langen, kalten Wintern. Sehenswert sind die Art-déco-Häuser am Fluss Sakoulevas, das Archäologische Museum, die Ausgrabungsstätte der antiken Stadt aus der hellenistischen Periode südwestlich des Ortes und das byzantinische Kloster Agios Markos im Norden. Unbedingt probieren: den hochprozentigen Weinschnaps Tsipouro.

5 Amyndeo

Die Kleinstadt Amyndeo gibt der gleichnamigen Weinbauregion ihren Namen. Sie trägt das Siegel OPAP, die höchste griechische Qualitätstsufe für Herkunftsbezeichnungen, und ist die einzige unter den ausgezeichneten Regionen, die auch wesentliche Mengen Roséwein produziert. Zu den wichtigsten Weingütern zählen Alpha Estate, Hatzi Winery, Kir-Yianni und die Winzerkooperative von Amyndeo. Der Ort selbst zählt 4600 Einwohner, sehenswert sind die in der Nähe gelegene antike Siedlung Petres und die weitaus ältere jungsteinzeitliche Siedlung Agios Pandelimonas.

6 Xino Nero

Nicht Wein, Mineralwasser ist es, das Xino Nero zu Wohlstand verholfen hat. Aus mehreren Quellen rund ums

Das Dolgiras-Herrenhaus (erbaut 1700 bis 1730) ist eines der schönsten in Siatista (links oben: bunte Zimmerdecke; darunter: farbenfrohe Innenräume).

Dorf sprudelt kalzium- und kohlensäurehaltiges Wasser. Seit dem Ersten Weltkrieg wird das Heilwasser in Flaschen abgefüllt, es soll besondere gesundheitsfördernde Wirkungen auf Leber und Nieren haben.

7 Sklithro

Am Fuße des Berges Vitsi liegt das kleine Dorf Sklithro, in dem rund 600 Menschen leben. Aufgrund der beiden Weltkriege und durch den Griechischen Bürgerkrieg schrumpfte die Bevölkerung von mehr als 3000 Menschen auf heutiges Niveau, zuletzt durch eine große Auswanderungswelle nach dem Bürgerkrieg gen Amerika und Australien. Seit ein paar Jahren wächst Sklithro allerdings wieder, nicht zuletzt durch das nahe Braunbären-Schutzgebiet Arcturos und eine neue Wertschätzung der lokalen Landwirtschaft, zu der auch der Weinanbau gehört. Jeden August feiert Sklithro ein großes Kartoffelfest.

8 Lechovo

Steile Hänge und Straßen aus Naturstein prägen den Ort, Wasser plätschert aus Quellen, es riecht nach den Kaminfeuern, die in den Steinhäusern brennen. Lechovo liegt fernab des Massentourismus und hat eine grausame Vergangenheit. Es ist eines der mehr als hundert griechischen Dörfer, in denen Hitlers Wehrmacht zur Zeit der deutschen Besatzung ihr Unwesen trieb, Häuser anzündete und unzählige Menschen erschoss. Viele Schicksale der früheren Dorfbewohner sind bis heute unbekannt. Seit einiger Zeit bemüht sich ein Kulturverein in dem kleinen Ort um Versöhnung zwischen Griechen und Deutschen. Friedens- und Gedenkpfade rund um die Häuser sollen die Erinnerung aufrechterhalten und Lechovo zum Friedensdorf im Sinne eines vereinten Europa machen – in dem es Frieden und Wohlstand für alle gibt.

9 Kozani

Die 80 000-Einwohner-Stadt Kozani, Hauptstadt der Region Westmakedonien, bietet neben dem atemberaubenden Blick auf die sie umgebenden Berge ein erstaunlich großes Angebot an unterschiedlichen Museen. Dazu gehört das Volkskunde-Museum, das Archäologische Museum sowie das Militärmuseum. Die Bibliothek aus dem Jahr 1668 ist für ihre wertvollen alten Schriften berühmt und ist die zweitgrößte öffentliche Bibliothek Griechenlands. Rund um die Stadt erstrecken sich neben den Weinbergen Felder mit Krokussen, aus denen seit der Zeit des Osmanischen Reichs Safran gewonnen wird.

10 Velventos

Am Fuße der Pieria-Berge liegt in der Nähe des Polifitos-Sees, den eine gut ein Kilometer lange Brücke quert, dieses malerische Städtchen. Hier finden sich bedeutende byzantinische und spätbyzantinische Bauwerke und Tempel, und der Blick auf Berge und See ist einmalig. Das fruchtbare Tal ist für seinen Pfirsichanbau bekannt. Die Bauern sind in landwirtschaftlichen Kooperationen organisiert. In der benachbarten Stadt Servia kann eine Burg besichtigt werden.

11 Pieria

Die Region ist nicht nur eine alte Weinbauregion, sondern auch aus archäo-

WEINFESTE

FEBRUAR
Weinfest in Elatochori (Pieria) mit Musik und lokalen Produkten

MAI
»Offene Weinkeller von Griechenland« in vielen Regionen

AUGUST
Weinfeste in der Region Kozani

NOVEMBER/DEZEMBER
Feste in den Tsipouro-Brennereien bei Florina und Amyntaio

Diese Weinberge (unten) gehören zum Weingut Alpha Estate in Amyndeon.

GÖTTER DES OLYMP

Die Götterwelt des antiken Griechenland ist weitläufig, doch die auf dem Olymp wohnenden zählen zu den Hauptgöttern. Mächtiger als alle anderen Gottheiten ist Zeus, der Göttervater. Antike Abbildungen zeigen ihn häufig mit geschleuderten Blitzen und Zepter. Neben seiner Gattin Hera sind weitere bekannte olympische Götter Aphrodite, Poseidon und Athene.

logischer Sicht spannend. Hier beginnt die »Weinstraße des Olymp«. Eine besonders wichtige Stätte ist der archäologische Park von Dion mit seinen Funden und Denkmälern. Auch die Festung von Platamonas ist von besonderer Bedeutung; sie wurde erbaut, um die Handelsrouten durch das Tempi-Tal zu überwachen. In der Region werden seit 2008 Weine mit der geschützten Herkunftsbezeichnung g.g.A. Pieria angebaut und produziert. Die Weinberge müssen mindestens 50 Meter über dem Meer liegen. In Elatochori feiert man im Februar ein großes Weinfest.

12 Katerini

Katerini erfreut sich wegen ihrer guten Verkehrsanbindung und der Nähe zur Ägäis und zu den archäologischen Stätten von Dion großer Beliebtheit bei Touristen. Die Stadt mit ihren heute rund 85 000 Einwohnern wurde vermutlich erst zu Zeiten der osmanischen Besetzung Griechenlands gegründet, ist also erst wenige Hundert Jahre alt. Hier lässt es sich gut einkaufen, sehenswert sind die Kathedrale, die St.-Anna-Kirche und die Evangelische Kirche.

13 Archäologische Stätten von Dion

Die antike Stadt Dion liegt unterhalb des heutigen Ortes Dion, der 1350 Einwohner zählt. Seit 1928 finden in Dion archäologische Ausgrabungen statt. Einst von einem thrakischen Stamm der Pierier gegründet, eroberten die Makedonier den Ort 700 v. Chr. Rund 300 Jahre später fanden hier die ersten olympischen Spiele statt und man baute den Tempel des Zeus. Damit begann die Ära Dions als religiöses Zentrum Makedoniens, die Stätte mit immer weiteren Tempeln wurde bald auch Wallfahrtsort für die Menschen der umliegenden Berge. Später bekam die Stadt eine Stadtmauer, ein Theater, eine Badeanlage und ein ausgeklügeltes Wassersystem. In einem Museum können Besucher Funde aus den Grabungen besichtigen – sicher eine passende Vorbereitung für einen späteren Besuch der Berge des Olymp, dem Sitz der olympischen Götter in der griechischen Mythologie.

14 Krania

Wie eine grüne Oase schmiegt sich der kleine Ort Krania in die ihn umgebende karge Landschaft. Etwas oberhalb des Dorfes mit seinen schmalen Gässchen und seinen Ikonen aus dem

Links: Eine der schönsten archäologischen Stätten ist die von Olympia. In Kalipado liegt das Weingut Callinico (kleines Bild oben) der Familie Voultsou.

16. Jahrhundert in den Kirchen liegen an den sandig-lehmigen und steinigen Hängen die Weinberge und das Gut der Familie Katsaros, die seit 1978 die früheren Weinberge von Krania wieder bewirtschaftet. Dimitris Katsaros ließ den Ort aus dem Regelwerk von Rapsani, zu dem er ursprünglich gehört, lösen, weil er es als zu einschränkend empfand. Er ließ anschließend den Landwein Krania definieren, für den Chardonnay, Merlos und Sauvignon zugelassen sind.

15 Rapsani

Dass der Ort Rapsani schon in byzantinischer Zeit erblüht war, belegen sechs Wassermühlen aus dem 12. bis 14. Jahrhundert, umgeben von prächtigen Herrenhäusern und zahlreichen Kirchen. Besonders schön ist der Blick in die Schlucht von Tempi und zum Gipfel des Olymp, der sich meist von Schnee bedeckt zeigt und im Sommer für ausreichend Schmelzwasser für die Reben sorgt. Weinbau bildet in der Region um Rapsani seit dem 18. Jahrhundert für viele Bewohner die Lebensgrundlage. In den Weinbergen mit eisenhaltigen Schieferböden und mit Höhen von bis zu 800 Meter wachsen in dem speziellen, immer etwas windigen Mikroklima vor allem die kräftigen, autochthonen Sorten Xinomavro, Krasato und Stavroto. Als eine der ersten erhielt die Region im Jahr 1971 das Prädikat »Herkunftsbezeichnung höherer Qualität«, heute entsteht hier der bekannteste OPAP-Wein Thessaliens. Größter Erzeuger ist die Familie Tsantali.

16 Ambelakia

Alte Steinhäuser säumen schmale Gassen, der kleine Ort schmiegt sich an den Fuß des Berges Ossa. Der Blick reicht weit ins Tempi-Tal hinein. Mittelpunkt der 500-Seelen-Kleinstadt ist der zentrale Dorfplatz, in dessen Tavernen man sich regelmäßig trifft. »Das Juwel von Tessalien«, wie der Ort gern genannt wird, ist von zahlreichen Weinbergen umgeben, daher mag auch der Name des Ortes kommen: »ambelia« bedeutet nämlich »Weinberg«. In Ambelakia entwickelte sich Ende

Das Rapsani-Weinmuseum (oben). Ein Weingut der Region: die Weinreben stehen vor der Bergkulisse (unten).

WEINGÜTER

Weingut Tsantali Rapsani
Mit ihrer 125-jährigen Erfahrung im Weinbau hat die Familie Tsantali es geschafft, zu einem Botschafter griechischer Weine zu werden, die inzwischen in der ganzen Welt ihre Anhänger haben. Unter anderem produziert sie Thessaliens bekanntesten Wein, Rapsani O.P.A.P. (V.Q.P.R.D.), und brennt Ouzo und den typisch makedonischen Tresterbrand Tsipouro. Ihr Weingut bietet Besuchern neben geführten Besichtigungen und Weinverkostungen auch ein Weinmuseum und eine Abenteuer-Weintour.
Rapsani, Larisa
Tel. + 3023990/76100
www.tsantali.gr

Ktima Voyatzi
Die stetigen Winde vom nahen See Polyphytos im an und für sich kontinentalen Klima in Kombination mit den lehmig-sandigen, oft auch tonigen Böden machen die Weine, die in den Weinbergen von Familie Voyatzi in Velvento wachsen, so einmalig.
Velventos Kozanis
T.K. 50400
Tel. +3024640/32283
www.ktimavoyatzi.gr

Dio Fili Estate
Die jahrelange Freundschaft zwischen Yannis Boutaris und dem Paar Georgia Gkoutziamaris und John Polyzou mündete in dem Plan, das Erbe der alten Siatista-Kellerei in hoher Qualität wiederzubeleben. Seit dem Jahr 2007 produziert Dio Fili Estate hochwertige Weine.
Ag. Nikanora 5
Siatista-Kozani
P.C. 50300
Tel. +3024650/22224
www.diofili.gr

Alpha Estate
Seit 1997 produzieren Makis Mavridis und Angelos Iatridis in Amynteon ihren eigenen Wein. Das »Wine Enthusiast Magazine« hat Angelos Iatridis 2014 als Winzer des Jahres nominiert.
Amynteon, St. Panteleimon
PO 53200 Amyndeon
Tel. +3023860/20111
www.alpha-estate.com

Domaine Katsaros
Im Jahr 1978 entschied sich Dimitrios Katsaros, damals noch als Arzt in Larisa tätig, die traditionellen Weinberge von Krania wiederzubeleben. Er nahm sich vor, nur solchen Wein zu keltern, der ihm selbst schmeckt. So sind es hauptsächlich die Sorten Cabernet Sauvignon, Merlot und Chardonnay, die hier wachsen. Auf dem Gut selbst ist inzwischen sein Sohn Evripidis, ein studierter Önologe, der Leiter. Das kleine, moderne Weingut ist sehr gastfreundlich.
Krania, Larisa
Tel. +3024950/41666 oder
katswine@hotmail.com
www.cavaspiliadis.com/domaine-katsaros

des 18. Jahrhunderts eine der wichtigsten – in Griechenland damals typischen – Genossenschaften, die für Werte wie Freiheit, Gleichheit und Brüderlichkeit stand. Bauern, Arbeiter, Handwerker und Händler produzierten und vertrieben gemeinsam Garn, das sie aus Wolle und Baumwolle herstellten und mit Kräutern färbten. Vom einstigen Reichtum des Ortes zeugt das monumentale Herrenhaus von Georgios Mavros, dem damaliger Präsidenten der Kooperative, mit schönen Wandmalereien.

17 Tal von Tempi

Acht Kilometer lang, aber an der engsten Stelle nur 40 Meter breit, erstreckt sich das Tempi-Tal zwischen dem Gebiet der Berge des Olymp und dem Ossa-Gebirge. Durch das Tal fließt nicht nur der Fluss Peneios, auch die Nationalstraße von Athen nach Thessaloniki sowie eine Eisenbahnverbindung führen hindurch. Entsprechend frequentiert sind die Verkehrswege, die wegen Erdrutschen immer wieder gesperrt werden müssen. Dennoch ist das Tal von Tempi eine grüne Idylle mit seinen dunkelgrünen Wäldern aus Buchen und Pinien, die an steilen Hängen wachsen, und seinen verschlungenen Bäumen, die ihre Äste gen Himmel strecken. Beliebte Ausflugsziele im Tal von Tempi sind die in Fels gebaute Kirche Agia Paraskevi, die man über eine Hängebrücke erreicht, und die nahe gelegenen Quellen, in deren dichtem Schilf sich Wasservögel tummeln. Beliebt ist auch ein Abstecher zum Weingut Dougos an den Hängen des Olymp.

WEINROUTE 38

Im Norden von Zentralgriechenland gelegen ist die Thessalische Ebene die größte zusammenhängende Griechenlands. Sie wird von Gebirgen umschlossen, die bis heute ihre ursprüngliche Natur erhalten haben. Zu den kulturhistorischen Schwergewichten nicht nur Thessaliens, sondern ganz Griechenlands, zählen die Meteóra-Felsen mit den darauf gebauten Klöstern und die Höhle von Theopetra. Aus der Region südlich von Meteóra stammen die Weine mit der Bezeichnung g.g.A. Meteóra – Wein gehört schließlich zusammen mit Brot und Olivenöl zu den hochgeschätzten Basiszutaten der griechischen Küche. Und Weine hat Thessalien so einige zu bieten. So wachsen auf der Ostseite des Plastiras-Stausees in sanft bergiger Landschaft die Trauben, die die Rotweine mit g.U. Mesenikola hervorbringen, und nördlich von Larissa liegt die große Weinbauzone von Tyrnavos, in der g.g.A.-Tyrnavos-Weine produziert werden. Im wunderschönen Piliongebirge im Süden Thessaliens genießen Touristen und Griechen, die hier ihren Zweitwohnsitz haben, die milden Sommer und im Winter die Vergnügungen des Wintersports. An der gegenüberliegenden Westseite des Pagasäischen Golfs liegt das Weingebiet von Anchialos, wo die Trauben für die u.G.-Weißweine neben bedeutenden archäologischen Stätten wie Dimini, Feres und Dimitriada wachsen.

Routenlänge: ca. 300 km
Zeitbedarf: mind. 5 Tage
Start: Meteóra
Ziel: Portaria
Routenverlauf: Von den berühmten Meteóra-Klöstern führt die Strecke über Kalambaka und den Plastiras-Stausee nach Larissa und Volos und endet im Pilion-Gebirge.

Besondere Hinweise: Die Route ist nicht nur für den önologisch interessierten Besucher, sondern wegen der archäologischen Funde auch für Kulturreisende spannend.

Auskünfte:
Griechische Zentrale für Fremdenverkehr
Holzgraben 31, 60313 Frankfurt
Tel. +4969/2578270 oder
www.visitgreece.com

Thessalische Weinstraße

Viele Weinberge liegen in reizvollen Landschaften und nahe bedeutender touristischer Ziele.

1 Metéora

Sie thronen auf ihren Felsen weit über dem Talboden und scheinen manchmal sogar darauf zu schweben: Die Metéora-Klöster am heiligen Berg Athos zählen zum UNESCO-Weltkulturerbe – und neben Athens Akropolis zu Griechenlands bekanntesten Sehenswürdigkeiten. Selbst ein James-Bond-Film wurde hier schon gedreht. Aus insgesamt 24 Klöstern und Eremitagen besteht die gesamte Anlage, die ihre Ursprünge im 11. Jahrhundert hat. Heute sind allerdings nur noch sechs von ihnen bewohnt: Rousánou, Metamórphosis, Varlaám, Agios Stéfanos, Agía Triáda, und Agios Nikólaos Anapavsás. Die anderen 18 wurden verlassen, weil sie zu weit abgelegen waren oder einsturzgefährdet sind. Vor allem, wenn Nebel die Berge einhüllt, wird deutlich, warum die Klöster den Beinamen »Metéora« tragen, was »in die Höhe heben« bedeutet: Sie scheinen dann auf ihren Sandsteinfelsen zu schweben. Um Schutz geht es dabei allerdings eher weniger. Die Klöster haben ihre außergewöhnliche Lage nicht wegen der besseren Verteidigungsmöglichkeiten in der Höhe, sondern vielmehr als Ausdruck der Askese und Abkehr von der Welt gewählt. Heute parken allerdings täglich unzählige Reisebusse mit Touristen vor den sechs zugänglichen Klöstern, sodass es zu den Öffnungszeiten mit der Ruhe dort vorbei ist. Wer ein Alternativprogramm vorzieht: Der lokale Tourismusverband bietet halbtägige geführte Wein- und Foodtouren an, bei denen man nicht nur Kultur und Brauchtum, sondern vor allem die kulinarischen Vorzüge der Region kennenlernt.

2 Kastraki

Zwischen den Metéora-Felsen liegt Kastraki, das wohl schönste Dorf in der Umgebung. Hier wartet eine gute touristische Infrastruktur mit Hotels, Pensionen und Zeltplätzen, kleinen Tavernen und Geschäften auf die Besucher. Neubauten dürfen den idyllischen Gesamteindruck nicht zerstören: Palio Katstraki, das alte Kastraki, ist als traditionelle Siedlung geschützt.

3 Kalambaka

Durch die Nähe zu den berühmten Metéora-Klöstern hat sich die Stadt Kalambaka mit ihren gut 8000 Bewoh-

Hoch auf den Felsen thronen die Klöster von Metéora (oben: Rousánou; kleines Bild: Agios Nikólas Anapavsás).

nern zu einem touristischen Zentrum gemausert, das nicht nur eine große Auswahl an Restaurants, Cafés und Übernachtungsmöglichkeiten bietet, sondern in seinem Stadtzentrum mit den schönen breiten Straßen auch zum Bummeln und zum Einkaufen etwa von lokalen Lederwaren einlädt. Kalambaka steht auf der ehemaligen byzantinischen Festung Stagoi, sehenswert in der Stadt ist auch die Kirche Koimisis Tis Theotokou. In Kalambaka befindet sich außerdem Griechenlands einzige Schule für Holzschnitzerei. Etwas außerhalb der Stadt sind das Felsriff und die Höhle von Theopetras (östlich von Theopetra) sowie das wenige Kilometer vom Stadtzentrum entfernte Dorf Kastraki vor der großartigen Kulisse der Metéora-Felsen einen Besuch wert. Das Dorf mit seinen

ABSTECHER: Patitiri

Der Hauptort der Sporadeninsel Alonnisos, Patitiri, heißt übersetzt »Kelter«. Bis zu einem Reblausbefall in den 1960er-Jahren betrieben die Einheimischen hier intensiv Weinbau.

ABSTECHER: Tzoumerka-Nationalpark

Noch ein echter Geheimtipp unter Naturfreunden: Kajakfahrer lieben die ursprüngliche, oft über Kilometer menschenleere Bergwelt mit den Wildflüssen Acheloos und Arachthos.

WEINFESTE

Viele Dörfer feiern im AUGUST zur Traubenernte ihre Weinfeste:

Athamania (Trikala): Weinfest während der ersten zehn Tage im August;
Mesenikolas (bei Karditsa): Weinfest in der Mitte des Monats;
Weinfest der Genossenschaft Dimitra (Nea Anchialos, Region Volos) mit kostenlosem Wein);
Kastraki (bei Kalabaka): während der letzten zehn Tage des Monats

schönen Steinhäusern im Zentrum war einst eine byzantinische Festung; die Kirche Panagia Doupiani ist ebenfalls sehenswert.

4 Höhle von Theopetra

Im Osten des Ortes Theopetra erhebt sich wie ein überdimensionaler Walrücken ein massives Kalksteinriff, das bei Kletterern beliebt ist. Bekannt ist Theopetra aber vor allem für seine gigantische Kalksteinhöhle. Ihr Hauptraum ist 500 Quadratmeter groß, und hier wurden Steinwerkzeuge, 130 000 Jahre alte Fußspuren, Schmuck und Keramikgefäße sowie menschliche Skelette gefunden. Eine 23 000 Jahre alte Steinmauer verschließt den Höhleneingang teilweise, vermutlich wurde sie zum Schutz gegen Wind und Kälte errichtet. Sie zählt damit zu den ältesten menschlichen Bauwerken der Welt. Der Fund versteinerter Kieselalgen lässt für die Wissenschaftler wertvolle Rückschlüsse in der Klimaforschung zu. Die Höhle ist heute über eine Zufahrtsstraße gut erreichbar und einfach sowie barrierefrei zugänglich.

5 Trikala

Die heutige Stadt Trikala steht an der gleichen Stelle wie das homerische Trikka. Der Dichter hatte Trikka als Ursprungsort für den Äskulapkult beschrieben. Bis heute überragt auf einem grünen Hügel eine byzantinische Festung die Stadt am Fluss Litheos mit heute gut 60 000 Einwohnern. Der Ort ist zugleich Zentrum der gleichnamigen Region Trikala. Besucher sollten einen Blick in das Städtische Volkskundemuseum, die Städtische Pinakothek und die Ikonensammlung werfen. Zuletzt hat sich der Ort als e-Trikala einen Namen als erste digitale Stadt Griechenlands gemacht.

Oben: Innenraum der Mariä-Himmelfahrtskirche (11. Jh.) in Kalambaka. Rechts: Vor einer schönen Bergkulisse liegt der Plastiras-See (unten); kleines Bild oben: im Metéora-Kloster Varlaám.

HALBINSEL PILION

Der Gebirgszug Pilion, der den Pagasitischen Golf von der Ägäis trennt, ist in der griechischen Mythologie die Heimat der Kentauren, der Mischwesen aus Pferd und Mensch. Üppig grün und mild im Sommer, ist das Pilion beliebte Urlaubs- und Zweitwohnsitzregion der Griechen. Zum Skifahren fährt man in das Wintersportzentrum. Der höchste Gipfel des Gebirges misst 1624 Meter.

6 Weinbau und Bergdörfer um den Plastiras-See

Rund um den wunderschönen Plastiras-Stausee liegen mit mehr oder weniger Abstand zum See – an dessen Ufer gibt es keine alten Orte – und auf einer Ringstraße erreichbar mehrere malerische Bergdörfer, die ihre Besucher mit ihrem besonderen und ursprünglichen Charme begrüßen. Der See selbst entstand in der Mitte des vorigen Jahrhunderts, seine Staumauer wurde zwischen 1958 und 1962 errichtet. Der See erstreckt sich zwischen den Ausläufern des Pindos-Gebirges mit teilweise fjordartigen Seitenarmen und umfasst 14 Kilometer Länge und gut vier Kilometer Breite. Unter den Bergdörfern ist Morfovouni, der Geburtsort von Nikolaos Plastiras, Griechenlands ehemaligem Premierminister. Und an seiner Ostseite in reizvoller Landschaft gelegen und auch »kleine Schweiz« genannt ist das Weinbaugebiet von Mesenikolas, das den bekannten Rotwein hervorbringt. Moshato hat ebenfalls eine reiche Weinbautradition. Kastania ist für romantische Spaziergänge im nahen Wald beliebt, Belokomitis punktet mit seiner Vielfalt an lokaler, traditioneller Architektur. Neraida und Filakti sind weitere Touristenattraktionen, die mit kopfsteingepflasterten Gassen und einladenden Plätzen verzaubern. Neben den Orten ziehen zwei Klöster in der Umgebung des Sees die Besucher an: das östlich gelegene Kloster Koronas bei Morfovouni und das Pelikitiskloster im Westen bei Karitsa. Hoch über dem See gelegen, bietet sich von hier ein weiter Blick auf den südlichen Teil des Stausees.

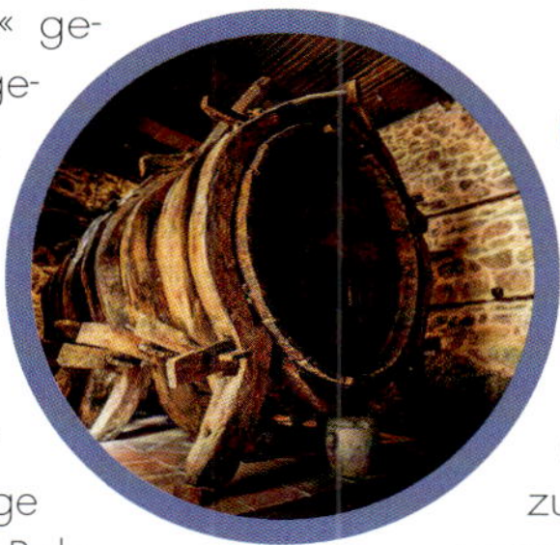

7 Karditsa

Gegründet unter der türkischen Herrschaft zum Schutz gegen Angriffe aus dem Agrafa-Gebirge, wurde der Ort bald zum beliebten Marktplatz unter den griechischen Händlern. Der Ursprung des Namens Karditsa dürfte im slawischen Wort für »Städtchen«, »graditsa«, liegen. Nach der Besetzung durch die italienische Armee konnten Partisanen die Altstadt schon im März 1943 befreien, Karditsa war damit eine der ersten freien Städte in Südosteuropa. Auf dem zentralen Stadtplatz sind klassizistische Gebäude wie das Hotel Arni erhalten, in der Valvi-Straße stehen alte Handwerker- und Geschäftshäuser. Sehenswert sind in der 31 000-Einwohner-Stadt u. a. die Pinakothek und das Archäologische Museum. Fahrradstraßen laden dazu ein, die Stadt per Rad zu entdecken.

8 Tyrnavos

Die kleine Stadt am Fluss Titarisios steht nicht nur für ein Weinbaugebiet, das Weine mit geschützter geografischer Angabe produziert, sondern auch für eine ganz spezielle Karnevalstradition. Beim »Bourani« spielt die Fruchtbarkeit eine besondere Rolle, die zum Teil bizarr verkleideten Menschen tanzen, trinken und tragen Riesenphallusse durch die Straßen. Man trinkt Tsipouro, eine lokale Spirituose, aus Gefäßen in Phallusform und isst traditionell eine Spinatsuppe, die an der Kirche

GLAUBE UND KLOSTERLEBEN

Abkehr von allem Weltlichen: In Thessalien gibt es viele Orte, die die Gläubigen besonders angezogen haben und noch bis heute anziehen. Die wichtigsten Klöster sind sicher die auf den Felsen gebauten von Meteóra. Aber auch die Porta-Panagia-Kirche beim Dorf Pyli und die Klöster in der Umgebung des Plastiras-Sees zeugen von der großen Frömmigkeit der Region.

Profitis Elias zubereitet wird. Doch wenn die Abendglocken der Kirchen schlagen, hat das wilde Treiben ein Ende und die Fastenzeit beginnt. Ihren Ursprung hat das archaische Treiben in antiken Feiern zu Ehren des Gottes Dionysos, der nicht nur der Gott des Weines war, sondern auch der der Freude, der Fruchtbarkeit, der Ekstase und des Wahnsinns. Erste schriftliche Zeugnisse zum »Bourani« stammen aus dem Jahr 1898, und zu Beginn des 20. Jahrhunderts wurden die Karnevalsfeiern sogar verboten, weil sie in den Augen der Regierenden die Moral der Menschen untergruben. Die ließen sich ihren Spaß aber nicht nehmen und feierten heimlich weiter. Heute ist die bizarre Tradition ein echter Publikumsmagnet auch für ausländische Touristen. Natürlich hat hier auch der Weinbau Tradition. Die große Weinbauzone von Tyrnavos am südlichen Fuß des Olymp bringt inzwischen die Weine mit der Bezeichnung g.g.A. Tyrnavos hervor. Gut 20 Kilometer nördlich sind in der Gegend von Elassona weitere Weinberge entstanden.

9 Larissa

Die Stadt Larissa liegt, von Bergen wie dem Ossa von der Ägäis getrennt, zentral im Thessalischen Becken und zeichnet sich durch ein besonderes Mikroklima aus. Umgeben ist die Hauptstadt der Region Thessalien deshalb von landwirtschaftlichen Flächen; vor allem Obst und Gemüse, Tabak und Baumwolle werden hier von bäuerlichen Kleinbetrieben angebaut. Der Markt in Larissa ist ein Fest für die Sinne, das man erlebt haben sollte. Die Stadt hat rund 140 000 Bewohner, viele davon sind Studenten an der Universität und den Fachhochschulen, die das Leben in Larissa prägen. Erst im Jahr 1989 grub man die wichtigste Sehenswürdigkeit der Stadt, das größte antike Marmortheater in ganz Griechenland, aus. Nördlich von Larissa liegt das Weinbaugebiet Rapsani im Tal von Tempi, in dem die Winzer unter anderem die Rotweine g.U. Rapsani herstellen. Obwohl das Gebiet eigentlich noch zum nordöstlichen Teil Thessaliens gehört, betrachten die meisten Griechen es allerdings als Teil Nordgriechenlands. Deshalb hat sich Rapsani darum bemüht, ins Netz der Weinstraßen Nordgriechenlands aufgenommen zu werden und wird inzwischen tatsächlich als Teil der »Weinstraße der Götter des Olymp« behandelt.

Im Herbst ist die Landschaft um die Meteóra-Klöster besonders prächtig (links). Kleines Bild oben: Weinkeller im Kloster Metamorphosis.

10 Krannonas

Das kleine Dorf Krannonas im Süden von Larissa lag in der Antike in der damaligen Region Pelagiokis und war Sitz eines mächtigen Adelsgeschlechts, das großen Einfluss über Thessalien hatte. Im Lamischen Krieg im Jahr 323 v. Chr. war der Ort Schauplatz einer großen Schlacht zwischen dem antiken Königreich Makedonien und den Athenern. In der Region werden Weine mit der Bezeichnung g.g.A. Krannonas produziert. Die Weinberge müssen in einer Höhe von 300 bis 400 Meter über dem Meeresspiegel liegen. Dort gedeihen u. a. Sauvignon Blanc, Cabernet Sauvignon, Merlot, Syrah.

11 Velestino

Hier Hügel und Berge, dort flache Landschaft: Velestino, die Kleinstadt mit rund 3500 Bewohnern, liegt dort, wo die Gebirgslandschaft in Flachland übergeht. Traditionell leben hier Angehörige des Volkes der Aromunen oder Mazedorumänen, die eine eigene Sprache, das Arumänische, sprechen. Bekannt ist der Ort auch durch die Schlacht von Velestino, die hier im Jahr 1897 während des Türkisch-Griechischen Krieges ausgetragen wurde. In wenigen Kilometern Entfernung, in der Nähe des Sees Karla, fand man in Visvika Magoula außerdem Reste einer jungsteinzeitlichen Siedlung.

12 Weinbaugebiet von Anchialos

An der Westseite des Pagasitischer Golf liegt um den gleichnamigen Ort das Weinbaugebiet von Anchialos, wo Weißweine mit g.U. Anchialos produziert werden. In der Region lohnen sich neben einem Besuch der Weingüter außerdem Abstecher zu den archäologischen Stätten von Dimini, Sesklo, Alos, Feres und Dimitriada, an denen u. a. jungsteinzeitliche Siedlungsreste gefunden wurden

Oben: Metéora-Klöster. In Verliga (unten) entspringt der Fluss Acheloos

WEINGÜTER

Theopetra Estate
Familie Tsililis baut auf ihrem Weingut Trauben nach den Richtlinien des ökologischen Weinbaus an. Ihre 15 Hektar Weinberge liegen rund um die berühmte Höhle von Theopetra und tragen die geschützte geographische Angabe g.g.A. Die Produkte werden regelmäßig in internationalen Wettbewerben ausgezeichnet.
K. Tsililis S.A.
Raxa Trikalon, 42100
Tel. +302431/085885
edra@tsililis.gr
www.tsililis.gr

Weingut Kalamatas
Seit 2003 erzeugt das Weingut nur wenige Kilometer vom Plastiras-See entfernt OPAP-Weine, vor allem aus den seltenen Mavro Mesenikola-Trauben, die nur hier wachsen. Zusammen mit Syrah- und Carigna-Trauben entstehten aus den auffallend dunklen, intensiv nach roten und schwarzen Früchten schmeckenden Trauben die besonderen g.U.-Mesenikola-Rotweine.
Mesenikolas, 43067
Tel. +306973/691738
mail@perivolishop.gr

Weingut Zafeiraki
Familie Zafeirakis begann mit dem Weinbau vor mehr als 100 Jahren. Neben neuen Arten wie Syrah, Merlot oder Malagouzia werden lokale Sorten wie Limniona wiederbelebt.
Palaiomylos - Tyrnavos, 40100
Tel. +302492/025280
zafeirakischristos@gmail.com
www.domainezafeirakis.gr

13 Volos

Im Stadtkern von Volos ist kaum ein Gebäude älter als 70 Jahre. Der Ort wurde ohnehin erst im 19. Jahrhundert unterhalb des antiken Iolkos gegründet, doch 1955 zerstörte ein Erdbeben weite Teile der Innenstadt. Neubauten aus dieser Zeit dominieren seither die Metropole zwischen Pilion-Gebirge und Ägäis mit dem Pagasitischen Golf. Nach mehreren Eingemeindungen zählt Volos etwa 145 000 Einwohner und ist damit eine der großen Städte Griechenlands. Der Hafen gewann dank seiner geschützten Lage schon bald nach der Stadtgründung an Bedeutung und Volos wurde zu einem überregionalen Handelszentrum. Von hier aus sollen der Sage nach die Argonauten mit ihrem schnellen Schiff Argo aufgebrochen sein, um das Goldene Vlies zu finden, ein Denkmal am Hafen erinnert an den Mythos. Sehenswert ist das archäologische Athanasakeion-Museum mit Funden aus historischen und prähistorischen Zeiten. Bekannt ist Volos darüber hinaus für seine rund 600 »Tsipouradika«, kleine Bars und Restaurants, die nicht nur den typischen Schnaps der Region, Tsipouro, sondern auch einfache, aber schmackhafte lokale Gerichte servieren. Hinter Volos ragt das Pilion-Gebirge auf, durch dessen Wälder einst die mythischen Mischwesen Kentauren getrabt, in dessen Bächen die Nymphen gebadet haben sollen und der seinen Besuchern Freizeitmöglichkeiten in herrlicher Natur bietet.

14 Portaria

Bescheidene Steinhäuser stehen neben herrschaftlichen Anwesen, schmale Gassen mit üppigen bunt bepflanzten Blumentöpfen, kleine Plätze mit plätschernden Brunnen, daneben erwachsen direkt schöne Kirchen und alte Klöster: Aus Volos kommend ist das beschauliche Portaria das erste Dorf auf dem Weg zum Gipfel des Berges Pilion. Der Ort in der thessalischen Region Magnesia ist das ganze Jahr über ein beliebter Urlaubs-Hotspot, der seinen Besuchern einiges zu bieten hat: Im Sommer geht man wandern oder besucht das nahe Meer, während im Winter der Wintersport in Portaria dominiert. Der kosmopolitische, quirlige Ort bietet alles – vom Hostel bis zum Luxusresort, von der Taverne bis zum Feinschmeckerrestaurant. Wer etwa auf dem bekannten und wunderschönen Kentauren-Wanderweg rund um Portaria im Bergwald unterwegs ist, wird immer wieder von klaren Quellen und atemberaubenden Blicken auf den Pagasitischen Golf überrascht. Eine Spezialität des Ortes ist »Spetzofai«, ein deftiger Wursteintopf mit Peperoni und Tomatensauce, zu dem man selbstverständlich die lokale Spirituose Tsipouro trinkt.

Weingärten des Peloponnes

Im hier vorherrschenden mediterranen Klima wachsen preisgekrönte Weine inmitten einer atemberaubenden Landschaft.

WEINROUTE 39

Der Peloponnes ist nicht nur eine der wichtigsten Kulturlandschaften Griechenlands mit zahlreichen antiken und mittelalterlichen Orten und archäologischen Ausgrabungen von Weltrang; auch die hier kultivierten Weine gehören zu den besten des Landes. Sie erhalten regelmäßig Auszeichnungen auf internationalen Veranstaltungen. Berühmt sind die Weine g.U. Nemea, g.U. Mantineia, g.U. Monemvasia und der Landwein g.g.A. Korinth. Sie wachsen in dem milden Mittelmeerklima, das durch den Golf von Korinth im Zusammenspiel mit den schützenden Bergen in der Landesmitte vorherrscht, in idealen Bedingungen.
Die Weinroute führt durch den nordöstlichen Teil des Peloponnes mit seinen beiden wichtigen Weinbaugebieten Nemea und Mantinia. Rund eine Million Menschen wohnt auf der Halbinsel des Peloponnes; Tourismus ist hier ein wichtiger Wirtschaftszweig. An die ausgedehnte Küstenlinie mit kleinen Fischerorten zieht es sonnenhungrige Urlauber, die montanen Regionen mit schroffen Gipfeln und wilden Flüssen locken Abenteurer und Wintersportler. Auf dem östlichen Peloponnes liegen die wichtigsten archäologischen Orte und interessante Museen in dichter Nähe zu den Weinbaugebieten. Da bietet sich eine Kombination von Gourmet- und Kultururlaub geradezu an. Vor allem für Korinth, die Welterbestätten Mykene und Tiryns und weitere Orte in der Argolis, einst Zentrum der mykenischen Kultur, sollten Besucher Zeit einplanen.

Routenlänge: ca. 400 km
Zeitbedarf: mind. 6 Tage
Start: Kalavritat
Ziel: Mantineia
Routenverlauf: Die Strecke führt entlang der Küste bis Korinth, weiter über die archäologischen Stätten der Argolis in die Weinbaugebiete Nemea und Mantinia.

Besondere Hinweise: Kulturinteressierte finden rund um Korinth und Argos archäologische Kleinode (u. a. Mykene und Tiryns).

Auskünfte:
Griechische Zentrale für Fremdenverkehr
Holzgraben 31, 60313 Frankfurt
Tel. +4969/2578270 oder
www.visitgreece.com

1 Kalavrita

Im Tal des Flusses Vouraikos, gut 700 Meter hoch gelegen und von Bergmassiven mit bis zu 2338 Metern Höhe umgeben, schmiegt sich Kalavrita an einen Südhang. Im Sommer trocken und regenarm, sind die Winter hier von ergiebigen Niederschlägen geprägt, der Fluss führt ganzjährig Wasser. Kalavrita mit seinen heute rund 2000 Bewohnern ist ein berühmter Ort: Hier begann im 19. Jahrhundert die Griechische Revolution, in der sich die Griechen gegen die Herrschaft der Osmanen aufbäumten und für eine unabhängige griechische Republik kämpften. Im nahe Kalavrita gelegenen Kloster Agia Lavra segnete der Bischof am 25. März 1821 die Fahne der Befreiungskämpfer. Das Kloster ist seitdem Nationalheiligtum und der 25. März griechischer Nationalfeiertag. Ende des Jahres 1943 erlangte Kalavrita zudem traurige Berühmtheit durch ein furchtbares Massaker der deutschen Wehrmacht, bei der 477 Männer aus dem Ort ihr Leben verloren. Ein Mahnmal mit weißen Steinplatten und einem großen Kreuz erinnert an die Gräueltat. In jedem Jahr versammeln sich die Bewohner von Kalavrita am 13. Dezember hier und gedenken der Toten.

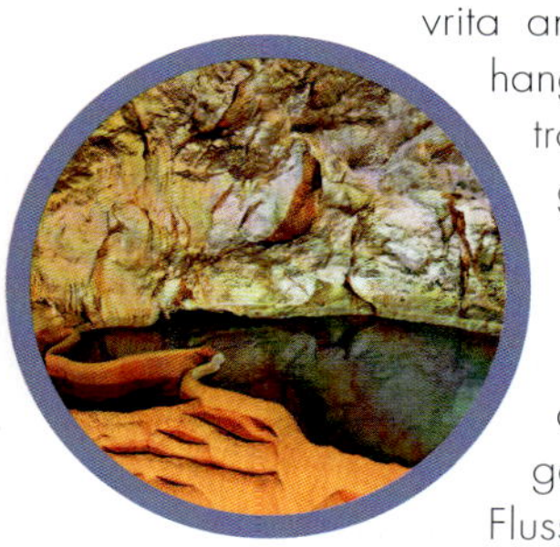

2 Schmalspurbahn Odontotos

Die Augen von Eisenbahnfreuden beginnen zu leuchten, wenn der Name Odontotos fällt. So heißt die Schmalspurbahn, die die Orte Kalavrita und Diakopto auf einer landschaftlich außergewöhnlichen Strecke durch die Vouraikos-Schlucht verbindet. Es quietscht und rumpelt, wenn die Bahn sich Serpentinen hinaufarbeitet und durch Tunnels fährt, oft eng an Felswänden entlang. Bei Steigungen von mehr als zehn Prozent kommt der Zahnradantrieb der Bahn zum Einsatz. Die Strecke überwindet nicht nur 22 Kilometer, sondern auch gut 700 Höhenmeter von der Hafenstadt Diakopto hinauf nach Kalavrita. Gebaut wurde sie in den Jahren 1889 bis 1896 mit einer Besonderheit, die bis heute Bestand hat: Mit 75 Zentimetern hat die Bahn die kleinste Spurweite nicht nur Griechenlands, sondern der ganzen Welt. Immer wieder eröffnen sich

Oben: Weinberge in Zentralmakedonien. Kleines Bild links: »Höhle der Seen« (»Spileo ton Limnon«) bei Kalavrita.

ABSTECHER: Tripoli

Der Hauptort des zentralen und südlichen Peloponnes überrascht mit neoklassizistischen Gebäuden. Besonders charmant sind die Straßen um den Areos-Platz mit dem Gerichtsgebäude.

neue atemberaubende Ausblicke auf die Vouraikos-Schlucht mit mal üppigem Bewuchs, mal kargen, rötlichen Felsen und den rauschenden Fluss. Es empfiehlt sich, in der Hochsaison das Ticket früh zu buchen. Sonst kann es passieren, dass die Bahn ausgebucht ist. Unterwegs lohnt ein Stopp beim Kloster Mega Spileon.

3 Kloster Mega Spileon

Wie ein Schwalbennest klebt das Kloster Mega Spileon hoch über der Vouraikos-Schlucht an einer rötlichen Felswand, erreichbar ist es über die Straße von Diakofto nach Kalavrita. Der Legende nach bereits im 4. Jahrhundert gegründet und im Jahr 840 als Kloster ausgebaut, begründete Kaiserin Euphrosyne Mega Spileon im 13. Jahrhundert neu. Im Jahr 1640 erhielt es schließlich sein heutiges Aussehen. Wegen des Marienbildes in der Kirche ist das Kloster Wallfahrtsort. Die drei unteren Stockwerke sind in eine natürliche Höhle gebaut, die der Anlage auch ihren Namen gibt: »Mega Spileon« bedeutet »große Höhle«. Schon früh betrieben die Mönche hier Weinbau und kelterten Wein. Mit Maultieren brachten sie den Traubenmost in den Klosterkeller, wo er in 500-Liter-Fässern reifte. Der Wein erfreute sich bald großer Beliebtheit in der ganzen Region. Und Ende des 19. Jahrhunderts galt Mega Spileon als größte und angesehenste Klosteranlage Griechenlands. 1943 zerstörte die deutsche Wehrmacht die

WEINFESTE

AUGUST
»Oinoxeneia«
(Veranstaltungen rund um Landschaft, Aroma, Duft und den berühmten Wein der Region Egialeia)

SEPTEMBER
Weinfeste rund um Nemea
(mit Weinverkostung, lokalen Spezialitäten, Musik und organsierten Touren zu archäologischen Stätten);
Wein-Kulturprogramm
(u. a. mit Jazzkonzerten in zahlreichen Winziereien der Region)

Anlage und tötete 22 Bewohner. Nach dem Krieg baute man sie wieder auf. Als in den 1980er-Jahren immer weniger Mönche im Kloster lebten, endete auch die Ära des Weinbaus. Doch schon im Jahr 1999 bestückte man den verlassenen Weinberg mit neuen Pflanzen, vor allem mit der Sorte Malagousia, einer der edlesten, aromareichsten Rebsorten Griechenlands. Auf dem Klosterweingut Mega Spileo Malagousia entsteht heute wieder aromatischer Weißwein, der auch exportiert wird.

4 Diakopto

Am bekanntesten ist im kleinen Fischerort Diakopto der Bahnhof. Hier startet die legendäre Odontotos-Zahnradbahn hinauf in die Berge nach Kalavrita. Der Ort selbst liegt auf einer Landzunge im Golf von Korinth und erfreut sich mit seinem langen Kiesstrand vor allem bei Griechen großer Beliebtheit als Feriendomizil im Sommer. Der Ort wartet daher auch auf mit zahlreichen Hotels, Tavernen und einem großen Campingplatz. Diakopto liegt noch dazu mitten in der Weinbauregion Egialeia.

5 Xylokastro

Auch hier dreht sich alles um Trauben, aber nicht nur in Form von Wein: Die Hafenstadt Xylokastro ist in ganz Griechenland bekannt für ihre Rosinen. Schon in der Antike waren die Produkte der Rebe – also Most, Traubensirup, Wein und Rosinen – Grundlage der griechischen Ernährung. Dionysos, den Gott und Beschützer des Weines, verehrt man bis heute auf dem Peloponnes geradezu leidenschaftlich, und schon Platon, Aristoteles und Herodot berichteten über die getrockneten Trauben. Besonders die korinthische Rosine war früher das Zugpferd der Landwirtschaft auf dem Peloponnes. Man exportierte sie in alle

Die Landschaft um Korinth (oben) ist wunderschön anzusehen; sie birgt zudem zahlreiche kulturelle Schätze.

Welt, und der Hafen von Xylokastro verfügte zu Beginn des 20. Jahrhunderts deshalb über eine eigene Verladevorrichtung für die Rosinen. Heute ist die korinthische Rosine vor allem im angelsächsischen Bereich sehr beliebt für das nachmittägliche Teegebäck. Xylokastro hat heute knapp 6000 Einwohner und ist namensgebend für die umgebende Gemeinde. Die Stadt ist seit dem Beginn des 20. Jahrhunderts ein beliebter Urlaubsort.

KANAL VON KORINTH

Um den Seefahrern die 400 Kilometer lange Schiffspassage um den Peloponnes zu verkürzen, bauten ungarische Ingenieure in den Jahren 1881–1893 den mehr als sechs Kilometer langen Kanal durch die Landenge von Korinth. Bis zu 84 Meter tief musste er in den Fels gegraben werden. Heute passieren ihn vor allem Jachten, Fähren und Kreuzfahrtschiffe.

6 Korinth

Bis heute findet man in Korinth, der bedeutendsten griechischen Stadt der Antike, auch viele römische Relikte. Die Stadt, deren Siedlungsgeschichte bis ins Jahr 1000 v. Chr. zurückgeht, fiel im Jahr 150 nämlich in römische Hand. Die Römer zerstörten sie und bauten sie nach ihren Vorstellungen wieder auf. Durch ihre Lage auf einer Landenge und ihre zwei Häfen an jeder Seite war Korinth begehrt bei Eroberern. Byzantiner, Kreuzritter, Venezianer und Osmanen eroberten die Stadt im Laufe der Geschichte. Heute zeigt sich das antike Korinth auf dem Ausgrabungsgelände außerhalb der heutigen Stadt, unter anderem mit dem Marktplatz, von dessen Rednertribüne der Apostel Paulus gesprochen hat, und alten Thermen. Das damalige Korinth war eine multikulturelle und multireligiöse Stadt. Schon aus der Ferne gut sichtbar ragen die sieben Säulen des Apollon-Tempels auf. Auf dem Ausgrabungsgelände zeigt außerdem ein Museum zahlreiche Funde aus griechischer und römischer Zeit.

7 Akrokorinth

Wenige Kilometer außerhalb von Korinth, nahe dem antiken Ausgrabungsgelände, steht die alte Festung Akrokorinth auf einem 575 Meter hohen Tafelberg. Die damalige Akropolis war in der Antike der höchste Punkt des alten Korinth. Hinter drei dicken Steintoren findet sich neben einer alten Kirche auch die Ruine einer Moschee. Von der alten Außenmauer bietet sich ein wunderbarer Fernblick über die umliegende Umgebung. Da der Aufstieg recht steil ist, sollten festes Schuhwerk und natürlich ausreichend Wasser nicht fehlen.

8 Korinthia

Korinthia ist heute einer der fünf Regierungsbezirke auf dem Peloponnes, gleichzeitig aber auch eine historische Landschaft, in der der Weinbau seit jeher eine große Rolle spielt. Sehenswert sind neben dem alten Korinth die Ruinen von Nemea – Schauplatz der Herakles-Sage –, Isthmia und Sikyons. Aus Loutraki stammt eines der bekanntesten Mineralwässer Griechenlands.

9 Nemea

Nemea ist eines der wichtigsten und bekanntesten Weinbaugebiete auf dem Peloponnes. Vor allem die Rebsorte Agiorgitiko wird hier angebaut, aus der

Im Golf von Korinth befindet sich die Stätte von Delphi (unten). Die etruskische Vase (kleines Bild oben) zeigt Herkules, wie er einen Löwen tötet (6. Jh. v. Chr.).

MYTHOS DES HERKULES

Um Herakles oder Herkules ranken sich besonders viele Sagen und Legenden in der griechischen Mythologie. Der Halbgott soll außergewöhnlich stark gewesen sein; schon als Baby erwürgte er der Sage nach zwei Schlangen, die ihn eigentlich hätten töten sollen. Später besiegte er mehrere der Giganten. In Darstellungen trägt Herkules oft Keule, Köcher oder Bogen.

eine Vielzahl von Weinen produziert werden kann. Auch die bekannten Weine höherer Qualität aus dem definierten Anbaugebiet Nemea stammen von dieser Sorte. Bekannt sind außerdem die Weißherbste aus der Region. Die Trauben wachsen auf Höhen zwischen 200 und 800 Metern. Die Stadt Nemea hat rund 6500 Bewohner und das gleichnamige Tal ist wegen seines antiken Zeus-Heiligtums bekannt. Zu Ehren des Göttervaters fanden hier regelmäßig sportliche Wettkämpfe – die Nemeischen Spiele oder Nemeen – im Wechsel mit den Olympischen Spielen statt. Neben dem Tempel sind das alte Stadion, Teile eines Grabdenkmals des Opheltes, zu dessen Ehren die Spiele abgehalten wurden, ein Schatz- und ein großes Badehaus für die Athleten erhalten. Der Tempel wird seit einigen Jahren Stück für Stück wiederaufgebaut. Ein Museum zeigt bedeutende Fundstücke der archäologischen Stätte Nemea.

10 Argolis

Die Argolis umgibt als Region die alte Stadt Argos und war in der Antike das Zentrum der mykenischen Kultur. Zahlreiche der hier entdeckten archäologischen Stätten zählen zu den Hauptsehenswürdigkeiten Griechenlands, darunter die Welterbestätten Mykene und Tiryns sowie Epidauros, der heilige Hain Lerna und das Heraion von Argos. Die wegen ihrer Lage auch als Daumen der peloponnesischen Hand bezeichnete Landschaft im Nordosten des Peloponnes ist durch das zentrale, weite Tal des Flusses Inachos mit seinem fruchtbaren Boden ein wichtiges Anbaugebiet für Wein, Oliven, Getreide und Zitrusfrüchte.

11 Mykene und Tiryns

Das wohl bekannteste Fundstück aus Mykene ist die Goldmaske des Agamemnon. Der Troja-Entdecker Heinrich Schliemann fand sie bei seinen Ausgrabungen, die er hier ab 1876 durchführte. In vorklassischer Zeit war Mykene eine der bedeutendsten Städte Griechenlands und namensgebend für die mykenische Kultur. Der wichtigste Eingang zur antiken, von einer Ringmauer umgebenen Stadt führt durch das Löwentor; in dieser ältesten Monumentalplastik Europas stehen sich zwei Löwen gegenüber. Teile der Oberstadt und Reste des Palastes sind erhalten. Gemeinsam mit Tiryns und seinem mykenischen Palast gehört Mykene seit 1999 zum Weltkulturerbe.

Das Löwentor (links) bildet den Eingang zur Burg Mykene. Kleines Bild oben: Goldmaske des Agamemnon.

12 Heraion von Argos

Das der Hera, Gattin und gleichsam Schwester des Zeus, geweihte Heraion von Argos war im Altertum das wichtigste Heiligtum zu Ehren der Göttin. Nordöstlich von Argos auf einer Terrasse gelegen, sind hier Reste des neuen Hera-Tempels erhalten. Dieser wurde um 410 v. Chr. gebaut, nachdem der erste Tempel einem Brand zum Opfer gefallen war.

13 Argos

Sie gilt als die älteste kontinuierlich besiedelte Stadt Europas. Von der herausragenden Stellung des antiken Argos zeugen bis heute zahlreiche archäologische Bauwerke. Die Stadt mit heute rund 22 000 Bewohnern wurde bereits vor 5000 Jahren gegründet und im Laufe der Jahrtausende von Griechen, Römern, Byzantinern, Venezianern und Türken geprägt; lange Zeit glänzte sie durch ihre politische, wirtschaftliche und künstlerische Vormacht auf dem Peloponnes. Argos spielt auch in der griechischen Mythologie eine wichtige Rolle. Sehenswert sind das antike, in den Felsen gehauene Theater, das 20 000 Zuschauern Platz bietet und heute wieder bespielt wird, sowie die unterhalb gelegenen Reste von Thermen. Sie zählen zu den besterhaltenen in ganz Griechenland. Aus mykenischer Zeit stammt die auf einem Hügel gelegene Burg Larissa.

14 Epidauros

Bis heute beeindruckt in Epidauros das große, in den Hang gebaute Theater aus dem 4. Jahrhundert v. Chr., das 14 000 Zuschauern Platz bietet. Die heilige Stätte und Quelle in der Antike, die dem Gott der Heilkunst Asklepios gewidmet war, gehört seit 1988 zum UNESCO-Weltkulturerbe. Besucher vollzogen hier ein rituelles Heilverfahren im Asklepios-Heiligtum mit kultischer Reinigung, Heilschlaf, Opferga-

Im Frühjahr grünt es in der Ebene von Mantineia nahe Tripoli (oben). Das antike Theater von Epidauros (unten) verfügt über eine exzellente Akustik.

WEINGÜTER

Lafkiotis
Seit dem Jahr 1963 produziert die Familie Lafkiotis in der Region Nemea ihren Wein. Im Rahmen der Weinfeste im September veranstaltet man auf diesem Weingut interessante Workshops und ein großes Weinfest mit traditioneller griechischer Musik.
Ancient Cleonai Corinthia
Nemea 20500
Tel. +3027460/31000 oder
info@lafkiotis.gr,
www.lafkiotis.gr

Palivou Estate
In der traditionsreichen Weinbaugegend Nemea besitzt der Winzer Georg Palivos einen der beiden größten Weingärten. Seit mehr als 20 Jahren betreibt er seine moderne Kellerei, in der die rote Rebsorte Agiorgitiko einen besonderen Stellenwert hat. Das Weingut bietet regelmäßig Weinführungen und Seminare an.
Ancient Nemea, 20500 Korinth
Tel. +3027460/24190 oder
info@palivos.gr,
www.palivos.gr

Domaine Skouras
Georg Skouras begann seine Karriere als Winzer in der väterlichen Garage, mietete Weinberge und einfache manuelle Abfüllmaschinen. Heute besitzt die Domaine Skouras Weinberge in Argolida, der Region Korinth und in Nemea. Die Weine erhalten regelmäßig Auszeichnungen.
Malandreni, Argos 21200
Tel: +3027510/23688 oder
info@skouras.gr,
www.skouras.gr

be, einem Gespräch mit dem Priester und anschließender individueller Therapie. Mit den Asklepieia fanden hier außerdem Panhellenische Spiele ähnlich denen in Olympia und Nemea statt. Mehrere Tempel, ein Stadion und ein Gymnasion, eine Trainingshalle, zeugen von dieser Tradition.

15 Lerna
In der griechischen Mythologie tötete Herakles hier die Hydra. Möglicherweise symbolisierte das schlangenartige Ungeheuer die zahlreichen Quellen, die einst in dem heiligen Hain von Lerna entsprangen. Der gleichnamige See soll grundlos und Eingang zur Unterwelt gewesen sein. Dionysos soll in dem See versunken sein, wohl Sinnbild für seinen Sturz in die Unterwelt.

16 Nestani
Wie ein Klotz ragt hinter dem Dorf Nestani der Berg Artemisio in die Höhe. Bekannt ist das auf einem nahen Hügel gelegene heutige Nonnenkloster Gorgoepikoos aus dem Jahr 1740. Dort wird die heilige Mutter Gottes am 15. August jedes Jahres mit einer feierlichen Zeremonie geehrt.

17 Mantinia
Die Weine der Weinbauregion Mantinia, südwestlich des Anbaugebietes Nemea gelegen, zeichnen sich durch ihre hohe Qualität aus. Manche Weißweine tragen die Banderole mit der Aufschrift O.P.A.P., der höchsten griechischen Qualitätsstufe. Die besten Lagen befinden sich auf von Kalkstein durchsetzten Böden auf einem Hochplateau mit Höhen von 600 bis 800 Metern. Hier sind auch die größten Kellereien zu finden. Wichtigste Rebsorte ist Moschofilero, die in den heißen, trockenen Sommern mit gelegentlichen Regenfällen und den moderaten Wintern gut gedeiht.

Diese ausgesprochen guten klimatischen Bedingungen befördern auch den biologischen Weinanbau in der Region.

18 Mantineia
Wo in der Antike einmal die Stadt Mantineia stand, erinnern heute nur noch die Überreste einer einst vier Kilometer langen Stadtmauer an die frühere Größe. Reste von 108 Wachtürmen sind noch zu finden, insgesamt sollen es aber einmal 120 gewesen sein. Gut erkennbar ist das Theater aus dem 4. Jahrhundert v. Chr., außerdem Reste einer Agora, eines großen Platzes. Die hier gefundene Exedra, ein nischenartiger Raum, befindet sich heute im Museum von Tripolis. Schon um das Jahr 700 verließen die Bewohner ihre Stadt wegen der Slaweneinfälle auf dem Peloponnes.

G=Getty / M=Mauritius Images

Cover:
Vorderseite: G/ Jörg Greuel (Bremm, Mosel), G/ Holger Leue (Weingut Sommerach); Rücken: G/ George Peters; Rückseite: G/ Marc Baertsch (Douro), G/ Slow Images (Ragusa, Sizilien), G/ Anton Petrus (Frankreich).

S. 2/3 G/Terry Eggers, S. 4/5 G/ Yves Marcoux, S. 6/7 G/Jorg Greuel, S. 8/9 G/Danita Delimont, S. 10/11 Look/Rainer Martini, S. 14/15 M/Udo Siebig, S. 15 Look/Andreas Strauß, S. 15 C/Felix Zaska, S. 15 M/Ernst Wrba, S. 18/19 G/Stephen Walls, S. 20/21 H. & D. Zielske , S. 22 Look/ Arthur F. Selbach, S. 22 M/foodcollection, S. 23 M/Andreas Vitting, S. 23 Look/Heinz Wohner, S. 24 Look/ Heinz Wohner , S. 24 Look/The Travel Library, S. 24 H. & D. Zielske , S. 25 M/Alamy, S. 25 G/Marc Dozier, S. 26 Look/Hans Georg Eiben, S. 26 M/Movementway, S. 27 H. & D. Zielske , S. 28 Look/Hans Georg Eiben, S. 28 M/age, S. 29 C/Hans/Peter Merten, S. 30/31 G/Jon Boyes, S. 32 Look/Heinz Wohner, S. 32 H. & D. Zielske , S. 33 M/Chris Seba, S. 33 M/Alamy, S. 33 Look/age, S. 34/35 H. & D. Zielske , S. 36 Look/Brigitte Merz, S. 36 C/SOPA RF, S. 37 M/ Alamy, S. 37 M/Hans Blossey, S. 37 H. & D. Zielske , S. 38/39 Look/Brigitte Merz, S. 38/39 M/Friedel Gierth, S. 39 Look/Heinz Wohner, S. 39 M/Chris Seba, S. 40 M/Christian Bäck, S. 40 M/Christian Bäck, S. 41 H. & D. Zielske , S. 42/43 Look/Heinz Wohner, S. 42/43 G/Sabein Lubenow, S. 43 Look/age , S. 43 M/H./D. Falkenstein, S. 44/45 M/ imagebroker , S. 46 Look/Brigitte Merz, S. 46 Look/age fotostock, S. 47 H. & D. Zielske , S. 47 G/Richard Fairless, S. 48 M/Alamy, S. 48 Look/ Brigitte Merz, S. 49 Stadt Neustadt an der Weinstraße/Kurt E. Groß, S. 49 M/Friedel Gierth, S. 49 M/Dr. Wilfried Bahnmüller, S. 50 Look/Arthur F. Selbach, S. 50 M/Christian Bäck, S. 51 Stadt Neustadt an der Weinstraße/ Kurt E. Groß, S. 51 M/Christian Bäck, S. 52 Look/Brigitte Merz, S. 52 Look/ Brigitte Merz, S. 53 M/Photononstop, S. 53 Look/Brigitte Merz, S. 53 M/ Christian Bäck, S. 54/55 M/Friedel Gierth, S. 54/55 G/John Elk , S. 55 G/Atlantide Phototravel, S. 55 G/ Catherine Leblanc , S. 56/57 C/Daniel Schoenen, S. 58 M/Markus Lange, S. 58 M/Markus Lange, S. 58 M/ imagebroker, S. 59 C/Hans Blossey, S. 59 G/Panoramic Images, S. 60 Look/Moritz Hoffmann, S. 60 Look/ Daniel Schoenen, S. 60 C/Jose Fuste Raga, S. 60 M/Robert Knöll, S. 61 Winzerkeller Hex vom Dasenstein eG, S. 61 M/Markus Keller, S. 62/63 Look/Heinz Wohner, S. 63 C/Larissa Veronesi, S. 63 Look/Daniel Schoenen, S. 64 Look/age , S. 64 Look/ Heinz Wohner, S. 65 Winzerkeller Hex vom Dasenstein eG, S. 65 Winzerkeller Hex vom Dasenstein eG, S. 65 M/Stefan Kiefer, S. 66/67 Look/ Heinz Wohner, S. 68 M/Michael Mucha, S. 68 M/Alamy, S. 68 Look/ Heinz Wohner, S. 69 G/Panoramic Images, S. 69 Look/Robert Harding, S. 70 Huber/Reinhard Schmid , S. 70 Look/Heinz Wohner, S. 71 M/Martin Siepmann, S. 71 C/Ruggero Vanni, S 71 Look/Andreas Strauß, S. 72/73 M/Martin Siepmann, S. 73 Look/age , S. 73 G/Holger Leue, S. 74 Winzergenossenschaft DIVINO Nordheim Thüngersheim eG, S. 74 G/Heinz Wohner, S. 74 Weingut Juliusspital/ koswig & schmidt gbr, S. 75 Winzergenossenschaft DIVINO Nordheim Thüngersheim eG, S. 75 M/Martin Siepmann, S. 75 M/Alamy, S. 76 G/ Heinz Wohner, S. 76 Look/Heinz Wohner, S. 77 Look/Holger Leue, S. 77 C/Hans P. Szyszka, S. 78/79 M/ Andreas Vitting, S. 80 M/Mandy Stegen, S. 80 M/Novarc, S. 81 Look/ Andreas Strauß, S. 81 M/Andreas Vitting, S. 82 H. & D. Zielske , S. 82 M/ Alamy, S. 83 M/Alamy, S. 83 M/ Alamy, S. 84 Look/Ulf Böttcher, S. 84 M/Michael Weber, S. 85 Look/Ulf Böttcher, S. 85 M/Andreas Vitting, S. 86/87 Look/Heinz Wohner, S. 88 Look/Ernst Wrba, S. 88/89 Look/ Hendrik Holler, S. 89 H. & D. Zielske , S. 90 H. & D. Zielske , S. 90 G/ Westend61, S. 91 M/Manfred Mehlig, S. 91 Look/Heinz Wohner, S. 91 H. & D. Zielske , S. 92/93 H. & D. Zielske , S. 94 H. & D. Zielske , S. 95 G/Torsten Becker, S. 95 G/Atlantide Phototravel, S. 95 G/www.bridgetdavey.com, S. 96/97 G/Westend61, S. 97 G/Karen Desjardin, S. 97 G/Karen Desjardin, S. 97 M/Alamy, S. 100/101 G/Oliver Strewe, S. 102/103 M/Alamy, S. 104/105 G/ Westend61, S. 104 M/Alamy, S. 104 G/Westend61, S. 104 M/Alamy, S. 105 M/Westend61, S. 106 M/ Alamy, S. 107 M/Alamy, S. 107 G/ Samuel Gachet, S. 107 M/Alamy, S. 108/109 M/Westend61, S. 108/109 M/Westend61, S. 109 M/ Alamy, S. 110/111 M/Alamy, S. 111 M/Michael Weber, S. 111 M/Alfred Schauhuber, S. 111 M/Westend61, S. 114/115 G/Nobuyuki Yoshikawa, S. 116/117 G/Martin Siepmann, S. 118 M/Martin Siepmann, S. 118 M/ McPHOTO, S. 119 M/Gerhard Wild, S. 120 M/Pete Giovannini, S. 120/121 G/Karl Thomas, S. 121 M/ Rainer Mirau, S. 121 G/by ah_fotobox/Andreas*H, S. 122 G/Martin Siepmann, S. 122 G/Peter Adams, S. 123 G/Michael Weber, S. 123 G/ Martin Siepmann, S. 124/125 M/Rainer Mirau, S. 126 Look/Brown Cannon, S. 126 Look/Rainer Mirau, S. 126 Look/Rainer Mirau, S. 127 C/Rudy Sulgan, S. 127 G/Reinhard Holzl, S. 128 Look/Brown Cannon, S. 128 M/ Martin Siepmann, S. 129 M/Ottfried Schreiter, S. 129 Weingut Krutzler/Herbert Lehmann, S. 129 M/Alamy, S. 130/131 M/Rainer Mirau, S. 131 M/ Martin Siepmann, S. 131 M/Gerhard Wild, S. 132 Look/age , S. 132 Look/ age , S. 133 Weingut Krutzler/Herbert Lehmann, S. 133 Weingut Krutzler/ Herbert Lehmann, S. 133 Weingut Krutzler/Herbert Lehmann, S. 134 M/ Westend61, S. 134 M/Westend61, S. 135 M/Alamy, S. 135 G/Franz Aberham, S. 135 M/Alamy, S. 136/137 Look/Rainer Mirau, S. 138 Look/Franz Marc Frei, S. 138/139 Look/Rainer Mirau, S. 138 M/Alamy, S. 139 Look/Tom Lamm, S. 139 Look/ Rainer Mirau, S. 140 Look/Franz Marc Frei, S. 141 Look/Franz Marc Frei, S. 141 M/Wilfried Bahnmueller, S. 141 G/Max Paoli, S. 142/143 Look/Franz Marc Frei, S. 143 G/Westend61, S. 143 Look/TerraVista , S. 144 G/ Franz/Marc Frei, S. 144 Look/TerraVista , S. 145 Weingut Tauss /Tom Lamm, S. 145 Weingut Tauss, S. 145 Weingut Tauss, S. 146/147 Look/ Andreas Strauß, S. 147 M/Alamy, S. 147 M/allesfoto, S. 147 M/Marc Rasmus, S. 150/151 Look/Marion Lafogler, S. 152/153 G/Westend61, S. 154/155 Look/O. Seehauser, S. 156 Look/Helmut Rier, S. 156 Look/ Andreas Straufl, S. 157 G/David C Tomlinson, S. 157 M/age, S. 158 Weingut Manincor, S. 158 Look/O. Seehauser , S. 159 Look/Marion Lafogler, S. 159 Look/Helmuth Rier, S. 159 Look/Andreas Strauß, S. 160 Look/Helmuth Rier, S. 160 M/allesfoto, S. 161 Weingut Loacker Tenute, S. 162/163 G/Bosca78, S. 164/165 G/Hiroshi Higuchi, S. 164 M/Alamy, S. 164 H. & D. Zielske , S. 165 Look/ Sabine Lubenow , S. 165 G/Gabriel Visintin, S. 166 C/Francesco Iacobelli, S. 166 C/Hiroshi Higuchi, S. 167 Weingut Cantina San Mattia, S. 167 M/Alamy, S. 167 M/CuboImages, S. 168/169 M/Alamy, S. 169 M/United Archives, S. 169 G/Monzino, S. 170 C/Elio Ciol, S. 170 G/Walter Quirtmair, S. 171 M/CuboImages, S. 171 G/Stefano Scata, S. 171 Weingut Cantina San Mattia, S. 172/173 G/ Lara Belova, S. 174 M/age, S. 174 G/Beppe Andriano , S. 174/175 Weingut Braida , S. 175 M/Alamy, S. 176 G/Anita Stizzoli, S. 176 G/Herbert Lehmann, S. 177 Weingut Braida , S. 177 Look/Heinz Wohner , S. 178/179 Weingut Braida , S. 179 C/ Peter Adams, S. 179 G/Ascent Xmedia, S. 179 G/Brian Yarvin, S. 180/181 C/Guido Cozzi, S. 182 G/ MyLoupe, S. 182 C/Grand Tour Collection, S. 182 G/Glenn Van Der Knijff, S. 183 G/Slow Images, S. 183 C/ Guido Cozzi, S. 184 M/Paul Lindsay, S. 184 M/Luigi de Pompeis, S. 184 G/Spaces Images, S. 185 G/Franco Origlia, S. 185 M/Kerin Forstmanis, S. 185 M/Novarc, S. 186 G/Kathrin Ziegler, S. 186 Look/Daniel Schoenen, S. 187 C/Guido Cozzi, S. 187/188 M/Fabio Muzzi, S. 187 Look/Franz Marc Frei, S. 187 G/Lisa/Blue, S. 188/189 M/Blend Images, S. 190 M/CuboImages, S. 190 Look/age fotostock , S. 191 L/Emilio Suetone , S. 191 M/Katja Kreder, S. 192 G/Slow Images, S. 193 Weingut Cantine Florio, S. 193 Weingut Cantine Florio, S. 193 Weingut Valle dell'Acate, S. 194/195 G/Max Shen, S. 195 Look/ Holger Leue , S. 195 Weingut Smith Haut Lafitte, S. 195 Weingut Jean Becker, S. 198/199 G/Steve Lupton, S. 200/201 G/Steve Lupton, S. 202/203 Look/age fotostock, S. 204 G/Kirill Rudenko, S. 204 G/Andrea Pistolesi, S. 205 M/Photononstop, S. 205 C/Werner Dieterich, S. 206 G/ Bertrand Rieger , S. 206 Look/age , S. 206 M/Alamy, S. 207 L/Max Galli , S. 207 G/Hiroshi Higuchi, S. 207 Look/Photononstop , S. 208/209 Look/age fotostock , S. 209 M/Ernst Wrba, S. 209 Look/Hans Georg Eiben , S. 210 Weingut Jean Becker, S. 210 G/John Miller , S. 211 M/age, S. 212/213 Look/age , S. 214 G/ Hervé Hughes, S. 214 G/Richard Soberka, S. 214 M/Julian Eales, S. 215 M/Envision Stock Photography, Inc., S. 215 G/Franck Guiziou, S. 216 M/Photononstop, S. 217 Look/age fotostock, S. 217 Look/SagaPhoto, S. 217 M/Walter Bibikow, S. 217 Look/ SagaPhoto, S. 218/219 G/Steve Allen, S. 219 G/Julian Elliott , S. 219 G/ Apic, S. 220/221 Look/SagaPhoto, S. 222 G/Patrick Aventurier, S. 222 M/Bernard Jaubert, S. 223 M/Catherine Hansen, S. 223 G/Richard Nebesky, S. 224 G/Steve Allen, S. 225 M/Klaus Neuner, S. 226/227 M/ Klaus Neuner, S. 227 M/Ray Roberts, S. 227 G/Arnaud Chicurel, S. 228/229 Look/SagaPhoto, S. 230 G/Lionel Pascale, S. 230 G/Maremagnum, S. 231 M/age, S. 231 M/Christian Böck, S. 232 M/Alamy, S. 233 G/Julian Elliott Ethereal Light, S. 233 Look/Hans Georg Eiben, S. 234/235 M/age, S. 234/235 G/Sigfrid Lopez, S. 235 C/Pierre Jacques, S. 236 G/ Gail Mooney, S. 236 G/Cameron, S. 237 Look/Jürgen Richter, S. 237 M/ Alamy, S. 237 C/Peter Adams, S. 237 Look/Karl Johaentges , S. 238/239 G/Simon Greenwood, S. 240 G/ Claude LeTien, S. 240 Look/Brigitte Merz, S. 240/241 G/Claude LeTien, S. 241 M/age, S. 242 Weingut Smith Haut Lafitte/Olivier Boisseau, S. 242 G/Eric Bouloumie, S. 243 G/Ed Norton, S. 243 Weingut Smith Haut Lafitte/Rodolphe Celliler, S. 243 Weingut Smith Haut Lafitte/www.deepix.com, S. 243 Weingut Smith Haut Lafitte/ SARA MATTHEWS PHOTOGRAPHY, S. 244/245 G/Claude LeTien, S. 244/245 Look/Photononstop, S. 245 G/Nicolas Tucat, S. 246/247 G/helenecanada, S. 247 Look/Arthur F. Selbach, S. 247 G/Will Selarep, S. 247 Look/Juergen Richter , S. 250/251 G/ Manuel Velasco, S. 252/253 C/Julio Lopez Saguar, S. 254 G/Manuel Breva Colmeiro, S. 254 G/Luis Diaz Devesa, S. 255 G/Herve Hughes, S. 256 G/Daniel.Candal, S. 256 M/ age, S. 257 G/Photography by nidazo, S. 257 Look/Juergen Richter, S. 257 Look/Juergen Richter, S. 258 Look/Juergen Richter, S. 258 G/Photography by Ramy Maalouf, S. 259 G/Cástor Villar Sabucedo, S. 259 G/ Stefania Diaz, S. 260 G/Carlos Ramos, S. 260 G/Diego Charlón, S. 260 Look/Juergen Richter, S. 261 G/ japatino, S. 261 G/Oliver Strewe, S. 261 G/Fernando Camino, S. 262/263 G/Chencho Mendoza Photography, S. 264 G/Lansbricae (Luis Leclere), S. 265 G/Mercedes Rancaño Otero, S. 266 Weingut Viña Mein , S. 267 M/Alamy, S. 267 G/Juan Chamorro, S. 268 G/Brais Seara, S. 269 Look/age, S. 270/271 G/Inigo Cia, S. 272 G/Oliver Strewe, S. 272 Look/ age , S. 272 Look/Brigitte Merz, S. 273 M/Alamy, S. 273 G/David Santiago Garcia, S. 274 Look/age, S. 275 G/Kike Balenzategui, S. 276/277 G/ValischkaPhoto, S. 276/277 G/Imanol Quílez, S. 277 Look/age, S. 278 Weingut Bodegas Ochoa, S. 278/279 G/Inigo Cia, S. 279 M/Alamy, S. 279 M/Alamy, S. 279 Weingut Bodegas Ochoa, S. 280/281 Look/Arthur F. Selbach, S. 282 Look/Juergen Richter, S. 282 Look/Arthur F. Selbach, S. 282/283 Look/age, S. 283 M/age, S. 284 Look/age, S. 284 G/Amaia Arozena & Gotzon Iraola, S. 285 G/Javier Larrea, S. 285 G/pablophoto, S. 285 G/NurPhoto, S. 286 Look/age , S. 286 Look/age, S. 287 Look/Axiom, S. 287 M/Alamy, S. 287 G/Iñigo Fdz de Pinedo, S. 288/289 C/Walter Bibikow, S. 289 Look/age, S. 289 G/ Michael Busselle, S. 290/291 Look/ age , S. 292 M/Alamy, S. 292 Look/ age, S. 292/293 M/age, S. 293

Look/age, S. 294 M/Alamy, S. 294 M/United Archives, S. 295 Look/Helmuth Rier, S. 295 G/Westend61, S. 296/297 Look/age, S. 297 G/Gonzalo Azumendi, S. 297 M/Alamy, S. 298 M/Alamy, S. 298 G/Gonzalo Azumendi, S. 299 G/Ron Watts, S. 299 M/age, S. 299 G/Miguel Sotomayor, S. 300/301 Look/Photononstop , S. 302 G/Vicente Méndez, S. 302/303 G/Belmonte Castle, S. 302 M/Jose Antonio Moreno castellano, S. 302 C/Martin Ruegner, S. 304 G/Zu Sanchez Photography, S. 305 G/Jorge Gálvez Recuero, S. 305 M/age, S. 306 G/Luis Davilla, S. 307 M/Alamy, S. 307 M/Alamy, S. 308 G/Antonio Real, S. 308 M/Alamy, S. 309 M/Jutta Ulmer, S. 309 G/Alberto Manuel Urosa Toledano, S. 309 G/Bruce Yuanyue Bi, S. 310/311 G/Jose Ortuño Laguia, S. 312 Look/age, S. 312 G/tpenalver, S. 313 C/John Miller, S. 313 Look/Photononstop, S. 314 G/Adam Seward, S. 314 M/Alamy, S. 315 M/Alamy, S. 315 M/Alamy, S. 315 G/Hans Georg Roth, S. 316/317 Look/age, S. 318 G/David Sutherland, S. 318 G/Inigo Fdz de Pinedo, S. 318 G/Gonzalo Ortuño, S. 319 G/Will-Selarep, S. 320 Look/age, S. 320 G/Raquel Pedrosa, S. 320 M/Alamy, S. 321 Look/age, S. 321 Look/age, S. 321 M/Martin Siepmann, S. 322/323 M/Alamy, S. 323 C/Peter Adams, S. 323 M/Alamy, S. 324 Look/age, S. 325 M/Alamy, S. 325 Look/age , S. 326/327 M/Michael Howard, S. 327 C/Mario Carvalho, S. 327 M/Alamy, S. 327 C/Flayols, S. 330/331 G/Ina Peters, S. 332/333 M/Alamy, S. 334 Look/age , S. 334 G/Hans Georg Roth, S. 334/335 G/Marc Baertsch, S. 334 G/Leonardo Patrizi, S. 335 M/Chris Seba, S. 336 M/Alamy, S. 336 M/Alamy, S. 337 G/OGphoto, S. 337 C/Julianne Eggers, S. 337 M/Alamy, S. 338 G/Shaun Egan, S. 339 M/John Warburton/Lee, S. 340/341 G/Danita Delimont, S. 342 Look/Sabine Lubenow, S. 342 G/Mauricio Abreu, S. 342 G/Horacio Villalobos, S. 343 G/PHAS, S. 343 Look/age, S. 344 Look/age, S. 345 G/Mauricio Abreu, S. 345 G/Luis Davilla, S. 346/347 G/Mauricio Abreu, S. 346/347 Look/age, S. 347 G/Camilla Watson, S. 348 Look/age , S. 348 G/Philippe Blanchot, S. 349 Look/age , S. 349 G/Joe Daniel Price, S. 349 G/Paul Bernhardt, S. 350/351 G/Tamas Soki, S. 351 G/Tamas Soki, S. 351 M/Ferdinand Hollweck, S. 351 M/age, S. 354/355 G/Tamas Soki, S. 356/357 M/age, S. 358 G/EyeEm, S. 358 G/Tamas Soki, S. 358/359 G/Tamas Soki, S. 359 M/Kimberly Walker, S. 360 M/Paul Williams/Funkystock, S. 360 M/Alamy, S. 361 M/Alamy, S. 361 M/Alamy, S. 361 G/EyeEm, S. 361 M/Alamy, S. 361 M/Alamy, S. 362 G/Tamas Soki, S. 363 M/Alamy, S. 363 M/Ferdinand Hollweck, S. 363 M/Alamy, S. 363 G/Douglas Pearson, S. 364/365 M/foodcollection, S. 366 G/Witold Skrypczak, S. 367 M/Justus de Cuveland, S. 366/367 G/tozofoto, S. 368 G/Laszlo Szirtesi, S. 368 G/Petar Boban, S. 369 M/foodcollection, S. 369 G/Witold Skrypczak, S. 370/371 Look/age , S. 372 G/Gary John Norman, S. 372 G/Zsolt Hlinka, S. 372 G/Ian Trower, S. 373 Look/age , S. 373 M/Jeff O'Brien, S. 373 M/Prisma, S. 374/375 G/gehringj, S. 376 Look/age , S. 376 G/Michal Kovacs , S. 376 G/Amos Chapple, S. 377 M/Alamy, S. 378 M/Alamy, S. 378 M/Alamy, S. 379 M/Alamy, S. 379 M/Alamy, S. 379 M/Alamy, S. 380 M/imagebroker.net, S. 380 M/Screen Prod, S. 381 M/Alamy, S. 381 M/Alamy, S. 381 G/Amos Chapple, S. 382/383 M/Alamy, S. 383 G/Westend61, S. 383 G/Westend61, S. 383 G/Westend61, S. 386/387 G/Laurence Mouton, S. 388/389 M/Alamy, S. 390 M/Karl Thomas, S. 391 M/Alamy, S. 392 Look/SagaPhoto, S. 392 C/Winfried Wisniewski, S. 392 M/Westend61, S. 393 Look/Ingolf Pompe, S. 393 M/Rainer Hackenberg, S. 393 G/Westend61, S. 394/395 C/Alan Copson, S. 396 G/Edward Shaw, S. 396 G/Romulic/Stojcic, S. 396 G/Romulic/Stojcic, S. 397 M/Rainer Hackenberg, S. 397 M/Simone Wunderlich, S. 398 M/Rene Mattes, S. 398/399 G/Channed Images, S. 400/401 G/Aldo Pavan, S. 400/401 G/Ken Gillham , S. 401 M/Rainer Hackenberg, S. 402 G/Alan Copson, S. 402 M/Alamy, S. 403 M/Mito Images, S. 403 M/Karl Thomas, S. 403 M/Edwin Stranner, S. 404 Look/Rainer Mirau, S. 404 M/Alamy, S. 405 M/Stephan Knödler, S. 405 M/Karl Thomas, S. 405 C/Jose Fuste Raga, S. 406/407 G/Takis_Milonas, S. 407 C/Louie Psihoyos, S. 407 G/Glowimages, S. 407 G/De Agostini, S. 410/411 Look/Ingolf Pompe, S. 412/413 G/Supanat Sakorntrakun, S. 414 M/Alamy, S. 414 M/Alamy, S. 414 G/Maria Toutoudaki, S. 414/415 G/Tania Koleska, S. 415 M/Alamy, S. 415 M/Alamy, S. 416 M/Alamy, S. 416 M/Alamy, S. 417 M/Alamy, S. 417 M/Alamy, S. 418/419 G/Jean/Pierre Lescourret, S. 419 M/United Archives, S. 419 M/Alamy, S. 420 M/Alamy, S. 420 M/Alamy, S. 421 M/Alamy, S. 421 M/Naki Kouyioumtzis, S. 422/423 M/Alamy, S. 424/425 C/Michele Falzone, S. 424 Look/Funkystock, S. 424 M/Alamy, S. 425 G/Nicholas Pitt, S. 426 M/Alamy, S. 426 M/Alamy, S. 427 M/Alamy, S. 427 G/Richard Fairless, S. 427 Look/Design Pics, S. 428/429 Look/Design Pics, S. 429 C/Marc Dozier, S. 429 Look/age, S. 430 M/Alamy, S. 430 G/Lionel Montico, S. 431 G/Maria Toutoudaki, S. 431 M/Alamy, S. 431 M/Alamy, S. 431 M/Alamy, S. 432/433 G/Tonino Giallombardo, S. 434 M/Alamy, S. 434 G/Muammer Mujdat Uzel, S. 434/435 G/Walter Bibikow, S. 435 G/Dimitris Sotiropoulos , S. 436 G/De Agostini, S. 436 G/Reynold Mainse , S. 437 G/Paul Boyden , S. 437 M/Paul Williams , S. 437 G/G. Nimatallah, S. 438/439 M/Paul Williams , S. 439 G/John Warburton/Lee, S. 439 C/Leemage, S. 440 M/Alamy, S. 440 G/Dimitrios Tilis, S. 441 G/Joerg Lehmann, S. 441 G/N Eisele/Hein, S. 441 M/Alamy

St.-Cajetan-Straße 41
81669 München
Telefon +49.89.45 80 20-0
Fax +49.89.45 80 20-21
www.kunth-verlag.de
info@kunth-verlag.de

Printed in Slovakia
Redaktion: Kerstin Majewski, Birte Welte
Texte: Anke Benstem, Rita Henss, Andrea Lammert, Randolf Leyk, Christa Pöppelmann, Iris Schaper

Alle Fakten wurden nach bestem Wissen und Gewissen mit der größtmöglichen Sorgfalt recherchiert. Redaktion und Verlag können jedoch für die absolute Richtigkeit und Vollständigkeit der Angaben keine Gewähr leisten. Der Verlag ist für alle Hinweise und Verbesserungsvorschläge jederzeit dankbar.